KB220183

사무엘서
강──해

First and Second Samuel by Eugene H. Peterson

Copyright ⓒ 1999 by Eugene H. Peterson
Published by Westminster John Knox Press Louisville, Kentucky

This Korean edition is published by arrangement with
Westminster John Knox Press through rMaeng2.

This Korean Edition Copyright ⓒ 2016 by Abba Book House, Seoul, Korea.
All rights reserved.

이 책의 한국어판 저작권은 알맹2 에이전시를 통하여 Westminster John Knox Press와
독점 계약한 아바서원에 있습니다.
신 저작권법에 따라 한국 내에서 보호를 받는 저작물이므로 무단 전재와 복제를 금합니다.

Eugene   Peterson

First and Second Samuel

사무엘서 강——해

유진 피터슨 지음 | 박성혁 옮김

아바서원

일러두기

「사무엘서 강해」는 목회자는 물론 평신도들이 성경을 더욱 정확하고 지적으로 읽는 것을 도울 목적으로, 웨스트민스터 존 녹스 출판사에서 기획하여 펴낸 "웨스트민스터 성경 지침서" (*Westminster Bible Companion*) 시리즈 가운데 한 권을 저작권 계약을 맺어 우리말로 옮긴 것이다.

원서에서는 「NRSV 성경」을 사용했으나 한국어판에서는 「개역개정판 성경」을 사용했다. 다만 저자의 설명과 「개역개정판 성경」 번역 사이에 차이가 있을 경우에는 옮긴이 주를 달아 설명했다.

차례

3부 왕으로서의 사울 이야기 삼상 13-15장

사무엘서는 한나, 사무엘, 사울, 다윗의 이야기로 이루어져 있다. 이들의 생존 시기는 주전 1000년 전후로 추정할 수 있는데, 이스라엘의 조상 아브라함 시대(주전 1800년경)와 예수 그리스도가 탄생하신 때의 중간 시기이다.

우리의 믿음의 조상이라고 할 수 있는 히브리인들은 뛰어난 이야기꾼들이었다. 그들이 들려준 이야기들은 공동체가 예배드릴 때 예배자들 사이에 반향을 불러일으켰으며, 우리의 현실에도 적실성을 지녀 그 이야기들이 처음 들려졌을 때처럼 우리 마음에 반향을 불러일으킨다. 아담과 하와, 아브라함과 이삭, 야곱과 라헬, 모세와 여호수아, 미리암과 아론, 드보라와 바락, 룻과 나오미, 에스더와 모르드개 같은 사람들의 이야기는 우리 인간의 이모저모를 그려주고, 그 형세를 보여주며, 범위를 드러낸다. 대체로 이 이야기들은 인간이 된다는 것이 곧 하나님과 관계를 맺는 것임을 보여준다. 우리가 마주치고 경험하는 모든 것, 즉 출생과 죽음, 굶주림과 갈증, 돈과 무기, 천재지변과 자연의 변화, 우정과 배신, 결혼과 간음 등은 결국 하나님과의 관계에 포함된다.

이야기

하나님과 그분의 뜻을 우리에게 계시하는 데 이야기는 아주 특별한 역할을 담당한다. 이야기는 신약과 구약을 통틀어 하나님의 말씀을 우리에게 전달해 주는 주요한 수단으로 사용되기 때문이다. 우리는 이런 사실에 감사해야 한다. '이야기'라는 수단은 우리가 가장 쉽게 접근할 수 있는 담화 형태이기 때문이다. 이야기는 젊은이, 노인, 어린아이 할 것 없이 누구나 좋아하고 즐기는 것이다. 지식이 많고 학식이 풍부한 사람이든 그렇지 않은 사람이든, 이야기를 하고 이야기를 듣는다. 이야기가 지닌 친근한 이미지와 매력에 필적할 만한 유일한 경쟁 수단은 노래다. 성경에는 노래도 많이 실려 있다.

　그러나 이야기가 하나님의 말씀을 우리에게 전달하는 주요 수단으로 적합한 이유가 또 있다. 이야기는 우리에게 어떤 것을 알려주는 데서 그치지 않고 우리를 그 이야기 속으로 초대한다. 좋은 이야기꾼은 우리를 이야기 속으로 끌어들인다. 우리는 감동하고, 그 이야기에 열중하며, 자신을 이야기 속의 인물과 동일시하고, 지금까지 지나쳐 왔던 생활의 단면들을 하나하나 면밀히 들여다보며, 인간답게 살기 위해 실천해야 하는 것이 그동안 자신이 탐구했던 것보다 훨씬 많음을 깨닫게 된다. 유능한 이야기꾼은 문과 창문을 다 열어둔다. 히브리인들은 기교와 도덕적 감각을 모두 갖춘 유능한 이야기꾼이었다. 히브리 이야기꾼들의 특징 가운데 하나는 말수가 적다는 것이다. 그들의 이야기는 간소하면서도 절제되어 있다. 그들은 이야기에 많은 여백을 남겨두었는데, 그것은 우리를 그 이야기 속으로 초대하여 그 이야기를 통해 우리 자신을 직접 비춰볼 수 있도록 하기 위해서다. "성경의 이야기들은 독자의 호감을 구걸하지 않는다는 점에서 호머의 이야기와 큰 차이가 있다. 즉 성경 이야기들은 독자의 비위를 맞추면서 독자를 즐겁게 하는 데 급급하지 않는다. 사실 성경 이야기들의 목적은 우리를 복종시키는 데 있다. 우리가 복종하려 하지 않는다면 우리는 반역자가 되는 것이다"(Erich Auerbach, *Mimesis*, 15). 성경의 이야기들은 또한 우리의 자유를 존중한다. 우리를 조종하거나 억지로 끌어들이지 않는다. 성경의 이야기들은 하나님이 창조하고 구원하고 복 주신 이 넓은 세상을 보여준다. 처음에는 우리의 상상력을 통하여, 그다음에는 우리의 믿음을 통하여(여기서 상상력과 믿음은 아주 밀접한 관계가 있다), 이야기꾼들은 우리를 이야기(하나님의 뜻이라는 광대한 하늘 아래에서 일어난 이 큰 이야기) 가운데로 초대한다. 이것은 우리가 자아라는 폐쇄된 작은 방 안에서 꾸며대는 잡담과는 전혀 다르다.

전달되는 내용 못지않게 언어가 우리에게 전달되는 형식도 중요하다. 형식을 오해하면 거의 틀림없이 내용에 잘못 반응하기 때문이다. 예를 들어 스튜요리법이 쓰여 있는 요리책을 보물찾기 책으로 오해한다면, 아무리 그 책을 정독해도 여전히 배고플 것이고 벼락부자가 될 리도 없다. 만약 고속도로에서 "100"이라는 표지판을 보고 "시속 100킬로미터 이상으로 달리지 말라!"라는 경고로 이해하지 못한다면, 그 운전자는 속도위반으로 딱지를 뗄 것이다. 교통경찰의 제재를 받고 고속도로 변에 차를 세워둔 채로 교통표지판 읽는 법을 교육받게 될지도 모를 일이다. 일반적으로 우리는 일찌감치 이러한 차이를 잘 알고 있기 때문에 의미를 결정할 때 형식과 내용에 같은 비중을 두는 것이다.

그러나 우리가 성경을 대할 때는 거의 그렇게 하지 않는다. 성경이 권위 있는 **하나님의** 말씀이기에 우리가 할 수 있는 일은 순종뿐이라고 생각한다. 하지만 순종은 우리가 할 수 있는 것 중 하나다. 우리는 순종하기 전에 먼저 경청해야 한다. 전달되는 **내용**만 경청해야 하는 것이 아니라, 그것이 전달되는 **방식**(형식)도 경청해야 한다.

이야기를 이야기로 받아들이지 않으면 잘못 해석할 수 있다. 우리의 기대와 달리 하나님의 계시가 이야기라는 평범한 옷을 입은 채 전달되면, 우리는 이야기에 신학이라는 최신 유행의 옷을 덧입히거나 윤리라는 정장에 맞추어 다듬는 것이 우리의 임무라고 생각한다. 단순한 이야기가 그렇게 다듬어지면, 사울 왕의 갑옷에 갇힌 소년 다윗처럼 그 이야기는 도덕적인 훈계와 신학적인 구조물과 학문적인 논쟁들에 가로막혀 움직일 수 없게 된다. 물론 성경의 이야기들은 연구를 통하여 명료하게 정리되어야 할 필요가 있는 윤리적, 신학적, 역사적인 요소들을 포함하고 있다. 그러나 계시가 이야기라는 형식으로 전달되었다는 사실을 무시하거나 가볍게 여기면 안 된다. 이 책의 과제 중 하나는 본문의 이야기를 끄집어내 독자들 앞에 두는 것이다.

한나와 사무엘과 사울과 다윗의 생애에서 우리의 삶을 '읽는 법'을 배우며 얻는 바람직한 결과는 확신과 해방감이다. 하나님과 교제하려면 먼저 윤리적이거나 종교적이 되어야 하는 것이 아니다. 우리는 있는 모습 그대로 받아들여져 하나님의 이야기에서 한 역할을 맡게 된다. 결국 그 모든 이야기는 하나님이 주도하여 이끌어 가시는 하나님의 이야기이기 때문이다. 우리 중 누구도 우리 자신의 삶이라는 이야기의 주인공이 될 수 없다.

성경은 우리에게 윤리적인 규범을 제시하면서 "이렇게 부끄럽지 않게 살라"라고 말하지도 않고, 어떤 교리체계를 설정해 둔 채로 "이렇게 생각하라. 그러면 행복하게 될 것이다"라고 훈계하지도 않는다. 성경은 우리에게 이야기를 들려주면서 우리를 이야기 가운데로 초청한다. "이 **속으로** 들어와라. 하나님이 만들고 다스리시는 세상에서 인간답게 되는 것은 이런 것이다." 그러나 성경을 통하여 물질적인 이익을 얻고자 하거나 쾌락적인 생활을 합리화하고 미화하기 위해 성경을 '이용'한다면 성경의 계시를 상대로 폭력을 휘두르는 것이나 다름없다. 이런 행위는 일종의 '부티크 영성'을 낳는데, 그 부티크 매장은 하나님을 고급 장식물이나 매혹적인 상품으로 진열해 놓는다. 사무엘서의 이야기는 그런 행위를 용납하지 않는다. 우리가 읽는 내용에 우리 자신을 내어 맡기면 한 가지 사실을 발견할 것이다. 즉 우리가 우리의 이야기 안에서 하나님을 보도록 인도받는 것이 아니라, 하나님의 이야기 안에서 우리의 이야기를 보도록 인도받을 것이다. 하나님은 나의 이야기가 몸담을 수 있을 만큼 크고 광대한 맥락이요 플롯이기 때문이다.

그런 읽기는 필연적으로 기도하는 마음으로 읽기, 즉 하나님이 들으시고 하나님이 응답하시는 읽기가 될 것이다. 결국 사무엘서 전체의 틀을 형성하는 것은 기도다. 서두에는 한나의 기도(삼상 1-2장)가 있고 거의 마지막 부분에는 다윗의 기도(삼하 22-23장)가 나오며, 그 중간에 내러티브가 놓여 있다. 분명히 저자는 기도로 시작해서 기도로 끝나는 그 중간에서 내러티브들이 읽히도록 자료를 배열했다.

역사

본문을 이야기로 인식하는 것과 함께 본문의 배경이 되는 역사를 확실히 이해하는 것이 필요하다. 이야기들은 역사 속에서 서술된다. 역사는 이야기들이 전해진 배경이다. 사무엘서는 보통 구약성경에서 '역사서'로 분류된다.

고대 민족들 중에서 히브리인들만큼 역사에 관심이 많은 민족은 없다. 그들은 이 세상 최초의 역사가들이다. 어떤 민족은 12궁도(별자리)에서 그들의 운명을 찾으려고 점성술에 열중했고, 어떤 민족은 기쁨과 슬픔으로 복잡하게 얽혀 있는 인간의 행위를 설명해 주는 신화들을 만들어 보급하였고, 어떤 민족은 미래에 어떤 일이 일어날지 알아보기 위해 날씨, 짐승의 내장, 기괴한 나무들과 장엄한 산 등에 나타난 전조(前兆)를 판독하는 데 온갖 정성을 쏟았다. 하지만 히브리인들은 있었던 사건을 관찰하고 기록하는 데 주의를 기울였다.

그들은 자신들이나 주변에서 일어난 사건을 진술하는 데 몰두했는데, 이는 세상과 그들의 공동체와 그들 가운데에 하나님이 인격적으로 살아 계시며 활동하신다고 믿었기 때문이다. 생명은 생명보다 무가치한 어떤 것으로 설명될 수 없다. 태양의 일식, 염소의 간에 있는 점들, 또는 분화구에서 솟아오르는 증기 소리처럼 인상적이고 신비한 것이라 해도, 생명을 대신할 수는 없다. 하나님은 우주의 질서와 관련된 어떠한 천문학적, 생리학적, 지질학적, 심리학적인 현상으로도 환원될 수 없는 분이다. 하나님은 살아 계시며, 언제 어디서나 당신의 뜻을 행하시며, 사람들에게 소명을 주시며, 믿고 순종케 하시며, 예배 공동체를 형성하시고, 자신의 사랑과 자비를 나타내시고, 죄를 심판하신다. 하나님이 하시는 일 가운데 어떤 것도 '일반적으로' 또는 '대충' 이루어지는 것은 없다. 하나님의 일은 특정한 시점에, 특별한 장소에서, 지명된 사람들을 통해 이루어진다. 이것이 **역사**다.

히브리인들은 철학에서 말하는 어떤 관념적인 존재로 하나님을 생각하거나, 제사장들이 조종할 수 있는 어떤 힘으로 여기지 않았다. 연구하고 관찰하고 다룰 수 있는 피조물의 일부로 여기지도 않았다. 하나님은 **인격**이셨다. 일정한 때와 장소에서 경배하거나 무시할 수 있는, 믿거나 거절할 수 있는, 사랑하거나 미워할 수 있는 **인격**이셨다. 이런 이유로 히브리인들은 날짜와 사건, 사람과 환경, 다시 말해 역사에 관심이 많았다. 히브리인들은 일상적인 삶을 구성하는 아주 평범한 일이나 특별한 사건을 통해 하나님이 자신들을 만나신다는 것을 알고 있었다. 그들은 역사를 벗어나 하나님과 더 잘 교제할 수 있으리라고는 한 번도 생각해 본 적이 없었던 듯하다. 하나님은 역사 속에서 구원을 이루시기에, 역사는 하나님이 사용하시는 도구다. 렘브란트가 그림을 그릴 때 물감과 캔버스를 사용했던 것처럼. 따라서 하나님께 더 가까이 다가가려면 역사와 친숙해져야 한다.

역사 안에서 자신들이 차지하는 위치에 대한 자부심과 하나님이 역사 안에 계시다는 그들 안에 깊게 스며 있는 역사의식 때문에, 히브리인들은 자신들의 이야기를 그런 방식으로 말할 수 있었다. 그들은 고대의 다른 국가나 부족처럼 환상적인 이야기들을 지어내지 않았다. 그들이 이야기를 하는 이유는 즐기거나 설명하기 위해서가 아니라 계시하기 위해서다. 그들은 하나님과 대면하고 하나님이 그들과 대면하시던 실제의 백성들과 실제의 상황을 내러티브 형태로 전했다.

히브리인들의 이런 사고방식을 우리에게서 찾아보기는 어렵다. 우리는 세속적인 역사가들이나 학자들이나 기자들이 들려주는 역사에 익숙해 있는데다가, 그들이 연구하고 기록하는 역사에는 하나님이 관련되거나 현존하시지 않기 때문이다. 우리는 학교 교육과 대중매체를 통해, 항상 정치, 경제, 사회, 환경이라는 관점에서 역사를 해석하도록 철저히 길들여져 왔다. 그러나 히브리인들에게는 하나님이 존재하지 않는 세속적인 역사라는 것이 없다. 발생하는 모든 사건은 하나님이 통찰하시는 세상에서 일어난다. 히브리인들이 하나님에 관해서 많은 말을 하지 않기 때문에 우리는 한 가지 사실을 잊기 쉽다. 하나님은 눈에 보이지 않지만 세상에서 일어나는 모든 일 가운데 소리 없이 임재하고 계시다는 사실 말이다. 하지만 이 사실을 오랫동안 잊을 경우, 우리는 기록된 것도 이해하지 못하고 기록된 방식도 이해하지 못할 것이다. 하나님은 결코 이 이야기에 부재(不在)하신 분이 아니며, 이야기 주변에 머물러 계시지 않고 이야기 중심에 계신 분이다. 히브리인들이 사람과 사건에 주의를 기울였던 유일한 이유는 그들이 하나님을 향해 언제나 깨어 있었기 때문이다.

하나님

사무엘서에 나오는 이야기들의 근본 주체는 하나님이다. 하나님은 주체이지 대상이 아니다. 이 이야기들은 하나님에 **관한** 것이 아니라 하나님이 말씀하고 행동하시며, 선택하고 사랑하시며, 심판하고 구원하시는 세상(삶의 실제)을 보여준다.

이 이야기들은 하나님이 자신들에게 **나타나셨고** 자신들과 **언약**을 세우셨다고 주장하는 사람들의 관점에서 진술되고 있다. 하나님은 그들에게 어렴풋한 존재가 아니다. 대안도 아니다. 모세는 실존 인물이었고 시내 산 사건도 실제 있었던 일이다. 언약은 명확했다. 그들이 모든 것을 다 알고 있었던 것은 아니지만 어떤 것은 알고 있었다. "이스라엘아 들으라 우리 하나님 여호와는 오직 유일한 여호와이시니 너는 마음을 다하고 뜻을 다하고 힘을 다하여 네 하나님 여호와를 사랑하라"(신 6:4-5).

분명한 계시가 있고 간결한 언약이 있는 세상에서의 삶은 어떠할까? 모든 것이 분명하고 간결할까? 사실은 그렇지 않다. 이 이야기들이 그렇지 않음을 분명히 보여준다. 거기에도 모호함과 부조화가 있다. 어두움과 빛이 있다. 사무엘서보다 먼저 기록된 성경에는 하나님의 개입을 말하는 장엄하고 극적인 이야기들이 기록되어 있다. 이삭의 잉태와 출생, 출애굽, 십계명, 광야에 내린 만나와 메추라기, 여리고 성의 함락. 책장을 한 장씩 넘길 때마다 기적과 경이로운 사건들이 이어진다. 그렇지만 지금 우리는 그런 거룩한 기적들과 상관이 없거나, 적어도 그 기적들을 믿을 수 있는 상황에서 단절되어 있는 듯하다. 하나님이 삶의 모든 영역에 관여하지만 신비하고 은밀하게 일하신다. 이스라엘 백성들이 "낮에는 구름 기둥, 밤에는 불 기둥"으로 하나님의 임재를 분명하게 깨달았던 것처럼, 우리는 일상적인 사귐 속에서 하나님의 임재를 깨닫는 것을 배우는 사람들을 본다. 우리 주변에는 제단과 향과 등잔이 제대로 갖추어진 예배 장소에서뿐만 아니라 배신과 고통의 뼈아픈 괴로움 속에서도 하나님의 말씀을 분별할 수 있도록 훈련되어 가는 사람들이 많다. 눈으로 볼 수 없고 귀로 들을 수 없고 확실하게 이해되지 않는 분이지만, 분명 하나님은 바로 그곳에 계시다.

사무엘서의 이야기들은 듣기 좋은 구호로 곤경을 감추려 하지 않는다. 삶의 에피소드를 윤리적인 교훈으로 바꾸지도 않는다. 이 이야기들은 하나님이 자신을 계시하시고 우리와 언약을 맺으시는 세상에서 우리가 경험하는 어려움과 혼란들을 보여준다. 우리가 사는 세상에는 속임수와 책임회피, 가족 간의 갈등과 정치적 혼란, 문화에 의해 부과된 제약들이 만연하다. 이 이야기들은 또한, 위대한 구약학자 중 한 사람인 게르하르트 폰 라트가 말했던 "통찰력 있는 예술적 기교"를 사용하여 우리로 하여금 현존하시며 일하시는 하나님을 끊임없이 의식할 수 있도록 도와준다. 우리가 버릇처럼 '세속'과 '일상'이라고 말하는 그곳에서 하나님은 일하신다. 그러나 이야기들이 "하나님!"이라고 소리쳐서 우리를 일깨우는 것이 아니다. 도덕이라는 몽둥이로 못살게 구는 것도 아니다. 실제적이고 실감나는 이야기들을 들려줄 뿐이다. 겉보기에는 플롯이 없는 우리의 삶을 '이야기하고', **실제** 이야기, 즉 실제 **세상**을 향해 우리의 귀와 눈이 열리게 하여, 결과적으로 그 안에서 온 마음과 영혼과 뜻과 힘을 다해 살 수 있게 만드는 그런 이야기들 말이다. 폰 라트는 사무엘서의 이야기들이 문학의 모든 문체를 탁월하게 담아내고 있는 것에 대하여 다음과 같이 말했다. "그들은 명인다운 방식으로 모든 스타일의 문장을 다룬다. 그 범위는 엔돌의 신접한 여인과 함께한 사울의 음울한 비극(삼상 28장)으로부터 해학극(나발의 죽음, 삼상 25:36-38)에까지 이른다. 그들의 묘사는 매혹적이다. 그러나 역설적으로 들릴지 모르지만, 아무것도 말하지 않고 표현하지 않음으로써 독자 스스로 말할 수밖에 없게 만드는 기술도 매혹적이다"(Gerhard von

Rad, *Old Testament Theology*, I, 54).

예수

사무엘서는 물론이고 창세기부터 요한계시록에 이르기까지 모든 성경의 중심에는 예수 그리스도께서 계신다. 교회가 태동할 때부터 그리스도인들은 계시의 중심이 예수라고 이해하면서 구약성경을 읽어왔다. 최초의 기독교 저자들과 교사들은 '창세전에'(또는 창세로부터 창세 이래로)와 같은 표현을 즐겨 사용했는데, 그 이유는 하나님이 예수 안에서 자신을 계시하신 것은 후대에 만들어진 이론이 아니라 태초부터 계획되고 시행된 것임을 강조하기 위해서다(마 25:34; 요 17:24; 엡 1:4; 벧전 1:20; 계 13:8). 우리의 신앙 선조들은 온 마음을 다하여 그리스도와 동행하기를 힘쓰면서 사무엘서의 이야기들을 읽었고, 예수와 동행하면서 기도하는 마음으로 예기(豫期)들과 유사한 점들과 유형들과 확증들에 주의하면서 읽었다. 창세기부터 요한계시록까지가 하나의 이야기라면, (예수 안에서) 이뤄질 그 이야기의 결론이 성경의 이전 부분들을 해석하는 데 영향을 주는 것은 당연하다. 바로 이 점 때문에 루터는 구약성경을 읽을 때 항상 "그리스도를 향하여 나아가게 하는"(혹은 나아가게 해야만 하는) 눈으로 읽어야 한다고 가르쳤다.

현대(17-18세기 계몽주의 이래)의 가장 영향력 있는 교사들과 학자들 중 다수는 이런 '그리스도 중심적인 성경 읽기'를 권하지 않는다. 우리는 가능하면 본문을 객관적으로 살피고 본문에 분명하게 나타나지 않는 것, 즉 우리 자신, 우리의 생각, 감정, 헌신, 가치관은 물론 예수마저도 해석 대상에서 제외하도록 길들여져 왔다. 왜냐하면 예수께서 '원저작'의 일부가 아니기 때문이다. 우리는 읽기를 위한 작업 조건을 통제함으로써 본문을 엄밀하고 정직하고 정확하게 읽기 위해 그렇게 해왔다. 독자들은 읽고 있는 본문을 오염시키지 않으려고 흰 가운을 입고 얼굴을 마스크로 가리고 실험용 장갑을 착용한 채 본문을 읽는다. 독자의 개인적인 편견과 비현실적인 개념을 제거함으로써, 어떤 것도 본문에 개입시키지 않고 원래의 의미를 왜곡시키지 못하게 한다. 사실 이런 노력이 많은 유익을 끼쳤다. 수 세기 동안 성경을 읽으면서 수많은 왜곡과 오염이 쌓여왔기 때문이다. 오랜 시간이 흐르면서 성경에 대한 개인적인 생각과 감정이 겹겹이 쌓여 본문 자체를 제대로 볼 수 없게 된 것이다. 긴 세월 동안 수많은 장소에서, 사람들이 본문을 읽으며 사상과 감정을 본문에 부과한 결과, 실제로 본문 자체가 말살되었다. 수 세기 동안 그리스도인들이 본문을 읽을 때 개인의 도덕적, 신앙적, 정치적, 신학적인 의제를 집어넣으며 읽어와서 이런 나쁜 읽기 습관을 고치려면 그리스도인의 마음을 대청소할 필요가 있었다. 본문 읽기와 해석을 위한 새로운 학문(일반적으로 '역사비평학'이라 부른다)은 필수적이며 유익했다.

그러나 시간이 흐르면서 그리스도인 독자들은 새로운 사실을 깨달았다. 이런 방식으로 읽는 것이 유익하긴 하지만 의도된 방식대로 본문을 읽기가 어렵다(불가능한 것은 아니지만)는 것이다. 다시 말해, 다른 모든 성경 책들을 큰 문맥으로 삼아 그리스도를 해석의 중심으로 읽는 것이 어렵게 된 것이다. 성경을 정밀하고 객관적으로 읽고 역사적이고 합리적으로 읽는다고 하다가 해석해야 할 많은 것들을 배제해 버린 것이다. 사실 이런 방법은 성경에 있는 것 대부분을 무시했다. 즉 **이야기**|인물, 플롯, 관계, 반응, 기도|를 제외시켰다. 성경 해석법을 개선할 목적으로 역사비평학이 추구했던 프로젝트는 농작물 수확을 증대하기 위해 화학 물질을 사용한 현대의 농업 방식과 유사한 결과를 낳았다. 살충제를 사용함으로써 병충해는 없어졌지만, 무분별한 사용으로 땅까지 소독하게 된 것이다. "나중 형편이

전보다 더 심하게" 되었다(눅 11:26).

　오늘날 기독교 공동체 내에서 광범위하게 의견 일치가 이뤄지고 있다. 그것은 성경을 읽을 때 본문에 독자의 전인격[마음과 영혼, 생각과 실생활]을 포함해야 한다는 것이다. 지난 200년 동안 습득되고 강조되어 온 견고한 학문의 여러 분야들(이것들이 우리로 하여금 본문에 **우리의 생각을 강요하지 못하도록** 막아왔다)을 버리는 것은 어리석은 행동이다. 그렇다고 이런 학문의 여러 분야들 때문에 본문에 **참여하지** 않는다면 그것은 더욱 어리석은 행동이다. 우리는 본문이라는 세계에 들어가 거기에서 들려오는 소리에 귀를 기울이고, 관계들을 면밀히 살피고, 무엇보다 하나님을 주목해야 한다. 성경은 **살아 있는** 책이기 때문이다. 이런 방법으로 성경을 읽고 이해하려면 풍부한 상상력과 상당한 기억력이 필요하다. 본문에 기록되어 있지 않아 드러나지 않으며 성경 다른 곳에서도 보이지 않는 것이 상상력과 기억력을 갖추고 있는 독자들에게는 분명 보일 것이기 때문이다. 또한 사무엘서를 잘 읽는 비결이 예수인 까닭이 여기에 있다. 예수께서 성령을 통해 하나님을 개인적이며 관계적인 분으로 계시하시고, 우리의 인간성이 지극히 세속적이라는 점을 자세히 확인시켜 주시며, 우리의 이름을 불러 회개하고 제자의 삶을 살도록 해주시기 때문이다. 예수는 우리를 '신중하게 연구하고 지혜롭게 분별하는 고된 수고'에서 면제시켜 주시지 않는다. 그분은 우리가 본문을 읽으면서 신자와 추종자의 위치에 서는 책임을 면하려 할 때, 그런 일을 못하도록 막으신다. 왜냐하면 예수께서 모든 성경 해석의 중심이신 한, 우리는 성경 본문을 종교적인 원리나 도덕적 원칙으로 전락시킬 수도 없고, 믿음과 순종으로부터 이탈할 수도 없기 때문이다.

　사무엘서와 열왕기는 본래 하나의 책으로 쓰인 것으로, 두 개의 두루마리에 히브리어로 기록되어 있었다. 그런데 주전 2세기에 헬라어로 번역되면서 현재 우리가 보는 것처럼 네 권의 책으로 분리되었다. 헬라어로 쓰면 히브리어로 쓸 때보다 공간을 두 배나 더 차지하기 때문에 네 개의 두루마리가 필요했을 것이다. 편의상 교회는 네 권의 책으로 분류해 왔다. 염두에 두어야 할 것은 사무엘서는 원래 두 권으로 된 작품의 첫 권으로, 이 두 권(사무엘과 열왕기)은 이스라엘이 왕정 밑에서 지낸 500년의 역사를 기록한 것이라는 점이다. 더 확대된 구약의 역사서(여호수아서부터 에스더서까지)는 가나안 정복(주전 1200년경)부터 페르시아의 지배하에 살던 시기 (주전 400년경)까지의 이야기를 진술하고 있다.

지난 100년 동안 학자들은 어떻게, 왜, 언제 이 이야기가 기록되었는지를 연구해 왔다. 그들의 노력으로 가장 찬란한 종류의 문학적인 탐사가 이뤄졌다. 학자들 사이의 일치된 견해에 따르면, 지금 우리 앞에 놓여 있는 것(성경)은 다양한 기록 자료들과 구전(口傳) 자료들을 사용하여 포로기 동안(주전 6세기) 기록된 것이다. 기록자(또는 기록자'들')는 이렇게 멋진 내러티브를 만들어 내기 위해 성령의 창조하시는 역사 아래서 탁월하게 문학적 기교와 신학적 통찰력을 결합시켰다.

사무엘서에는 네 사람, 즉 한나, 사무엘, 사울, 다윗의 일생이 그려져 있다. 한나의 기도와 영성은 앞으로 올 사건, 즉 마리아가 복음서들을 위해 했던 것과 똑같은 배경을 준비한다. 뛰어난 사무엘서 주석가 중 한 사람인 한스 헤르츠베르크는 한나 이야기 뒤에 나오는 세 사람의 이야기를 세 폭짜리 그림에 비유하면서 다음과 같이 말했다. "역사적으로 어두운 시기에 한 획을 그었던 사무엘과 다윗 그리고 문제의 인물 사울, 이 세 사람은 왕국의 역사에서 아주 중요한 인물이며 성경의 많은 메시지가 그들의 삶과 투쟁에 묻어 있다. 그리고 이 세 사람 모두 나름의 방식으로 진정한 왕의 전조(前兆)들이자 사자(使者)들이다"(Hans Hertzberg, *I & II Samuel*, 20).

1 부

한나 이야기

사무엘상 1:1-2:10

얀 빅토르스(1619–1676), "제사장에게 사무엘을 주는 한나"

서론

한나 이야기는 그 자체로 하나의 고유한 이야기다. 한나의 아들 출생 이야기가 본문 전체를 지배하는 사무엘, 사울, 다윗 이야기로 들어가는 입구 같은 역할을 하지만, 그렇다고 해서 한나가 단지 사무엘의 어머니인 것만은 아니다. 그녀는 누구 못지않게 자기의 몫을 다하고 있다. 그녀는 역사적으로나 영적으로나 그녀 뒤에 나오는 세 남자만큼 중요한 인물이다.

역사적으로 볼 때, 당시 이스라엘과 이스라엘의 문화는 무척 혼란한 상태였다. 영광스러운 출애굽, 시내 산에서의 계시, 그리고 40년 동안의 광야생활에 이어 간담을 서늘케 하는 가나안 정복전쟁이 있은 후 약속의 땅에 정착하기 시작한 그들의 삶은 조금씩 어긋났다. 사사기는 도덕적, 정치적 무정부 상태의 이야기를 들려준다. 드보라와 삼손, 기드온 같은 사람들이 나와 단호하게 하나님의 이름으로 행동하고 하나님의 말씀을 분명하게 외치는 등 가끔씩 밝은 순간이 있었지만, 전체적으로 볼 때 상황은 최악의 상태로 치닫고 있었다. 사사기의 마지막 구절에는 다음과 같이 기록되어 있다. "사람이 각기 자기의 소견에 옳은 대로 행하였더라"(삿 21:25).

그런데 이 무질서 한가운데에 갑자기 룻과 한나 두 여인의 이야기가 들려온다. 그러자 그 세계의 전반적인 분위기와 의미에 새로운 해결 국면이 찾아온다. 히브리어 성경에는 다른 순서로 배열되어 있지만(히브리어 성경에는 다섯 두루마리에 해당하는 룻기가 잠언 다음에 오고, 룻기 다음에 아가서가 오기 때문에 잠언 31장에 나오는 현숙한 여인, 아가서에 나오는 술람미 여인과 함께 룻기를 읽도록 배열되어 있다.-옮긴이), 우리가 읽는 룻기 다음에 사무엘상이 나오기 때문에 룻기를 읽은 후 곧바로 한나의 이야기를 읽을 수 있다. 두 이야기를 비교하면서 읽으면 서로 보완해 주는 비슷한 이야기임을 알 수 있다. 두 여인은 거의 동시대 사람이지만 가까운 곳에서 살지는 않았다. 한나는 이스라엘의 중앙 지역에, 룻은 남쪽 지역에 살고 있었다. 두 이야기의 유사점은 눈에 띄지 않는 은밀한 이야기이며, 상식을 초월하는 방법으로 문제가 해결되고, 가정을 배경으로 삼고 있다는 것이다. 두 여인 모두 사회가 그들에게 물려준 상황에 맞서 고집스럽게 그리고 신앙심 깊게 싸웠다는 점에서 닮았다. 그리고 당신이 이것을 알기 전에 역사는 다른 방향으로 흘러가고, 하나님의 목적이 다시 한 번 분명해진다. 심히 소시민적이고, 지극히 개인적이고, 문화에 반항적이고, 하나님 중심적인 이 두 여인의 영성은 하나님의 섭리 가운데서 커다란 반전을 위한 촉매제 역할을 한다. 그것은 다윗 이야기 안에 폭넓게 진술되었고 예수 그리스도 안에서 완전히 받아들여진다.

룻의 이야기는 책 제목이 그녀의 이름이기 때문에 더욱 널리 알려져 있다. 이방인 과부 룻은 낯선 땅 이스라엘에서 사랑을 찾아 재혼하면서 다윗의 증조모가 되었고(룻 4:13-21), 후에는 예수의 족보에 그 이름이 기록되는 영예를 얻는다(마 1:5). 한나 이야기도 유사한 의미가 있다. 한나는 라이벌의 적대감과 남편의 사랑, 제사장의 무지 가운데 그녀에게 강요된 '자식을 낳지 못하는 아내'라는 역할에서 벗어나, 기도하여 임신한 후 사무엘을 낳았다. 그 아들은 이스라엘이 하나님의 백성이라는 정체성을 회복하는 데 장차 주도적 역할을 할 것이다. 한나는 자신의 이야기를 들려줄 자격이 있다. 그녀 이야기 다음에 나오는 세 남자의 그늘에 결코 가려져서는 안 된다.

1. 아이를 낳지 못하는 한나
사무엘상 1:1-8

1:1에브라임 산지 라마다임소빔에 에브라임 사람 엘가나라 하는 사람이 있었으니 그는 여로함의 아들이요 엘리후의 손자요 도후의 증손이요 숩의 현손이더라 2그에게 두 아내가 있었으니 한 사람의 이름은 한나요 한 사람의 이름은 브닌나라 브닌나에게는 자식이 있고 한나에게는 자식이 없었더라 3이 사람이 매년 자기 성읍에서 나와서 실로에 올라가서 만군의 여호와께 예배하며 제사를 드렸는데 엘리의 두 아들 홉니와 비느하스가 여호와의 제사장으로 거기에 있었더라 4엘가나가 제사를 드리는 날에는 제물의 분깃을 그의 아내 브닌나와 그의 모든 자녀에게 주고 5한나에게는 갑절을 주니 이는 그를 사랑함이라 그러나 여호와께서 그에게 임신하지 못하게 하시니 6여호와께서 그에게 임신하지 못하게 하시므로 그의 적수인 브닌나가 그를 심히 격분하게 하여 괴롭게 하더라 7매년 한나가 여호와의 집에 올라갈 때마다 남편이 그같이 하매 브닌나가 그를 격분시키므로 그가 울고 먹지 아니하니 8그의 남편 엘가나가 그에게 이르되 한나여 어찌하여 울며 어찌하여 먹지 아니하며 어찌하여 그대의 마음이 슬프냐 내가 그대에게 열 아들보다 낫

지 아니하냐 하니라

 한나 이야기는 지역과 인물을 분명하게 진술하면서 시작된다. 첫 문장에는 아홉 개의 고유명사가 나타나는데, 셋은 지명이고 여섯은 인명이다. 이것은 막연히 '옛날 옛적에' 하는 식의 이야기가 아니다. 즉 도덕적인 교훈을 목적으로 만든 이야기가 아니라는 뜻이다. 우리는 네 세대를 거슬러 올라가 특정한 장소의 한 남자 앞에 선다. 에브라임 지역은 비옥하고 아름다우며 축복을 받은 곳이다.

> 하늘의 보물인 이슬과
> 땅 아래에 저장한 물과
> 태양이 결실하게 하는 선물과
> 태음이 자라게 하는 선물
> (신 33:13-14)

 네 세대를 자세히 소개하는 것을 볼 때, 엘가나는 벼락부자가 아니라 명문가 출신이었을 것이다. 엘가나가 '부유한 명문가' 사람이라는 사실은 다음에 소개하는 그의 생활을 통해서도 잘 드러난다. 그의 신상을 소개함으로써 이야기의 구성에 감정적인 힘을 불어넣고 있다. 엘가나에게는 두 아내가 있었다. 그중 한 여인인 브닌나에게는 자식들이 있었지만 또 다른 여인 한나는 자식을 낳지 못했다. 이 때문에 두 사람은 늘 불화를 겪을 수밖에 없었다. 한나가 자식을 낳지 못한다는 것은 부정적인 정보이지만 이야기는 바로 그 사실을 중심으로 구성된다.
 따라서 지역과 조상과 집안의 풍요로움과 가족의 다복함에 초점이 맞추어져 있던 우리의 시선은 곧 한나의 불행한 처지로 옮겨진다. 사실 아이를 낳지 못하는 여인의 이야기는 성경에서 자주 사용되는 주제 가운데 하나다. 한나의 자식 없음은 창세기에 나오는 사라의 이야기(창 16:1; 18:9-15), 누가복음에 나오는 엘리사벳의 이야기(눅 1:7)와 더불어 하나의 틀을 이룬다. "한나에게는 자식이 없었더라"라는 표현은 비옥한 땅과 안정된 가정에 대한 묘사가 아무리 인상적이어도 결코 해내지 못했던 방식으로 우리를 이야기로 끌어들인다. 심지어 여자들을 더 이상 출산 능력으로 규정하고 평가하지 않는 서구 문화에서도, 아이를 가질 수 없음으로써 고통과 비애를 겪는 여인들이 적지 않다. 우리는 "자식이 없었더라"라는 구절을 읽은 후 곧바로 간절함과 절망과 눈물과 애절한 기도로 점철된 삶의 현장을 만나게 된다. 이 이야기가 더 이상 우리의 삶과 무관한 이야기가 아닌, 우리 삶의 일부로 자리 잡기 시작한 것이다. 대부분의 삶이 그렇듯이, 어떤 삶으로 들어가는 길은 고통과 기도로 연결되어 있는 법이다.

다시 이야기의 배경은 기도와 예배의 장소인 실로로 바뀐다. 실로는 산지와 언덕으로 이루어진 곳인데, 엘가나의 고향 라마에서 32킬로미터가량 떨어져 있다. 엘가나는 매년 그곳에 올라가서 여호와께 경배하고 제사를 드렸다. 여호수아의 지휘하에 가나안 땅을 정복한 때로부터 다윗의 등극과 더불어 왕국이 시작되었던 시점까지, 실로는 약 200년 동안 이스라엘의 가장 중요한 예배 장소였다. 성막과 언약궤가 실로에 있었기 때문에 온 이스라엘이 경배를 드리기 위해 해마다 그곳에 모였다(삿 21:19). 1920년대에 덴마크의 고고학자들이 실로의 위치를 찾아낸 후 그 지역이 발굴되어, 이제 성지를 여행하면 그곳을 직접 볼 수 있다.

예배 처소에 왔다고 우리에게 없던 어떤 모습이 생기는 것은 아니다. 하지만 우리가 무엇을 가져오든, 예배 처소는 가져오는 그것을 강력하게 만든다. 엘가나의 경우가 바로 그렇다. 본성이 관대한 엘가나의 마음이 예배 처소에 오자 더욱 넓어졌다. 엘가나는 아이를 낳지 못하는 한나를 비난

하고 멀리하는 대신, 그녀의 상심한 마음을 달래주려고 일부러 한나에게
는 제물을 두 배나 주었다. 그러나 브닌나는 같은 시간과 같은 장소에서
옹졸한 마음과 야비함이 더욱 일어나 남편의 행동을 빌미로 자신의 라이
벌인 한나를 괴롭힌다. 브닌나는 자식들을 데리고 거드름을 피우면서, 성
가시고 잔인하게(본문에 "격분"이란 단어가 두 번 나온다) 한나의 텅 빈 자궁
을 조롱하여 결국 눈물 흘리게 한다. 모든 예배 처소 및 예배 공동체에서
입증된 일이지만, 이상하게 종교가 어떤 사람들에게는 그들이 할 수 있는
최선의 행동을 하게 하고 어떤 사람들에게는 그들이 할 수 있는 최악의
행동을 하게 한다. 실로는 엘가나 안에 있는 관대함을 불러일으킨 반면,
브닌나 안에 있는 비열함을 드러나게 했다. 한편 한나는 그 두 사람 사이
에서 흔들렸다.

　엘가나는 한나를 도와 슬픔에서 벗어나게 해주려고 끊임없이 노력했
다. 그는 한나에게 설득력 있는 네 가지 질문을 던짐으로써(삼상 1:8), 한나
가 지금 갖지 못한 것에 마음을 빼앗기지 않고 현재 가지고 있는 것에 관
심을 갖게 하려고 애썼다. 가부장적 사회의 문화적 편견과 달리, 엘가나
는 한나가 그에게 줄 수 있는 어떤 것 때문이 아니라 그 모습 그대로, 즉
그녀 자신의 고유한 인격 그대로를 귀하게 여겼다. 여성을 하나의 도구로
여기던 시대의 흐름에 역행하며 엘가나는 한나에게 호소했다. "자녀가 있
든 없든, 당신은 그저 지금의 모습 그대로 내게 소중한 사람이오!" 여자는
도구가 아니라 당연히 인격적인 존재로 대우받아야 한다는 사실을 선언
하는 엄중한 순간이었다. 오랜 세월이 지난 지금, 우리는 여전히 엘가나의
윤리적 열정과 생활 규범을 본받아 오도된 사회적 통념으로부터 여성을
구해내기 위해 힘쓰고 있다.

2. 기도하는 한나

사무엘상 1:9-18

남편이 아무리 다정다감하고 사랑이 크고 확실하다 해도, 한나에게는 남편이 해결해 줄 수 없는 문제가 있었다. 그래서 매년 드리는 제사의 식사 의식(제물을 드린 사람들이 지정된 장소에서 식사를 하는 것-옮긴이) 후에, 한나는 혼자 기도하러 갔다.

> 1:9 그들이 실로에서 먹고 마신 후에 한나가 일어나니 그때에 제사장 엘리는 여호와의 전 문설주 곁 의자에 앉아 있었더라 10 한나가 마음이 괴로워서 여호와께 기도하고 통곡하며 11 서원하여 이르되 만군의 여호와여 만일 주의 여종의 고통을 돌보시고 나를 기억하사 주의 여종을 잊지 아니하시고 주의 여종에게 아들을 주시면 내가 그의 평생에 그를 여호와께 드리고 삭도를 그의 머리에 대지 아니하겠나이다
>
> 12 그가 여호와 앞에 오래 기도하는 동안에 엘리가 그의 입을 주목한즉 13 한나가 속으로 말하매 입술만 움직이고 음성은 들리지 아니하므로 엘리는 그가 취한 줄로 생각한지라 14 엘리가 그에게 이르되 네가 언제까지 취하여 있

겠느냐 포도주를 끊으라 하니 15한나가 대답하여 이르되 내 주여 그렇지 아니하니이다 나는 마음이 슬픈 여자라 포도주나 독주를 마신 것이 아니요 여호와 앞에 내 심정을 통한 것뿐이오니 16당신의 여종을 악한 여자로 여기지 마옵소서 내가 지금까지 말한 것은 나의 원통함과 격분됨이 많기 때문이니이다 하는지라 17엘리가 대답하여 이르되 평안히 가라 이스라엘의 하나님이 네가 기도하여 구한 것을 허락하시기를 원하노라 하니 18이르되 당신의 여종이 당신께 은혜 입기를 원하나이다 하고 가서 먹고 얼굴에 다시는 근심 빛이 없더라

한나의 경우처럼 대부분의 기도는 고통 가운데서 눈물과 함께 시작된다. 탄식은 기본적인 기도서인 시편에 나타나는 가장 일반적인 기도 형태다. 자제력을 잃을 때, 그리고 친구(엘가나)나 적(브닌나)이 만드는 상황을 받아들이기 싫을 때, 우리는 주님께 나아가 기도드린다.

한나는 고통 때문에 기도를 시작했으나 고통에 얽매여 있지는 않았다. 그녀의 기도는 일종의 서원 형식을 취하고 있다(11절). 한나는 서원 형식으로 기도함으로써 책임감을 가지고, 심지어 자신을 희생제물로 드린다는 마음으로 기도에 깊이 몰두한다. 간구도 하지만 헌신도 한다. 한나는 하나님께 아들을 달라고 기도했다. 그러나 그 아들을 하나님께 다시 돌려드릴 것도 약속했다. 하나님께 드리고 싶어 하는 마음과 하나님 앞에서 괴로워하는 마음은, 한나의 기도의 본질 요소였다. 한나는 받을 것과 드릴 것을 함께 기대했다.

'나실인'은 하나님을 섬기는 일에 전적으로 헌신한 사람을 가리키는데, 포도주를 마시지 못하며 삭발을 하지 않는 것이 그 특징이었다(민 6장 참고). 다시 말해 나실인은 즉흥적이거나 변덕스러운 헌신자들이 아니다.

한나는 혼자서 소리 없이 기도했다. 그런데 그녀를 지켜보던 사람이 있

었다. 실로의 성소를 주관하는 제사장 엘리가 성소 문 곁에 있는 감독 자리에 앉아서 한나를 바라보고 있었던 것이다. 기도 소리는 들리지 않는데 한나의 입술이 오랫동안 계속 움직이는 것을 지켜보던 엘리는, 그녀가 술 취했다는 결론을 내렸다.

그 시대가 정한 관습대로 기도하지 않아 술 취했다고 비난받은 사람이 한나 말고 또 있다. 오순절에 기도하던 예수의 제자들도 비슷한 비난을 받았다(행 2:13-15). 그리고 똑같은 이유로, "**이것은** 점잖은 사람들이 드리는 정상적인 기도 방법이 아니다"라는 오해를 종종 받았다.

당시 엘리 제사장이 생각하던 정상적인 기도 방법은 제사장의 지시에 따라 향과 제물을 준비한 후 예배의식에 참여하며 기도하는 것이었다. 그러나 한나는 준비한 제물도 없었거니와 제사장에게 어떤 지침을 묻지도 않고 성소에 홀로 들어가 기도했다. 당시 제의적 관습을 뛰어넘어, 성직자의 도움 없이 담대히 하나님 앞에 나아가 직접 자신의 소원을 아뢰었다. 중재자 없이 자신의 언어와 목소리로 기도했다. 후대에 이르러 랍비들은 한나의 기도를 참된 기도, 즉 '마음의 기도'의 모델로 보았는데, 이런 기도는 결국 희생제사를 완전히 대체한다.

엘리는 그렇게 기도하는 모습을 본 적이 없었다. 성소의 질서를 유지하는 책임과 함께 사람들의 신앙생활을 보호하고 지도할 수 있는 권한이 그에게 있었기에, 한나를 몸가짐이 바르지 못한 여자나 술주정뱅이쯤으로 여기며, 신성한 예배 장소에서 지켜야 할 규례를 어겼다고 비난하며 꾸짖었다. 그러나 한나는 종교적 권위에 주눅 들지 않았다. 관례에 구애받지도 않았다. 한나는 성직자의 권위보다 자신의 마음에 더 주의를 기울였다. 엘리 제사장의 책망을 대수롭게 여기지 않고, 자신이 짊어지고 있는 고통을 주님 앞에 내려놓는 자신의 방식대로 기도할 수 있는 권리를 주장했다. 한나의 담대함은 선례를 찾아보기 어렵다. 평범해 보이는 이 여인의 기도는 별다른 특징이 없어 보인다. 간절하게, 일정한 형식 없이, 자기 혼자 드리는, 소리 없는 기도다. 그녀는 그 시대 사람들이 맡겨준 역할에서 벗어나, 독특한 방식으로 거룩한 역사에 진입했다. 그녀는 희생제사와 의식이라는 제도에서 벗어나서 성소에 나타나 자신의 필요를 위해 기도한 최초의 여자, 아마 '최초의 보통사람'이었을 것이다. 그녀의 행동은 그만큼 비범했다.

보통사람 하나, 주변인물 하나, 성직자로 임명받지 않은 하나, 그녀는 어느 순간 우리가 본받아야 할 최초의 기도 모델로 등장했다. 기도 응답은 경건함이나 직분에서 오는 것이 아니라, 절박한 마음에서 온다. 그녀는 담대하게 이렇게 주장한다. "나는 마음이 몹시 괴로운 여자입니다."

엘리 제사장은 무지와 우둔함 때문에 한나를 책망했지만, 그렇다고 제사장 직분의 유용성을 잃지는 않았다. 아직 제사장으로서 해야 할 일이 있기 때문이다! 종교의 형식적인 절차들과 영성의 자발적 행위들을 극단적으로 대립시킬 필요는 없다. 명예롭게도 엘리는 한나의 내적인 심령 상태와 소리 없는 기도가 진실하다고 인정한다. 엘리는 한나를 축복하고 그녀를 위해 함께 기도한다. 성직자로서 그가 베푼 축복 기도는 한나 개인의 애절한 기도를 이스라엘 전체의 삶으로 확대시킨 것이다. 그리고 한나는 방금 전에 자신을 천하게 여겼던 그 사람, 즉 엘리 제사장의 축복을 받아들인다. 이제 한나는 집으로 돌아가는데, 마치 기도 응답을 받은 사람이 모든 문제가 해결되었다고 생각하는 것처럼 홀가분한 마음으로 돌아간다. 실로 놀라운 일이 아닐 수 없다! 보다시피 아직 아무 일도 **일어나지** 않았기 때문이다. 그녀에게는 여전히 아기가 없다. 그러나 성경 이야기에서는 기도와 축복과 신앙이, 오늘날 신문에 보도되는 것처럼 보도할 만한 가치가 있는 사건들인 것이다.

3. 어머니 한나
사무엘상 1:19-28

하나님이 모든 것의 근본적인 실재이신 세상에서는 그분을 예배하는 것이 가장 중요한 활동이다. 우리는 예배를 드리며 하나님의 말씀을 경청하고 그분께 민감하게 반응하는 태도를 계발한다. **계발하라.** 우리가 그저 뜻하지 않은 일들에 따라 살아간다면, 즉 가장 큰 것에 주목하고 가장 시끄러운 것에 귀 기울이고 가장 쉬운 일만 한다면, 우리는 마치 하나님이 우리 삶의 주변에 갇혀 계신 것처럼 살 것이다. 그러나 하나님은 결코 변두리에 밀려나 계신 분이 아니라 만물의 근본이며 중심이시다. 하나님이 인생의 변두리에 놓인 벤치에 앉아 위기에 처한 사람이 불러주기만을 기다리는 분인 것처럼 사는 사람은, 실재와 멀어져 잘못된 삶을 사는 것이다.

한나가 사무엘을 낳다(1:19-20)

1:19그들이 아침에 일찍이 일어나 여호와 앞에 경배하고 돌아가 라마의 자기

집에 이르니라 엘가나가 그의 아내 한나와 동침하매 여호와께서 그를 생각
하신지라 20한나가 임신하고 때가 이르매 아들을 낳아 사무엘이라 이름하
였으니 이는 내가 여호와께 그를 구하였다 함이더라

한나는 실재와 접촉하고 있었는데, 그녀를 실재와 계속 접촉하게 하는
것은 예배였다. 한나 이야기는 전체적으로 예배하는 삶을 기초로 구성되
었다. 한나가 예배드리는 모습은 일곱 번이나 언급되는데(1:3, 7, 9, 15, 19, 21,
24), 이것이야말로 한나의 생활이 얼마나 예배 중심적이었는지를 보여준다.

이야기가 불임에서 임신으로, 결핍에서 성취로, 무자한 처지에서 자녀
를 양육하는 생활로, 슬픔의 애가에서 기쁨의 찬양으로 전환되면서 이런
사실이 명백해진다(1:19a).

한나가 라마에 있는 집으로 돌아오자, 한꺼번에 두 가지 일이 이루어
졌다. 엘가나가 아내 한나와 동침했고, 하나님이 한나를 임신하게 하셨다.
19절에 나란히 기록된 동사 '동침하다'와 '생각하다'는 한 행위에 대한 두
가지 양상이다. 즉 하나님의 목적이 실행되고 하나님의 약속이 주어지는
것이다. 성행위와 영성이 서로 심오하게 얽혀 있다. 이 둘이 아무런 연관
없이 별도로 추구되면 나쁜 결과를 가져오지만, 본문에서 보듯이 성행위
와 영성이 함께 짝을 이루면 땅 위에 천국이 이뤄지고 생명을 낳는다.

사무엘이라는 이름은 각각 '이름'(쉠)과 '하나님'(엘)을 뜻하는 히브리어
가 결합된 복합명사인데, "하나님의 이름이 전해진 사람"이라는 뜻이다
(Budde). 사무엘을 히브리어로 읽으면 '구하다'를 뜻하는 동사 '샤알'과 발
음이 비슷하다. 엘리가 실로에서 한나를 축복할 때 '샤알'이라는 단어를
두 번 사용했다(1:17). 그리고 후에 한나가 실로의 엘리 앞에서 아들을 바
칠 때, 그 단어가 세 번 이상(같은 어근의 동사가 27절에 한 번 28절에 두 번 나
오고, 같은 어근의 명사가 27절에 한 번 나온다.-옮긴이) 나온다(1:27-28). 한나는

아들의 이름을 지을 때 그 단어에 집중한다. "아들을 낳아 사무엘이라 이름하였으니 이는 내가 여호와께 그를 구하였다 함이더라"(1:20b). 사무엘은 '하나님이 이름을 붙이신 자'인 동시에 '구(求)함을 받은 자'이다. 히브리 사람들은 단어의 발음과 의미에 근거한 언어유희를 좋아했다. 불행하게도 히브리어를 번역한 현대 언어의 발음과 의미로는 똑같은 언어유희를 재생할 수 없다. 사무엘이라는 이름은 한나가 간구하면서 지냈던 세월을 하나님의 응답이라는 증거와 결합해 주고 있다. 우리는 단지 이런 사실에 주목하는 것으로 만족해야 한다. '사무엘'이라는 이름은 이 아이 안에서 하나님의 성취된 약속을 보는 한나의 기도를 메아리치게 한다.

한나가 사무엘을 여호와께 바치다(1:21-28)

한나의 예배는 계속된다. 예배는 뭔가를 얻기 위해 드린 후에 목적을 달성하면 그만둘 수 있는 인간의 자의적인 행위가 아니다. 예배는 삶의 방식이다.

> 1:21그 사람 엘가나와 그의 온 집이 여호와께 매년제와 서원제를 드리러 올라갈 때에 22오직 한나는 올라가지 아니하고 그의 남편에게 이르되 아이를 젖 떼거든 내가 그를 데리고 가서 여호와 앞에 뵙게 하고 거기에 영원히 있게 하리이다 하니 23그의 남편 엘가나가 그에게 이르되 그대의 소견에 좋은 대로 하여 그를 젖 떼기까지 기다리라 오직 여호와께서 그의 말씀대로 이루시기를 원하노라 하니라 이에 그 여자가 그의 아들을 양육하며 그가 젖 떼기까지 기다리다가 24젖을 뗀 후에 그를 데리고 올라갈새 수소 세 마리와 밀가루 한 에바와 포도주 한 가죽부대를 가지고 실로 여호와의 집에 나아갔는데 아이가 어리더라 25그들이 수소를 잡고 아이를 데리고 엘리에게 가

서 26한나가 이르되 내 주여 당신의 사심으로 맹세하나이다 나는 여기서 내
주 당신 곁에 서서 여호와께 기도하던 여자라 27이 아이를 위하여 내가 기
도하였더니 내가 구하여 기도한 바를 여호와께서 내게 허락하신지라 28그러
므로 나도 그를 여호와께 드리되 그의 평생을 여호와께 드리나이다 하고 그
가 거기서 여호와께 경배하니라

　엘가나가 매년 실로에 가서 제사를 드리는 동안, 한나는 아들을 하나님
께 드릴 준비를 하고 아이도 준비시켰다. 사무엘이 젖을 뗀 시기는 세 살에
서 다섯 살 사이로 추정한다. 중동에서는 아기들이 여러 해 동안 엄마 젖을
먹는다. 마카비2서 7장 27절에는 젖 먹는 기간이 3년으로 나온다. 사무엘이
젖 먹는 기간에도 엘가나는 매년 실로로 가는 순례를 신실하게 행했고, 그
동안 한나는 하나님이 베풀어 주신 것을 하나님께 돌려드리려고 자신이 직
접 실로로 갈 준비를 하고 있었다. 이 기간 동안 그녀가 해야 할 가장 중요
한 일은 아들을 양육하고 젖을 먹이는 것이었다. 그녀의 첫 번째 임무는 하
나님이 주신 아들을 돌보고 영양분을 공급하는 것, 즉 새 생명의 양육을
위해 힘쓰는 것이었다. 두 번째 임무는, 아이가 엄마의 지배를 벗어나 자기
스스로 하나님과 관계를 맺고 그 관계를 발전시켜 나갈 수 있도록 돕는 것
이었다. 이 두 가지 임무는 부자관계, 결혼관계, 친구관계 등을 포함해 모든
친밀한 관계를 계발하고 발전시키는 기본 토대다. 한나는 실로의 엘리 앞에
다시 나아가 하나님이 주신 선물을 하나님께 돌려드리려고 이 두 임무를
무엇보다 잘 수행하였다.

4. 축복받은 한나
사무엘상 2:1-10

한나의 이야기는 울고 있는 한나로 시작해 찬양하는 한나로 끝난다. 노래로 표현된 한나의 기도는 하나님과 깊은 교제 가운데서 지냈던 삶을 강력히 증언한다. 이른바 바위 덩어리 같은 거대한 삶의 현실들, 즉 자주 우리 삶을 위협하는 육체의 노화와 죽음, 정치적인 압박, 경제난, 군사적 위협, 파괴적인 테러행위 같은 것들은 하나님과 비교하면 아무것도 아니다. 한나는 사무엘을 출산하고 그 아들을 하나님께 구별하여 드림으로써 이 사실을 깨달았다. 그래서 가장 아름다운 언어로 이 진리를 노래하고 있다.

> 2:1…내 마음이 여호와로 말미암아 즐거워하며
> 내 뿔이 여호와로 말미암아 높아졌으며
> 내 입이 내 원수들을 향하여 크게 열렸으니
> 이는 내가 주의 구원으로 말미암아 기뻐함이니이다

그토록 간절하게 기도해 왔고 소중하게 간직한 것을 양도하는 순간, 한나는 기쁨에 겨워 가슴이 터질 듯했다. 주님께 아이를 얻은 순간도 더없이 행복했지만, 그 아이를 주님께 구별하여 드리는 날은 더더욱 행복했다.

하나님의 성품과 행동이 노랫말을 이룬다. 지극히 개인적인 경험|내 마음, 내 힘, 내 하나님, 내 입, 내 원수들, 내 승리|에 의해 날아오른 뒤, 그 기도는 곧 하나님을 중심으로 하는 궤도에 진입한다.

> 2:2여호와와 같이 거룩하신 이가 없으시니
> 이는 주 밖에 다른 이가 없고
> 우리 하나님 같은 반석도 없으심이니이다
> 3심히 교만한 말을 다시 하지 말 것이며
> 오만한 말을 너희의 입에서 내지 말지어다
> 여호와는 지식의 하나님이시라
> 행동을 달아 보시느니라

이런 찬양이 한나가 드린 기도의 자연스러운 결론이라는 생각이 드는가? 지금 우리가 듣고 있는 이야기는 '간절히 기도해서 기적적으로 얻은 자신의 어린아이를 주님께 바치는 한 여인'에 관한 것이다. 이 상황은 더할 나위 없이 개인적이고 친밀하며 직접적인 것이었다. 그러나 기도는 즉시 한나로부터 하나님께로, 아이 사무엘로부터 모든 시대 모든 장소의 성인 남녀에게로 옮겨간다. 봉헌식이나 세례식 같은 유사한 상황에서 드려지는 우리의 기도는 대개 감정적으로 흐르기 쉽다. 그러나 이 기도는 견고한 신학과 열정적인 동기를 지닌 매우 건전한 기도다. 놀랍게도 우리가 듣는 것은, 자신의 소중한 임신과 사랑스러운 아이에 관해 노래하고 기도하는 소리가 아니라, 견줄 데 없는 하나님과 그분의 놀라운 방법들을 노래하고 기도하는 소리다.

강한 이미지와 절제된 표현이 전쟁과 음식과 성(性)이라는 친숙한 영역에서 연속적으로 일어난 세 차례의 극적인 반전을 보여준다.

> 2:4용사의 활은 꺾이고
> 넘어진 자는 힘으로 띠를 띠도다
> 5풍족하던 자들은 양식을 위하여 품을 팔고
> 주리던 자들은 다시 주리지 아니하도다
> 전에 임신하지 못하던 자는 일곱을 낳았고
> 많은 자녀를 둔 자는 쇠약하도다

강한 자와 약한 자, 배부른 자와 굶주린 자, 자식이 많은 여인과 자식이 없는 여인의 신분과 처지가 모두 뒤바뀐다. 세상의 어떤 것으로도 자신의 신분과 처지를 유지할 수 없다. 하나님이 통치하시는 세상에서 확고하고 변하지 않는 상황은 없다.

그다음 구절에서, 하나님의 주권은 극단적인 상황에까지 미친다. 인간 존재와 관련된 어떤 일도 하나님과 무관하게 발생하지는 않는다. 하나님의 현존과 하나님의 행위는 생명과 죽음, 성공과 실패 등과 같은 서로 반대되는 극단적인 상황들을 모두 포함한다.

> 2:6여호와는 죽이기도 하시고 살리기도 하시며
> 스올에 내리게도 하시고 거기에서 올리기도 하시는도다
> 7여호와는 가난하게도 하시고 부하게도 하시며
> 낮추기도 하시고 높이기도 하시는도다

이제 독특한 관점이 도입된다. 지금까지는 하나님의 행위가 포괄적으로

묘사되었는데, 이제 약자의 관점에서 분명하게 묘사된다.

> 2:8ab가난한 자를 진토에서 일으키시며
> 빈궁한 자를 거름더미에서 올리사
> 귀족들과 함께 앉게 하시며
> 영광의 자리를 차지하게 하시는도다

한나는 '일으킴'을 받은 사람들 가운데 한 명이다. 이 이야기 초반부에서 한나는 일어나 여호와 앞에 나아간다(1:9). 똑같은 동사가 여기에서도 사용되는데, 이 구절에서는 하나님이 주어다(저자가 말하는 동사는 '쿰' 동사로, 1:9에서는 "일어나"로 번역되었고, 같은 동사의 사역형이 2:8에서는 "일으키시며"로 번역되었다. 이 구는 히브리어 원문에 없으며 저자가 본문으로 택한 NRSV와 70인역에만 나온다.—옮긴이). 하나님은 우리가 우리 자신을 위해 할 수 없는 일들을 우리를 위해 친히 이루신다. 여기에서 부활에 관한 암시를 눈치챘는가? 많은 사람이 그렇게 생각한다. 하나님이 사람을 일으키신다는 주제는 성경 전반에 걸쳐 나타나며, 예수를 죽음에서 일으키실 때 절정에 달할 것이다.

역사가 승자의 관점에서만 기록되었다는 불평의 소리가 이따금씩 들려온다. 어느 누구도 패자나 실패자나 변두리 인생을 살고 있는 사람의 이야기를 하려 들지 않는다. 그것은 시간낭비일 뿐이라고 생각한다. 다른 역사 기록에서는 그것이 사실일는지 모르겠으나, 성경에 기록되어 있는 역사에서는 그렇지 않다. 우리는 성경에 기록된 역사에서, 유린당한 자와 버림받은 자의 관점에서 기록된 수많은 이야기를 읽을 수 있다. 가난한 자, 소외당한 자, 착취당한 자 등 아주 폭넓게 '짓밟힘'을 당해본 사람들이 기적의 대상이 되고 '일으킴'을 받을 수 있다. 이 사람들은 한나의 노래를 통하여 어떤 음성을 듣는다.

　도우시고 구원하시는 하나님의 모든 활동에는 그것을 떠받치고 유지하는 '견고한 기초'가 있다.

>　2:8c땅의 기둥들은 여호와의 것이라
>
>　여호와께서 세계를 그것들 위에 세우셨도다

　그 위에서 하나님의 구원 사역이 이루어지는 견고한 건축물이 창조되었다. 즉, 하나님이 지으신 이 세상은 하나님의 구원 사역이 이루어질 무대다. 이 기도(2:8c)에서 송축하며 노래하는 하나님의 경이로운 피조물들은 출고를 기다리는 물건들이 아니다. 오늘은 여기 있다가 내일이면 배달될 상품이 아니다. 모든 창조 세계가 하나님의 구원 사역에 참여하고 있다. 아주 거대한 이미지인 "땅의 기둥들"은 하나님이 우리 가운데 행하신 모든 일의 배후에 감추어져 있는 그분의 영원불멸하신 능력을 나타낸다.

　한나의 노래 중 마지막 두 구절은 하나님의 섭리 가운데 있는 보호하심과 공의로운 심판에 대한 포괄적이고 폭넓은 시각을 제공한다. 그런 다음 말씀에 순종하도록 하나님이 선택하신 한 사람(그분의 기름 부음을 받은 자)에게 시선이 집중된다.

>　2:9그가 그의 거룩한 자들의 발을 지키실 것이요
>
>　악인들을 흑암 중에서 잠잠하게 하시리니
>
>　힘으로는 이길 사람이 없음이로다
>
>　10여호와를 대적하는 자는 산산이 깨어질 것이라
>
>　하늘에서 우레로 그들을 치시리로다
>
>　여호와께서 땅 끝까지 심판을 내리시고

자기 왕에게 힘을 주시며

자기의 기름 부음을 받은 자의 뿔을 높이시리로다…

"기름 부음을 받은 자"는 이 기도에서 가장 끝에 나오는 단어이지만(히브리어 원문에는 이 단어가 가장 마지막에 있다.-옮긴이), 이 기도의 결론이 아니라 앞으로 일어날 일을 예기한다. 이 단어는 우리를 준비시킨다. "기름 부음을 받은 자"는 히브리어로 **메시아**인데, 그는 백성들 가운데서 하나님의 주권적인 통치와 구원의 임재를 사람들에게 나타내도록 특별히 선택받은 사람으로, 왕과 비슷한 신분을 지녔다. 메시아의 의미는 후에 예수 그리스도 안에서 충분히 드러날 것이다. 그분의 신분을 나타내는 '그리스도'는 메시아의 헬라어 표현이다.

한나는 자신이 알고 있는 것보다 많은 것을 기도로 나타내고 있는데, 이는 왕-메시아인 사울과, 왕-메시아인 다윗의 출현을 예견한다(이 두 사람을 지칭할 때 사용된 '메시아'는 단지 기름 부음 받은 자라는 뜻이다.-옮긴이). 그리고 우리 앞에 놓인 모든 이야기를 알고 있는 일부 독자는 진정한 왕이시며 진정한 메시아이신 예수를 기대한다.

그러나 한나의 기도에 나타난, '그녀가 알고 있는 것보다 많은 것'은 그녀가 이미 잘 알고 있는, 즉 그녀가 여호와께 바친 아이 사무엘에게서 분명해진다. 한나의 노래 중 첫 번째 연은 "내 뿔이 여호와로 말미암아 높아졌으며"이고, 마지막 연은 "자기의 기름 부음을 받은 자의 뿔을 높이시리로다"이다. 뿔은 힘, 정력, 야성미 등을 상징하는 은유적인 표현이다. 한나의 기도는 사무엘을 '뿔'이라고 노래하는 것으로 시작해 하나님을 자신의 뿔이라고 찬양하는 것으로 끝난다. 사무엘서의 마지막 부분에서 다윗은 고별 기도를 하며, 하나님을 "나의 구원의 뿔"(삼하 22:3)이라고 찬양한다.

천 년의 세월이 흐른 뒤 마리아가 이 노래를 개정하고 자신에게 적용한다. 그녀의 자궁에 있는, 세상을 구원할 아이를 기쁨으로 증거하며 노래한다(눅 1:46-55을 보라). 마리아의 노래는 흔히 "성모 마리아 송가"(the Magnificat)라고 한다. 우리가 하나님이 새 생명을 잉태하게 하시고 역사를 변화시키는 새로운 사건들을 시작하시는 한나 이야기의 처음으로 되돌아가서 참여하는 것처럼, 어떤 교파나 교회에서는 지금도 저녁기도 시간에 마리아의 노래를 부르며 기도하곤 한다.

2 부

사무엘 이야기

사무엘상 2:11-12:25

마티아 프레티(1613-1699), "다윗에게 기름 붓는 사무엘"

서론

"심지가 견고한 사람"(예이츠의 시에서 인용)은 사무엘에게 아주 적절한 명칭이다. 사무엘은 이스라엘 역사상 가장 변화무쌍한 시대를 살았지만, 단 한 번도 마음의 평정을 잃은 적이 없다. 주변 문화가 급진적으로 변해가는 동안에도 그는 과거, 현재, 미래와 접촉하면서 이스라엘 백성들의 삶에서 하나님이 가장 중요하시다는 진리를 끊임없이 주장했다.

사무엘이 살던 시대는 도덕적, 정치적으로 혼란스러웠다. 이스라엘의 전통적인 신앙은 흔들렸고, 그들의 영성은 누더기가 되었다. 족장 전승, 출애굽 전승, 광야 전승은 모두 다 유목 문화에서 발전해 온 것이었다. 그러나 사무엘 당시 하나님의 백성들은 농경 문화와 도시 문화가 지배하는 환경에서 살고 있었다. 바로 전 세대는 카리스마 넘치는 사사들이 번뜩이는 기지와 리더십을 이따금씩 발휘했지만, 현재는 사회질서가 붕괴된 무정부 상태였다. 그런 혼란스러운 상황에서 왕정을 도입하여 질서를 확립하려던 시도는 왕국 분열로 무산되고 만다.

이스라엘에는 아브라함과 요셉, 모세와 여호수아, 라합과 드보라 같은 인물들에 의해 대표되는 영광스러운 역사가 있었다. 그러나 사무엘이 역사에 등장할 무렵에는 그 영광스러운 세상이 역사의 무대에서 사라져 가고 있었다. 세상은 변했고, 정치적인 동맹관계는 자주 바뀌었고, 부자든 가난한 자든 더 유리한 지위를 차지하려고 서로 헐뜯고 속였으며, 사회의 도덕의식은 강화되다가 약화되기도 하면서 갈피를 못 잡는 실정이었다. 하나님이 말씀하신다. 하나님의 뜻이 계시된다. 하나님이 한 민족을 선택하신다. 누가 듣고 있는가? 누가 주목하고 있는가? 누가 응답하고 있는가? 그 당시 이스라엘에는 그렇게 할 사람이 많지 않았다. 정치적인 혼란은 물론 윤리마저도 붕괴된 200여 년 동안, 하나님의 백성인 이스라엘은 정체성의 위기에 직면했던 것이다. 이스라엘은 그들만의 독특한 역사와 단절할 것인가? 이스라엘은 그들의 삶에 의미와 결속력을 부여해 주었던 '구원'이라는 주제에 대한 열의를 상실할 것인가?

역사적인 관점에서 볼 때, 위기일발처럼 보였다. 그러나 성경적인 관점에서 보면 사무엘의 등장은 과거와 미래를 훌륭하게 연결해 준다. 사무엘은 시대적인 요구에 부합하는 데 급급했던 사람이 아니다. 그는 하나님의 선지자로서의 자기 사명을 충성스럽게 수행함으로써 변화의 시대를 성공적으로 살았던 인물이다. 그는 카멜레온처럼 살지 않았다. 즉 시대사조에 편승하여 사람들의 비위를 맞춰가며 적당히 자신을 보호하며 살지 않았다. 그렇다고 해서 광야의 은신처로 도피하여 과거의 의식들을 되풀이하며 살았던 것도 아니다. 사무엘은 사람들의 욕구를 충족시키기보다 하나님이 주시는 구원의 말씀에 더욱 주의를 기울였다. 사무엘이 성장하는 모습을 묘사하는 어휘들이 예수의 소년 시절을 묘사하는 복음서 구절(눅 2:40)에도 그대로 사용된다.

사무엘은 이스라엘 역사에서 엄연히 구별되는 두 시대를 공유했던 위대한 인물이다. 한쪽은 이른바 사사 시대라고 부르는 느슨한 지파 동맹을 형성했던 기간이고, 다른 한쪽은 왕정 시대다. 사사 시대에는 중앙 집권

체제가 없었다. 모세의 리더십 아래 출애굽한 뒤 모세의 후계자 여호수아의 지시대로 땅을 분배받은 이스라엘의 열두 지파는, 각자 분배된 땅에서 살았다. 비록 열두 지파로 나뉘어 있었지만, 그들에게는 공통된 전승들이 있었다. 그들은 같은 족장들(아브라함, 이삭, 야곱, 요셉)에서 유래했으며, 모두 애굽으로부터 구원받았다.

그렇지만 약속의 땅에 정착한 뒤로는 지파별로 흩어져 생활하였다. 그러다가 실로에 있던 중앙 성소에 모여 함께 예배를 드렸고, 적의 침입이 있을 때는 카리스마적인 '사사'의 지휘 아래 같이 싸웠다. 역할을 다한 사사는 전면에서 물러났다. 당시 이스라엘의 상황은 일종의 통제된 무정부 상태 같았다. 다시 말해 이스라엘은 최소한의 정치 기구를 가지고 하나님의 통치하에서 생활했던 것이다. 이스라엘은 하나님이 형성하시고 하나님이 다스리시는 백성이었다. 사무엘은 여러 사사들 중 가장 마지막에 활동했던 사사다.

사무엘은 당시 관례에 따라 제사장 견습생으로 시작했다. 제사장으로서 그의 임무들은 결국 그리고 아주 자연스럽게 '사사'의 책임으로 발전했다. 그러나 사무엘이 성경에서 돋보이게 된 것은 '사사'로서의 역할과 '선지자'로서의 역할을 잘 조화시켰기 때문이다. 사사의 기본적인 역할은 리더십을 발휘하는 것이며, 선지자의 역할은 하나님의 말씀과 뜻을 전달하고 그 말씀을 몸소 실천하는 것이다. 물론 두 역할은 상당 부분 중복되기도 하지만 우리의 시선을 사로잡는 것은 선지자로서의 사무엘이다.

히브리 선지자들은 어떤 상황에 처하든지 군사적 힘이나 정치적 힘을 사용하지 않고, 하나님의 말씀을 선포함으로써 역사를 만들었던 능력의 사람들이었다. 선지자는 단지 말만 하는 사람이 아니었다. 자신이 말한 대로 사는 사람이었다. 어떤 선지자가 말씀을 선포할 때, 사람들은 하나님이 자신들을 위한 계획과 목적을 갖고 계심을 깨달았다. 선지자들은 위로와 심판과 책망과 약속 등 광범위한 주제들을 선포했다. 그러나 그들은 하나님이 사람들에게 매우 개인적으로 말씀하신다는 사실을 항상 의식했다.

5. 사무엘이 성장하다
사무엘상 2:11-4:1a

엘리의 불량한 아들들(2:11-17)

2:11엘가나는 라마의 자기 집으로 돌아가고 그 아이는 제사장 엘리 앞에서 여호와를 섬기니라

12엘리의 아들들은 행실이 나빠 여호와를 알지 못하더라 13그 제사장들이 백성에게 행하는 관습은 이러하니 곧 어떤 사람이 제사를 드리고 그 고기를 삶을 때에 제사장의 사환이 손에 세 살 갈고리를 가지고 와서 14그것으로 냄비에나 솥에나 큰 솥에나 가마에 찔러 넣어 갈고리에 걸려 나오는 것은 제사장이 자기 것으로 가지되 실로에서 그곳에 온 모든 이스라엘 사람에게 이같이 할 뿐 아니라 15기름을 태우기 전에도 제사장의 사환이 와서 제사드리는 사람에게 이르기를 제사장에게 구워 드릴 고기를 내라 그가 네게 삶은 고기를 원하지 아니하고 날 것을 원하신다 하다가 16…지금 내게 내라 그렇지 아니하면 내가 억지로 빼앗으리라 하였으니 17이 소년들의 죄가 여호와 앞에 심히 큼은 그들이 여호와의 제사를 멸시함이었더라

사무엘은 어린 나이에 엘리 제사장의 도제(徒弟)가 된다. 이 수습생활은 그의 부모가 기도하며 약속대로 받은 아들을 하나님께 바침으로써 시작된 것으로, 하나님을 섬기는 삶을 위한 아주 복된 출발이었다. 그러나 당시의 주변 상황은 대단히 부정적이었다. 엘리 제사장이 책임을 맡고 있던 실로의 성소에는 부정부패가 만연했고, 사무엘은 자신의 의지와 상관없이 이런 종교적 배금주의의 도가니에 내던져졌다. 한나가 볼 때, 아들을 주님께 드리는 것(1:28)과 그 아들을 제사장들의 손에 맡기는 것은 같은 것이었다. 그러나 그것은 같은 것일 수 없었으며, 오늘날도 마찬가지다. "종교는 인간들이 고안해 낸 거대한 벤처사업으로 인간의 엄청나고 치명적인 실패작이다"(Kornelis Miskotte, *When the Gods Are Silent*, 5).

제사를 관장하는 실로의 제사장들이 약한 자들을 못살게 구는 욕심쟁이로 묘사된 장면에서, 우리는 만연된 배금주의를 엿볼 수 있다. 제물로 바쳐진 고기의 일부를 제사장들이 양식으로 가져가는 것은 이스라엘의 관습이었다. 그러나 실로에서는 그런 관습이 남용되고 있었다. 예를 들어, 제물로 사용된 고기를 솥에 삶는 동안 제사장의 사환이 긴 포크를 가지고 무작위로 찔러 거기에 고기가 걸리면 그 고기는 제사장 몫이 되었다. 그것이 어떤 부분이든 상관없었다. 원래 고기의 기름진 부분은 항상 하나님께 태워드린다. 그러나 홉니와 비느하스는 삶아 먹기에나 적합한 질 낮은 고기는 싫어하고 자신들의 입맛에 맞는 부위를 원했다. 아마 그들은 구워 먹기에 적합한 지방이 많은 부위를 가로챘을 것이다. 엘리의 두 아들에게 종교는 특권과 힘을 동시에 누릴 수 있는 기회였다. 그러나 바로 그 특권과 힘 때문에 두 사람은 완전히 부패했다.

한나의 축복받은 아들(2:18-21)

> 2:18사무엘은 어렸을 때에 세마포 에봇을 입고 여호와 앞에서 섬겼더라 19그의 어머니가 매년 드리는 제사를 드리러 그의 남편과 함께 올라갈 때마다 작은 겉옷을 지어다가 그에게 주었더니 20엘리가 엘가나와 그의 아내에게 축복하여 이르되 여호와께서 이 여인으로 말미암아 네게 다른 후사를 주사 이가 여호와께 간구하여 얻어 바친 아들을 대신하게 하시기를 원하노라 하였더니 그들이 자기 집으로 돌아가매
> 21여호와께서 한나를 돌보시사 그로 하여금 임신하여 세 아들과 두 딸을 낳게 하셨고 아이 사무엘은 여호와 앞에서 자라니라

이야기에서 엘리의 불량한 두 아들 홉니와 비느하스는 성소에서 갖고 싶은 것이 있으면 무엇이든지 빼앗는다고 묘사되는 반면, 복된 아들 사무엘은 해마다 어머니가 손수 만든 새 제사장 가운, 즉 자라는 키에 맞게끔 새 옷으로 갈아입었다고 묘사된다. 옷을 입으면 그 사람의 참모습을 감출 수도 있고 완전히 드러낼 수도 있다. 대대로 상속되어 온 제사장의 가운을 입은 엘리의 아들들은 외관상 제사장처럼 보일 뿐, 실제로는 양의 탈을 쓴 늑대였다(마 7:15). 사무엘이 입고 있던 손으로 지은 가운은 참된 제사장의 모습을 **드러냈다.**

한나가 사무엘을 위해 만든 에봇은 제사장들이 착용하는 독특한 의상 가운데 하나다. 출애굽기 28장은 대제사장이 입었던 에봇을 상세히 설명한다. 한나가 만든 옷은 분명히 그보다 단순한 모양이었을 것이다. 나중에 하나님의 인도를 구하는 기도를 드릴 때도 에봇이 사용된다(23:9). 어떤 식으로 사용되었는지는 확실치 않지만, 제비뽑기(우림과 둠밈)를 할 때처럼, 드린 기도에 대해 '예' 또는 '아니요'라는 대답을 확인했을 것이다. 그런 현

상은 오늘날에도 있다. 오늘날에도 사람들이 모든 종교를 평준화하고 '영화'(靈化)한다는 취지에서, 자세를 낮추어 에봇 같은 제의적 도구들을 허용한다. 그러나 기도 방법을 개발하는 것이 모든 물질적인 보조 수단을 버리는 것은 아니다. 우리는 육체를 지니고 있기 때문에, 궁극적으로 물질성(materiality)에 빠져든다. 당연히 미신에 빠질 가능성이 항상 있다. 그러나 에봇(혹은 다른 도구들) 자체를 신비로운 마술 장치로 여길 때만 그렇다. 하나님 앞에서 드리는 기도와 예배를 오염시키고 방해하는 것은, 물질성이 아니라 도구를 통해 하나님을 비인격화하고 조종하려는 시도다. 그리고 그런 물질성 자체는 성육신의 한 부분이다.

엘리 아들들의 타락(2:22-26)

> 2:22엘리가 매우 늙었더니 그의 아들들이 온 이스라엘에게 행한 모든 일과 회막 문에서 수종 드는 여인들과 동침하였음을 듣고 23그들에게 이르되 너희가 어찌하여 이런 일을 하느냐 내가 너희의 악행을 이 모든 백성에게서 듣노라⋯ 25사람이 사람에게 범죄하면 하나님이 심판하시려니와 만일 사람이 여호와께 범죄하면 누가 그를 위하여 간구하겠느냐 하되 그들이 자기 아버지의 말을 듣지 아니하였으니 이는 여호와께서 그들을 죽이기로 뜻하셨음이더라
> 26아이 사무엘이 점점 자라매 여호와와 사람들에게 은총을 더욱 받더라

엘리의 두 아들과 한나 아들의 대조가 더욱 뚜렷해진다. 엘리는 사무엘의 부모를 축복했으나(2:20), 자기 아들들은 꾸짖을 수밖에 없었다(2:23-24). 한나의 순결한 임신과 출산(2:21a)은 엘리 아들들의 난잡한 성

생활(2:22b)과 대조적이다. 사무엘이 하나님 앞에서 자라는 바로 그 순간 (2:21b), 엘리의 아들들은 곧 죽을 운명이었다(2:25c).

이처럼 극단적인 대조는 경건한 집단과 세속적인 집단 사이에서, 또는 사람들이 생각하기에 순결한 지역과 악을 도모하는 지역 사이에서 일어난 것이 아니었다. 실로의 중심부, 즉 가장 존경받는 종교 지도자들 사이에서 빚어진 현상이었다. 환경이 거룩함을 결정하는 것이 아니다.

"점점 자라매 은총을 더욱 받더라"라는 말씀은 주목할 만하다. 건강한 신체와 고결함이 함께 자라는 것은 그다지 흔한 일이 아니기 때문이다. 사람들은 대부분 인격은 성장하지 않은 채 신체만 자랄 뿐이다. 그러나 성장이라는 말은 신체적인 성장뿐 아니라 영혼의 상태와도 관련이 깊다. '키'에도 성장이 있듯이 '은총'에도 성장이 있다. 만일 우리가 진실로 인간적이기 원한다면, 키가 자라면서 은총받는 것도 커져야 한다. 천 년 후에 누가는 비슷한 표현을 사용하여 세례 요한(눅 1:80)과 예수 그리스도(눅 2:40)를 묘사한다. 이것은 굉장히 의미심장하다. 참된 성장은 인간적인 관계와 하나님과의 관계를 모두 포함한다. 사무엘, 요한, 예수는 각기 다른 방법으로 그 성장 유형을 보여준다.

엘리의 죽음(2:27-36)

2:27하나님의 사람이 엘리에게 와서 그에게 이르되 여호와의 말씀에 너희 조상의 집이 애굽에서 바로의 집에 속하였을 때에 내가 그들에게 나타나지 아니하였느냐 28이스라엘 모든 지파 중에서 내가 그를 택하여 내 제사장으로 삼아… 29너희는 어찌하여 내가 내 처소에서 명령한 내 제물과 예물을 밟으며 네 아들들을 나보다 더 중히 여겨 내 백성 이스라엘이 드리는 가장

좋은 것으로 너희들을 살게 하느냐 30그러므로 이스라엘의 하나님 나 여호와가 말하노라… 31보라 내가 네 팔과 네 조상의 집 팔을 끊어 네 집에 노인이 하나도 없게 하는 날이 이를지라… 34네 두 아들 홉니와 비느하스가 한 날에 죽으리니 그 둘이 당할 그 일이 네게 표징이 되리라 35내가 나를 위하여 충실한 제사장을 일으키리니 그 사람은 내 마음, 내 뜻대로 행할 것이라 내가 그를 위하여 견고한 집을 세우리니 그가 나의 기름 부음을 받은 자 앞에서 영구히 행하리라 36그리고 네 집에 남은 사람이 각기 와서 은 한 조각과 떡 한 덩이를 위하여 그에게 엎드려 이르되 청하노니 내게 제사장의 직분 하나를 맡겨 내게 떡 조각을 먹게 하소서 하리라 하셨다 하니라

백성들을 감독하는 하나님의 사람(엘리)에게는 자신을 감독해 줄 하나님의 사람이 필요하다. 종교적 지위를 가지고 있다고 해서 당연한 의무에서 면제될 수 있는 것은 아니다. 하고 싶은 것을 마음대로 할 수 있거나, 하고 싶은 대로 하라고 허락해 줄 수 있는 지위나 위치에 있는 사람은 이 세상에 한 사람도 없다. 하나님의 세상과 하나님의 성소도 끊임없이 경계해야 하지만, 경계해야 할 책임을 지닌 우리 모두(모든 사람을 포함한다!)도 주의해야 한다.

본문에서 엘리는 부모와 제사장으로서의 의무를 방관한 것 때문에 책망받는다. 그는 영광스러운 출애굽 시대까지 거슬러 올라가는 오랜 전통의 상속자다. 그 유서 깊은 전통은 거룩한 예배의식을 주관하는 영광스러운 사역을 포함한다. 그러나 엘리 시대에 그 전통과 사역은 영광스러운 것과는 매우 거리가 멀어졌다. 엄격한 심판이 선고되었다. 하지만 축복이 지속될 것(내가 나를 위하여 충실한 제사장을 일으키리니, 35절)이라는 보장도 받는다. 하나님의 심판은 언제나 그 속에 원대한 언약을 품고 있다.

본문은 한편에는 사무엘을 다른 한편에는 홉니와 비느하스를 두고 이

두 아들들을 여러 면으로 대조하면서 이야기를 전개한다. 사무엘은 여호와를 섬기는 반면(2:11), 홉니와 비느하스는 갖고 싶은 것은 모두 약탈하여 손에 넣는다(2:13-17). 사무엘은 성숙했으나(2:18-21), 홉니와 비느하스는 시간이 흐를수록 타락해 갔다(2:22-25). 사무엘은 키와 인격이 자라갔지만(2:26), 홉니와 비느하스는 점점 더 죽으려고 애를 썼다(2:27-36). 양쪽이 대조를 이루어 가는 모습을 두 곡선으로 표시된 도표로 나타낸다면, 엘리의 제사장 직분 곡선이 사라질 무렵 사무엘의 사역 곡선이 시작된다. 이 대조는 2장 34-35절에서 뚜렷이 나타나는데, 홉니와 비느하스의 죽음을 예언하면서 '신실한 제사장', 사무엘의 등극을 확실히 해준다.

사무엘이 새로운 지도자로 떠오르다(3:1-4:1a)

3:1아이 사무엘이 엘리 앞에서 여호와를 섬길 때에는 여호와의 말씀이 희귀하여 이상이 흔히 보이지 않았더라

2엘리의 눈이 점점 어두워 가서 잘 보지 못하는 그때에 그가 자기 처소에 누웠고 3하나님의 등불은 아직 꺼지지 아니하였으며 사무엘은 하나님의 궤 있는 여호와의 전 안에 누웠더니 4여호와께서 사무엘을 부르시는지라 그가 대답하되 내가 여기 있나이다 하고 5엘리에게로 달려가서 이르되 당신이 나를 부르셨기로 내가 여기 있나이다 하니 그가 이르되 나는 부르지 아니하였으니 다시 누우라 하는지라 그가 가서 누웠더니 6여호와께서 다시 사무엘을 부르시는지라 사무엘이 일어나 엘리에게로 가서 이르되 당신이 나를 부르셨기로 내가 여기 있나이다 하니 그가 대답하되 내 아들아 내가 부르지 아니하였으니 다시 누우라 하니라 7사무엘이 아직 여호와를 알지 못하고 여호와의 말씀도 아직 그에게 나

타나지 아니한 때라 8여호와께서 세 번째 사무엘을 부르시는지라 그가 일어나 엘리에게로 가서 이르되 당신이 나를 부르셨기로 내가 여기 있나이다 하니 엘리가 여호와께서 이 아이를 부르신 줄을 깨닫고 9엘리가 사무엘에게 이르되 가서 누웠다가 그가 너를 부르시거든 네가 말하기를 여호와여 말씀하옵소서 주의 종이 듣겠나이다 하라 하니 이에 사무엘이 가서 자기 처소에 누우니라

10여호와께서 임하여 서서 전과 같이 사무엘아 사무엘아 부르시는지라 사무엘이 이르되 말씀하옵소서 주의 종이 듣겠나이다 하니 11여호와께서 사무엘에게 이르시되 보라 내가 이스라엘 중에 한 일을 행하리니 그것을 듣는 자마다 두 귀가 울리리라 12내가 엘리의 집에 대하여 말한 것을 처음부터 끝까지 그날에 그에게 다 이루리라…

15사무엘이 아침까지 누웠다가 여호와의 집의 문을 열었으나 그 이상을 엘리에게 알게 하기를 두려워하더니 16엘리가 사무엘을 불러 이르되 내 아들 사무엘아 하니 그가 대답하되 내가 여기 있나이다 하니 그가 17이르되 네게 무엇을 말씀하셨느냐 청하노니 내게 숨기지 말라 네게 말씀하신 모든 것을 하나라도 숨기면 하나님이 네게 벌을 내리시고 또 내리시기를 원하노라 하는지라 18사무엘이 그것을 그에게 자세히 말하고 조금도 숨기지 아니하니 그가 이르되 이는 여호와이시니 선하신 대로 하실 것이니라 하니라

19사무엘이 자라매 여호와께서 그와 함께 계셔서 그의 말이 하나도 땅에 떨어지지 않게 하시니 20단에서부터 브엘세바까지의 온 이스라엘이 사무엘은 여호와의 선지자로 세우심을 입은 줄을 알았더라…

사무엘의 소명 이야기는 엘리가 더 이상 제사장 직분을 감당할 수 없을 무렵부터 시작된다. 엘리의 제사장 직분은 비생산적이며 무의미했다. 실로에서의 영적 황폐함은 한나의 태가 자식을 생산치 못함으로 인한 황

폐함(1장)과 유사하다. 그리고 그 두 삭막한 모습에 대한 하나님의 응답이 바로 사무엘이다.

사무엘이 "여호와를/여호와 앞에서 섬겼다"라는 구절이 벌써 세 번째 나온다(2:11, 18; 3:1). 사무엘은 종, 그 누구보다도 하나님의 종이다. 사무엘의 정체성은 하나님과의 관계에서 그가 누구며 무엇을 하는지에 따라 좌우된다.

사무엘이 "여호와를/여호와 앞에서 섬겼다"라는 구절이 반복되면서 사무엘과 그의 주변 사람들이 더욱 날카롭게 대조된다. 엘리는 제사장이지만 최초로 소개되는 장면에서(1:9-17) 성소를 지키며 예배하러 온 자(한나)로 하여금 규칙을 지키게 하며 제사장 직분을 흉내 내고 있다. 종교는 그의 직업이며 제사장직은 일종의 종교적 기능으로 전락했다. 그러므로 그는 하나님과 교제할 필요가 전혀 없었다(1:14). 홉니와 비느하스 역시 제사장 직분을 흉내 내고 있었지만 그들은 더 나빴다. 그들에게 성소는 몸가짐이 허술한 여자들과 어울리며 맛있는 음식을 차지하기 위해 권력과 특권을 남용하는 곳이었을 뿐이다. 그들의 마음속에서 가장 싫은 존재는 하나님이다. 우리가 성경을 읽으며 '섹스와 종교' 스캔들을 접할 때 별로 놀라지 않는데, 이런 소재들은 현대의 대중매체들이 사람들에게 충격을 주어 관심을 끌 때 사용하는 수단이다. 이것들의 배후에는 길고 지루한 역사가 있다. 거룩한 장소들(성소)은 거룩하지 않은 욕망들(그들이 항상 가지고 있고 항상 가지려 할)을 감출 수 있는 편리한 덮개를 제공한다.

그러나 사무엘에 대해 거듭(그리고 아주 전적으로) 명시하고 있는 것은, 그가 하나님과 교제를 나누었다는 사실이다(여호와를/여호와 앞에서 섬겼다). **이것은** 우리의 이목을 끄는 뉴스이다. 오늘날도 마찬가지이지만, 당시에도 사무엘처럼 하나님의 말씀에 귀를 기울이며 하나님 중심으로 사는 사람을 쉽게 찾아볼 수 없었기 때문이다. 본문은 그것이 "희귀"하고 "흔히 보이지 않았다"고 말한다. 사회학자나 심리학자, 신문 기자들은 우리의 생활이

나 활동의 주변 이야기들을 언급하지만, 사무엘 이야기의 화자는 중심에 집중한다. 그리고 우리는 지금 그의 이야기를 경청하고 있다!

하나님은 사무엘에게 말씀하시고 사무엘은 하나님께 대답한다. 이 이야기를 통해 우리는 성경의 계시에서 언어가 작용하는 방식을 볼 수 있다.

하나님이 사무엘에게 말씀하신다. 하나님이 말씀하신다는 **사실**은 성경적 신앙의 기본적인 실재다. 우리 믿음의 주요한 확신은 하나님이 **존재하신다**는 것이라기보다 오히려 하나님이 **말씀하신다**는 것이다. 성경의 계시는 하나님이 말씀으로 천지를 창조하시고, 말씀으로 우주를 존재하게 하시는 것으로 시작된다(창 1장). 성경은 하나님의 **말씀**이신 예수께서 "오라"고 초청하시는 것으로 끝난다(계 22:17). 모든 사건 사이에는 하나님의 말씀을 기록한 문장들이 채워져 있다. 그것은 하나님이 창조하고 초청하실 때, 심판하고 구원하실 때, 치료하고 인도하실 때, 계시하고 경고하실 때, 책망하고 위로하실 때 하신 말씀들이다. 이 모든 말씀에서 가장 돋보이는 것은 하나님이 개인적으로 대화를 나누듯이 말씀하신다는 점이다. 하나님은 장엄한 보편적 진리나, 진리와 도덕에 관한 대형 게시판의 포고문을 연설하시는 것이 아니다. 여호와의 말씀은 사람들**에게**, 즉 아브라함, 모세, 이사야, 예레미야, 바울처럼 **이름을 가진** 사람들**에게** 하신 것이다. 그리고 사무엘에게 말씀하셨다. 하나님이 말씀하시는 가장 중요한 형태는 철학적인 사변이나, 윤리적인 해석이나, 신학적인 사유가 아니라, 인격적인 대화다. 종교적인 추상개념이나 도덕적 원칙이 인격적인 대화를 밀쳐낼 때마다(우리는 종종 그렇게 한다), 하나님의 말씀을 배신하는 것이다.

그리고 사무엘은 듣는다. 그러나 그는 세 번이나, 자신에게 주시는 하나님의 말씀을 인간의 말로 오해했다. 엘리의 도움을 받아, 네 번째 말씀하실 때 그 말씀이 하나님의 말씀인 것을 알고 귀를 기울여 들었다. 인간의 말과 하나님의 말씀을 구별할 줄 아는 것이 그가 선지자로 그리고 제사장으로 살기 위해 요구되는 가장 기본적인 것이다. 사무엘은 **경청한다.** 경청은 개인적인 깊은 관심에서 비롯하는 행위이며, 응답으로 이어진다. 예수는 비유를 말씀하신 후 결론으로 "귀 있는 자는 들으라"라고 강조하셨는데(마 13:9, 43), 똑같은 말이 요한계시록에서 성령이 교회들에게 긴급한 메시지들을 전하실 때도 반복된다(계 2:7, 11, 17, 29; 3:6, 13, 22). 하나님의 말씀은 성경공부를 위한 교재로 전락되거나, 주일학교 교과과정의 부속품으로 조정되거나, 학문적인 글을 위한 주제로 한정되거나, 저녁에 술집에 모여 나누는 한담의 화젯거리처럼 가볍게 취급될 수 있는 것이 아니다. 사무엘은 **대답한다.** 즉 그는 기도한다.

사무엘의 존재는 기도의 결과, 즉 그의 어머니가 기도한 결과다. 그가 성전에서 소명받는 이야기는 선지자로서의 직무를 소개하는데, 그에게 혼자 힘으로 기도하는 법, 즉 하나님의 개인적인 말씀을 듣고 응답하는 법을 가르쳐 준다.

우리는 이런 방식에 익숙하지 않다. 개인적인 감정을 드러내지 않는 연설이 우리의 전문 분야다. 오늘날 학교는 우리에게 정보 습득법을 훈련시키고, 우리 문화는 출세하라고 가르친다. 가족관계나 연인관계를 통하여 개인적이고 친밀한 대화를 주고받는 법을 배우지만, 인격적인 것이 비인격적인 것에 의해 종종 주변으로 밀려난다.

나에게 말씀하며 인격적으로 다가오시는 하나님을 인식하고, 인격적으로 하나님께 반응하는 것은 어려운 일이다. 이런 어려움은 반복되는 사건을 통해 전달된다. 하나님과 사무엘의 대화는 세 번이나 반복되었지만, 세 번째 대화를 주고받을 때까지도 대화가 제대로 이루어지지 않았다. 그러나 네 번째 시도에서 사무엘은 엘리의 도움으로 상황을 파악한다. 제사장이 존재해야 하는 이유가 바로 여기에 있다. 그들의 도움을 받아 우리는 우리에게 주시는 하나님의 말씀을 분별할 수 있다. 엘리는 그의 일상적인 어리석음에도 불구하고 여기까지 해냈다.

하나님이 사무엘에게 말씀하신 메시지는 엘리를 **위한** 것이기도 했다. 그러나 엘리에게는 그 내용이 전혀 새로운 것이 아니었다. 일찍이 '어떤 하나님의 사람'이 똑같은 메시지를 전해주었는데(2:27), 그것은 엘리와 그의 가족에게 임할 심판에 관한 내용이었다. 그러나 두 메시지 사이에는 다음과 같은 차이가 있다. 첫 번째 메시지는 어떤 외부 사람, 즉 이름을 밝히지 않은 '하나님의 사람'이 전해주었다. 두 번째 메시지는 가족 안에서 그리고 성소 내부로부터 전해졌다. 심판의 메시지는 가혹한 운명에 관한 것이지만, 친밀하고 신뢰할 수 있는 분위기에서 전달되고 있다.

엘리는 경외함으로 그 메시지에 반응하는데, 용감하기까지 하다. 그는 엄중한 메시지 속에 담겨 있는 하나님의 사인을 알아차리고는 기꺼이 그 말씀을 인정했다. 하나님께로부터 왔다면, 그건 반드시 옳다. 엘리는 궁지에 몰렸지만 옳은 것을 받아들일 정도로 여전히 제사장이다.

여기에서 '자라다'라는 단어가 다시 등장한다(2:26 참고). 이번에는 사무엘의 신체적인 성장이 언어 능력의 발달과 연관되고, 사무엘의 말이 하나님의 말씀과 함께 나타난다. 이 본문에는 '말'(word)이라는 단어가 집중적으로 세 번 나타난다. 첫 번째와 세 번째는 사무엘이 한 말인데(3:19; 4:1a), 두 번째 나오는 하나님의 말씀(3:21)과 한데 모였다. 하나님과 사무엘 사이에 이루어진 인격적인 대화가 이제는 성숙한 단계에 이르렀다는 암시다. 사무엘은 "선지자"|철저히 하나님의 말씀에 의지해서 말하는 사람|가 되었다. 선지자의 말은 기념품으로 제공되는 것이 아니다. 사람들을 향하여 선포되는 선지자의 말은 회고록이나 보고서나 소문이 아니다. 선지자는 전달할 뿐 아니라 드러내기도 한다. 그리고 하나님이 자신에게 하신 것을 다른 사람들에게 행한다. 이것이야말로 선지자 사역의 경이로움이다. 선지자의 말 속에서 **"보이시지 않는 하나님이 들을 수 있는 분이 된다"**(Abraham

Heschel, *The Prophets*, 22).

"단에서 브엘세바까지"라는 표현은 구약성경에 흔히 나타나는 관용구인데 "온 나라"를 의미한다. 단은 이스라엘의 북쪽 경계에, 브엘세바는 남쪽 경계에 위치해 있던 곳이다.

6. 하나님의 궤
사무엘상 4:1b-7:2

하나님의 언약궤의 역사 한 토막이 소개되는 이 이야기에서 사무엘의 역할은 기다리는 것이다. 사무엘은 하나님의 계시가 펼쳐질 세계에 들어가 활약할 준비가 되어 있다. 그러나 그 세계에서 사무엘의 중요성을 제대로 평가하려면, 그가 곧 발을 내딛을 세계를 조금 설명할 필요가 있다. 본문은 '그 시대'의 전체적인 특징을 이야기하는 대신에, 일부 지역에 국한된 '언약궤'에 얽힌 이야기를 들려준다. **이것이** 사무엘이 활동할 시대의 정치와 종교다.

하나님의 궤를 빼앗기다(4:1b-11)

4:1b이스라엘은 나가서 블레셋 사람들과 싸우려고 진쳤더니 2…이스라엘이 블레셋 사람들 앞에서 패하여 그들에게 전쟁에서 죽임을 당한 군사가 사천 명가량이라 3백성이 진영으로 돌아오매 이스라엘 장로들이 이르되 여호와께

서 어찌하여 우리에게 오늘 블레셋 사람들 앞에 패하게 하셨는고 여호와의 언약궤를 실로에서 우리에게로 가져다가 우리 중에 있게 하여 그것으로 우리를 우리 원수들의 손에서 구원하게 하자 하니 4이에 백성이 실로에 사람을 보내어 그룹 사이에 계신 만군의 여호와의 언약궤를 거기서 가져왔고 엘리의 두 아들 홉니와 비느하스는 하나님의 언약궤와 함께 거기에 있었더라 5여호와의 언약궤가 진영에 들어올 때에 온 이스라엘이 큰 소리로 외치매 땅이 울린지라 6블레셋 사람이 그 외치는 소리를 듣고 이르되 히브리 진영에서 큰 소리로 외침은 어찌 됨이냐 하다가 여호와의 궤가 진영에 들어온 줄을 깨달은지라 7블레셋 사람이 두려워하여 이르되 신이 진영에 이르렀도다 하고 또 이르되 우리에게 화로다 전날에는 이런 일이 없었도다 8우리에게 화로다 누가 우리를 이 능한 신들의 손에서 건지리요 그들은 광야에서 여러 가지 재앙으로 애굽인을 친 신들이니라 9너희 블레셋 사람들아 강하게 되며 대장부가 되라 너희가 히브리 사람의 종이 되기를 그들이 너희의 종이 되었던 것 같이 되지 말고 대장부같이 되어 싸우라 하고
10블레셋 사람들이 쳤더니 이스라엘이 패하여 각기 장막으로 도망하였고…
11하나님의 궤는 빼앗겼고 엘리의 두 아들 홉니와 비느하스는 죽임을 당하였더라

이야기는 두 개의 축을 중심으로 전개된다. 한 축은 저주받은 블레셋이며, 다른 한 축은 축복받은 언약궤다. 저주받은 블레셋은 지난 200년 이상 이스라엘을 대적해 왔고, 앞으로도 약 300년 동안 이스라엘을 괴롭힐 원수다. 사무엘이 활동하는 기간 내내 블레셋은 끊임없이 이스라엘을 괴롭힌다. 블레셋은 이스라엘이 애굽에서 노예생활을 하던 시기와 바벨론 포로기의 중간 시기에 이스라엘을 괴롭히던 적으로, 애굽, 바벨론과 함께 3대 적 가운데 하나다. 블레셋의 해안평야에 있던 다섯 도시(가사, 아스돗,

에그론, 가드, 아스글론)가 적어도 이스라엘에 관한 한 주로 군사작전 기지로 사용되었다. 블레셋 사람들은 철 생산을 독점했고, 자신들이 생산한 철을 가지고 주로 무기를 제조했다. 이 다섯 도시에서 고고학자들이 발굴한 고대 기물들 가운데 가장 유명한 것은 술항아리다. 그들은 사나운 싸움꾼에다가 술고래이기까지 했다. 영어 단어 'Philistine'은 상스럽고 무지한 사람을 가리킬 때 사용하는 말인데, 그렇게 틀린 것도 아니다.

한편 신성한 언약궤는 길이 113센티미터, 높이와 폭이 각각 68센티미터인 단순한 모양의 상자다(출 25:10). 이스라엘이 40년 광야생활을 시작하던 초기에 만들어졌고, 그들의 예배에서 중심적인 역할을 했다. 나무로 만든 후 그 위에 금을 입혔는데, 단단한 금 덮개를 속죄소라고 불렀다. 속죄소 양쪽 끝에는 천사 같은 형상을 한 두 그룹이 서서 속죄소 중앙을 감싸고 있었는데, 그곳이 하나님의 말씀이 주어지던 자리다. 언약궤 안에는 모세가 시내 산에서 하나님께 받아 백성들에게 전해주었던 두 돌판, 광야생활을 하는 동안 주된 양식이었던 만나를 담은 항아리, 그리고 아론의 싹 난 지팡이가 들어 있었다. 이 물건들은 하나님이 이스라엘 가운데서 일하고 계심을 끊임없이 생각나게 하는 증거물이다. 하나님은 그들에게 말씀하셨고(두 돌판), 그들에게 필요한 양식을 공급하셨고(만나), 그들을 구원하셨다(지팡이). 약속의 땅(지금의 팔레스타인)에 들어간 후 이스라엘 백성들은 언약궤를 실로에 있던 중앙 성소에 두었다. 언약궤는 이스라엘이 섬겼던(예배했던) 하나님이 어떤 분인지 알 수 있도록 확실한 역사적 초점을 주었다. 언약궤는 어떤 마술적인 힘을 지닌 신령한 물건이 아니다. 언약궤는 하나님이 친히 허락하신 도구로, 이스라엘로 하여금 하나님이 그들에게 말씀하고 계시다는 사실에 주의하라는 목적으로 주신 것이다. 이스라엘에서 미신은 근절 대상이었다. 그러므로 이스라엘의 지도자들은 언약궤가 능력의 근원이므로 그것을 숭배하라고 결코 가르치지 않았다.

그러나 블레셋의 갑자스러운 공격으로 전쟁에서 패하면서 겁에 질린 이스라엘의 지도자들은 영적으로 퇴보하여 조잡한 미신을 의지한다. 본문은 하나님을 신뢰하지 않고 미신을 의지할 때 아무 일도 일어나지 않거나 아무 일도 일어나지 않는 것이 차라리 나을 만한 사건들이 일어난다는 것을 보여준다.

당시 홉니와 비느하스가 관장하던 이스라엘의 종교는 모세와 여호수아의 지도하에서 사람들이 경험하고 누리던 해방과 구원과 예배의 세계와 현격한 차이를 나타냈다. 이스라엘과 블레셋이 각각 에벤에셀과 아벡에 진을 치고 있을 때, 이스라엘 중에 어느 누구도 기도하고 있었다는 증거가 없다. 이스라엘의 지도자들은 미디안과 시내 산에서 인격적이며 주권적인 분으로 나타나셨던 그 하나님을 상자 속에 들어 있는 신으로 바꾸려 했다. 그렇게 하면 주술을 사용하여 아벡에 진치고 있던 블레셋을 물리칠 수 있을 것이라고 생각했다.

그러나 언약궤는 블레셋에게 빼앗겼고, 두 제사장 홉니와 비느하스는 전쟁 중에 죽었다. 이것은 미신에 사로잡힌 관습들과 속임수를 사용하는 마법이 거짓임을 입증한다. 당시 이스라엘의 영적 삶은 심히 부패했었고, 완전히 회복되려면 상당한 시간이 필요했다. 부패한 종교로 인한 문제는 좀처럼 사라지지 않는다. 오히려 계속 재발한다. "우리 인간들은 '우리의 자아가 확신할 수 있는 것보다 객관적으로 설명될 수 있는 뭔가'에 종교적으로 중독되어 있는 것 같다"(Karl Barth, *Church Dogmatics*, I/1, 438).

묘비명 이가봇(4:12-22)

4:12당일에 어떤 베냐민 사람이 진영에서 달려나와 자기의 옷을 찢고 자기의

머리에 티끌을 덮어쓰고 실로에 이르니라 13그가 이를 때는 엘리가 길 옆 자기의 의자에 앉아 기다리며 그의 마음이 하나님의 궤로 말미암아 떨릴 즈음이라 그 사람이 성읍에 들어오며 알리매 온 성읍이 부르짖는지라… 16 그 사람이 엘리에게 말하되 나는 진중에서 나온 자라 내가 오늘 진중에서 도망하여 왔나이다 엘리가 이르되 내 아들아 일이 어떻게 되었느냐 17소식 을 전하는 자가 대답하여 이르되 이스라엘이 블레셋 사람들 앞에서 도망하 였고 백성 중에는 큰 살륙이 있었고 당신의 두 아들 홉니와 비느하스도 죽 임을 당하였고 하나님의 궤는 빼앗겼나이다 18하나님의 궤를 말할 때에 엘 리가 자기 의자에서 뒤로 넘어져 문 곁에서 목이 부러져 죽었으니 나이가 많고 비대한 까닭이라 그가 이스라엘의 사사가 된 지 사십 년이었더라
19그의 며느리인 비느하스의 아내가 임신하여 해산 때가 가까웠더니 하나님 의 궤를 빼앗긴 것과 그의 시아버지와 남편이 죽은 소식을 듣고 갑자기 아 파서 몸을 구푸려 해산하고… 21이르기를 영광이 이스라엘에서 떠났다 하고 아이 이름을 이가봇이라 하였으니 하나님의 궤가 빼앗겼고 그의 시아버지 와 남편이 죽었기 때문이며…

비느하스의 아내가 남편의 사망 소식을 듣고 "하나님의 영광이 떠났다" 고 말한 것은 물론 틀린 말이다. 하나님의 영광은 결코 이스라엘을 떠난 적이 없다. 그렇게 혼란스러운 상황에서도 하나님의 영광은 다시 나타나 려던 참이었다. 그러나 그 영광이 나타나기 전에 먼저 수치스런 일들이 제 거되어야 했다. 비느하스의 미망인은 아들의 이름을 통하여 남편의 타락 한 제사장 가문이 몰락한 것을 슬퍼했다. 그녀가 사용한 "영광"이란 단어 는 특권과 권력을 의미한다. (비느하스는 기름진 음식과 성욕을 즐겼던 인물이 다.) 그러므로 그런 생활에 젖어 있던 사람에게서 그 특권과 권력이 없어 졌다는 것은 하나님이 떠난 것이나 다름이 없었던 것이다. 그녀는 하나님

의 궤와 관련된 남편의 지위가 자신들이 누렸던 부귀영화를 보장해 주었다고 생각한 것일까? 분명 그녀는 그렇게 생각했을 것이다. 그러나 잘못 생각한 것이다.

성경이 말하는 "영광"은 그 의미가 아주 다르다. 영광은 보이지 않는 하나님의 실제적인 임재에 대한 증거다. 그것은 맘에 드는 뭔가를 건축하려 할 때 허물어 버리는, 날림으로 지은 구조물의 조잡함과 대조되는 하나님의 중후함이며 불길이다. 그것은 모래 위에 세워진 문화를 대치할 수 있는 대안으로서 하나님의 견고하심을 깨닫게 해준다. 제임스 휴스턴은 한 강의에서 재치 있게 모래 위에 세워진 현대 문명을 표현했다. "우리는 역사상 최초로 문자 그대로 모래 위에 문명을 세웠다. 왜냐하면 우리가 사용하는 컴퓨터의 핵심 부품인 실리콘칩이 바로 모래로 만든 것이기 때문이다."

블레셋에게 언약궤를 빼앗긴 사건은 당시 실로에 만연된 종교적 부패를 하나님이 심판하셨다는 증거였고, 블레셋은 그 심판의 도구였다. 그 심판은 우발적 사건도 아니고, 아무 계획 없이 일어난 일도 아니다. 2장 27-36절의 "하나님의 사람"을 통하여, 그리고 3장 11-18절의 사무엘을 통하여 하나님은 충분히 경고하셨다. 언약궤는 그 심판을 완성시키는 핵심 역할을 했다. 언약궤가 그것을 맡은 자를 재가(裁可)한다고 백성들이 생각했다면, 그들을 그런 미신에서 깨어나게 하는 가장 좋은 방법이 무엇이었겠는가? 언약궤가 아무런 효력을 발휘하지 못한다는 것을 공개적으로 드러내는 것보다 좋은 방법이 있겠는가? 언약궤가 전쟁의 무기로 쓸모없다면, 종교적인 도구로도 사용할 수 없다. 언약궤가 어떤 것을 위해서는 유익했다. 사무엘서의 저자를 통해 나중에 그것이 무엇인지 밝혀지게 될 것이다. 그러나 **지금은** 아무런 도움이 되지 않는다.

내러티브는 빠른 속도로, 생생하게 전개된다. 아벡에서 실로까지 대부분 오르막길인 32킬로미터를 전령이 달려와서 전쟁에서 패했다는 절망적인 소식을 전하자, 실로 사람들 전체가 낙담했고 몸이 비대했던 엘리는 의자에서 뒤로 넘어지면서 목이 부러져 죽었다. 막 태어난 아기에게 이름을 지어준 엄마도 곧 죽었다. 매우 절실했던 대청소가 이뤄지면서 3장 20절에서 4장 1a절을 통하여 예고되었던 사무엘의 리더십을 기대하게 된다.

언약궤가 빚은 촌극(5:1-12)

> 5:1블레셋 사람들이 하나님의 궤를 빼앗아 가지고 에벤에셀에서부터 아스돗에 이르니라 2블레셋 사람들이 하나님의 궤를 가지고 다곤의 신전에 들어가서 다곤 곁에 두었더니 3아스돗 사람들이 이튿날 일찍이 일어나 본즉 다곤이 여호와의 궤 앞에서 엎드러져 그 얼굴이 땅에 닿았는지라 그들이 다곤을 일으켜 다시 그 자리에 세웠더니 4그 이튿날 아침에 그들이 일찍이 일어나 본즉 다곤이 여호와의 궤 앞에서 또다시 엎드러져 얼굴이 땅에 닿았고 그 머리와 두 손목은 끊어져 문지방에 있고 다곤의 몸뚱이만 남았더라…

블레셋 사람들은 언약궤를 그들의 주요 도시인 아스돗으로 가져가서 그들의 최고 신인 다곤의 신전에 모셔두었다. 그들은 이스라엘의 하나님을 소유하게 되었다고 생각했다. 즉, **그분**을 사로잡았다고 생각했다. (이스라엘이 마치 하나님을 잃어버렸다고 생각했던 것과 같다.) 그 후에도 우스꽝스러운 사건이 전개된다. 아스돗 사람들은 아침 일찍 일어나 전리품(언약궤)을 보려고 신전으로 갔으나, 그들이 발견한 것은 그들의 신이 대좌에서 떨어져 언약궤 앞에 노예처럼 엎드려 있는 것이었다. 그다음 날엔 더 심한 일이 벌어졌다. 다곤 신상이 쓰러져 있을 뿐만 아니라, 부서져 버린 것이다. 히브리어로 다곤은 '곡식'이란 뜻이다. (다곤은 '곡식의 신'이다.) 따라서 다곤은 이방 종교에서 중요한 식물의 풍요를 기원하는 의식에서 최고 위치를 차지했다.

> 5:6 여호와의 손이 아스돗 사람에게 엄중히 더하사 독한 종기의 재앙으로 아스돗과 그 지역을 쳐서 망하게 하니 7아스돗 사람들이 이를 보고 이르되 이스라엘 신의 궤를 우리와 함께 있지 못하게 할지라 그의 손이 우리와 우리 신 다곤을 친다 하고 8이에 사람을 보내어 블레셋 사람들의 모든 방백을 모으고 이르되 우리가 이스라엘 신의 궤를 어찌하랴 하니 그들이 대답하되 이스라엘 신의 궤를 가드로 옮겨가라 하므로 이스라엘 신의 궤를 옮겨갔더니 9그것을 옮겨간 후에 여호와의 손이 심히 큰 환난을 그 성읍에 더하사 성읍 사람들의 작은 자와 큰 자를 다 쳐서 독한 종기가 나게 하신지라 10이에 그들이 하나님의 궤를 에그론으로 보내니라 하나님의 궤가 에그론에 이른즉 에그론 사람이 부르짖어 이르되 그들이 이스라엘 신의 궤를 우리에게로 가져다가 우리와 우리 백성을 죽이려 한다 하고 11이에 사람을 보내어 블레셋 모든 방백을 모으고 이르되 이스라엘 신의 궤를 보내어 그 있던 곳으로 돌아가게 하고 우리와 우리 백성이 죽임당함을 면하게 하자 하니 이는 온 성읍이 사망의 환난을 당함이라 거기서 하나님의 손이 엄중하시므로 12죽지 아니한 사람들은 독한 종기로 치심을 당해 성읍의 부르짖음이 하늘에 사무쳤더라

블레셋과 이스라엘은 원수지간이지만, 언약궤를 차지하려는 목적은 똑같았다. 그들 모두 하나님의 궤가 초자연적인 능력을 발휘해서 커다란 유익을 줄 것이라고 믿었던 것이다. 그들은 언약궤를 신적인 능력을 발휘하는 일종의 신령한 도구로 생각했다. 그런 면에서 블레셋 사람들의 죄가 이스라엘 사람들의 죄보다 조금 더 가벼울 것이다. 그들은 무지해서 그렇게 한 것이지만, 이스라엘은 불순종했기 때문이다.

하나님은 이스라엘 백성에게 분명하고 확실하게 자신을 계시하셨다. 이것은 출애굽기의 이야기들이 생생하게 증언한다. 하나님은 그들의 뜻에 좌우되는 분이 아니다. 하나님은 물건이 아니다. 하나님은 신령한 기술의 일부가 아니다. 언약궤는 이스라엘 사람들을 가르치는 데 유익한 도구였다. 그들은 언약궤로부터 그들의 주권자에게 순종하며 믿음으로 예배드리는 것을 배웠다. 언약궤는 이스라엘의 기원과 그들을 위한 하나님의 언약을 생생히 기억하게 해주는 역할을 했다. 이스라엘 백성들은 언약궤를 보면서 보이지 않는 하나님께 초점을 맞출 수 있었다. 언약궤는 이스라엘 백성으로 하여금 하나님이 그들의 역사로 들어오셔서 그들 가운데 거하시며 그들과 더불어 구원의 역사를 이루고 계시다는 것을 항상 기억하며 살게 해주었다. 그러나 엘리 제사장의 가족들이 잘 보여주듯 쉽게 잊어버리는 불순종의 세대들은 그 계시를 모호하게 만들었고, 그 결과 사무엘 시대의 이스라엘은 영적인 상태로만 판단한다면 주변의 민족들과 별로 다를 게 없었다.

한편 블레셋 사람들은 그런 중요한 의미들을 알고 있었을 리가 없다. 그들은 단지 이스라엘의 출애굽과 관련된 기적이나 공포심을 불러일으키는 사건들에 관해서만 들었을 뿐이다. 그것도 이교적인 사상에 의해 왜곡된 이야기를(4:8). 이스라엘 사람들이 언약궤를 신의 능력이 발휘되는 군사적 무기로 생각하는 판에 블레셋 사람들이 언약궤를 그런 식으로 생각하는 것은 어쩌면 당연하다. 그들이 생각할 때, 언약궤를 빼앗았다는 것은 그 유명한 출애굽의 하나님을 사로잡은 것이었다. 지역 전체를 지배할 수 있는 강력한 무기를 손에 넣은 셈이다. (미국인들이 핵을 지니고 있을 때 느끼는 것과 같다.)

그러나 일이 그런 식으로 진행되지 않았다. 언약궤는 이스라엘에게 그러했던 것처럼 블레셋 사람들에게도 결코 유익을 주지 않았다. 언약궤 때문에 그들은 오히려 화를 당했다.

　여기에서 사무엘서 저자는 블레셋이 곤욕을 치르는 것을 약간 즐기고 있다. 두 번씩이나 그들의 신 다곤이 언약궤 앞에서 엎드려 얼굴이 땅에 닿았고, 두 번째 쓰러졌을 때는 머리와 두 손목이 떨어져 나갔다. 이어서 선페스트(bubonic plague)와 비슷한 종류의 전염병이 번지면서 사람들이 여기저기서 죽어가고 온 백성이 공포에 떨었다. 자신들의 신 다곤이 파괴된 것을 보자, 그들은 언약궤가 전염병을 일으킨 원인이었다고 단정했다. 당연히 그런 상황에서는 그와 같은 결론을 내릴 수밖에 없었을 것이다. 그들은 전쟁에서 탈취한 그 가공할 만한 무기의 사용법을 몰랐으며, 그 궤는 그들에게 오히려 화를 불러일으켰다. 전승의 자부심과 상징으로 여겼던 궤가, 하룻밤 사이에 뜨거운 감자가 되었다. 그래서 그들은 언약궤를 여기저기로│아스돗에서 가드로, 가드에서 에그론으로│떠넘겼다. 아마 각 성읍 사람들은 처음에는 그 궤로부터 어떤 신령한 유익을 얻을 수 있으리라는 기대로 넘겨받았을 것이다. 그러나 궤를 보관했던 지역마다 얻은 것이라고는 전염병이 휩쓸고 간 죽음의 흔적뿐이었다. 언약궤에 대하여 그들이 지녔던 미신적 희망은 실망으로 끝났다. 짐작하건대, 코미디 같은 일들이 벌어졌을 것이다. 전쟁에서 강력한 무기를 탈취하여 무서울 것이 없었던 블레셋 사람들이 어린이의 관보다 작은 상자 때문에 난리가 난 것이다. "하늘에 계신 이가 웃으심이여 주께서 그들을 비웃으시리로다"(시 2:4). 결국 온갖 곤욕을 치르고 난 후, 그들은 언약궤에서 벗어나기 위해서는 그 궤를 다시 이스라엘로 돌려보내는 수밖에 없음을 깨달았다. 그래서 그들은 궤를 돌려보내기로 결정했다.

　이 이야기는 미신적인 종교의 실상과 결과를 여실히 보여준다. 이스라엘과 블레셋이 차례로 배운 내용은 다음과 같다. 살아 계신 하나님은 이용당하거나 도구로 취급당하지 않으실 뿐만 아니라 사람의 의도대로 이리저리 다루어질 수 있는 분이 아니다. 영적인 능력은 우리 손에 '하나님'이라는 도구가 쥐어져 있느냐의 문제가 아니다. 인격적인 하나님이 비인격적인 능력으로 전락할 수 없다. 그럼에도 불구하고 그런 식으로 하나님을 대하려는 사람들은 바로 그 살아 계신 하나님께 심판을 당할 것이다. 하나님은 신성을 모독하는 행위를 참지 않으신다. 얼마 전까지만 해도 부패한 가나안 땅을 심판하는 도구로 사용되었던 백성들이, 이제는 심판을 자초하고 있다. 하나님은 결코 조롱당하지 않으신다.

'뜨거운 감자' 언약궤 처리하기(6:1-12)

6:1여호와의 궤가 블레셋 사람들의 지방에 있은 지 일곱 달이라 2블레셋 사람들이 제사장들과 복술자들을 불러서 이르되 우리가 여호와의 궤를 어떻게 할까 그것을 어떻게 그 있던 곳으로 보낼 것인지 우리에게 가르치라 3그들이 이르되 이스라엘 신의 궤를 보내려거든 거저 보내지 말고 그에게 속건제를 드려야 할지니라 그리하면 병도 낫고 그의 손을 너희에게서 옮기지 아니하는 이유도 알리라 하니 4그들이 이르되 무엇으로 그에게 드릴 속건제를 삼을까 하니 이르되 블레셋 사람의 방백의 수효대로 금 독종 다섯과 금 쥐 다섯 마리라야 하리니 너희와 너희 통치자에게 내린 재앙이 같음이니라 5그러므로 너희는 너희의 독한 종기의 형상과 땅을 해롭게 하는 쥐의 형상을 만들어 이스라엘 신께 영광을 돌리라 그가 혹 그의 손을 너희와 너희의 신들과 너희 땅에서 가볍게 하실까 하노라 6애굽인과 바로가 그들의 마음을 완악하게 한 것같이 어찌하여 너희가 너희의 마음을 완악하게 하겠느냐 그가 그들 중에서 재앙을 내린 후에 그들이 백성을 가게 하므로 백성이 떠나지 아니하였느냐 7그러므로 새 수레를 하나 만들고 멍에를 메어 보지 아니

한 젖 나는 소 두 마리를 끌어다가 소에 수레를 매우고 그 송아지들은 떼어 집으로 돌려보내고 8여호와의 궤를 가져다가 수레에 싣고 속건제로 드릴 금으로 만든 물건들은 상자에 담아 궤 곁에 두고 그것을 보내어 가게 하고 9보고 있다가 만일 궤가 그 본 지역 길로 올라가서 벧세메스로 가면 이 큰 재앙은 그가 우리에게 내린 것이요 그렇지 아니하면 우리를 친 것이 그의 손이 아니요 우연히 당한 것인 줄 알리라 하니라

10그 사람들이 그같이 하여… 12암소가 벧세메스 길로 바로 행하여 대로로 가며 갈 때에 울고 좌우로 치우치지 아니하였고 블레셋 방백들은 벧세메스 경계선까지 따라가니라

그들은 언약궤를 없애는 것이 들여왔던 것보다 훨씬 어렵다는 것을 깨달았다. 블레셋의 주술사들은 회의를 열어 구체적인 방안을 세웠다. 금쥐 다섯 개와 금 독종(종양) 다섯 개를 만들어 언약궤와 함께 이스라엘로 돌려보낸다는 것이다. 그 계획은 그들이 당하고 있는 문제, 즉 죄책에 대한 그들 나름대로의 종교적 이해에 근거한 것이었다. 그러나 그들은 실수했다. 그 상황을 타결하기 위해 무엇을 해야 하는지 아무도 몰랐던 것이다. 그들이 저지른 실수 가운데 하나는 마술의 힘을 지닌 것으로 여긴 언약궤를 잘못 다룬 것이었다.

그런데 왜 들쥐와 독종 형상을 언약궤와 함께 실어 보냈을까? 고대 헬라어 번역본들은 이 본문을 번역하면서 전염병이 쥐(들쥐) 떼 때문에 발생했다는 내용을 삽입했다. 우리는 선페스트에 걸리면 발진하여 종양이 생긴다는 것과, 설치류가 그 병을 옮긴다는 것을 알고 있다. 따라서 현재의 본문은 쥐가 그 전염병의 원인이며 그 결과 악성 종양(독종)이 생겼다고 추정하는 것이다. 다섯 개의 금 쥐와 다섯 개의 금 독종을 만든 것은 일종의 동종요법(homeopathic)이다. (동종요법은 질병을 일으킨 원인과 같은 것에서

치료약이나 치료책을 찾을 수 있다고 믿는 치료법이다. 그 대신 적은 양을 다른 형태로 사용한다. 예방주사는 이 원리를 응용한 것이다. 광견병을 치료하려고 '그 사람을 물었던 개의 털'을 사용하는 것도 민간요법에서 볼 수 있는 동종요법이다.)

블레셋 사람들의 계획대로 일이 진행되었다. 언약궤와 금으로 만든 쥐와 독종을 담은 상자를 새 수레에 실은 후, 한 번도 멍에를 메어보지 않은 암소 두 마리에게 멍에를 씌우고 수레를 끌게 했다. (수레와 암소 모두 죄로 더럽혀지지 않은 새 것을 사용함으로써, 그들은 모든 일을 바르게 하고자 노력했다.) 그런 다음 수레를 끄는 소를 가장 가까운 이스라엘 마을(벧세메스)로 가는 길을 따라가게 했다.

한편 그들은 그 계획을 시행하면서 한 가지를 시험해 보려고 했다. 멍에를 멘 암소들은 젖먹이 송아지가 딸린 어미 소들이었다. 먼저 송아지들을 우리에 격리시킨 후 수레를 보냈다. 만약 새끼에게 먹일 충분한 젖이 있는 어미 소가 '본능을 무시한 채' 배고픈 송아지를 남겨두고 떠난다면, 모든 일(언약궤, 다곤, 전염병)은 초자연적인 것이지 우연히 발생한 것이 아니며, 자신들이 현재 진노한 신을 잘 달래고 있다는 증거가 된다. 어미 소 두 마리는 배고픈 새끼들을 남겨둔 채로 벧세메스를 향해 갔다. 언약궤는 원래 있던 곳으로 되돌아가고 있었다.

본문에는 블레셋의 미신적인 생각과 종교의식이 확연히 드러난다. 그러나 하나님은 당신의 뜻을 완성하기 위해 가까이 있는 것을 사용하신다. 여기서 하나님의 뜻이란 언약궤를 이스라엘로 되돌아오게 하는 것이다. 하나님은 일을 이루실 때, 일에 연루된 사람이나 문화적인 특성이나 조건 같은 것을 따지지 않으신다. 분명 하나님은 블레셋(또한 이스라엘!)의 미신에서 시작된 혼란에서부터 심판을 행함과 동시에 자비를 베푸셨다. 이야기의 한 단락은 언약궤 귀환 사건을 블레셋 사람들의 입을 통해 출애굽 사건과 연결한다(6:6). 이스라엘은 그들의 과거를 잊었지만 블레셋은 그렇지 않았다. 과거를 증언하는 흔적이 최소한 남아 있는데, 동료가 기억하지 않는다면 적이 기억할 것이다.

여호수아의 밭(6:13–18)

6:13벧세메스 사람들이 골짜기에서 밀을 베다가 눈을 들어 궤를 보고 그 본 것을 기뻐하더니 14수레가 벧세메스 사람 여호수아의 밭 큰 돌 있는 곳에 이르러 선지라 무리가 수레의 나무를 패고 그 암소들을 번제물로 여호와 께 드리고 15레위인은 여호와의 궤와 그 궤와 함께 있는 금 보물 담긴 상자 를 내려다가 큰 돌 위에 두매 그날에 벧세메스 사람들이 여호와께 번제와 다른 제사를 드리니라 16블레셋 다섯 방백이 이것을 보고 그날에 에그론으 로 돌아갔더라 17블레셋 사람이 여호와께 속건제물로 드린 금 독종은 이러 하니 아스돗을 위하여 하나요 가사를 위하여 하나요 아스글론을 위하여 하 나요 가드를 위하여 하나요 에그론을 위하여 하나이며 18드린 바 금 쥐들은 견고한 성읍에서부터 시골의 마을에까지 그리고 사람들이 여호와의 궤를 큰 돌에 이르기까지 다섯 방백들에게 속한 블레셋 사람들의 모든 성읍들의 수대로였더라 그 돌은 벧세메스 사람 여호수아의 밭에 오늘까지 있더라

실로의 성소에서는 멀고(약 80킬로미터) 이교도의 땅 블레셋에서는 가까 운, 당시 세상에 잘 알려지지 않은 마을 벧세메스에 수레가 당도했을 때, 그곳에는 언약궤가 무엇이며 언약궤를 위하여 무엇을 해야 하는지, 즉 하 나님께 제사드려야 한다는 것을 아는 이스라엘 사람들이 있었다. 그들 가 운데 벧세메스의 여호수아로 불리는 사람이 있었는데, 그는 살아 계신 하 나님을 믿는 신앙은 전혀 다른 환경과 조건 속에서도 지켜질 수 있다는

것을 보여주었다. 벧세메스는 한편으로는 동족 이스라엘 사람들의 미신적으로 변질된 종교에 접해 있고, 한편으로는 이방신을 섬기는 무지한 블레셋에 인접한 곳이다. 그럼에도 불구하고 여호수아와 그의 친구들은 언제나 하나님의 말씀을 지키고 있었다. 언약궤를 실은 수레가 도착하자 그들은 환호와 기쁨으로 맞이했고 지체하지 않고 하나님께 제사드릴 준비를 했다. 비로소 때가 된 것이다! 이스라엘과 블레셋 사람들이 각각 제멋대로 다루던 언약궤가 이제야 비로소 제대로 대접받게 되었다. 벧세메스 사람들은 기쁜 마음으로 경외심을 갖고 언약궤를 대했다. (이 본문에서 볼 수 있는 한 가지 아이러니는, 결과적으로 이교도인 블레셋 사람들이 진정한 신[하나님]께 드릴 번제를 위한 연료[나무로 된 수레]와 짐승들을 제공했다는 사실이다.) 번제를 드렸던 장소인 여호수아의 밭에는 둥근 돌이 있었는데, 이 돌은 벧세베스 사람들이 드린 현명하고 순종적인 예배를 이스라엘 후손에게 증언하는 이정표가 되었다.

기럇여아림(6:19-7:2)

6:19벧세메스 사람들이 여호와의 궤를 들여다본 까닭에 그들을 치사 (오만) 칠십 명을 죽이신지라 여호와께서 백성을 쳐서 크게 살륙하셨으므로 백성이 슬피 울었더라 20벧세메스 사람들이 이르되 이 거룩하신 하나님 여호와 앞에 누가 능히 서리요 그를 우리에게서 누구에게로 올라가시게 할까 하고 21전령들을 기럇여아림 주민에게 보내어 이르되 블레셋 사람들이 여호와의 궤를 도로 가져왔으니 너희는 내려와서 그것을 너희에게로 옮겨가라 7:1기럇여아림 사람들이 와서 여호와의 궤를 옮겨 산에 사는 아비나답의 집에 들여놓고 그의 아들 엘리아살을 거룩하게 구별하여 여호와의 궤를 지키게 하

였더니 2궤가 기럇여아림에 들어간 날부터 이십 년 동안 오래 있은지라 이스라엘 온 족속이 여호와를 사모하니라

이 본문은 지금까지의 이야기와 연결해서 이해하기에는 조금 난해하다. 히브리어로 기록된 내용과 헬라어로 번역된 내용이 일치하지 않아서 실제로 무슨 일이 일어났는지를 알기 위해 많은 학자들이 상상력을 발휘해 왔다. 분명해 보이는 한 가지 사실은 신앙의 마을인 벧세메스에서도 언약궤에 대해 불손한 사건들이 있었고, 그로 인해 재앙이 발생했다는 것이다. 이스라엘 사람들은 (언약궤를 통하여) 전쟁에서 승리하려고 하나님을 이용하려 했고, 블레셋 사람들은 전쟁에서의 승리를 과시하려고 하나님을 그들의 신전에 전리품으로 진열했다. 아마도 벧세메스에 임한 재앙은 하나님을 오락거리로 이용하려는 신성모독에 대한 징벌이었을 것이다. 물론 추측에 근거한 것이지만, 앞뒤 문맥이 이를 뒷받침한다. 일부 마을 주민들은 언약궤를 전시할 만한 신기한 물건, 종교적인 여흥거리가 될 수 있는 신제품쯤으로 생각하지 않았을까? 하나님을 오락거리로 생각한 것이 아닐까? 이 "거룩하신 하나님"(20절)은 경배받아야 할 하나님이지, 이용당할 분이 아니다. 그분은 섬김을 받아야 할 하나님이지, 조종당할 분이 아니다. 숭배받아야 할 하나님이지, 지시받으려고 대기하고 있는 분이 아니다.

갑자기 그런 위험한 책임감이 주어진 것이 거북해지자, 벧세메스 주민들은 북쪽으로 약 15킬로미터 떨어진 곳에 위치한 기럇여아림 사람들에게 언약궤를 맡아달라고 요청했고, 언약궤는 기럇여아림에 머무르게 됐다. 이때부터 20년 동안 언약궤에 대한 이야기는 잠잠해졌다가 다윗이 언약궤를 옮기려고 기럇여아림에 오면서 다시 시작된다(삼하 6장).

비록 이 사건의 구체적인 내용에 대해서는 불확실한 점들이 많이 남아 있지만, 언약궤 이야기는 몇 가지 근본적인 주제를 분명하게 강조한다. 언

약궤는 결코 소홀히 다룰 수 있는 대상이 아니다. 하나님은 주권적이시며, 스스로를 존귀하게 여기시는 분이다. 물질적인 도구는 하나님의 계시의 일부가 아니라 계시의 한 **방편**일 뿐이다. 그런 도구를 다루는 방법도 하나님을 대하는 방법의 일부로 이해되어야 한다. 물건들을 없애거나, 물질적인 것을 피하거나 무시한다고 해서 미신이 없어지지는 않는다. 거룩한 장소와 거룩한 일은 여전히 남아 있다.

7. 사무엘이 이스라엘을 이끌어 가다

사무엘상 7:3-8:22

사무엘이 선지자직을 시작하다(7:3-6)

언약궤를 휴대할 수 있는 신으로 취급했던 모든 '종교적' 행위와 대조적으로, 사무엘은 살아 계신 하나님께 인격적으로 반응할 것을 사람들에게 강조하며 회개를 촉구했다.

> 7:3사무엘이 이스라엘 온 족속에게 말하여 이르되 만일 너희가 전심으로 여호와께 돌아오려거든 이방 신들과 아스다롯을 너희 중에서 제거하고 너희 마음을 여호와께로 향하여 그만을 섬기라 그리하면 너희를 블레셋 사람의 손에서 건져내시리라 4이에 이스라엘 자손이 바알들과 아스다롯을 제거하고 여호와만 섬기니라
>
> 5사무엘이 이르되 온 이스라엘은 미스바로 모이라 내가 너희를 위하여 여호와께 기도하리라 하매 6그들이 미스바에 모여 물을 길어 여호와 앞에 붓고 그날 종일 금식하고 거기에서 이르되 우리가 여호와께 범죄하였나이다 하니

라 사무엘이 미스바에서 이스라엘 자손을 다스리니라

    설교하는 사무엘을 소개(4:1)하다가 갑자기 언약궤 이야기로 바꾼 것은 그가 설교하던 시대가 그만큼 부패했고 미신적이며 위험한 상태였음을 생생하게 보여주려는 것이다. 사무엘은 소신껏 자신의 임무를 수행했다! 그의 설교는 효과가 있었다. 그러나 불행하게도 정확히 어떤 효과가 있었는지는 알 수 없다. "이스라엘 온 족속이 여호와를 사모하니라"(7:2)라는 동사구는 애매하고 분명하지 않기 때문이다. 하지만 백성들의 마음에 분명 **뭔가** 일어나고 있었고, 사무엘은 그것이 무엇이든 간에 온전한 회개로 이어지게 하려고 그 순간을 놓치지 않았다. 종교적인 감정 자체는 대단한 것이 아니며 하나님께 헌신하는 삶으로 고정되어야 한다. 회개는 그것을 고정시키는 데 필요한 망치와 못의 역할을 한다.

    "회개하라!"라는 사무엘의 외침은 그의 다른 말들인 "제거하라"(소극적인 행위)와 "섬기라"(적극적인 행동)를 합쳐놓은 것이다. 소극적인 행위와 적극적인 행위가 합쳐져 성경적인 강력한 '회개'가 된다. 선지자로서의 사무엘의 이 첫 번째 설교 주제는 천 년 후 세례 요한과 예수의 첫 메시지가 된다. 현대 문화는 총체적으로 잘못된 방향으로 곤두박질해 왔다. 그것을 멈추게 하고 방향을 바꿈으로써 예배와 신앙생활의 자세에도 개혁이 일어날 수 있도록 해야 한다.

    이방 남신들과 여신들(바알들과 아스다롯들)을 "제거하라"라는 사무엘의 외침은 당시 주변의 부패한 문화에서 벗어나 순결을 지키라는 요구다. 바알(남성)과 아스다롯(여성)은 가나안 문화를 지배하는 신들이다. 가나안 사람들은 두 신이 다산과 풍년을 주관한다고 믿었다. 그래서 바알과 아스다롯을 숭배하는 사람들은 의식의 일부로 신전에 기거하는 남창 또는 창기와 정사를 벌였다. 그러나 이런 행위가 단지 종교적으로 허락된 성적인 방종이라고 생각하면 큰 오산이다. 바알/아스다롯 숭배는 가나안 사람들이 생각하고 살아가는 한 가지 방식이었다. 그들은 **인간의** 행위가 삶에서 일어나는 것들에 결정적인 요소를 제공한다고 생각했기 때문에, 바알/아스다롯 숭배를 통해 그 신들을 매수해서 자신들이 원하는 방향으로 힘을 행사하게 만들 수 있다고 믿었다. 이런 식으로 보면 북미의 문화는 가나안 문화와 거의 구별하기 어렵다. 현대 종교의 상당 부분이 하나님께 뭔가를 얻어내기 위해 고안된 고도의 기술에 지나지 않는다. 바알과 아스다롯 신전에서 저질렀던 간음은 풍성한 농산물을 얻으려고 물을 구하는 일종의 '펌프질'이었는데, 후에는 생활 전반에 걸쳐 번영을 기원하는 것으로 그 의미가 확대되었다.

그러므로 사무엘의 설교는 윤리적 품위에 대한 단순한 구호가 아니라 일하는 방식의 문화, 즉 '내'가 주도권을 갖고 '나'의 행위로 결과를 결정하는 삶의 방식을 버리라는 신학적/영적 회개의 외침이었다. 그는 하나님의 주도와 행위 아래 나 자신을 거리낌 없이 맡기라고(온 마음을 다하여, 3절) 외쳤다. 그의 설교는 사람들을 그들의 문화로부터 구출했다. 이스라엘은 듣고 그대로 행한다. "이스라엘 자손이… 여호와만 섬기니라"(4절).

국가적인 회개를 위해 경배와 제사를 드리는 장소로 미스바를 지정했다. 미스바는 그런 목적을 위해서는 아주 이상적인 장소였다. 상징적으로도 그렇고 전략적으로도 그렇다. 미스바라는 이름은 '망대'라는 뜻이다. (야곱과 라반이 계약을 맺은 장소인 미스바[창 31:43-50]와 본문에 나오는 미스바는 다른 지명이다. 전자는 북동쪽으로 80킬로미터 더 떨어져 있다). 본문의 미스바는 예루살렘으로부터 북쪽으로 약 12킬로미터 떨어진 지점인 이스라엘 중앙 고원지대에 있었던, 사무엘이 그의 생애를 보낸 곳이다. (그 후 사울이 그곳에서 지냈다.) 이스라엘 자손들은 모여서 정성을 다해 회개하고 금식하며, 자신들의 죄악을 고백했다. "여호와만"(4절) 섬기려는 자신들의 마음을 하나님 앞에 진지하게 표현하고 싶었던 것이다.

물을 붓는 것(6절)은 성경의 다른 곳에서는 언급되지 않는 의식이지만, 분명히 죄를 고백하는 것과 관계 있을 것이다. 이와 비슷한 표현으로 예레미야애가 2장 19절 "네 마음을 주의 얼굴 앞에 물 쏟듯 할지어다"라는 구절이 있는데, 이것도 죄를 고백하고 회개를 촉구하는 장면으로서 사무엘상 7장 6절의 물 붓는 의식을 극화(劇化)한 것으로 보인다.

미스바에서 거둔 승리(7:7-14)

> 7:7이스라엘 자손이 미스바에 모였다 함을 블레셋 사람들이 듣고 그들의 방백들이 이스라엘을 치러 올라온지라 이스라엘 자손들이 듣고 블레셋 사람들을 두려워하여 8이스라엘 자손이 사무엘에게 이르되 당신은 우리를 위하여 우리 하나님 여호와께 쉬지 말고 부르짖어 우리를 블레셋 사람들의 손에서 구원하시게 하소서 하니 9사무엘이 젖 먹는 어린 양 하나를 가져다가 온전한 번제를 여호와께 드리고 이스라엘을 위하여 여호와께 부르짖으매 여호와께서 응답하셨더라 10사무엘이 번제를 드릴 때에 블레셋 사람이 이스라엘과 싸우려고 가까이 오매 그날에 여호와께서 블레셋 사람에게 큰 우레를 발하여 그들을 어지럽게 하시니 그들이 이스라엘 앞에 패한지라…

사무엘의 설교로 촉발된 백성들의 회개로 이스라엘의 내면의 삶에는 화해의 징후가 나타났다. 홉니와 비느하스 시대에 축적된 부패하고 타락한 모습은 깨끗하게 청소되었다. 그러나 대외적 문제들은 여전히 불안한 상태였다. 블레셋은 이전과 다름없이 침략을 일삼고 있었으며 여전히 난폭하고 호전적이었다. 온 이스라엘이 미스바에 모였다는 소식을 들었을 때 블레셋의 즉각적인 반응은 '전쟁'이었다! 그리고 자신들이 가장 잘할 수 있는 일(싸움)을 위해 미스바로 향했다.

이스라엘은 불안했다. 그들은 최근 두 번이나 블레셋에게 패배한 전적 때문에 심리적으로 침울한 상태였다. 이스라엘이 불안해하는 것은 당연했다. 블레셋의 이번 침략은 이스라엘 회심의 시금석이 될 것이다. 그들의 회심이 화장발과 같은 표면적인 경건에 불과하다면, 블레셋이라는 공포에 직면하는 순간 그들은 허둥지둥 달려가서 오랫동안 거래해 왔던 '만져서 알 수 있고 위안을 주는 남신들과 여신들'에게 빌 것이기 때문이다. 그러나 그렇지 않다. 이스라엘 백성들은 사무엘에게 자신들을 위해 기도해 달라고 부탁했다. 사무엘은 제사를 집전하면서 그들을 위해 부르짖으며 기도했고, 하나님이 그 기도에 응답하심으로써 블레셋은 패배했다.

본문의 이야기가 진행되는 동안 한 가지 분명해지는 것은, 비록 이스라엘 백성이 블레셋 사람들을 진멸하는 역할을 했지만(이스라엘 사람들이 미스바에서 나가서 블레셋 사람을 추격하여 벧갈 아래에 이르기까지 쳤더라, 11절), **하나님**은 친히 당신의 방법(10절)으로 승리를 완성하신다는 점이다. 이 이야기는 삶에 대한 올바른 이해의 근거를 다음 세 가지로 정리해 준다. 첫째, 우리는 하나님과 함께 **시작하고** 그로 인해 모든 일이 생긴다. 둘째, 보이지 않는 것이 보이는 것보다 실제적이다. 셋째, 우리는 세속적인(또는 미신적인) 외부자가 우리의 삶의 조건들을 좌우하도록 허용해서는 안 된다.

> 7:12사무엘이 돌을 취하여 미스바와 센 사이에 세워 이르되 여호와께서 여기까지 우리를 도우셨다 하고 그 이름을 에벤에셀이라 하니라 13이에 블레셋 사람들이 굴복하여 다시는 이스라엘 지역 안에 들어오지 못하였으며 여호와의 손이 사무엘이 사는 날 동안에 블레셋 사람을 막으시매 14…이스라엘과 아모리 사람 사이에 평화가 있었더라

사악하고 쉽게 망각하는 세대들을 거치며 서서히 침식되어 가던 약속의 땅이, 사무엘이 하나님의 말씀을 전파하고 하나님의 율법을 지키면서 회복되기 시작했다. 이스라엘의 대적들인 동쪽의 아모리 족속과 서쪽의 블레셋 족속은 더 이상 침략해 오지 않았다. 믿음으로 산다는 것은 영혼만의 문제도 아니고, 상황에 의해 결정되는 것만도 아니다. 내부적인 요인과 외부적인 요인은 서로 부딪치기도 하고 영향을 주기도 한다. 때로 두 요소가 합쳐질 때가 있는데, 그때를 인식해야 한다. '에벤에셀'은 바로 그런 인식의 순간들 중 하나다.

'에벤에셀'은 '도움의 돌'이라는 뜻으로, 사무엘의 리더십을 통해 이스라엘의 '내부'와 '외부'가 조화를 이뤘던 장소와 시간을 표시한다. 이런 순간들이 하나님 백성의 삶 속에서 지속되지는 않지만, 기념할 만한 가치는 있다. 그런 순간들은 "당신의 나라가 임하소서"라고 기도할 때 무엇이 일어났으며 무엇이 최종적으로 일어날 것인지에 관한 증거이기 때문이다.

1758년 로버트 로빈슨은 "복의 근원 강림하사"의 가사를 썼는데, 이 찬송가를 통해 에벤에셀 이야기는 그리스도인의 경험 속에 놓이고 하나님의 백성에 의해 계속 불리게 되었다(여기 소개된 시는 찬송가 28장 2절 가사인데, 우리 찬송가는 곡에 맞게 번안했기 때문에 원가사와 차이가 있다.-옮긴이).

여기에 나의 에벤에셀을 세웁니다
주님의 도움으로 여기까지 왔습니다
당신의 기쁘신 뜻대로
안전하게 본향에 이르기를 원합니다
하나님의 품을 떠나 방황하는 나그네였을 때
예수님이 나를 찾으셨습니다
그분은 위험에서 나를 구원하시려고

자신의 보혈을 흘리셨습니다

정의의 수호자 사무엘(7:15-17)

> 7:15사무엘이 사는 날 동안에 이스라엘을 다스렸으되 16해마다 벧엘과 길갈
> 과 미스바로 순회하여 그 모든 곳에서 이스라엘을 다스렸고 17라마로 돌아
> 왔으니 이는 거기에 자기 집이 있음이라 거기서도 이스라엘을 다스렸으며
> 또 거기에 여호와를 위하여 제단을 쌓았더라

사무엘은 이스라엘을 **다스렸다**. '다스리다'라는 동사가 세 번 사용되는
데, 15-17절에서 각 구절들을 지배하고 뜻을 집중시키는 역할을 한다. 이
단어에는 단지 사법적인 결정권을 지녔다는 것 이상의 의미가 있다. 기도
와 예배, 정의와 자비, 인도와 지혜로운 계획 등이 함께 묶여 있는 포괄적
인 리더십이라는 뜻도 있다. 사무엘은 하나님의 방법으로 이스라엘을 **이
끌었다**. 그는 연례적으로 순방하는 것을 게을리하지 않았는데, 그런 의무
가 부과된 것도 아니었고 독재자의 행보도 아니었으며 군사적인 목적으
로 한 것도 아니었다. 이것은 흔치 않은 일이지만 불가능한 것도 아니다.
때때로 누군가 와서 일을 바로잡는데, 사무엘이 그런 지도자다.

사무엘상 7장에 나오는 세 지명은 부패를 개혁하는 모습을 차례대로
세 단계로 요약해 준다. 기럇여아림(1절)으로 언약궤가 돌아왔고, 사람들
은 경외심을 갖고 언약궤를 다루었다. 미스바(5절)에서는 사무엘이 기도
했고 백성들은 회개했다. 에벤에셀(12절)에서는 여호와께서 새롭게 변화된
백성들 가운데서 구원의 능력을 나타내셨다.

백성들이 왕을 요구하다(8:1–22)

이스라엘은 독특한 정치체제를 지닌 민족이었다. 당시 이스라엘에는 통치 기구가 없었다. 하나님이 그들의 왕이셨기 때문이다. 가끔 하나님이 선지 자와 사사를 세우셔서 리더십이 필요한 특별한 임무들을 수행하도록 하 셨다. 그러나 그 임무 역시 정치적인 직무에 초점을 맞추고 있었던 것이 아니라, 하나님을 통치자와 구원자로 고백하는 곳에서 드려지는 예배에 초점을 맞추고 있었다. 하나님이 예배받으시는 성소는 왕이 받들어지는 곳이 아니라 이스라엘 정부의 가시적 상징이었다.

그런데 거기에 갑작스런 변화가 생겼다. 모든 일이 그렇듯 이스라엘은 하룻밤 사이에 정치체제를 갖추게 되었는데, 고대 근동의 주변 민족들 사 이에 보편화되어 있던 것과 같았다.

> 8:1사무엘이 늙으매 그의 아들들을 이스라엘 사사로 삼으니… 3그의 아들들 이 자기 아버지의 행위를 따르지 아니하고 이익을 따라 뇌물을 받고 판결을 굽게 하니라

사무엘은 "아들들이 자기 아버지의 행위를 따르지 않은" 세 번째 지도 자다. (기드온과 엘리가 사무엘보다 먼저 이런 불행을 겪었다.)

> 8:4이스라엘 모든 장로가 모여 라마에 있는 사무엘에게 나아가서 5그에게 이르되 보소서 당신은 늙고 당신의 아들들은 당신의 행위를 따르지 아니하 니 모든 나라와 같이 우리에게 왕을 세워 우리를 다스리게 하소서 한지라 6 우리에게 왕을 주어 우리를 다스리게 하라 했을 때에 사무엘이 그것을 기뻐 하지 아니하여 여호와께 기도하매 7여호와께서 사무엘에게 이르시되 백성

이 네게 한 말을 다 들으라 이는 그들이 너를 버림이 아니요 나를 버려 자기들의 왕이 되지 못하게 함이니라 8내가 그들을 애굽에서 인도하여 낸 날부터 오늘까지 그들이 모든 행사로 나를 버리고 다른 신들을 섬김같이 네게도 그리하는도다 9그러므로 그들의 말을 듣되 너는 그들에게 엄히 경고하고 그들을 다스릴 왕의 제도를 가르치라

10사무엘이 왕을 요구하는 백성에게 여호와의 모든 말씀을 말하여 11이르되 너희를 다스릴 왕의 제도는 이러하니라 그가 너희 아들들을 데려다가 그의 병거와 말을 어거하게 하리니 그들이 그 병거 앞에서 달릴 것이며 12그가 또 너희의 아들들을 천부장과 오십부장을 삼을 것이며 자기 밭을 갈게 하고 자기 추수를 하게 할 것이며 자기 무기와 병거의 장비도 만들게 할 것이며 13그가 또 너희의 딸들을 데려다가 향료 만드는 자와 요리하는 자와 떡 굽는 자로 삼을 것이며 14그가 또 너희의 밭과 포도원과 감람원에서 제일 좋은 것을 가져다가 자기의 신하들에게 줄 것이며 15그가 또 너희의 곡식과 포도원 소산의 십일조를 거두어 자기의 관리와 신하에게 줄 것이며 16그가 또 너희의 노비와 가장 아름다운 소년과 나귀들을 끌어다가 자기 일을 시킬 것이며 17너희의 양 떼의 십분의 일을 거두어 가리니 너희가 그의 종이 될 것이라 18그날에 너희는 너희가 택한 왕으로 말미암아 부르짖되 그날에 여호와께서 너희에게 응답하지 아니하시리라 하니

우리의 본성은 어려울 때보다 풍족하고 평안할 때 하나님의 도를 떠나기 쉽다. 불만과 죄를 만들어 내는 데는 번영이 가난보다 비옥한 토양인 것 같다. 사무엘은 하나님의 선지자로, 특출한 리더십을 발휘하여 백성 사이에서 높은 수준의 정의를 구현했고, 오래된 적들과의 평화를 이끌어 냈다. 그러나 그가 늙자 백성들은 불안해졌고 불만을 토로하기 시작했다. 이스라엘의 장로들은 사무엘을 찾아와 "우리에게 왕을 달라"며 통치 형태

를 바꾸어 주기를 청원했다.

그러나 그들에게는 이미 왕이 있었다. 하나님이 친히 이스라엘을 다스리고 계셨기 때문이다. 그들이 왕을 요구하는 것은 하나님의 통치에서 벗어나려는 시도였다. 예수의 비유에 나오는 한 구절에서 우리는 백성의 요구 배후의 숨은 동기를 읽을 수 있다. "우리는 이 사람(왕이신 예수님이다!)이 우리의 왕 됨을 원하지 아니하나이다"(눅 19:14. 눅 19장의 이 비유는 역사적 배경을 지니고 있다. 12절의 "어떤 귀인"은 이 비유에서 예수를 가리킨다. 하지만 청중은 이 비유를 들으면서 헤롯 아켈라오를 떠올렸을 것이다. 왜냐하면 주전 4년 유월절 축제를 얼마 앞두고 헤롯이 죽자 유대와 사마리아 지역을 분할받은 아켈라오는 로마 황제의 인준을 받기 위해 로마로 떠났는데, 그가 왕이 되는 것을 반대하는 유대와 사마리아 대표 50명도 로마 황제에게 그의 즉위를 반대하는 청원을 했기 때문이다.-옮긴이).

이스라엘의 장로들이 그렇게 요구했던 이유는 사무엘은 늙었고(아마 세상을 곧 떠날 것으로 생각했을 것이다) 그의 지위를 계승할 그의 아들들은 지도자가 되기에 적합하지 않다고 생각했기 때문이다. 사무엘은 그들의 제안을 쉽사리 받아들이지 않았다. 본문의 "기뻐하지 아니하여"라는 표현은 사무엘의 심기를 조심스럽게 묘사하고 있다. 사무엘은 그런 제안이 무서운 구상이라고 생각했다. 그것은 그들 사이에 알려진 하나님의 방식들을 모욕하는 것이었다! 사무엘은 늙었고, 그의 아들들은 그의 일을 물려받기에 부적절하였다. 그들은 뇌물을 취하고 정의를 훼손한다는 평판을 받았다. (자녀 양육 면에서는 사무엘이 엘리보다 나은 것이 없는 것 같다.) 그런데 왜 사무엘은 그렇게 강하게 거부했을까?

사무엘은 불쾌한 마음을 하나님께 가져가 기도했다. 그리고 기도를 드리면서 직감적인 느낌이 명료해졌다. 장로들의 요구는 사실상 사무엘의 선지자적인 리더십, 즉 하나님 중심의 리더십을 거절한다는 뜻이었다. 그는 오랫동안(몇 년인지는 정확히 알 수 없지만) 지도자로 살면서, 성실하게 이스라엘을 잘 이끌어 왔다. 그런데 이제는 백성들이 자신들의 삶을 전적으로 하나님의 지속적인 섭리에 의탁하려(사무엘이 해왔던 방식) 하기보다 모든 문제를 자신들의 손으로 해결하겠다고 나서는 것이다. 믿음으로 사는 것이 **아니라,** 자신들의 앞날을 위해 방어책을 간구하며 신중하게 계획적으로 살겠다는 것이다. 그들에게 '왕'은 조종할 수 있는 안전장치를 의미했기에, 그들은 세상의 방식에 따라 (다른 나라들같이) 사는 것이 안전하다고 믿고 있었다.

이스라엘이 왕을 요구할 때 진심으로 바랐던 것은, 이스라엘이 주변의 민족들 못지않게 막강한 민족임을 과시하고 사무엘의 아들들 가운데 만연해 있던 부정부패를 신속하고도 효과적으로 척결할 수 있는 강력한 중앙집권체제를 세우는 것이었다. 백성들은 품위 있고 영향력 있는 정부를 원했다. 그러나 그들이 미처 생각하지 못한 것이 있었는데, 품위 있고 영향력 있는 정부도 왕의 유익을 도모하지 백성들의 이익을 추구하지는 않는다는 사실이다.

기도하는 중에 이 모든 것이 사무엘에게 분명해졌다. 사람들이 거절하는 것은 하나님의 통치이지 사무엘의 리더십이 아님을 하나님이 재확인시켜 주셨다. 만유의 주재이신 전능하신 하나님이 이미 그들의 왕임에도, 백성들은 자신들의 수준(죄로 규정된 그들의 희망과 불안)에 맞는 왕을 원하고 있었다. 믿음으로 사는 자유로운 삶에 대한 대안을 찾는 이런 종류의 일은 출애굽 이래로 이들이 끊임없이 추구해 왔던 것이다. 그들은 자비로우신 하나님, 구원하시는 하나님 앞에서 마음껏 누릴 수 있는 자유로운 백성이었다. 하나님이라는 광대하고 은혜로운 신비 가운데서 믿음으로 사는 자유로운 삶은 크고 벅차다. 그러나 쩨쩨한 신들과 난폭한 왕들의 가시적이고 감각적인 요구들에 맞추어 작게 사는 것이 더 쉽다. 모세부터 사무엘에 이르기까지, 이스라엘의 지도자들은 백성들이 광대한 삶을 살게 하려고 힘써왔다. 그러나 이스라엘은 작은 삶을 더 좋아했다.

'왕의 방식'이라는 어구는 히브리어 '미슈파트'를 번역한 것으로('방식'에 해당하는 단어가 히브리어 '미슈파트'이며 개역개정판은 '제도'로 번역했다.—옮긴이), 왕이 하나님의 도덕적 세계 안에서 일하는 방식을 의미한다. 이 단어는 8장 전체에 반복적으로 나타나면서 본문의 기본 주제를 구성한다(8:1, 2, 4, 5, 6, 9, 11, 20).

의와 구원을 얻기 위해 하나님이 아니라 정부를 의지하려 한다면 분명 실망할 것이다. 인간 정부가 유익을 줄 수 있는 부분도 많지만, 그것이 해결할 수 없는 부분은 아주 많다. 하나님을 대신해 하나님 역할을 하려는 것이 그중 하나다. 라마에서 이스라엘의 장로들이 사무엘에 대항하던 그날의 문제의 본질은 정치에 관한 것이 아니라 영적인 믿음에 관한 것이었다.

> 8:19백성이 사무엘의 말 듣기를 거절하여 이르되 아니로소이다 우리도 우리 왕이 있어야 하리니 20우리도 다른 나라들같이 되어 우리의 왕이 우리를 다스리며 우리 앞에 나가서 우리의 싸움을 싸워야 할 것이니이다 하는지라

백성들이 사무엘의 경고에 귀를 기울이지 않았다는 것은 여러 가지 점에서 믿기 힘들다. 그들은 무엇 때문에 사무엘이 '그들에게 닥칠 운명이라고 간략하게 설명한 상황'으로 자신들을 밀어 넣으려 했을까? 우리는 개인적인 삶에서뿐만 아니라 역사를 통해서도 거절을 경험한다. 하와가 에덴동산에서 뱀의 유혹에 넘어간 이래로 죄는 불가피한 것이었다. 나쁜 짓을 할 가능성이 있다면 누군가 그런 짓을 할 사람이 근처에 있기 마련이다.

하와는 "하나님과 같이"(창 3:5) 될 것이라는 희망 때문에 뱀의 유혹에 응했다. 마찬가지로 본문의 이스라엘 사람들이 가진 희망은 단지 "다른

나라들같이" 되는 것이었다. 그것은 고상한 목표가 아니었다. 특히 그 나라들의 역사를 구성하는 '오래되고 진부한 죄들의 지루한 반복'을 깊이 생각해 보면 그렇다. 하지만 그런 야심은 사라지지 않았는데, 오늘날 그것을 '동류 집단의 압박감'이라고 부른다. 바울이 "너희는 이 세대를 본받지 말고 오직 마음을 새롭게 함으로 변화를 받아 하나님의 선하시고 기뻐하시고 온전하신 뜻이 무엇인지 분별하도록 하라"(롬 12:2)라고 썼을 때, 혹은 J. B. 필립스가 그것을 "너를 두르고 있는 세상이 너를 그 자체의 형태 속으로 밀어 넣지 못하게 하라"라고 번역했을 때, 그들은 이 이야기를 염두에 두었을 것이다.

> 8:21사무엘이 백성의 말을 다 듣고 여호와께 아뢰매 22여호와께서 사무엘에게 이르시되 그들의 말을 들어 왕을 세우라 하시니 사무엘이 이스라엘 사람들에게 이르되 너희는 각기 성읍으로 돌아가라 하니라

그런데 다음 순간 사무엘에게 임한 하나님의 말씀이 우리를 놀라게 한다. "가서 그들이 자기들의 왕을 세우게 하여라. 그들이 추진하고 있는 일이 어떤 결과를 가져올지 경고해라. 그러나 그들이 마음대로 하게 내버려 둬라. 그들에게 왕을 주어라."

우리는 이 본문을 읽으면서 믿을 수 없어 눈을 비빈다. 하나님이 정말로 그들의 소심함과 불신과 세상에 순응하는 방식에 굴복하신 것일까? 왕을 구하는 것이 그렇게 나쁜 것이라면, 왜 하나님은 그들에게 왕을 허락하셨을까? 왕을 구하는 것이 결국 왕으로서의 하나님을 거절하는 것이라면, 왜 하나님은 거절당하는 것을 승인하셨을까?

사실 하나님은 항상 이렇게 하신다. 하나님이 우리의 간구에 귀를 기울이시고 우리를 변함없이 보호해 주시도록 하기 위해 우리가 하나님의 기

준에까지 미칠 필요는 없다. 하나님은 우리의 상황 가운데로 내려오셔서 우리의 무뎌진 상상력과 부족한 믿음을 사용하시고, 우리가 있는 곳에서 우리와 함께 일하시며 우리의 속사람을 바꾸어 놓으신다. 거절의 장소에서 태어나 거부(거절의 행위로)당하고 죽임당하신 예수는 우리에게 오셔서 우리 가운데서 일하시는 하나님을 보여주는 최상의 실례다. 하지만 이 땅에 오신 예수는 하나님이 우리와 함께 거하시는 방법의 본질이기도 하다.

하나님이 그들의 요구를 승낙했지만 결코 포기하신 것은 아니다. 사람들이 세운 왕들은 그들 가운데 계시는 하나님이 진정한 왕이심을 깨닫게 하는 수단일 뿐이다. 먼저 사울(부정적인 교훈), 그다음에는 다윗(긍정적인 교훈), 그리고 이어지는 왕들이 제각기 다른 방식으로 성경에 소개되는데, 이때 성경 저자는 그들이 하나님의 왕권을 얼마나 잘(또는 잘못) 대표하는지의 관점에서 그들을 묘사한다. 결국 이스라엘은 그들의 진정한 왕이 누구인지를 깨닫게 될 것이다. 약 500년 후 바벨론 포로생활이 시작되었을 때, 바벨론에 끌려간 이스라엘 백성들은 포로 기간 동안 탁월한 시들을 지어 기도하고 노래했다. 그 시들은 하나님이 왕이심을 선포하고 찬미했다.

"다른 나라들"처럼 될 것이라는 기대와 달리 이스라엘은 약 500년 동안 "왕"에 대해 아주 부정적인 경험을 하는데, 이 경험은 예수를 왕으로 계시하고 인정하고 받아들이는 데 중요한 역할을 했다. 후에 기독교에서 "왕"은 "다른 나라들"과 관계없이 그 자체만으로 어떤 특징을 지니게 되었다. 이것은 조지 허버트의 찬송시에 전형적으로 나타난다.

> 온 세상이여 각처에서 노래하라
> 나의 하나님 나의 왕께!
> 하나님을 향한 찬미가 그리로 울려 퍼지기에
> 하늘은 너무 높은 것이 아니라네

하나님을 향한 찬미가 위로 드려지기에
땅은 너무 낮은 것이 아니라네
온 세상이여 각처에서 노래하라
나의 하나님 나의 왕께!

물론 사무엘은 이 모든 것을 몰랐다. 그럼에도 사무엘은 하나님의 말씀에 순종하여 백성들에게 그들의 왕을 주었다. 당시에는 그렇게 해야 하는 것이 이해되지 않았고 그것이 무엇을 의미하는지 깨닫지 못했지만 말이다. 그러나 사무엘은 그들에게 그 일로 인해 반드시 대가를 치를 것이라고 경고했다. 그들은 과중한 세금, 병역 의무를 위한 징집, 강제 노역 그리고 독재자의 착취 등 생활 전반에 걸쳐 자유를 상실할 것이다. 그리고 자신들이 내린 결정 때문에 겪게 될 혹독한 결과에서 구원받을 것이라고 기대해서도 안 된다. 사무엘은 하나님이 결코 그들을 구원하시지 않을 것이라는 점을 강조했다. 그러나 백성들은 사무엘의 경고를 들은 후에도 여전히 자신들이 하고 싶은 대로 했다. 사무엘이 다시 기도하자 하나님은 처음의 말씀을 재확인해 주셨고 사무엘은 백성들의 요구를 들어주었다.

우리는 상실한 기회에 대한 아쉬움과 함께 이 장을 마친다. 만약 이스라엘 백성이 사무엘의 지도에 순종하여 좁은 문으로 들어가고 힘든 길을 갔다면(마 7:13-14), 그리고 "다른 나라들같이" 되는 것을 거부하고 우직하게 그들의 왕이신 여호와와 함께 믿음으로 살았다면, 이스라엘의 역사는 어떻게 달라졌을까? 우리가 확인할 수 있는 것은 약 500년의 왕조 역사이며, 사무엘이 경고한 구체적인 내용들은 그 역사에서 그대로 이뤄진다.

8. 사무엘이 사울을 왕으로 세우다
사무엘상 9–12장

사울은 이스라엘의 초대 왕이었다. 밀턴은 사울을 가리켜 "나귀들을 찾다가 왕국을 발견한 사람"이라고 묘사했다.

사울(9:1–2)

> 9:1베냐민 지파에 기스라 이름하는 유력한 사람이 있으니… 2기스에게 아들이 있으니 그의 이름은 사울이요 준수한 소년이라 이스라엘 자손 중에 그보다 더 준수한 자가 없고 키는 모든 백성보다 어깨 위만큼 더 컸더라

사무엘의 등장과 비교해 보면 사울의 등장은 상당히 예사롭지 않다. 사무엘은 제대로 '사람대접'을 받지 못했던 어머니, 자식을 낳지 못해 브닌나에게 무시를 당하고 제사장 엘리에게 오해를 받기도 했던 한나가 낳은 아들이었다. 그의 인생은 전적으로 하나님을 의지하는 삶 그 자체였다. 한

나가 낳은 아들 사무엘은 순수한 하나님의 선물이었기에 한나는 약속대로 아들을 하나님께 드렸다. 반대로 사울은 모든 것을 완벽하게 갖춘 사람처럼 보인다. 그는 유능한 아버지의 인상적인 아들이었다. 사무엘은 보잘것없고 연약한 여인에게서 태어난 반면, 사울은 어려서부터 출중한 외모와 남자다운 기개를 지니고 있어 그보다 더 준수한 사람이 없어 보일 정도였다. 화자가 다음에 나오는 외모와 실제 사이의 대조를 주목하라고 우리에게 신호를 보내는 것 같지 않은가?

족보를 보면 사울이 존경받고 영향력 있는 가문 출신임을 알 수 있다. 그가 열두 지파 중에서 가장 작은 베냐민 지파 출신이라는 사실은 전략적으로 중요했을 것이다. 베냐민 지파에서 선택된 지도자는 가장 강대한 두 지파인 유다(남쪽)와 에브라임(북쪽)의 명성에 위협이 되지 않을 것이다. 두 지파 중에 어느 한쪽에서 왕이 세워졌다면, 다른 한 지파의 동맹을 얻어내는 것이 쉽지 않았을 것이다.

왕이 발견되다(9:3-26)

> 9:3사울의 아버지 기스가 암나귀들을 잃고 그의 아들 사울에게 이르되 너는 일어나 한 사환을 데리고 가서 암나귀들을 찾으라 하매 4그가 에브라임 산지와 살리사 땅으로… 사알림 땅으로… 베냐민 사람의 땅으로 두루 다녀 보았으나 찾지 못하니라

의미심장하게도, 사울은 권위에 복종할 줄 아는 사람으로 소개되고 있다. 왕에게 필요한 중요한 자격 중의 하나는 권력자가 **되려** 하기보다 하나님의 권위 **아래** 있으려는 태도다.

지리학자들은 살리사와 사알림의 위치를 정확하게 찾아내지 못했지만, 이스라엘 중부 어디쯤으로 추정한다.

9:5 그들이 숩 땅에 이른 때에 사울이 함께 가던 사환에게 이르되 돌아가자 내 아버지께서 암나귀 생각은 고사하고 우리를 위하여 걱정하실까 두려워하노라 하니 6 그가 대답하되 보소서 이 성읍에 하나님의 사람이 있는데 존경을 받는 사람이라 그가 말한 것은 반드시 다 응하나니 그리로 가사이다 그가 혹 우리가 갈 길을 가르쳐 줄까 하나이다 하는지라 7 사울이 그의 사환에게 이르되 우리가 가면 그 사람에게 무엇을 드리겠느냐… 8 사환이 사울에게 다시 대답하여 이르되 보소서 내 손에 은 한 세겔의 사분의 일이 있으니 하나님의 사람에게 드려 우리 길을 가르쳐 달라 하겠나이다 하더라… 10 사울이 그의 사환에게 이르되 네 말이 옳다 가자 하고 그들이 하나님의 사람이 있는 성읍으로 가니라

11 그들이 성읍을 향한 비탈길로 올라가다가 물 길으러 나오는 소녀들을 만나 그들에게 묻되 선견자가 여기 있느냐 하니 12 그들이 대답하여 이르되 있나이다 보소서 그가 당신보다 앞서 갔으니 빨리 가소서 백성이 오늘 산당에서 제사를 드리므로 그가 오늘 성읍에 들어오셨나이다… 14 그들이 성읍으로 올라가서 그리로 들어갈 때에 사무엘이 마침 산당으로 올라가려고 마주 나오더라

본문은 하나의 그림을 보여주고 있다. 언덕 경사면에 성읍이 있고, 언덕 꼭대기에는 제사드리는 장소가 있으며, 언덕 기슭에는 샘이 있는데, 제사드리는 장소와 샘은 모두 성문 밖에 있다. 사무엘상 7장 15-17절에서 우리는 사무엘이 사사로서 이스라엘 땅을 정기적으로 순회하는 모습을 살펴본 바 있다. 사무엘이 연례적인 순방을 마치고 고향인 라마에 막 도착

한 것으로 보인다.

> 9:15사울이 오기 전날에 여호와께서 사무엘에게 알게 하여 이르시되 16내일
> 이맘 때에 내가 베냐민 땅에서 한 사람을 네게로 보내리니 너는 그에게 기
> 름을 부어 내 백성 이스라엘의 지도자로 삼으라 그가 내 백성을 블레셋 사
> 람들의 손에서 구원하리라 내 백성의 부르짖음이 내게 상달되었으므로 내
> 가 그들을 돌보았노라 하셨더니

여기서 주목할 만한 점은 '왕'이라는 말이 언급되지 않는다는 것이다.
대신에 "지도자"(*nagid*)라는 말이 '왕자' 또는 '대장'이라는 뜻으로 사용되
고 있다. 히브리어 성경에서는 '나기드'라는 단어가 사용될 때, 동사 형태
인 '나가드'(*nagad*, '알리다'라는 뜻을 지닌 동사-옮긴이)가 앞뒤 구절에 사용되
어 '나기드'를 감싸고 있다(9:6, 8, 18, 19; 10:15). 이것은 사울이 하나님의 방
법으로 지도자의 위치에 이르게 되었음을 강조하기 위한 것이다. '왕'이라
는 용어는 뒷부분에 나오는데, 가급적 사용을 늦춤으로써 하나님이 무대
뒤에서 적절한 지도자를 선택하시고 그 지도자의 등장을 위한 길을 준비
하신다는 점을 강조하고 있다.

> 9:17사무엘이 사울을 볼 때에 여호와께서 그에게 이르시되 보라 이는 내가
> 네게 말한 사람이니 이가 내 백성을 다스리리라 하시니라 18사울이 성문 안
> 사무엘에게 나아가 이르되 선견자의 집이 어디인지 청하건대 내게 가르치
> 소서 하니 19사무엘이 사울에게 대답하여 이르되 내가 선견자이니라… 20
> 사흘 전에 잃은 네 암나귀들을 염려하지 말라 찾았느니라… 21사울이 대답
> 하여 이르되 나는 이스라엘 지파의 가장 작은 지파 베냐민 사람이 아니
> 이까 또 나의 가족은 베냐민 지파 모든 가족 중에 가장 미약하지 아니하니

이까 당신이 어찌하여 내게 이같이 말씀하시나이까 하니

사무엘이 사울을 반갑게 맞이함에도 불구하고 사울은 놀라며 자기를 비하하는 말을 한다. 이는 사울에게 이스라엘 왕이 될 생각이 전혀 없었음을 보여준다. 만약 그에게 왕이 되려는 욕망이 있었다면, 그 자체가 다른 무엇보다도 그가 왕의 자리에 부적합한 사람임을 보여주었을 것이다.

하나님은 사무엘을 통하여 사울을 찾고 계셨는데, 사울은 단지 잃어버린 나귀 몇 마리를 찾고 있었다. 그러나 하나님의 '찾고 계심'과 사울의 '찾고 있음'이 연결되었고, 하나님의 뜻이 이루어졌다.

> 9:22사무엘이 사울과 그의 사환을 인도하여 객실로 들어가서 청한 자 중 상석에 앉게 하였는데… 23사무엘이 요리인에게 이르되 내가 네게 주며 네게 두라고 말한 그 부분을 가져오라 24요리인이 넓적다리와 그것에 붙은 것을 가져다가 사울 앞에 놓는지라 사무엘이 이르되 보라 이는 두었던 것이니 네 앞에 놓고 먹으라 내가 백성을 청할 때부터 너를 위하여 이것을 두고 이때를 기다리게 하였느니라…

8장에서는 이스라엘이 왕을 요구하는 장면에서 거절과 망설임이 지배적이었는데, 9장에서는 동일한 주제를 이야기하면서도 담담하다. 사울이 역사적으로 새로운 위치에 오르게 된 것은 그의 의지 때문이 아니었다. 사울이 아버지의 잃어버린 나귀들을 찾고 있을 때, 누군가가 사울을 찾고 있었다. 목적지도 없고 계획도 없이 그저 헤매기만 했을 뿐 나귀를 찾지 못한 채 사흘이 지났을 때, 사울은 어떤 사람을 만났다. 그 사람은 사울을 찾고 있었으나 그를 찾아 헤매지 않았다. 단지 사울이 나타나기만 기다리고 있었다. 말 못하는 짐승을 찾아다니던 중 실의에 빠진 사울은 영적인 인도함을 간구했다. 영적인 인도함을 받았을 때, 그는 자신이 길 잃고 헤매던 자였으며(에브라임, 살리사, 사알림, 베냐민 온 땅을 두루 다녔던), 이제 누군가가 자신을 찾아주었다는 사실을 깨달았다.

사울이 맹목적으로 온 땅을 두루 헤매면서 찾고 또 찾는 것과 대조적으로, 사무엘은 기다리며 준비한다. 사무엘이 있는 성에 도착한 사울은 잃어버린 나귀를 찾기보다 배고픔과 고단함으로 인해 누군가에게 도움을 청하고 싶었다. 마침 그때는 사무엘이 제사를 드린 후 초청받은 30명의 인사들과 식사를 하려던 참이었다. 사무엘은 낯선 사람을 그 귀한 자리에 앉힌다. 그 사람이 영광스러운 자리에 초청도 받지 않은 채 불쑥 나타났는데도 말이다. 식사를 마친 뒤 사울은 손님을 위한 숙소로 안내받아 그날 밤을 편안히 보낼 수 있었다. 다음 날 아침, 사무엘은 그를 깨워 집으로 돌려보내면서 잃어버린 아버지의 나귀들을 찾았다고 알려주었다.

이 이야기가 전달하려는 메시지는 이것이다. 비록 하나님은(그리고 사무엘은) 이스라엘을 위하여 결단코 '왕'을 원치 않으셨지만, 이스라엘이 더는 나빠질 것이 없을 만큼 열악한 상황일 때 그들의 선택 과정에 깊숙이 관여하신다. 사무엘이 하나님의 인도하심을 따라 사울을 찾는 과정에는 위험하거나 길을 잃고 헤맬 가능성이 전혀 없다. 또한 이야기의 핵심은 아니지만 이 이야기가 암시하는 바가 있다. 엉뚱한 곳에서 잃어버린 나귀들을 찾던 사울처럼 이스라엘이 스스로 왕을 세우려고 애쓰는 동안, 하나님은 실질적인 일을 이루기 위해 배후에서 사무엘을 사용하고 계셨다.

사무엘이 사울에게 왕으로 기름 붓다(9:27-10:16)

9:27성읍 끝에 이르매 사무엘이 사울에게 이르되 사환에게 우리를 앞서게

하라 하니라 사환이 앞서가므로 또 이르되 너는 이제 잠깐 서 있으라 내가 하나님의 말씀을 네게 들려 주리라 하더라 10:1이에 사무엘이 기름병을 가져다가 사울의 머리에 붓고 입맞추며 이르되 여호와께서 네게 기름을 부으사 그의 기업의 지도자로 삼지 아니하셨느냐 2네가 오늘 나를 떠나가다가 베냐민 경계 셀사에 있는 라헬의 묘실 곁에서 두 사람을 만나리니 그들이 네게 이르기를 네가 찾으러 갔던 암나귀들을 찾은지라 네 아버지가 암나귀들의 염려는 놓았으나 너희로 말미암아 걱정하여 이르되 내 아들을 위하여 어찌하리요 하더라 할 것이요 3네가 거기서 더 나아가서 다볼 상수리나무에 이르면 거기서 하나님을 뵈오려고 벧엘로 올라가는 세 사람을 만나리니 한 사람은 염소 새끼 셋을 이끌었고 한 사람은 떡 세 덩이를 가졌고 한 사람은 포도주 한 가죽부대를 가진 자라 4그들이 네게 문안하고 떡 두 덩이를 주겠고 너는 그의 손에서 받으리라 5그 후에 네가 하나님의 산에 이르리니 그곳에는 블레셋 사람들의 영문이 있느니라 네가 그리로 가서 그 성읍으로 들어갈 때에 선지자의 무리가 산당에서부터 비파와 소고와 저와 수금을 앞세우고 예언하며 내려오는 것을 만날 것이요 6네게는 여호와의 영이 크게 임하리니 너도 그들과 함께 예언을 하고 변하여 새사람이 되리라 7이 징조가 네게 임하거든 너는 기회를 따라 행하라 하나님이 너와 함께하시느니라… 9그가 사무엘에게서 떠나려고 몸을 돌이킬 때에 하나님이 새 마음을 주셨고 그날 그 징조도 다 응하니라 10그들이 산에 이를 때에 선지자의 무리가 그를 영접하고 하나님의 영이 사울에게 크게 임하므로 그가 그들 중에서 예언을 하니 11전에 사울을 알던 모든 사람들이 사울이 선지자들과 함께 예언함을 보고 서로 이르되 기스의 아들에게 무슨 일이 일어났느냐 사울도 선지자들 중에 있느냐 하고 12…그러므로 속담이 되어 이르되 사울도 선지자들 중에 있느냐 하더라 13사울이 예언하기를 마치고 산당으로 가니라

14사울의 숙부가 사울과 그의 사환에게 이르되 너희가 어디로 갔더냐 사울

이 이르되 암나귀들을 찾다가 찾지 못하므로 사무엘에게 갔었나이다 하니 15사울의 숙부가 이르되 청하노니 사무엘이 너희에게 이른 말을 내게 말하라 하니라 16사울이 그의 숙부에게 말하되 그가 암나귀들을 찾았다고 우리에게 분명히 말하더이다 하고 사무엘이 말하던 나라의 일은 말하지 아니하니라

사무엘이 주재하고 본의 아니게 사울이 초청 인사 가운데 섞인 성소의 만찬은 대중적인 모임이었다. 어느 면으로 보나 사울은 특별히 주목받을 만한 사람이 아니었다. 그런데 사무엘은 그에게 초청 인사 30명이 앉아 있는 만찬 상석에 자리를 마련해 주었다. 이 순간 사람들은 사울을 주목한다. 그 식사는 사실 취임식 전 만찬이나 다름없었다. 그러나 그 일의 진정한 의미를 아는 사람은 아무도 없었다. 사무엘만 알았을 뿐이다. 어떤 사람들은 이 만찬에 대한 묘사를 읽으면서, 초청 인사들 가운데 사무엘을 왕으로 세우려던 장로들이 있었을 것이라고 추측한다. 어찌되었든 저자는 독자들이 그날 있었던 실제적인 행동을 볼 수 있도록 그 상황을 효과적으로 전달한다. 하나님은 이미 일하고 계셨지만 사람들은 미처 알지 못했다. 하나님은 자신의 통치를 거부하고 가시적이고 물질적인 것을 추구하는 백성들의 갈망을 이용하셨던 것이다.

왕을 세우는 실질적인 의식은 다음 날 사무엘과 사울 사이에서 은밀히 행해졌다. 선지자는 하나님의 영을 상징하는 기름을 사울의 머리에 붓고 입을 맞췄다. 이는 하나님의 축복의 표시다. 이제 사울은 왕이다.

성경에서는, 한 사람을 특별한 지도자로 구별하여 세울 때 그 사람에게 기름을 붓는다. 제사장들(출 29:7)과 선지자들(왕상 19:16)이 기름 부음을 받았다. 그러나 이 의식은 종종 "주의 기름 부음을 받은 자"로 불렸던 왕과 특히 관계가 깊다. 이사야 61장 1절에서는 그런 표현이 장차 오실 메시

아(문자적으로 "기름 부음을 받은 자")를 지칭하기 위해 사용되었다. 히브리어인 '메시아'를 헬라어로 번역하면 '그리스도'다.

이것은 이스라엘 역사상 급진적인 변화의 순간이었다. 백성들이 자신들의 첫 왕을 갖게 되었다! 그러나 그 땅에서 이 사실을 아는 사람은 사무엘뿐이었다. 어떻게 보면 하나님의 역사는 모호함 속에서 이루어진다. 이런 모호함 때문에 호기심 많은 구경꾼은 도무지 이해할 수 없을 뿐만 아니라, 눈치조차 채지 못한다. 플래시가 터지는 장면만 주목하도록 언론에 길들여져 온 우리는 역사를 만들어 내는 대부분의 것을 놓치고 만다. 그러나 과연 하나님답게 하나님이 계시하시는 순간들, 즉 순종하는 믿음과 신실한 기도의 순간들은 세상에 알려지지 않게 일어난다. 호기심 많은 구경꾼들은 접근할 수 없도록 말이다.

한편 백성들 앞에서 왕으로 등극하기 전에 사울은 먼저 '하나님이 그 심령을 통치하시는 사람'으로 준비되어야 했다. 옷만 갖추어 입는다고 왕의 역할을 제대로 하는 것이 아니기에, 왕에게는 사무엘의 행동이나 생각보다 더한 확증이 필요하다. 만일 사울이 정말로 하나님이 세우시는 왕이라면, 사람들 앞에서 왕으로 공표되기 전에 사무엘의 선언보다 더 분명한 것이 필요했다. 상황을 통한 표적이 주어짐으로써 사무엘의 행동이 정당화되었고, 내면의 변화를 통해 사울은 자신의 관점이 아닌 하나님의 관점으로 자신을 이해할 수 있게 되었다.

사무엘은 그가 세 가지 표적을 경험할 것이라고 말한다. 처음 두 표적은 라헬의 무덤에서 두 남자를 만나고 다볼의 상수리나무 아래서 세 남자를 만나는 것인데, 이 둘은 계획적으로 일어난 것이 아니라 우연히 일어난 사건처럼 보인다. 그러나 그 두 사건을 통해 사울은 사무엘의 기름 부음과 축복이 별개의 행동이 아니었음을 알게 될 것이다. 이곳에서 사울에게 일어나고 있는 일보다 더 많은 일이 곳곳에서 진행되고 있었던 것이다. 하나님은 독립적인 사건들을 서로 연결하면서 광범위하게 일하신다. 세 번째 표적은 기브아에서 일어나는데, 그 표적도 상황에 의해 발생했다. 일단의 선지자들이 길을 따라 내려오면서 노래하고 춤추고 환희하며 예언할 것이며, 사울은 그들과 합류하여 '다른 사람으로 변할 것이다'(6절).

사울이 사무엘과 헤어져 돌아올 때, 지금까지 사무엘이 외적 요인을 다듬어 왔다면 하나님은 사울의 내면을 다듬어 주셨다. "하나님이 새 마음을 주셨고"(9절). 그 후 사무엘이 말한 대로 무덤과 나무, 성읍 등과 같이 사울에게 친숙한 곳에서 상황을 통해 표적들이 이루어졌다. 사울은 바벨론이나 애굽 같은 대국으로 가서 왕권을 수행하는 훈련을 받은 것이 아니라, 자신이 나고 자란 고향 땅에 머물면서 하나님이 주시는 징후들이 그대로 이루어지는 현장을 직접 체험했다. 사울에게 왕이 된다는 것이 어떤 의미였든지 간에, 그날의 사건들은 한 가지 사실을 가르쳐 주었다. 왕권은 지금 **이** 시간, **이**곳에서 근본적으로 하나님과 관계 있다는 것이다. 즉 사울 주변과 사울 안에서 역사하시는 하나님의 방식에 따라 수행되어야 한다는 것이다.

이스라엘의 장로들은 "모든 나라와 같이" 왕을 갖고 싶다고 말했다(8:5). 그러나 지금 그들 앞에 서 있는 왕은(아직 그들이 모르는 상태지만) 전혀 (그) 모든 나라와 같은 왕이 아니다. 사울은 라헬의 무덤, 다볼의 상수리나무, 기브아처럼 하나님의 임재가 느껴지는 것들 중 하나에 불과하다. 사울의 권위도 외부에서 오는 것이 아니라 내부에서 발생할 것이다. 선지자들이 예배드릴 때 찬양하며 춤추는 것과 같은 종류의 것이다. 사울은 예배와 말에서의 하나님과의 관계가 가장 중요한 정체성이었던 선지자들과 관련되어서 처음 공개적으로 주목받았다. 그런데 이 이야기를 전하는 방식이 중요하다. 그 동일시(사울을 선지자와 동일시한 것)는 유명해졌다. "사울도 선지자들 중에 있느냐?"(10:11과 19:24을 보라). 이 말은 이스라엘 백성이 '다른 나라들'의 전형적인 왕보다는 선지자적 왕을 얻을 것이라는 말처럼 들린다. 하나님의 말씀대로라면, 이스라엘의 왕은 다른 나라들처럼 되기 위해서가 아니라, 하나님을 가까이하며 그분과 교제하는 일을 수행하기 위해 세워지는 것이다. 하나님이 기도에 응답하실 때, 요구한 것을 그대로 주시는 경우는 거의 없다. 우리는 기대했던 것보다 좋은 것을 더 많이 얻는다. (그렇다고 우리가 좋아하는 것을 항상 더 많이 주시는 것은 아니다.)

사울이 왕으로 선포되다(10:17-27a)

> 10:17사무엘이 백성을 미스바로 불러 여호와 앞에 모으고 18이스라엘 자손에게 이르되 이스라엘 하나님 여호와께서 이같이 말씀하시기를 내가 이스라엘을 애굽에서 인도하여 내고 너희를 애굽인의 손과 너희를 압제하는 모든 나라의 손에서 건져내었느니라 하셨거늘 19너희는 너희를 모든 재난과 고통 중에서 친히 구원하여 내신 너희의 하나님을 오늘 버리고 이르기를 우리 위에 왕을 세우라 하는도다 그런즉 이제 너희의 지파대로 천 명씩 여호와 앞에 나아오라 하고

사무엘은 미스바에서 다시 설교했다(7:5-6). 그곳은 오래전 자신이 백성들에게 회개를 촉구했던 바로 그 장소다. 설교를 통해 사무엘은 이스라엘의 역사를 두 가지 핵심 내용으로 요약하여 정리한다. 하나님이 그들을 구원하는 데 필요한 모든 일을 행하셨다는 것과 이스라엘이 하나님의 인도를 완강하게 거부해 왔다는 내용이다.

> 10:20사무엘이 이에 이스라엘 모든 지파를 가까이 오게 하였더니 베냐민 지

파가 뽑혔고 21베냐민 지파를 그들의 가족별로 가까이 오게 하였더니 마드리의 가족이 뽑혔고 그중에서 기스의 아들 사울이 뽑혔으나 그를 찾아도 찾지 못한지라 22그러므로 그들이 또 여호와께 묻되 그 사람이 여기 왔나이까 여호와께서 대답하시되 그가 짐보따리들 사이에 숨었느니라 하셨더라 23그들이 달려가서 거기서 그를 데려오매 그가 백성 중에 서니 다른 사람보다 어깨 위만큼 컸더라 24사무엘이 모든 백성에게 이르되 너희는 여호와께서 택하신 자를 보느냐 모든 백성 중에 짝할 이가 없느니라 하니 모든 백성이 왕의 만세를 외쳐 부르니라…

27a어떤 불량배는 이르되 이 사람이 어떻게 우리를 구원하겠느냐 하고 멸시하며 예물을 바치지 아니하였으나 그는 잠잠하였더라

사울은 은밀하게 선택되어 이스라엘 최초의 왕으로 기름 부음을 받았다. 화자는 다음과 같은 사실을 전하려 한다. 이스라엘 백성이 왕을 **구한 것**이 이스라엘 입장에서는 하나님을 거절한 신의 없는 행동이지만, 사실 왕을 **얻는 것**은 처음부터 끝까지 하나님이 하신 일이라는 것이다.

사울을 백성들 앞에서 공개적으로 왕으로 공표하려던 그 순간에도 모든 일을 주관하시는 하나님의 섭리는 여전히 다소간 감추어져 있었다. 이번에는 그 섭리가 선거를 통해 나타났다. ('제비뽑기'는 현재의 '투표'에 해당한다. 어떤 방식으로 이루어졌는지는 정확하게 알 수 없으나, 선택 가능한 둘 중 하나를 뽑기 위해 차돌이나 주사위, 화살 같은 것을 사용했을 것이다. 더 자세한 내용은 14:40-42에 나오는데, 이 이야기는 제비뽑기에 사울이 관련된 두 번째 경우다.) 모든 절차를 정해진 순서대로 진행하여 사울이 뽑혔다.

그러나 이런 공식적인 절차가 마무리되기 전에 사무엘은 짧지만 날카로운 설교를 통해 이전에 경고했던 문제(8:4-22)를 다시 한 번 따끔하게 지적한다. "너희가 왕을 구하므로 너희를 구원하고 인도하신 하나님을 거절하

고 있다! 그러나 너희가 계속 고집을 부린다면, 우리는(하나님과 사무엘-옮긴이) 그 일을 할 것이다."

여기서 우리는 놀라운 복음을 접한다. 우리는 하나님을 부인해도 하나님은 우리를 부인하지 않으신다는 것이다. 그분은 사건의 모든 과정에서 사람들과 함께하시는데, 자신의 선지자(사무엘)를 사용하셔서 행동을 해석하고 수행하게 하신다. 사람들은 자신들의 의제에서 하나님을 몰아내지만, 하나님은 조용히 그리고 드러나지 않게 거기에 계시면서 그들의 의제 **안에서** 주권을 행사하신다. 하나님을 제거하는 것은 생각처럼 쉽지 않다.

그런데 모든 일이 결정되었을 때 사울이 보이지 않았다! 숨어버린 것이다. 사무엘의 마지막 설교를 듣고 하나님이 두려워진 것일까? 그를 선택하는 과정에서 하나님의 영(성령)의 표적들이 있었음에도 불구하고, 왕정은 처음부터 하나님을 거절하는 백성들의 야망에서 비롯된 것이기 때문에 무효이며, 왕정제도의 앞날은 험난할 수밖에 없다고 예견했던 것일까? 본문은 사울이 숨은 이유를 설명하지 않는다. 그러나 분명한 것은 왕의 직무는 하나님의 자비와 하나님의 심판이 섞인 자루가 될 것이라는 사실이다.

그들은 왕, 하나님의 뜻을 거슬렀으나 하나님의 도우심을 받아 뽑은 왕을 찾게 도와달라고 하나님께 기도하지 않을 수 없었다(22절). 은혜롭게도, 하나님은 뜻을 굽혀 백성들이 자기 힘으로 할 수 없는 일을 그들을 위해 해주셨다.

그러나 사무엘이 하나님이 선택한 초대 왕으로 사울을 백성들 앞에서 소개하는 순간, 하나님의 은혜와 자비의 그림자는 사라졌다. 결국 백성들이 원하고 고집하던 바가 이루어졌고, 그들은 "왕의 만세"를 외쳤다(24절). 그날 왕에 대해 불만을 토로하던 소수의 사람들이 있었는데(27절), 그들의 불만은 하나님을 경외하는 것과 무관했다. 왕당파의 승리였다. 이때부터 이스라엘은 약 500년 동안 왕의 통치를 받게 된다. 500년간의 왕정은, 이스라엘 백성이 적국 바벨론에서 왕의 통치를 받는 굴욕적인 역사로 끝난다.

사울이 암몬 사람들을 물리치다(10:27b-11:15)

표면적으로 사울의 평생 이야기는 적과의 전쟁으로 일관된다. 그러나 그것은 비계(飛階)일 뿐이다. 실제 이야기는 안쪽에 있다. 즉 사울이 이스라엘의 하나님과 나눈 교제 속에 진짜 이야기가 들어 있다. 이야기가 전개되면서 날카로운 반어법이 등장한다. 왜냐하면 사울이 주로 적들을 무찌르는 전쟁에서는 성공적이지만, 하나님과의 관계에서는 엄청난 약점을 드러내기 때문이다. 이야기는 이 두 사실을 교묘하게 대비하면서 전개한다. 사울은 전쟁에서 승리하며 백성들을 잘 이끌었으나, 신앙 문제에서는 거듭하여 머뭇거렸다. 결국 영적 균형을 상실했고 성숙한 신앙 계발에 실패했다. 오선지의 음자리표처럼 그의 통치 기간에 남은 흔적은 암몬 족속, 블레셋 족속, 아멜렉 족속과의 전쟁에서 거둔 승리가 아니라, 신앙에서의 상실과 실패다.

> 10:27b그때에 암몬 족속의 왕 나하스가 갓 지파 사람들과 르우벤 지파 사람들을 심하게 괴롭혔다. 나하스는 이스라엘을 구원하려는 자는 누구든지 오른쪽 눈을 도려낸다고 했다. 요단 강 동편에 있는 이스라엘 사람들 가운데 한 사람도 오른쪽 눈을 도려내려는 나하스로부터 무사할 수 없었다. 그런데 암몬 족속 중에서 칠천 명의 사람들이 탈출하여 길르앗 야베스로 들어갔다.

위 내용은 사울 이야기 첫 단락의 첫 절인데, 초기 본문 전승 과정의 실수로 누락되어 10장 마지막 구절에 기록되어 있다(한글 성경은 물론 영어 성경에도 대부분 이 내용이 들어 있지 않다.-옮긴이). 1947년에 사해 근처의 쿰란에서 히브리어로 기록된 두루마리들을 발견한 이후로, 몇 년 동안 두루마리들이 계속 발견되었다. 쿰란에서 찾아낸 두루마리들은 현존하는 모든 구약 사본보다 훨씬 오래된 것들로, 위의 내용(10:27b)을 담고 있다(지금 우리가 사용하는 히브리어 성경인 「Biblia Hebraica Stuttgartensia」는 주후 10세기경 티베리아스에서 활동했던 벤 아셀의 본문을 근간한다. 따라서 이 내용은 들어 있지 않으며, 쿰란 제4동굴에서 발견된 사무엘서에 기록되어 있다.-옮긴이). 오늘날 학자들은 대부분 이 구절이 원문에 속한다는 주장에 동의한다. 그래서 이 책에 이 구절을 포함했다.

11:1암몬 사람 나하스가 올라와서 길르앗 야베스에 맞서 진 치매 야베스 모든 사람들이 나하스에게 이르되 우리와 언약하자 그리하면 우리가 너를 섬기리라 하니 2암몬 사람 나하스가 그들에게 이르되 내가 너희 오른 눈을 다 빼야 너희와 언약하리라 내가 온 이스라엘을 이같이 모욕하리라 3야베스 장로들이 그에게 이르되 우리에게 이레 동안 말미를 주어… 4이에 전령들이 사울이 사는 기브아에 이르러 이 말을 백성에게 전하매 모든 백성이 소리를 높여 울더니

5마침 사울이 밭에서 소를 몰고 오다가 이르되 백성이 무슨 일로 우느냐 하니 그들이 야베스 사람의 말을 전하니라 6사울이 이 말을 들을 때에 하나님의 영에게 크게 감동되매 그의 노가 크게 일어나 7…여호와의 두려움이 백성에게 임하매 그들이 한 사람같이 나온지라 8…이스라엘 자손이 삼십만 명이요 유다 사람이 삼만 명이더라 9무리가 와 있는 전령들에게 이르되 너희는 길르앗 야베스 사람에게 이같이 이르기를 내일 해가 더울 때에 너희가 구원을 받으리라 하라 전령들이 돌아가서 야베스 사람들에게 전하매 그들

이 기뻐하니라… 11이튿날 사울이 백성을 삼 대로 나누고 새벽에 적진 한가운데로 들어가서 날이 더울 때까지 암몬 사람들을 치매 남은 자가 다 흩어져서 둘도 함께한 자가 없었더라

12백성이 사무엘에게 이르되 사울이 어찌 우리를 다스리겠느냐 한 자가 누구니이까 그들을 끌어내소서 우리가 죽이겠나이다 13사울이 이르되 이날에는 사람을 죽이지 못하리니 여호와께서 오늘 이스라엘 중에 구원을 베푸셨음이니라

14사무엘이 백성에게 이르되 오라 우리가 길갈로 가서 나라를 새롭게 하자 15모든 백성이 길갈로 가서 거기서 여호와 앞에서 사울을 왕으로 삼고 길갈에서 여호와 앞에 화목제를 드리고 사울과 이스라엘 모든 사람이 거기서 크게 기뻐하니라

사울은 이제 이스라엘의 왕이다. 그렇다면 이스라엘의 왕이 해야 할 일은 무엇인가? 이스라엘에는 왕과 관련된 선례나 전통이 전혀 없었다. 모세의 영도하에 애굽에서 해방된 후 이스라엘은 분명 하나의 왕국이었고(출 19:6), 그들을 통치하는 왕은 바로 하나님이셨다. 그러나 이제는 백성들이 사울을 왕으로 세웠다. 이스라엘은 이제 곧 최초의 **인간** 왕을 경험할 것이다. 사울은 법정, 왕궁, 보좌 같은 것이 전혀 없었다. 직위는 있지만 해야 할 임무는 명시되어 있지 않았다. 그가 해야 할 일은 무엇인가? 백성들이 "왕 만세"라며 환호하던 상황(10:24)이 끝나자, 사울은 돌아가서 밭을 간다(11:5). 갓 즉위한 왕이 해야 할 일을 찾지 못해 농사짓는 옛 직업으로 되돌아간 것이다.

이것이 사울이 왕으로서 첫 번째 임무를 맡게 된 배경이다. 그의 첫 임무는 아주 난폭한 독재자로부터 억압당하는 소수의 백성들을 구하는 일이었다. 고향으로 돌아가 한 달 정도 농사를 짓다가 백성들이 침략자들에

게 유린당한다는 소식을 듣고 즉각 행동을 취해 그들을 구출해 냈다.

상상하기 어려운 극단적인 도발이었다. 요단 강 동편에 있는 암몬 족속의 왕 나하스(히브리어로 '뱀'이란 뜻이다)가 이스라엘의 땅을 정복한 후, 그 땅에 살던 이스라엘 사람들의 오른쪽 눈을 뽑는 만행을 저지른 것이다. 요단 강 동편(길르앗)에 정착한 르우벤 지파와 갓 지파의 주민들이 일차적인 희생자들이었다. 그 잔혹한 맹인 만들기는 고통과 수치심을 겸한 것이었다. 모든 주민이 외눈박이가 되어 거리를 배회하는 장면을 상상해 보라. 그 사람들을 볼 때마다 사디스트적인 괴물 나하스가 생각날 것이다. 그러나 두 지파에 속해 있던 7천 명가량의 사람들은 가까스로 탈출해서 성벽으로 둘러싸인 요새인 길르앗 야베스 성읍으로 피신했다. 그러자 나하스가 그들을 쫓아와서 그 성읍을 포위했다. 성읍에 있던 사람들이 노예가 될 테니 평화를 달라고 제안하자, 나하스는 터무니없는 조건을 내세웠다. "모든 사람의 오른쪽 눈을 뽑는 조건에 응한다면" 그들의 평화 제안을 받아들이겠다는 것이다. 그 순간 나하스는 세상에서 가장 잔인한 압제자들 중 앞줄에 있던 헤롯이나 네로, 타메를란(Tamerlane, '절름발이 티무르'라는 뜻으로 티무르의 별칭이다.—옮긴이)과 칭기즈칸, 히틀러와 스탈린, 그리고 폴 포트 등과 어깨를 나란히 하는 자리에 앉았다. 나약하고 불쌍한 사람들에게 부당한 고통과 수치를 가하는 것이 이 타락한 세상에서는 결코 드문 일이 아니지만, 그런 이야기를 접할 때마다 충격을 받지 않을 수 없다.

소식을 접한 사울은 놀라고 화가 나서 **왕으로서** 어떤 조치를 취했다. 그에게 거룩한 사명을 주신(10:10) 바로 그 하나님의 영이 다시 한 번 그에게 임하셨기 때문이다(11:6). 사울은 군대를 소집하였다. 그리고 밤중에 요단 강을 건너 야베스까지 강행군을 했다. (거리는 약 15킬로미터밖에 안 되지만, 굴곡이 심한 언덕 지역이라 야간 행군을 하기에는 아주 험한 길이었다.) 이 진군으로 말미암아 사디스트적인 나하스의 야만적 행위는 종말을 맞이했다. 나하스는 사울이 왕으로서의 첫 번째 임무를 시작할 수 있도록 발판을 마련해 준 것이다. 나하스와의 전쟁이 있기 전까지 사울은 멍에를 멘 수소를 데리고 밭을 일구고 있었지만, 나하스의 등장으로 하나님의 영의 기운을 얻어 대군을 지휘하고 가장 비참한 희생자들 가운데 정의를 세우는 왕이 되었다.

그러나 사울이 역사의 중심 무대로 전진하고 있었음에도 여전히 사울과 백성들의 삶에서 주요한 역할을 하던 사람은 사무엘이었다. 전쟁 준비를 위해 나하스와 대항하여 싸울 군사를 소집할 때도 사울은 "사울과 사무엘"의 이름으로 백성들에게 호소했다(11:7). 전쟁이 끝난 뒤에도 사무엘의 영향력은 줄지 않았다. 전쟁에서 승리한 후 두 가지 중요한 기사가 나오는데, 모두 사무엘과 관련한 사건이다. 첫째, 전쟁이 승리로 끝나자 백성들이 사무엘을 찾아와 사울이 왕이 되는 것을 반대했던 "불량배들"을 숙청하라고 요구했다(10:27). 다른 말로 하면, 사무엘이 여전히 이스라엘 최고의 권력자로 인정받고 있었다는 것이다. 그러나 사울은 개입하여 더 이상의 살인을 저지르면 안 된다고 선언했다. 사울은 그날이 사울의 복수의 날이 아니라, 하나님의 구원의 날로 기억되기를 바랐다(11:13). 사울은 사무엘이 있는 자리에서, 사무엘의 권위하에, 사무엘의 마음으로 행동했던 것이다. 즉 사울은 왕으로서 자신의 임무를 하나님의 구원 역사로 경험했고, 또 그렇게 이해했다. 그는 자신의 리더십이 애굽과 가나안의 압제로부터 이스라엘을 구원하시는 하나님의 오랜 구원 역사의 일부이며, 나하스와 그의 일족들이 저지른 야만적 행위들과는 뚜렷이 구별되는 것으로 이해했다.

두 번째 사건은 사무엘이 주도했다. 그는 왕권(나라)을 새롭게 하려고 백성들에게 길갈로 모이라고 했다.

사무엘의 고별사(12:1-25)

이제 사무엘이 역사의 무대에서 내려오려 한다. 이후 몇 번 중요한 조연 역할을 맡아 등장하기는 하지만, 본격적으로 '왕들'이 역사의 전면과 중심을 차지할 것이다. 이제 백성 중심의 리더십이 시작된다.

> 12:1사무엘이 온 이스라엘에게 이르되 보라 너희가 내게 한 말을 내가 다 듣고 너희 위에 왕을 세웠더니 2이제 왕이 너희 앞에 출입하느니라 보라 나는 늙어 머리가 희어졌고… 3내가 여기 있나니 여호와 앞과 그의 기름 부음을 받은 자 앞에서 내게 대하여 증언하라 내가 누구의 소를 빼앗았느냐 누구의 나귀를 빼앗았느냐 누구를 속였느냐 누구를 압제하였느냐 내 눈을 흐리게 하는 뇌물을 누구의 손에서 받았느냐 그리하였으면 내가 그것을 너희에게 갚으리라 하니 4그들이 이르되 당신이 우리를 속이지 아니하였고 압제하지 아니하였고 누구의 손에서든지 아무것도 빼앗은 것이 없나이다 하니라 5사무엘이 백성에게 이르되 너희가 내 손에서 아무것도 찾아낸 것이 없음을 여호와께서 너희에게 대하여 증언하시며 그의 기름 부음을 받은 자도 오늘 증언하느니라 하니 그들이 이르되 그가 증언하시나이다 하니라
>
> 6사무엘이 백성에게 이르되… 7그런즉 가만히 서 있으라 여호와께서 너희와 너희 조상들에게 행하신 모든 공의로운 일에 대하여 내가 여호와 앞에서 너희와 담론하리라 8…여호와께서 모세와 아론을 보내사 그 두 사람으로 너희 조상들을 애굽에서 인도해 내어 이곳에 살게 하셨으나… 11여호와께서 여룹바알과 베단과 입다와 나 사무엘을 보내사 너희를 너희 사방 원수의 손에서 건져내사 너희에게 안전하게 살게 하셨거늘 12너희가 암몬 자손의 왕 나하스가 너희를 치러 옴을 보고 너희의 하나님 여호와께서는 너희의 왕이 되심에도 불구하고 너희가 내게 이르기를 아니라 우리를 다스릴 왕이 있어

야 하겠다 하였도다 13이제 너희가 구한 왕, 너희가 택한 왕을 보라… 14너희가 만일 여호와를 경외하여 그를 섬기며 그의 목소리를 듣고 여호와의 명령을 거역하지 아니하며 또 너희와 너희를 다스리는 왕이 너희의 하나님 여호와를 따르면 좋겠지마는 15너희가 만일 여호와의 목소리를 듣지 아니하고 여호와의 명령을 거역하면 여호와의 손이 너희의 조상들을 치신 것같이 너희를 치실 것이라 16너희는 이제 가만히 서서 여호와께서 너희 목전에서 행하시는 이 큰 일을 보라 17오늘은 밀 베는 때가 아니냐 내가 여호와께 아뢰리니 여호와께서 우레와 비를 보내사 너희가 왕을 구한 일 곧 여호와의 목전에서 범한 죄악이 큼을 너희에게 밝히 알게 하시리라 18이에 사무엘이 여호와께 아뢰매 여호와께서 그날에 우레와 비를 보내시니 모든 백성이 여호와와 사무엘을 크게 두려워하니라

19모든 백성이 사무엘에게 이르되 당신의 종들을 위하여 당신의 하나님 여호와께 기도하여 우리가 죽지 않게 하소서… 20사무엘이 백성에게 이르되 두려워하지 말라 너희가 과연 이 모든 악을 행하였으나 여호와를 따르는 데에서 돌아서지 말고 오직 너희의 마음을 다하여 여호와를 섬기라… 22여호와께서는 너희를 자기 백성으로 삼으신 것을 기뻐하셨으므로 여호와께서는 그의 크신 이름을 위해서라도 자기 백성을 버리지 아니하실 것이요 23나는 너희를 위하여 기도하기를 쉬는 죄를 여호와 앞에 결단코 범하지 아니하고 선하고 의로운 길을 너희에게 가르칠 것인즉 24…오직 그를 경외하며 너희의 마음을 다하여 진실히 섬기라 25만일 너희가 여전히 악을 행하면 너희와 너희 왕이 다 멸망하리라

사무엘이 백성들에게 전한 내용은 이스라엘의 역사 속에 일어난 주요하고 급진적인 변화를 주지시켰다. 즉 하나님께 모든 초점을 맞추던 사람들이 수행하던 리더십이, 이제는 사람들에게 일차적인 관심이 있는 왕에

의해 이루어지고 있다는 것이다. 하나님은 사사들을 **세우셨으나** 백성들은 왕을 **요구했다**. 선지자적인 사사들은 하나님이 지명하셨지만, 정치적인 왕은 사람들이 환호로 맞이한 것이다. 하지만 그런 대조가 절대적이진 않다. 하나님이 왕을 세우는 일에 계속 관여하시기 때문이다. 그러나 사무엘이 물러나고 사울이 전면에 나서게 되면서 한 단계 낮아지고 있다는 인식이 잦아든다. 사무엘은 '차선'의 시대가 도래했음을 선언한다. 오랫동안 리더십은 하나님의 구원의 손길로부터 왔으나, 이제는 백성들의 두려움과 희망으로부터 그 모양이 형성된다.

모세와 함께 장엄하게 시작된 리더십이 사무엘과 함께 은혜롭게 끝났다. 하나님이 선지자적인 지도자들을 계속 세우셔서 하나님의 행위(구원과 심판)가 역사의 중심이 되게 하셨다. 이 지도자들 가운데 여섯 명은 모세, 아론, 여룹바알(기드온), 바락, 입다, 삼손이다. 그들은 애굽, 가나안, 블레셋 그리고 모압과 싸우며 이스라엘을 잘 이끌어 왔다. 그리고 사무엘은 나무랄 데 없는 아주 정직한 지도자였다! 무엇을 더 바랄 수 있겠는가?

그렇다면 백성들은 무엇을 불평했어야 하는가? 사무엘은 자신의 리더십을 회고했다. 그는 백성들에게 다섯 가지 질문을 했는데(12:3), 이것은 그가 이전에 백성들에게 경고했던 것(8:11-17)과 대조를 이룬다. 백성들이 왕을 요구했을 때 사무엘은 왕정으로부터 그들이 기대하는 것이 무엇인지에 대해 경고했다. 백성들은 사무엘의 리더십을 인정했다(12:4).

그러나 백성들이 추구하는 것은 더 정의롭거나 더 번영하는 사회가 아니라, 자신들이 직접 통치하거나 자기들과 같은 사람의 통치를 받는 것이다. 그들이 거부하는 것은 하나님의 주권이다. 왕을 요구한 근본적 동기는 정치적인 열정이 아니라 영적인 회피다. 하나님을 자신들의 왕이 되지 못하도록 제외함으로써 그들의 삶에 관한 '결정권'을 자신들이 가질 수 있으리라 생각했다. 왕정, 민주주의, 사회주의 또는 공산주의 할 것 없이, 유사이래 모든 정치제도는 그와 같은 생각을 부추겨 왔다.

사무엘의 설교에는 통치 형태의 변화가 그들의 삶의 수준이나 군사적 안정이나 문화적 이점들을 쇠퇴로 몰아넣을 것이라는 암시가 없다. 통치 형태의 차이는 거기서 얻을 수 있는 '유익'에 있지 않다. 그들이 살았던 문화적 배경은 왕이 있기도 했고 없기도 했던 철기 시대다. 사무엘은 그들에게 그들의 무지막지함이 빚어낸 엄청난 변화에 직면하도록 했다. 그들은 한 통치 형태를 거부했고 다른 것을 채택했다. 그렇다고 그 통치 형태가 특별히 다를 것은 없다. 다만 하나님의 주권 아래서 사는 대신 인간의 주권 아래서의 삶을 선택한 것이다. 지금까지는 하나님의 말씀을 듣고 하나님께 부르짖고 하나님께 순종하는 것이 그들의 정치 참여를 주도해 왔다. 그러나 이제는 아니다.

사무엘은 백성들에게 "그들이 왕을 요구함으로써 중대한 실수(큰 죄악, 12:17)를 저질렀다"라고 단도직입적으로 말했다. 그러자 그들은 명예롭게도, 사무엘의 선지자적인 설교를 통해 "우리가 우리의 모든 죄에 왕을 구하는 악을 더하였나이다"(12:19)라며 인정했다. 그러나 이젠 너무 늦었다. 그들에겐 왕이 있다. 사울이 그들의 왕이다.

그런데 여기에 놀라운 '복음'이 있다. 사무엘뿐만 아니라 하나님도 이스라엘 백성들을 버리거나 떠나지 않으셨다. 백성들이 잘못된 결정을 내린 결과 받아야 할 고통을 겪도록 내버려두지 않으셨다. 하나님은 그들과 함께하겠다고 약속하신다. 그들의 믿음 없는 요구가 있었음에도, 만약 이스라엘 백성과 그들의 왕이 하나님을 경외하고 순종한다면 "평안할 것"이라고 약속하셨다(12:14). 하나님은 여전히 그들의 하나님이다. 그러나 그 약속은 백지 위임장과 같은 축복의 약속이 아니다. 그들의 불순종은 분명 대가를 치르게 될 것이다. 그러나 그들이 구원을 얻든지 심판을 받든지, **하나님**은 틀림없이 그들과 함께 계실 것이다.

사무엘은 여기에서 성경이 주는 메시지 가운데 중요한 특징 중 하나를 분명히 진술한다. 어떤 악이나 죄도 그 자체로는 우리를 향한 하나님의 은혜와 자비로부터 우리를 분리시키지 못한다. 우리의 어떤 행위도 우리를 용서하고 받아주시는 하나님 은혜의 권능 밖으로 우리를 밀어내지 못한다. 사무엘 이후 약 천 년의 세월이 흐른 뒤에 사무엘이 설교한 것을 예수께서 실현하셨다. "두려워 말라…. 그래, 너희는 죄를 범했다. 그러나 죄책감이 너를 무력화하게 내버려 두지 말라. 네 죄가 너를 속여 너 자신은 구원받을 수 없다고 생각하지 못하게 하라. 잠시라도 하나님이 너를 포기하셨다고 생각하지 마라. 너를 구원하는 것은 하나님이 하실 일이며 하나님은 결코 포기하지 않으신다"(12:20-22).

더 나아가 사무엘은 자신이 설교한 내용을 믿고 그대로 살려고 노력했다. 비록 지도자의 위치에서 물러나게 되었지만, 은퇴하여 은막 뒤로 사라질 생각은 없었다. 그는 백성들을 위해 기도하고 하나님 앞에서 의롭게 사는 것을 가르치면서(12:23) 계속해서 그들과 함께하고자 했다. 장차 왕정 시대 초기에는 선지자로서 백성들과 함께 거하는 사무엘의 존재가 중요한 역할을 하게 됨을 볼 것이다.

그러나 오해하면 안 된다. 이것은 신의 힘으로 자기중심적인 완고함과 영적 나태를 매수하는 안이한 종교를 선포하고 있는 것이 아니다. 사무엘은 이 설교에서 두 번이나 "그러므로 이제 가만히 서서"라고 말한다(12:7, 16). "서서"라는 말은 게으름이나 나태함을 배제한다. 결국 그들은 하나님의 법정에 있다. "전능하신 이 여호와 하나님께서 말씀하사… 세상을 부르셨도다"(시 50:1). 그것은 마치 사무엘이 이렇게 말하는 것과 같다. "주목하라! 내 눈을 보라! 너희는 지금 위기에 처했고 이 민족도 위기에 처했다. 너희가 죄에 대한 형벌로 즉각 저주를 받지 않는다고 곤경에서 벗어났다고 생각하지 마라. 심판이 당연히 있을 것이다. 그러나 구원도 있을 것이다. 그리고 이 두 가지는 너희의 마음을 다하여 하나님을 섬길 것을 요구한다"(12:24). 하나님의 은혜는 하고 싶은 대로 살게 하지 않고, 우리와 함께하시는 하나님의 방법으로 엄격하게 훈련에 참여하게 한다.

사무엘의 설교는 그보다 앞선 시대의 여호수아의 설교(수 23-24장)나 그보다 뒤에 오는 솔로몬의 설교(왕상 8:12-61)와 비교해 볼 수 있다. 세 사람의 고별설교는 모두 변화의 정점에 직면한 역사적 순간에 미래와 과거를 조망하고, 하나님의 불변하는 언약과 신실하심을 반복하여 강조하며, 줄거리를 손대지 않고 분명하게 유지한다는 점에서 유사하다.

3 부

왕으로서의
사울 이야기

사무엘상 13-15장

베첼리오 티치아노(1488?-1576), "다윗과 골리앗"

서론

어둡고 소름 끼치고 무시무시한 이미지를 풍기는 표현들을 통해 사울은 비극적인 인물로 서서히 나타난다. 이것은 자신들의 삶 가운데 거하시는 하나님의 말씀을 진지하게 듣고 새기려는 사람들에게 성경이 제시하는 최후 심판의 경고다. "비참하게 침몰당한 거대한 배들이여! 해저에 널려 있는 널빤지 몇 개를 보노라. 그러나 그게 전부다"(Thomas Shepherd의 말을 Alexander Whyte, *Bible Characters*, vol. I, 234에서 재인용). 사울과 가룟 유다 사이에는 약 천 년이라는 세월이 존재한다. 그러나 그 두 사람은 소명을 버리고 자살로 삶을 마감한 불명예스러운 리더십을 공유한다.

사울의 위치는 역사상 철과 정치라는 두 요소에 의해 결정되었다. 철의 발견은 철기 시대라 일컫는 새로운 문명의 시대를 열었다. 블레셋 족속은 가나안 땅에서 최초로 철을 사용한 사람들이었다. 그들은 철을 군사적인 목적으로 사용하였고, 덕분에 전쟁에서 이스라엘을 압도할 수 있었다. 블레셋이 철기 도구와 무기 제조를 독점했다는 사실을 뒷받침해 주는 고고학적인 증거들은 많이 있다. 철기 문화와 블레셋이 철 생산과 제조를 독점했다는 사실은 당시 사울 주변의 절박했던 상황을 짐작하게 한다. 사울이 왕으로 자리매김하던 역사의 무대는 위기의 시대였기에, 그의 행보는 매사에 신중할 수밖에 없었다. 이스라엘은 성별된 국가로 존속하는 것 자체가 위태로웠다. 그러므로 사울의 행적은 어느 면으로나 평가를 받을 수밖에 없었다.

또 다른 결정적 요소는 바로 정치다. 이스라엘에 왕정이 도입된 것은 인간 사울을 통해서였다. 그렇다면 이스라엘에서 '왕'은 어떤 모습으로 비쳐졌을까? 이스라엘에서는 사울의 인격과 삶을 통해 '왕'이라는 말의 정의가 만들어졌는데, 이는 이스라엘 주변의 민족들이 왕을 이해하는 방식과 달랐다. 불행히도 사울은 왕의 부정적인 실례를 남기게 되었다. 위대한 구약학자인 마르틴 노트는 사울의 통치 기간에는 "소망이 없었다"라고 평가했다(Martin Noth, The History of Israel, 178). 성공보다 실패를 통하여 더 많이 배우는 것이 사실이라면, 우리는 사울의 인생에서 더 많은 것을 배울 수 있을 것이다. 급진적으로 변하는 정치적 상황에서의 초기 대응이 사울이라는 인물에게서 나타났다. 케임브리지 대학의 현대사 교수였던 허버트 버터필드는 정치와 인격은 불가분의 관계임을 다음과 같이 강조했다. "왜 정치에서는 기독교적 덕목들을 격리해야 하는지 모르겠다. 내가 말하는 덕목은 겸손, 너그러움, 자기비판, 그리고 당면한 문제가 섭리 가운데 있는 것으로 받아들이는 자세와 같은 것이다. 또한 마치 자신이 세상에서 절대 주권을 소유한 사람인 것처럼 현안들을 좌지우지하는 것을 삼가는 성품, 다시 말해 자신의 행동이 섭리를 따르고 있는지 살필 수 있는 성품을 의미한다"(Herbert Butterfield, International Conflict in the Twentieth Century, 16). 사울은 그의 삶 전체를 통하여 우리에게 한 가지 사실을 분명히 가르쳐 주고 있다. 신앙을 순수하게 개인적이고 내면적으로 받아들이지 않고 시대의 정치적 환경에 편승하여 잘살고자 하는 욕망만 추구한다면, 우리의 삶은 사울의 인생과 같아질 것이다.

이스라엘의 초대 왕은 사울이다. 이스라엘 왕조는 500년이 채 안 되어 23대 왕 여호야긴(여고냐)과 함께 막을 내렸다(왕하 25장). 좋은 왕도 있었지만 나쁜 왕도 있었다. 그러나 좋은 왕이든 나쁜 왕이든, 세계적으로 알려진 왕은 없었다. 우리는 사울에서부터 여호야긴에 이르는 역사를 보면서, 당시 열강들과 군주들의 영향력 한가운데서 현실적으로 산다는 것이 어떤 의미인지에 대해 세상에 팽배하던 신념을 반박하는 문화와 정치에 몰두하게 된다. 성경이 기록한 광범위한 왕조 역사를 통해 우리는 "하나님의 나라가 임하옵소서"라고 현명하면서도 경건하게 기도하는 것을 배우게 된다. 사울은 바로 그 성경 본문의 첫 장에 해당한다. 그리고 그렇게 기도하는 것을 아는 사람은 반드시 그 기도의 영향력을 나타내게 된다. 로마 식민지 데살로니가에 살던 사람들은 자신들을 통치하는 권력자와 관료들에게 상당한 불만을 품고 있었다. 그래서 바울을 통하여 하나님 나라를 위해 살고 그 나라를 위해 기도하는 것을 알게 된 데살로니가의 그리스도인들이 다른 임금 곧 예수라 하는 이가 있다고 말하는 것을 듣고 사람들이 소동하기도 했다(행 17:7-8).

9. 사울 왕이 블레셋과 싸우다
사무엘상 13-14장

블레셋 사람들의 맹공격을 초래하다(13:1-7)

13:1사울이 왕이 될 때에 사십 세라 그가 이스라엘을 다스린 지 이 년에

이 본문에 있어야 할 정확한 연도가 두 번이나 빠졌다. 사울이 기름 부음을 받은 때와 이 첫 전쟁 사이에 상당한 기간이 있는 것일까? 사무엘에게 기름 부음을 받을 때 사울이 몇 살이었는지 알 수 없지만, 그가 아주젊었다는 것은 분명하다. 그런데 이 대목에서 사울의 장성한 아들 요나단이 언급된다. 하지만 요나단에 관해서는 모르는 것이 너무나 많다!

13:2이스라엘 사람 삼천 명을 택하여 그중에서 이천 명은 자기와 함께 믹마스와 벧엘 산에 있게 하고 일천 명은 요나단과 함께 베냐민 기브아에 있게하고 남은 백성은 각기 장막으로 보내니라 3요나단이 게바에 있는 블레셋사람의 수비대를 치매 블레셋 사람이 이를 들은지라 사울이 온 땅에 나팔

을 불어 이르되 히브리 사람들은 들으라 하니 4…그 백성이 길갈로 모여 사울을 따르니라

5블레셋 사람들이 이스라엘과 싸우려고 모였는데 병거가 삼만이요 마병이 육천 명이요 백성은 해변의 모래같이 많더라 그들이 올라와 벧아웬 동쪽 믹마스에 진 치매 6이스라엘 사람들이 위급함을 보고 절박하여 굴과 수풀과 바위 틈과 은밀한 곳과 웅덩이에 숨으며 7어떤 히브리 사람들은 요단을 건너 갓과 길르앗 땅으로 가되 사울은 아직 길갈에 있고 그를 따른 모든 백성은 떨더라

사울이 이스라엘의 왕으로서 행한 첫 번째 행동은 동쪽의 대적 암몬 족속과 그들의 왕 나하스(11장)를 무찌르고 승리를 거둔 것이다. (이 승리는 길갈에서의 공식적인 즉위식을 앞당겼다.) 두 번째 행동은 서쪽의 적인 블레셋에 대한 군사적 승리였다. 사울의 아들 요나단이 게바에 진치고 있던 블레셋 군인들을 습격한 것이 전쟁의 발단이었다. 이 작은 충돌이 이스라엘과 블레셋의 전면전으로 확대되었다.

사무엘이 지도자로 있는 동안 이스라엘은 숙적 블레셋을 진압하였고 (7:13), 이스라엘의 서쪽 경계 지역에서는 태평성대를 구가했다. 그러나 게바에서의 도발은 벌집에 던져진 돌처럼, 블레셋의 묵은 적개심을 자극했다. 블레셋 사람들은 성난 벌처럼 **윙윙거리고 있었다.**

사울은 일전을 준비하기 위해, 최근에 즉위식을 치렀던 길갈(11:14-15)에 군대를 소집했다. 한편 블레셋 사람들은 게바에서 불과 5킬로미터가량 떨어진 믹마스에 진을 쳤다. 이스라엘은 블레셋 군대에 수적으로 열세인 것이 분명하자 전의를 상실한 채 겁에 질려 '방공호'를 찾아 달아나기에 바빴다. 요단 강을 건너 동쪽 지역으로 도망하는 사람들도 많았다.

우리는 사울 왕의 정황을 안다. 암몬 사람들을 무찌를 때 보여준 군사

적 용맹 때문에 환호를 받으며 왕으로 인정받은 그의 리더십은 군사적인 용어로 규정된다. 그런데 그는 블레셋 군대(갑작스러운 공격에 자극을 받았다)의 위협을 받아 패전이 확실한 상황에 직면했다. 그는 절망적이었다.

이어지는 본문에는 사울과 사무엘 사이에 일종의 협약 또는 이해가 지속되어 왔음이 암시된다. 즉 사울은 전쟁을 지휘하고 사무엘은 하나님을 상대하는 제사장과 선지자의 직무를 수행하는 것이다. 사울은 싸움을 책임지고 사무엘은 기도를 책임진 것이다.

그러고 나서 이런 일이 생겼다.

사무엘이 사울을 책망하다(13:8-15)

13:8사울은 사무엘이 정한 기한대로 이레 동안을 기다렸으나 사무엘이 길갈로 오지 아니하매 백성이 사울에게서 흩어지는지라 9사울이 이르되 번제와 화목제물을 이리로 가져오라 하여 번제를 드렸더니 10번제 드리기를 마치자 사무엘이 온지라 사울이 나가 맞으며 문안하매 11사무엘이 이르되 왕이 행하신 것이 무엇이냐 하니 사울이 이르되 백성은 내게서 흩어지고 당신은 정한 날 안에 오지 아니하고 블레셋 사람은 믹마스에 모였음을 내가 보았으므로 12이에 내가 이르기를 블레셋 사람들이 나를 치러 길갈로 내려오겠거늘 내가 여호와께 은혜를 간구하지 못하였다 하고 부득이하여 번제를 드렸나이다 하니라 13사무엘이 사울에게 이르되 왕이 망령되이 행하였도다 왕이 왕의 하나님 여호와께서 왕에게 내리신 명령을 지키지 아니하였도다 그리하였더라면 여호와께서 이스라엘 위에 왕의 나라를 영원히 세우셨을 것이거늘 14지금은 왕의 나라가 길지 못할 것이라 여호와께서 왕에게 명령하신 바를 왕이 지키지 아니하였으므로 여호와께서 그의 마음에 맞는 사람

을 구하여 여호와께서 그를 그의 백성의 지도자로 삼으셨느니라 하고…

사울은 계약 당사자로서의 의무를 다하지 않았다. 사무엘이 정한 시간에 나타나지 않자 사울은 월권행위를 했다. 아무 자격도 없으면서 일에 끼어든 것이다. 그러나 희생제사를 드림으로써, 단지 절차상으로 협약을 위반한 것이 아니라 하나님에 대한 신뢰가 부족함을 드러냈다. 그가 그렇게 한 이유는 자신의 지위와 권력을 잃을까 두려웠기 때문인 것으로 해석된다. 그는 왕의 개념을 군사적인 용어로 축소했다. 그는 왕으로서 자신의 권위가 (전쟁이 일으킨 모든 상황에 따라) 전쟁에서의 승리에 달려 있다고 생각한다. 이 이야기에서 분명한 사실 한 가지가 있다. 그는 어떤 군사적 업적 이전에 하나님이 그를 왕으로 선택하셨기 때문에 왕이 된 것이다. 그에게 가장 중요한 관계는 하나님과의 관계이지 블레셋이나 이스라엘 사람들과의 관계가 아니다.

우리가 벗어나기 어려운 한 가지 유혹, 특히 하나님을 위해 특별한 일을 하고 있다고 생각할 때 오는 유혹은, 하나님이 그 보상으로 특별한 은혜를 주실 것이라 기대하는 것이다. 때로는 신학적 공감 및 협박 등의 방법을 사용하여 그렇게 하는 것을 미화하거나 정당화하려 한다. 사울의 시대나 우리 시대나 그런 시도들은 책임 있는 행동이 아니다. 그들은 우리에게 압력 집단에게 강요당하는 하나님을 보여준다. 하지만 그런 식으로 강요당할 수 있는 하나님은 하나님도 아니다. 그저 변덕스럽고 불안한 지배자로서 자신의 생각을 확신하지 못하고 아첨꾼을 편애하는 그런 신일 뿐이다.

본문의 내레이터는 지형(地形)과 군대의 움직임을 상세히 설명하고 있지만, 사실 군사 작전에는 관심이 없다. 이것은 한 가지 교훈을 확실히 하려는 장치다. 신앙의 행위들은 이름을 지닌 마을, 전술에 따라 병력을 움직이는 군대, 군사 전략, 일기 예보 등 '현실 세계'에서 일어난다는 것이다. 이

것이 신앙과 순종의 문제를 이해할 수 있는 배경이다. 사울은 군사 작전을 총지휘하는 사람으로서 매일의 삶 가운데서 하나님을 믿을 수도 있고 믿지 못할 수도 있으며, 순종할 수도 있고 불순종할 수도 있으며, 신뢰할 수도 있고 그렇지 않을 수도 있다. 나중에 밝혀지겠지만 사울이 선택한 것은 불신과 불순종이었다.

결국 사무엘이 나타나서 사울을 호되게 꾸짖었다. 사실상 사울의 왕권은 박탈당한 것이다. 겉으로 보기에는 해가 되지 않는 불순종의 행위였지만(예배 행위로 위장했다), 사울은 왕국을 상실했다. 사울은 하나님을 두려워하기보다 블레셋을 두려워했는데, 그 결과 그는 더 이상 왕이 아니다. 누군가 다른 사람이 이미 선택되어 지명을 받았다(13:14). 이것에 관한 이야기는 이어지는 세 장에 소개된다. 사울은 블레셋에 집착하다가 하나님을 잊어버렸고, 자신이 어떤 존재로, 무슨 일을 하라고 기름 부음 받았는지를 망각했다. 그 순간 사무엘은 사울의 파산을 알렸다. 붕괴가 구체화되기까지는 어느 정도 시간이 소요되겠지만, 이제부터 독자들은 왕의 신분이 박탈되어 가는 사울의 모습을 보게 될 것이다. 그 일은 블레셋과 아무 상관없이 내부에서 발생할 것이다. 그것은 하나님에게서 멀어졌기 때문에 생기는 일이다. 하나님을 순종하는 내면의 삶은 전쟁이 치러지는 외부의 삶보다 훨씬 더 '실제적'이다.

일상으로 돌아감(13:15-18)

사울은 사무엘이 책망하며 예언한 말들을 망각하고 일상으로 돌아가 원래 하던 일들을 계속했다. 지금 우리가 읽고 있는 사무엘의 말 가운데 사울이 귀 기울여 들었던 말이 있었을까? 경청은 사울의 장점이 아니었던 것 같다.

여담: 블레셋 사람들이 철기를 독점하다(13:19-22)

13:19그때에 이스라엘 온 땅에 철공이 없었으니 이는 블레셋 사람들이 말하기를 히브리 사람이 칼이나 창을 만들까 두렵다 하였음이라 21온 이스라엘 사람들이 각기 보습이나 삽이나 도끼나 괭이를 벼리려면 블레셋 사람들에게로 내려갔었는데… 22싸우는 날에 사울과 요나단과 함께한 백성의 손에는 칼이나 창이 없고 오직 사울과 그의 아들 요나단에게만 있었더라

이야기는 사무엘이 선지자로서 왕을 엄중하게 책망했던 장면에서 전쟁 전략과 문화적 상황이라는 일반적인 문제로 갑자기 전환되었다. 그렇다고 놀랄 필요는 없다. 왜냐하면 결국 동일한 세계이기 때문이다. 블레셋이 철을 독점한다는 언급은 사울의 이야기를 생활 도구와 경제로 이뤄진 일상적인 세계에 여전히 뿌리박게 한다.

믹마스 샛길에서 벌어진 전투(13:23-14:23)

13:23 블레셋 사람들의 부대가 나와서 믹마스 어귀에 이르렀더라…
14:6요나단이 자기의 무기를 든 소년에게 이르되 우리가 이 할례 받지 않은 자들에게로 건너가자 여호와께서 우리를 위하여 일하실까 하노라 여호와의 구원은 사람이 많고 적음에 달리지 아니하였느니라 7무기를 든 자가 그에게 이르되 당신의 마음에 있는 대로 다 행하여 앞서 가소서 내가 당신과 마음을 같이하여 따르리이다 8요나단이 이르되 보라 우리가 그 사람들에게로 건너가서 그들에게 보이리니 9그들이 만일 우리에게 이르기를 우리가 너희에게로 가기를 기다리라 하면 우리는 우리가 있는 곳에 가만히 서서 그

들에게로 올라가지 말 것이요 10그들이 만일 말하기를 우리에게로 올라오라 하면 우리가 올라갈 것은 여호와께서 그들을 우리 손에 넘기셨음이니 이것이 우리에게 표징이 되리라 하고 11둘이 다 블레셋 사람들에게 보이매 블레셋 사람이 이르되 보라 히브리 사람이 그들이 숨었던 구멍에서 나온다 하고 12그 부대 사람들이 요나단과 그의 무기를 든 자에게 이르되 우리에게로 올라오라 너희에게 보여줄 것이 있느니라 한지라 요나단이 자기의 무기를 든 자에게 이르되 나를 따라 올라오라 여호와께서 그들을 이스라엘의 손에 넘기셨느니라 하고 13요나단이 손 발로 기어 올라갔고 그 무기를 든 자도 따랐더라 블레셋 사람들이 요나단 앞에서 엎드러지매 무기를 든 자가 따라가며 죽였으니 14요나단과 그 무기를 든 자가 반나절 갈이 땅 안에서 처음으로 쳐 죽인 자가 이십 명가량이라 15들에 있는 진영과 모든 백성들이 공포에 떨었고 부대와 노략꾼들도 떨었으며 땅도 진동하였으니 이는 큰 떨림이었더라

16베냐민 기브아에 있는 사울의 파수꾼이 바라본즉 허다한 블레셋 사람들이 무너져 이리저리 흩어지더라 17사울이 자기와 함께한 백성에게 이르되 우리에게서 누가 나갔는지 점호하여 보라 하여 점호한즉 요나단과 그의 무기를 든 자가 없어졌더라 18사울이 아히야에게 이르되 하나님의 궤를 이리로 가져오라 하니 그때에 하나님의 궤가 이스라엘 자손과 함께 있음이니라 19 사울이 제사장에게 말할 때에 블레셋 사람들의 진영에 소동이 점점 더한지라… 20사울과 그와 함께한 모든 백성이 모여 전장에 가서 본즉 블레셋 사람들이 각각 칼로 자기의 동무들을 치므로 크게 혼란하였더라… 23여호와께서 그날에 이스라엘을 구원하시므로 전쟁이 벧아웬을 지나니라

이 전투는 요나단이 시작한 것이다(13:3). 요나단이 블레셋의 요새를 공격하자 블레셋 군대가 보복하려고 전열을 가다듬고 대규모로 이동하기 시작했다. 이스라엘을 파멸시킬 것처럼 말이다. 그런데 이 전투를 끝낸 것

도 요나단이었다. 그는 자신의 무기를 든 부관만 데리고 블레셋 군대를 공격했는데, 이 공격으로 인해 대치 국면은 급속하게 전면전으로 확대되었고, 이스라엘 군대 전체가 진격하여 블레셋 군대를 대패시켰다.

믹마스 샛길에서(정확하게는 블레셋 수비대가 믹마스 샛길을 향해 남쪽으로 이동하다가-옮긴이) 치러진 이 전쟁의 기사는 아주 생생하고 자세히 묘사되어 있는데, 이야기는 활발한 대화와 함께 전개된다. 이 이야기는 보충 설명이나 해석이 거의 필요 없을 정도로 탄탄하다. 그러나 본문의 몇몇 단어를 명확하게 이해하는 데 다음의 간단한 설명이 도움이 될 것이다.

1. 헬라어 번역(칠십인역-옮긴이)에는 18절의 "언약궤"가 에봇으로 되어 있다. 에봇은 제사장이 입는 의복으로, 특히 점치는 데 사용되었다. 그러므로 에봇이 거의 확실하다. 우리가 언약궤에 대해 마지막으로 들었던 것은 언약궤가 기럇여아림에 있다는 이야기이다(7:1-2). 사울이 죽은 후 다윗이 언약궤를 찾을 때(삼하 6장)까지 언약궤는 더 이상 언급되지 않는다.

2. 본문의 "히브리 사람"(13:3, 7, 19; 14:11, 21)은 이스라엘 사람들 가운데 블레셋에 동조하다가 전세가 기울자 다시 이스라엘 편으로 돌아선 사람들일 것이다. 즉 이 용어는 변덕스럽고 기회주의적인 성향을 지닌 특정 부류를 가리키는 것 같다. 모든 히브리 사람은 이스라엘 사람들이다. 그러나 모든 이스라엘 사람이 히브리 사람은 아니다.

3. 히브리어 표현으로 된 "보세스"와 "세네"(14:4)는 '가시'와 '치아'(튀어나온 뻐드렁니)라는 뜻이다.

4. 게바(14:5)와 기브아(14:2)는 같은 장소를 다르게 표시한 것이 거의 확실하다(히브리어로 보면 자음이 거의 같다. 원문은 자음으로만 기록되었기 때문에, 이 자음들을 같은 단어로 읽을 수 있다.-옮긴이). 이 촌락은 예루살렘에서 북쪽으로 약 5킬로미터 떨어진 언덕 위에 있었다. 기브아는 사울의

본거지인데, 이곳에서 고고학자들이 팔레스타인에서 가장 오래된 철기 시대 요새를 발굴했다. 단순하고 투박한 구조물인 이 요새는 사울의 성채였을 것이다.

요나단에게 임한 저주(14:24-46)

14:24이날에 이스라엘 백성들이 피곤하였으니 이는 사울이 백성에게 맹세시켜 경계하여 이르기를 저녁 곧 내가 내 원수에게 보복하는 때까지 아무 음식물이든지 먹는 사람은 저주를 받을지어다 하였음이라 그러므로 모든 백성이 음식물을 맛보지 못하고 25그들이 다 수풀에 들어간즉 땅에 꿀이 있더라 26백성이 수풀로 들어갈 때에 꿀이 흐르는 것을 보고도 그들이 맹세를 두려워하여 손을 그 입에 대는 자가 없었으나 27요나단은 그의 아버지가 백성에게 맹세하여 명령할 때에 듣지 못하였으므로 손에 가진 지팡이 끝을 내밀어 벌집의 꿀을 찍고 그의 손을 돌려 입에 대매 눈이 밝아졌더라 28그 때에 백성 중 한 사람이 말하여 이르되 당신의 부친이 백성에게 맹세하여 엄히 말씀하시기를 오늘 음식물을 먹는 사람은 저주를 받을지어다 하셨나이다… 29요나단이 이르되 내 아버지께서 이 땅을 곤란하게 하셨도다… 30하물며 백성이 오늘 그 대적에게서 탈취하여 얻은 것을 임의로 먹었더라면 블레셋 사람을 살륙함이 더욱 많지 아니하였겠느냐…

36사울이 이르되 우리가 밤에 블레셋 사람들을 추격하여 동틀 때까지 그들 중에서 탈취하고 한 사람도 남기지 말자 무리가 이르되 왕의 생각에 좋은 대로 하소서 할 때에 제사장이 이르되 이리로 와서 하나님께로 나아가사이다 하매 37사울이 하나님께 묻자오되 내가 블레셋 사람들을 추격하리이까 주께서 그들을 이스라엘의 손에 넘기시겠나이까 하되 그날에 대답하지 아니하시는지라… 41이에 사울이 이스라엘의 하나님 여호와께 아뢰되 원하건대 실상을 보이소서 하였더니 요나단과 사울이 뽑히고 백성은 면한지라 42사울이 이르되 나와 내 아들 요나단 사이에 뽑으라 하였더니 요나단이 뽑히니라

43사울이 요나단에게 이르되 네가 행한 것을 내게 말하라 요나단이 말하여 이르되 내가 다만 내 손에 가진 지팡이 끝으로 꿀을 조금 맛보았을 뿐이오나 내가 죽을 수밖에 없나이다 44사울이 이르되 요나단아 네가 반드시 죽으리라 그렇지 않으면 하나님이 내게 벌을 내리시고 또 내리시기를 원하노라 하니 45백성이 사울에게 말하되 이스라엘에 이 큰 구원을 이룬 요나단이 죽겠나이까 결단코 그렇지 아니하니이다 여호와의 살아 계심을 두고 맹세하옵나니 그의 머리털 하나도 땅에 떨어지지 아니할 것은 그가 오늘 하나님과 동역하였음이니이다 하여 백성이 요나단을 구원하여 죽지 않게 하니라 46 사울이 블레셋 사람들 추격하기를 그치고 올라가매 블레셋 사람들이 자기 곳으로 돌아가니라

이 이야기에서 요나단은 사울 왕권의 몰락을 드러내기 위한 일종의 장치(남을 돋보이게 하는 인물)로 사용된다. 블레셋이 많은 군대를 집결시키자 사울은 겁을 먹었다. 그래서 하나님을 신뢰하지 못하고 자신이 직접 제사를 집전함으로써 사무엘의 지위를 침해했다. 한편 요나단은 "여호와의 구원은 사람의 많고 적음에 달리지 아니하였느니라"(14:6)라고 말하면서 담대한 믿음으로 블레셋을 공격했다. 그러나 사울은 무지하게도(아마 미신을 믿었을 것이다) 군사적인 이득을 위해 군인들에게 금식하라고 명령했다. 요나단은 이런 사실을 모르고 명령을 어겼다. 그리고 아버지의 맹세를 알았을 때, 자신의 상식으로는 도저히 납득하기 어려웠을 것이다. 사울은 왕의 권위로 요나단을 사형시키라고 명령했다. 그때 백성들은 충성스럽게 당당

히 그 명령을 무시하고 요나단을 살렸다.

사건이 진행되면 될수록 사울의 왕권은 공허한 것으로 드러난다. 겉으로 보기에는 사울이 왕이지만 요나단이 모든 일을 하고 있다.

이 모든 과정에서 사울이 아주 종교적인 왕처럼 행동하는 것을 볼 수 있다. 그는 제사장 아히야에게 자문을 구하고(14:18), 부하들에게 금식하라고 명령하고(14:24), '코셔'(유대인의 율법에 맞는 정결한 음식-옮긴이)법에 따라 도살하여 고기를 먹으라고 명령하며(14:34), 하나님께 제단을 쌓고(14:35), 신성한 에봇에 있는 우림과 둠밈을 사용하여 하나님께 기도드렸다(14:36-42). 그러나 우리는 이 모든 것이 조작이거나 쇼였다고 결론내릴 수밖에 없다. 하나님의 영이 떠나자, 그는 점점 더 '종교적인' 사람이 되었다. 그러나 모든 종교 행위는 그를 점점 파멸의 길로 몰아갔다.

영웅 사울(14:47-52)

> 14:47사울이 이스라엘 왕위에 오른 후에 사방에 있는 모든 대적 곧 모압과 암몬 자손과 에돔과 소바의 왕들과 블레셋 사람들을 쳤는데 향하는 곳마다 이겼고 48용감하게 아말렉 사람들을 치고 이스라엘을 그 약탈하는 자들의 손에서 건졌더라…

흥미진진한 드라마가 막을 내리고, 내러티브는 사건의 진상을 요약하는 것으로 숨 쉴 틈을 준다. 그리고 이 요약은 하나의 관점도 제공한다. 하나님의 말씀과 명령은, 하나님이 두드러지게 묘사될 때와 마찬가지로 하나님이 언급되지 않을 때도 효과적으로 작용한다. 그러나 이 이름들을 주목하라. 그것들은 이야기가 전개되면서 중요한 역할을 한다.

놀랍게도, 놀랍지 않을 수도 있지만, 군사적으로 볼 때 사울은 여전히 용감한 사람이다. 겉으로 보기에 사울 왕은 사방의 적들과 용감히 싸워 승리를 거둔다. 그의 가족이나 측근들의 명단과 함께 그가 거둔 승리를 나열한 목록은 만사가 잘되고 있다는 인상을 준다. 그러나 우리는 이제 사실이 그것과 전혀 다르다는 것을 알고 있다. 세상은 이런 껍데기들로 가득 차 있다.

10. 사울이 아말렉과 싸우다
사무엘상 15장

사울은 드러내놓고 하나님께 대항하지는 않았다. 그는 언제나 하나님이 명하신 것을 거의 다 준수했다. 단지 사소하게 보이는 몇 가지만 하나님 뜻대로 하지 않고 자신의 뜻대로 했다. 그리고 그럴 때조차 제법 괜찮은, 심지어 경건한 이유가 있었다. 불순종은 대개 그런 식으로 행해진다. 대놓고 반항하는 것이 아니라, 하나님 권위의 가장자리를 조금씩 깎아내리는 식이다.

거룩한 전쟁(15:1-9)

15:1사무엘이 사울에게 이르되… 2만군의 여호와께서 이같이 말씀하시기를 아말렉이 이스라엘에게 행한 일 곧 애굽에서 나올 때에 길에서 대적한 일로 내가 그들을 벌하노니 3지금 가서 아말렉을 쳐서 그들의 모든 소유를 남기지 말고 진멸하되 남녀와 소아와 젖 먹는 아이와 우양과 낙타와 나귀를 죽

이라 하셨나이다 하니… 7사울이 하윌라에서부터 애굽 앞 술에 이르기까지 아말렉 사람을 치고 8아말렉 사람의 왕 아각을 사로잡고 칼날로 그의 모든 백성을 진멸하였으되 9사울과 백성이 아각과 그의 양과 소의 가장 좋은 것 또는 기름진 것과 어린 양과 모든 좋은 것을 남기고 진멸하기를 즐겨 아니하고 가치 없고 하찮은 것은 진멸하니라

아말렉 족속은 남쪽 내륙의 초원지대에서 온 유목민들이다. 모세의 영도하에 이스라엘이 광야생활을 하는 동안 아말렉은 이스라엘의 주적이었다. 따라서 "여호와가 아말렉과 더불어 대대로 싸우리라"라고 하신 것이다(출 17:16). 아말렉은 이스라엘이 약속의 땅으로 들어가는 것을 거부한 처음이자 가장 명백한 적이었다. 그들은 이스라엘이 출애굽하여 행군할 때 뒤처진 약한 사람들을 공격했는데, 신명기는 이 일에 대해 그들을 비난한다(신 25:17-19). 그들은 하나님의 인도와 섭리를 반대하는 자들로 여겨졌다. 그러므로 이스라엘의 기억 속에서 아말렉은 단순히 군사적인 적이 아니라 여호와의 계획을 방해하는 원흉이었다.

사울의 왕권이 운명을 다해가고 있을 무렵에도 사무엘은 선지자로서의 태도를 유지하고 있었다. 이전의 기름 부음에 근거하여 계속 하나님의 명령을 전했다. 그리고 사울은 계속해서 단순하고 헌신적인 순종을 회피했다.

"진멸하라"(15:3)는 명령은 듣기에 거북하다. 그러나 역사를 알면 이해가 간다. '거룩한 전쟁'(holy war)으로서 적을 진멸하는 행위는 당시 상황에서 받아들여지던 것이었기 때문이다. 이스라엘의 주변 국가들 모두 그렇게 했다. 이 명령은 이야기에 나오는 어느 누구의 윤리의식도 거스르지 않았을 것이다. 그러나 우리는(결국 우리도 이 이야기 속에 있다) 이런 명령이 귀에 거슬린다. 우리가 성경 이야기들을 이해할 때 도덕적인 난관에 봉착하게 되는 경우가 이것이 처음도 아니고 마지막도 아니다. 이 문제를 설명할

수 있는 한 가지 방법은, 하나님은 우리의 도덕적 상황과 멀리 떨어져 계시지 않고 그 상황 속으로 **들어오셔서** 우리가 있는 곳에서 우리와 함께 일하시는데, 가까이 있는 문화들을 사용해서 우리 가운데서 구원을 이루신다는 것이다. 구원 사역을 이루는 데 어떤 윤리적 혹은 문화적인 선결 조건은 필요하지 않다. 하나님은 심히 타락하고 잔인한 조건들 속으로 직접 내려오시어 주권적인 목적들을 이루어 가신다. 하나님은 저 높은 곳에서 내려다보면서 비판만 하시는 분이 아니다.

에스더 3장 1절은 하만을 아각 사람으로 소개한다. 이것은 이스라엘의 기억 속에 아각이 하나님과 하나님의 백성에게 적개심을 품은 대표적인 인물 중의 하나가 되었음을 암시한다.

거룩하지 못한 왕(15:10-35)

15:10여호와의 말씀이 사무엘에게 임하니라 이르시되 11내가 사울을 왕으로 세운 것을 후회하노니 그가 돌이켜서 나를 따르지 아니하며 내 명령을 행하지 아니하였음이니라 하신지라 사무엘이 근심하여 온 밤을 여호와께 부르짖으니라 12사무엘이 사울을 만나려고 아침에 일찍이 일어났더니… 13사무엘이 사울에게 이른즉 사울이 그에게 이르되 원하건대 당신은 여호와께 복을 받으소서 내가 여호와의 명령을 행하였나이다 하니 14사무엘이 이르되 그러면 내 귀에 들려오는 이 양의 소리와 내게 들리는 소의 소리는 어찌 됨이니이까 하니라 15사울이 이르되 그것은 무리가 아말렉 사람에게서 끌어온 것인데 백성이 당신의 하나님 여호와께 제사하려 하여 양들과 소들 중에서 가장 좋은 것을 남김이요 그 외의 것은 우리가 진멸하였나이다 하는지라 16사무엘이 사울에게 이르되…

18또 여호와께서 왕을 길로 보내시며 이르시기를 가서 죄인 아말렉 사람을 진멸하되 다 없어지기까지 치라 하셨거늘 19어찌하여 왕이 여호와의 목소리를 청종하지 아니하고 탈취하기에만 급하여 여호와께서 악하게 여기시는 일을 행하였나이까 20사울이 사무엘에게 이르되 나는 실로 여호와의 목소리를 청종하여 여호와께서 보내신 길로 가서 아말렉 왕 아각을 끌어왔고 아말렉 사람들을 진멸하였으나 21다만 백성이 그 마땅히 멸할 것 중에서 가장 좋은 것으로 길갈에서 당신의 하나님 여호와께 제사하려고 양과 소를 끌어왔나이다 하는지라 22사무엘이 이르되 여호와께서 번제와 다른 제사를 그의 목소리를 청종하는 것을 좋아하심같이 좋아하시겠나이까 순종이 제사보다 낫고 듣는 것이 숫양의 기름보다 나으니 23이는 거역하는 것은 점치는 죄와 같고 완고한 것은 사신 우상에게 절하는 죄와 같음이라… 왕이 여호와의 말씀을 버렸으므로 여호와께서도 왕을 버려 왕이 되지 못하게 하셨나이다 하니… 30사울이 이르되 내가 범죄하였을지라도 이제 청하옵나니 내 백성의 장로들 앞과 이스라엘 앞에서 나를 높이사 나와 함께 돌아가서 내가 당신의 하나님 여호와께 경배하게 하소서 하더라 31이에 사무엘이 돌이켜 사울을 따라가매 사울이 여호와께 경배하니라

32사무엘이 이르되 너희는 아말렉 사람의 왕 아각을 내게로 끌어오라 하였더니 아각이 즐거이 오며 이르되 진실로 사망의 괴로움이 지났도다 하니라 33사무엘이 이르되 네 칼이 여인들에게 자식이 없게 한 것같이 여인 중 네 어미에게 자식이 없으리라 하고 그가 길갈에서 여호와 앞에서 아각을 찍어 쪼개니라

…35사무엘이 죽는 날까지 사울을 다시 가서 보지 아니하였으니 이는 그가 사울을 위하여 슬퍼함이었고 여호와께서는 사울을 이스라엘 왕으로 삼으신 것을 후회하셨더라

본문의 앞부분(1-9절)에서 도덕적인 난관에 부딪쳤다면, 이제는 신학적인 장애물을 만나게 된다. "거짓이나 변개함이 없으신"(29절) 하나님이 마음을 바꾸신 것을 어떻게 설명해야 하는가? 하나님은 분명히 사울을 왕으로 기름 부어 세우셨는데(10:1), 지금 사울을 선택한 것을 후회하고 왕으로서의 사울을 거절하신다(15:11, 23, 26, 35).

그러나 신학적인 난제를 풀려고 애쓰기보다는 이야기를 있는 그대로 이해하려고 노력하는 것이 바람직하다. 어떤 종류의 이야기가 전달되고 있으며, 이야기하는 사람이 말하려는 바는 무엇인가? 이렇게 질문하면 우리는 다음과 같은 점을 깨달을 수 있다. 우리 앞에 있는 것은 사울의 강팍해진 마음과 어느 정도 고의적으로 하나님을 거절한(그는 들으려 하지 않는다) 이야기, 그리고 사울에 대해 실망하여 안타까운 마음을 지닌 하나님의 이야기다. 사울은 하나님의 약속과 명령을 받지만(15:1), 하나님의 말씀을 자신의 편의에 맞추어 수정하는 자로 나타난다. 하나님은 거절당하고 회피 당한 분으로 진술된다(15:23, 26). 이 모든 과정에서 하나님의 말씀을 대언한 사무엘은 몹시 당황하여, 밤새도록 사울을 위해 기도하고(15:35) 그를 위해 슬퍼했다(15:35). 그리고 하나님은 "후회"하셨다(15:35). 전체적인 그림은 다음과 같다. 사울은 부정직하게도 순종을 손질하여 자신의 이익을 섬기는 조건으로 만들었고(그는 결코 하나님을 거절한 적이 없다. 그는 언제나 매우 종교적이었다), 하나님(과 사무엘)은 그가 지은 죄로 인해 후회하고 비통하고 슬퍼하셨다. 사울은 계산하지만(calculates) 하나님은 염려하신다(cares). 이것은 하나님에 대한 추상적인 '신학'이 아니라 인간의 죄에 민감하신 하나님에 관한 이야기다. 사울이 인간적이지 못한 모습으로 변해 갈수록 하나님은 인간적인 분이 되시는데, 이는 성육신을 선취(先取)하는 것이다. "우리에게 있는 대제사장은 우리 연약함을 동정하지 못하실 이가 아니요 모든 일에 우리와 똑같이 시험을 받으신 이로되 죄는 없으시니라"

(히 4:15).

　사람들은 보통 사울을 비극적인 인물로 여기며, 심리학적이고 정치적인 세부 묘사들은 그를 낭만적이고 고매한 인물로 그려내려는 유혹을 받는다. 그러나 성경 저자는 그렇게 하지 않았다. 그는 사울을 상당한 존경심을 가지고 심지어 위엄 있게 다루지만, 자신을 중심에 두고 하나님을 주변으로 밀어내기 위해 의도적이고 계획적인 선택을 하는 인물로 취급한다. 사울은 세례 요한의 유명한 말(요 3:30)을 뒤집어 놓았다. "나는 흥하여야 하겠고 그는 쇠하여야 하리라."

　비록 저널리스트들이 알아내기까지는 한참 걸리겠지만, 이스라엘 초대 왕의 통치는 사실상 끝났다. 정치적으로 사울은 높은 점수를 받는다. 그러나 그것은 하나님 나라의 정치가 아니다.

4 부

사울과 다윗의
경쟁 이야기

사무엘상 16-31장

요한 하인리히 숀펠트(1609-1683), "사울의 죽음"

서론

사울의 후계자가 구체적으로 거명된 것은 아니지만 "그[여호와]의 마음에 맞는 사람"(13:14)과 "이웃"(15:28)이라는 표현으로 두 번 암시되었다. 그 후계자의 이름은 다윗이다.

다윗에게 곧바로 왕위가 계승된 것은 아니다. 사울이 물러나고 다윗이 등극하기까지 10년 넘는 세월이 필요했다. (본문은 정확한 연대를 밝히지 않는다.) 한편 두 사람의 인생은 흥미롭고 복잡하게 얽히고, 저자는 두 사람을 같은 비중으로 다룬다. 체스터턴은 다음과 같이 "현대의 경멸스러운 신조 두 가지"를 비웃는다. "현대인들이 신봉하는 두 가지 경멸스러운 신조가 있는데, 수재들은 우상처럼 숭배해야(worshipped) 한다는 것과 범죄자들은 병균처럼 없어져야(wiped out) 한다는 것이다. 영리한 사람들이든 악한 사람들이든 똑같이 인간으로 여겨야 한다는 것이 현대인들에게는 해당되지 않는 것 같다"(G. K. Chesterton, *George Bernard Shaw*, 164). 그러나 본문은 사울과 다윗을 사람으로 대우한다.

그런데 본문에는 이 두 사람의 삶보다 훨씬 많은 것이 들어 있다. 본문에서 **하나님의** 삶을 볼 수 있는데, 하나님의 약속과 심판, 하나님의 말씀과 뜻, 하나님의 주권이 두 사람의 삶에서 역사한다. 이 두 사람은 철기문화 시대에 수백 제곱킬로미터의 팔레스타인 땅에서 하나님의 주권을 나타내고 증언하라고 하나님이 선택하신 사람들이다. 이 역사에는 신학이 스며들어 있다. 저자의 관심은 단지 무슨 일이 있었는지 말하는 것이 아니라, 우리로 하여금 사건들 속에 현존하시는 하나님을 깨닫고 인식할 수 있게 하는 것이다.

그런 인식을 갖는 것이 쉽지는 않은데, 하나님은 대개 무대 뒤에서 일하시기 때문이다. 능숙한 이야기꾼(이는 가장 유능한 이야기꾼이다)은 사람들이 법석을 떨 때 하나님이 조용하지만 단호하게 임재하신다는 사실을 깨닫도록 우리를 훈련시킨다.

이야기를 주의하여 들으면, 선과 악을 구별하는 것이 평소에 생각했던 것처럼 쉽지 않다는 사실을 알게 될 것이다. '악한' 왕 사울이 항상 악한 것은 아니며, '선한' 왕 다윗도 항상 선하지는 않다. 긴장과 모호함, 시험과 유혹이 내러티브의 처음부터 끝까지 교차하며 나타난다. 구원 이야기는 결코 틀에 박힌 흑백 논리의 도식이 아니다. 그 이야기는 다양한 사건들이 복잡하게 얽혀 있는 역사 속에서 일어난다. 결국 세상에는 흑과 백만 존재하는 것이 아니다. 하나님의 주권은 사울과 다윗의 평행하는 주권에 임의로 부과된 것이 아니라, 그들의 지극히 인간적인 삶으로부터 공들여 성취되는 것이다.

이야기를 읽으면서 깨닫게 되는 한 가지 사실이 있다. 하나님의 목적이 아무리 확실히 드러나도, 그것이 속히 성취되지는 않는다는 것이다. 하나님은 단호하게 사울을 거부하셨다. 사울을 대체할 인물로 다윗을 택하실 때도 단호하셨다. 그러나 왕이 완전히 교체되기까지는 수년의 세월이 걸렸다. 그 기간 동안 사람들은 일이 어떻게 될지 몰랐다. 하나님은 일을 서둘러 마치려고 우리의 인생을 짓밟으시는 분이 아니다. 사울/다윗 이야기는 단지 추상적인 훈계가 아니라, 참을성과 인내라는 주제(성경이 처음부터 끝까지 반복해서 요구하는 것이다)가 얼마나 절실한지를 판단하는 데 필요한 삶의 배경을 제공한다.

구약학자들은 이 지점의 이야기와 사무엘하 5장까지 이어지는 본문에 강한 정치적 주제가 있음을 깨달았다. 다윗이 권력의 자리에 오른 것을 이런 식으로 진술하고 있다. "그가 사울을 계승해 왕이 된 것은 왕권을 찬탈한 것이 아니라 하나님의 뜻에 따라 정당하게 이룬 것이다." 본문에는 정치적 요소가 포함되어 있다. 우리와 함께하시는 하나님의 방법은 개인적인 문제에만 국한되지 않고, 인생의 사회적, 문화적, 정치적 측면을 모두 포함한다. 이야기를 읽으면서 우리는 '왕국', 즉 예수께서 전파하고 가르치셨던 하나님 나라를 보고 만지고 느끼게 될 것이다.

11. 다윗이 왕으로 기름 부음 받다

사무엘상 16:1-13

사무엘이 베들레헴으로 가다(16:1-5)

16:1여호와께서 사무엘에게 이르시되 내가 이미 사울을 버려 이스라엘 왕이 되지 못하게 하였거늘 네가 그를 위하여 언제까지 슬퍼하겠느냐 너는 뿔에 기름을 채워 가지고 가라 내가 너를 베들레헴 사람 이새에게로 보내리니 이는 내가 그의 아들 중에서 한 왕을 보았느니라 하시는지라 2사무엘이 이르되 내가 어찌 갈 수 있으리이까 사울이 들으면 나를 죽이리이다 하니 여호와께서 이르시되 너는 암송아지를 끌고 가서 말하기를 내가 여호와께 제사를 드리러 왔다 하고 3이새를 제사에 청하라 내가 네게 행할 일을 가르치리니 내가 네게 알게 하는 자에게 나를 위하여 기름을 부을지니라 4사무엘이 여호와의 말씀대로 행하여…

사울에게 기름 부어 이스라엘의 초대 왕으로 세운 사무엘이 이제 두 번째 왕에게 기름을 부으려 한다. 사무엘은 선지자로서의 권위를 그대로 유지하면서, '왕'의 지위는 하나님이 부여하신다는 것을 보여준다. 이스라엘에서 정치는 '그저 정치일 뿐'이라고 말할 수 있는 성격의 것이 아니었다.

왕을 교체하는 일은 하나님이 주도하셨지만, 첫 번째 움직임은 두려움이라는 인간의 감정에 의해 시작된다. 사무엘은 사울을 두려워하고 베들레헴 장로들은 사무엘을 두려워한다(16:4). 이것은 매우 위험한 일이다! 사무엘이 사울 때문에 위험에 처할 것은 불을 보듯 뻔하다. 사울의 관점에서 보면 사무엘은 반역을 꾀하고 있다. 그렇다면 사무엘이 베들레헴에 가져올 위험은 무엇이었을까? 베들레헴 사람들은 단순한 억측 때문에 사무엘의 방문을 두려워했다. 그들은 하나님의 선지자가 심각한 악(심판을 가리킴-옮긴이)을 선포할 것이라고 억측했다. 그들은 벌을 면할 수 없게 된 것이다. 사람들은 보통 '하나님'이라는 말만 들어도 공포심은 아니더라도 불쾌감을 느낄 정도의 죄책감을 가지고 있다. 우리는 나쁜 사람(사울)을 통해 느끼는 것만큼이나 선한 사람(사무엘)을 통해서도 두려움을 느끼는데, 오히려 선한 사람을 통해 더 많이 느낄지도 모른다. 중복된 두려움이 (사울이 사무엘에게 그리고 사무엘이 베들레헴 장로들에게) 이 장면에서 감정적인 격동을 일으킨다.

사무엘이 다윗에게 기름을 부어 왕으로 삼다(16:6-13)

16:6그들이 오매 사무엘이 엘리압을 보고 마음에 이르기를 여호와의 기름 부으실 자가 과연 주님 앞에 있도다 하였더니 7여호와께서 사무엘에게 이르시되 그의 용모와 키를 보지 말라 내가 이미 그를 버렸노라 내가 보는 것은 사람과 같지 아니하니 사람은 외모를 보거니와 나 여호와는 중심을 보느니라 하시더라… 10이새가 그의 아들 일곱을 다 사무엘 앞으로 지나가게 하나

사무엘이 이새에게 이르되 여호와께서 이들을 택하지 아니하셨느니라 하고 11또 사무엘이 이새에게 이르되 네 아들들이 다 여기 있느냐 이새가 이르되 아직 막내가 남았는데 그는 양을 지키나이다 사무엘이 이새에게 이르되 사람을 보내어 그를 데려오라 그가 여기 오기까지는 우리가 식사 자리에 앉지 아니하겠노라 12이에 사람을 보내어 그를 데려오매 그의 빛이 붉고 눈이 빼어나고 얼굴이 아름답더라 여호와께서 이르시되 이가 그니 일어나 기름을 부으라 하시는지라 13사무엘이 기름 뿔병을 가져다가 그의 형제 중에서 그에게 부었더니 이날 이후로 다윗이 여호와의 영에게 크게 감동되니라…

다윗을 선택하는 장면과 사울을 선택했던 장면은 대조적이다. 사울은 외모가 출중했다(9:1-2). 그러나 다윗은 사실 이새의 가족 중 가장 보잘것 없는 존재였다. 그래서 일곱 형들이 베들레헴에서 열린 축제에서 사무엘을 만나는 동안, 다윗은 들에서 양을 치고 있었다. 사울과 다윗의 대조는 이새의 장남 엘리압이 거절당하는 장면에서 더욱 두드러진다. 엘리압은 사울처럼 최고 지도자에 걸맞은 완벽한 외모를 갖춘 청년이었다. 일곱 형제가 한 사람씩 사무엘 앞을 지나가고 모두 차례대로 거절당하자 본문의 긴장이 고조된다. "네 아들들이 다 여기 있느냐?" 사무엘이 물었다. 아버지 이새는 "막내아들" 다윗에게 이런 일이 일어나리라고는 상상도 못했다. 그의 생각에 다윗은 비천한 일에나 적합한 인물이었기 때문이다.

형제들 중에서 가장 가망성이 없었던(가족의 꼬마?) 다윗이 택함을 받았다는 사실은 하나님이 선택하시는 은혜의 성격을 보여준다. 바울은 그것을 이렇게 설명했다. "하나님께서 세상의 천한 것들과 멸시받는 것들과 없는 것들을 택하사 있는 것들을 폐하려 하시나니 이는 아무 육체도 하나님 앞에서 자랑하지 못하게 하려 하심이라"(고전 1:28-29).

기름 부음을 받을 때 다윗에게 임한 "여호와의 영"(16:13)은, 다윗의 삶에서 역사하시는 하나님, 다윗의 근육과 마음속에서 일하시는 하나님이었다. 사울도 기름 부음을 받은 직후 여호와의 영이 그에게 강림하여 힘이 넘치게 되었다(10:6, 10; 11:6). 히브리어로(헬라어도 마찬가지로) '영'(또는 신)의 기본적 의미는 '숨' 또는 '바람', 즉 보이는 것을 움직이는 보이지 않는 무엇이다. 그러나 이 단어는 은유적으로 성경 전반에 걸쳐 사용되었으며, 우리를 하나님의 활동에 민감하도록 해준다. 보이는 사람들과 사건들 속에 계시는 보이지 않는 하나님은 끊임없이 사람들 안에서 일하시며 그들에게 생명을 주신다.

12. 다윗이 사울의 신하가 되다
사무엘상 16:14-18:5

다윗이 궁정 악사로 사울을 위해 일하다(16:14-23)

16:14여호와의 영이 사울에게서 떠나고 여호와께서 부리시는 악령이 그를 번뇌하게 한지라 15사울의 신하들이 그에게 이르되… 16원하건대 우리 주께서는 당신 앞에서 모시는 신하들에게 명령하여 수금을 잘 타는 사람을 구하게 하소서 하나님께서 부리시는 악령이 왕에게 이를 때에 그가 손으로 타면 왕이 나으시리이다 하는지라… 18소년 중 한 사람이 대답하여 이르되 내가 베들레헴 사람 이새의 아들을 본즉 수금을 탈 줄 알고 용기와 무용과 구변이 있는 준수한 자라 여호와께서 그와 함께 계시더이다 하더라… 21다윗이 사울에게 이르러 그 앞에 모셔 서매 사울이 그를 크게 사랑하여 자기의 무기를 드는 자로 삼고… 23하나님께서 부리시는 악령이 사울에게 이를 때에 다윗이 수금을 들고 와서 손으로 탄즉 사울이 상쾌하여 낫고 악령이 그에게서 떠나더라

"하나님께서 부리시는 악령"(16:14)이라는 표현이 귀에 거슬리긴 하지만, 이 어구와 함께 본문이 시작되고 종결되기 때문에(14, 23절) 이 표현을 받아들일 수밖에 없다. 이것은 일찍이 하나님의 영이 사울에게 임하였고 (10:6, 10; 11:6), 다윗이 기름 부음을 받을 때 하나님의 영에 크게 감동되었던(16:13) 것과 대조를 이룬다. **하나님이** 중심에 존재하면서 활력을 제공하시기 때문에, 이 이야기는 정치학이나 심리학으로 환원할 수 없다. 성경 저자들은 하나님을 광범위하게 이해하고 있었다. 즉 모든 것(축복과 저주, 선과 악)이 하나님의 손에서 비롯된다고 본 것이다. 본문에서 말하는 '악'은 임의적인 것이 아니라 분명 심판의 한 모습인데, 이 심판은 사울의 완고한 불순종에 대한 결과였다. 그러나 그것이 전부는 아니다. 하나님은 사울을 위로하고 치유하도록 다윗을 붙여주셨다.

얼마 전에 사울을 뒤이어 왕으로 선택받은 다윗은 사울을 섬김으로써 (왕이 될) 준비를 시작한다. 다윗은 '섬김으로써 다스리는' 첫 번째 훈련에 임한다. 다윗은 하나님의 심판을 받아 번뇌하는 사울을 치료하고(수금을 타는 것) 왕을 가까이 모시면서(왕의 시종) 왕을 섬겼다. 다윗은 맡은 임무를 스스로 잘 감당했으므로 사울의 총애를 받았다. 이 이야기에서 인간적인 감정이 중요한 역할을 한다.

왕을 밀어내고 궁극적으로 왕이 될 사람이, 기존 왕권을 유지하도록 도와주면서 왕이 될 훈련을 받고 있다니 이 얼마나 풍자적인가! 사울은 자신의 자리에 앉게 될 사람을(물론 모르고) 가장 가깝게 시중드는 자리로 **불러들였다.**

다윗이 사울을 위해 블레셋과 싸우다(17:1-58)

다윗과 골리앗의 이야기는 가장 잘 알려진 성경 이야기 중 하나다. 그러나 안타깝게도 이 이야기를 단지 동화로 취급해 버리는 경우가 참으로 많다. 거인과 맞서 싸우는 소년의 이야기는 동심을 고무시키기에 좋은 소재다. 그런 점에서 한편으론 이해가 간다. 하지만 그렇게 다루는 것은 불행한 일이다. 어른들은 동화에 관심을 갖지 않기 때문이다. 사실 이 이야기는 처음에 어른들을 위한 것이었다.

> 17:1블레셋 사람들이 그들의 군대를 모으고 싸우고자 하여 유다에 속한 소고에 모여 소고와 아세가 사이의 에베스담밈에 진 치매 2사울과 이스라엘 사람들이 모여서 엘라 골짜기에 진 치고 블레셋 사람들을 대하여 전열을 벌였으니 3블레셋 사람들은 이쪽 산에 섰고 이스라엘은 저쪽 산에 섰고 그 사이에는 골짜기가 있었더라 4블레셋 사람들의 진영에서 싸움을 돋우는 자가 왔는데 그의 이름은 골리앗이요 가드 사람이라 그의 키는 여섯 규빗 한 뼘이요… 8그가 서서 이스라엘 군대를 향하여 외쳐 이르되 너희가 어찌하여 나와서 전열을 벌였느냐 나는 블레셋 사람이 아니며 너희는 사울의 신복이 아니냐 너희는 한 사람을 택하여 내게로 내려보내라 9그가 나와 싸워서 나를 죽이면 우리가 너희의 종이 되겠고 만일 내가 이겨 그를 죽이면 너희가 우리의 종이 되어 우리를 섬길 것이니라… 11사울과 온 이스라엘이 블레셋 사람의 이 말을 듣고 놀라 크게 두려워하니라
> …13그 장성한 세 아들은 사울을 따라 싸움에 나갔으니 싸움에 나간 세 아들의 이름은 장자 엘리압이요 그다음은 아비나답이요 셋째는 삼마며 14다윗은 막내라… 15다윗은 사울에게로 왕래하며 베들레헴에서 그의 아버지의 양을 칠 때에 16그 블레셋 사람이 사십 일을 조석으로 나와서 몸을 나타내

었더라

17이새가 그의 아들 다윗에게 이르되 지금 네 형들을 위하여 이 볶은 곡식 한 에바와 이 떡 열 덩이를 가지고 진영으로 속히 가서 네 형들에게 주고 18이 치즈 열 덩이를 가져다가 그들의 천부장에게 주고 네 형들의 안부를 살피고 증표를 가져오라

이 이야기에서 골리앗은 몸집이 거대하고 오만불손한 사람으로 등장한다. 2.7미터가 넘는 키와 가공할 만한 크기의 무기 때문에, 그는 확연히 보통 사람과 구별된다.

다윗은 천한 목동이자 심부름을 하는 보잘것없는 소년으로 등장한다. 그의 세 형은 그날 중요한 군사 작전에 참여하고 있었지만, 다윗은 사울의 왕실과 아버지의 양 떼 사이를 오가는 일종의 하인이었다. 여기서 다윗과 형들 사이의 대조는 다윗이 베들레헴에서 사무엘 앞에 처음으로 모습을 드러낼 때와 비슷하다(16:6-11). 또한 다윗이 다른 형제들과 비교되는 모습은 요셉과 그의 형들의 이야기를 생각나게 한다(창 37장 참조).

…17:20다윗이 아침에 일찍이 일어나서 양을 양 지키는 자에게 맡기고 이새가 명령한 대로 가지고 가서 진영에 이른즉 마침 군대가 전장에 나와서 싸우려고 고함치며, 21이스라엘과 블레셋 사람들이 전열을 벌이고 양군이 서로 대치하였더라 22다윗이 자기의 짐을 짐 지키는 자의 손에 맡기고 군대로 달려가서 형들에게 문안하고 23그들과 함께 말할 때에 마침 블레셋 사람의 싸움 돋우는 가드 사람 골리앗이라 하는 자가 그 전열에서 나와서 전과 같은 말을 하매 다윗이 들으니라
24이스라엘 모든 사람이 그 사람을 보고 심히 두려워하여 그 앞에서 도망하며… 26다윗이 곁에 서 있는 사람들에게 말하여 이르되 이 블레셋 사람을

죽여 이스라엘의 치욕을 제거하는 사람에게는 어떠한 대우를 하겠느냐 이 할례 받지 않은 블레셋 사람이 누구이기에 살아 계시는 하나님의 군대를 모욕하겠느냐…

28큰형 엘리압이 다윗이 사람들에게 하는 말을 들은지라 그가 다윗에게 노를 발하여 이르되 네가 어찌하여 이리로 내려왔느냐 들에 있는 양들을 누구에게 맡겼느냐 나는 네 교만과 네 마음의 완악함을 아노니 네가 전쟁을 구경하러 왔도다 29다윗이 이르되 내가 무엇을 하였나이까 어찌 이유가 없으리이까 하고…

  다윗이 진지에 도착했을 때, 그는 눈앞에 펼쳐지는 일을 전쟁 중인 사람들과 다른 시각으로 보고 들을 수 있었다. 전황에 관한 사전 정보가 전혀 없었기 때문이다. 전쟁에 지치고 공포에 질린 군인들은 꼼짝도 하지 않았다. 그들이 볼 때 골리앗이라는 곤경을 빠져나갈 길은 없었다. 거드름을 피우는 거인이 40일 동안 모욕하자, 이스라엘 군대는 주눅이 들었다. 그런 상황을 본 다윗은 약속된 보상에 흥미를 갖게 되었고, 하나님의 백성들이 할례 받지 않은 자에게 주눅 들어 있는 것을 보며 충격을 받았다. 그래서 자기 심정을 토로했다. 엘리압은 어린 동생 다윗을 꾸짖는데, 이런 모습은 '블레셋 현실주의'를 정확히 반영한 것이다. 그러나 이야기가 전개되면서 전혀 다른 실체가 드러난다.

  이 시점에서 맏형 엘리압과 막내 다윗의 사이는 좋지 않다. 두 사람은 엘라 골짜기에서 같은 '사실'을 봤지만 전혀 다르게 해석했다. 엘리압은 크기와 힘에 감명받았고, 다윗은 하나님과 옳은 것에 주목했다. 다윗이 진지에 나타나던 날, 그 장면을 지배한 것은 골리앗이었다. 거인이 25킬로그램이나 되는 창을 휘두르는 모습과 치어리더(방패든 자를 말한다.-옮긴이)가 경박하게 지휘봉을 휘두르는 모습은 이스라엘 군대에게 대단히 위협적이었다. 거인의 비웃음은 계곡을 가로질러 이스라엘 사람을 괴롭히고 화나게 하면서, 매일 조금씩 모든 이스라엘 사람을 겁쟁이로 만들었다. 골리앗의 키, 무자비함과 잔인함이 그 세계의 중심을 차지했다. 골리앗이 북극성이 되어 모든 사람은 골리앗 주위에서 자신의 위치를 확인했다.

골리앗을 유력한 인물로 여겼던 바로 그 저급한 상상력을, 다윗은 하찮게 여긴다. 그러나 골리앗을 두려워하고 경외하던 엘리압은 '의기소침하게 만드는 냉소로 다윗을 모욕했다. 골리앗이 반복해서 연출하는 상황을 지켜보면서, 엘리압의 사고방식도 황폐해졌던 것이다. 그래서 그는 그 현장에 계실지도 모를 하나님의 임재를 발견할 수도, 어린 동생이 베푸는 단순한 형제애를 받아들일 수도 없었다.

그러나 다윗은 하나님이 주시는 상상력을 지닌 채 엘라 골짜기로 들어갔다. 다윗은 믿음이 없는 거인 앞에서 모든 군대가 위축되어 있다는 사실을 믿을 수 없었다. 이 군인들은 살아 계신 하나님의 부대 명단에 기재된 사람들이 아닌가? 다윗이 상대해야 할 실체는 하나님이었다. 세상이 돌아가는 방식을 이해하는 데 거인들은 아무 관계가 없었다.

…17:32다윗이 사울에게 말하되 그로 말미암아 사람이 낙담하지 말 것이라 주의 종이 가서 저 블레셋 사람과 싸우리이다 하니 33사울이 다윗에게 이르되 네가 가서 저 블레셋 사람과 싸울 수 없으리니 너는 소년이요… 34다윗이 사울에게 말하되 주의 종이 아버지의 양을 지킬 때에 사자나 곰이 와서 양 떼에서 새끼를 물어가면 35…내가 그 수염을 잡고 그것을 쳐죽였나이다 36주의 종이 사자와 곰도 쳤은즉 살아 계시는 하나님의 군대를 모욕한 이 할례 받지 않은 블레셋 사람이리이까 그가 그 짐승의 하나와 같이 되리이다 37… 사울이 다윗에게 이르되 가라 여호와께서 너와 함께 계시기를 원하노라 38이에 사울이 자기 군복을 다윗에게 입히고 놋 투구를 그의 머리에 씌우

고 또 그에게 갑옷을 입히매 39다윗이 칼을 군복 위에 차고는 익숙하지 못하므로 시험적으로 걸어 보다가 사울에게 말하되 익숙하지 못하니 이것을 입고 가지 못하겠나이다 하고 곧 벗고 40손에 막대기를 가지고 시내에서 매끄러운 돌 다섯을 골라서 자기 목자의 제구 곧 주머니에 넣고 손에 물매를 가지고 블레셋 사람에게로 나아가니라

　다윗은 골리앗에 맞서 싸울 수 있는 사람으로 주목받았고, 사울에게 신임장을 제출했다. 사울은 골리앗과의 싸움을 허락하기는 했지만, 싸움에 필요한 실제적인 준비가 되어 있지 않은 다윗을 보고 전통적인 방식으로 무장시켰다. 다윗에게 갑옷을 입히고 무기를 준 것이다. 그러나 사울이 미처 생각하지 못했던 것이 있다. 자신의 갑옷과 투구가 그에게 자격을 부여하지 못한다면, 다윗이 골리앗과 싸우는 데 그것들이 어떤 도움이 되겠는가? 아무런 도움도 되지 못할 것이다! 사울의 상상력은 그 시대의 인습과 두려움 때문에 방해받고 있었다. 관습을 모르는 다윗은 희망으로 부풀어 있었다. 그는 블레셋 문제에 관해서는 무지했지만 하나님의 방식에는 무지하지 않았다. 다윗은 사울의 전투를 사울의 방식으로 싸울 수 없다는 것을 안다.

　'사울의 갑옷과 투구'라는 표현은 교회의 설교나 강연에서 하나님의 일을 하는 데 동원되는 가짜 도구나 방법들을 가리키는 은유로 사용된다. 예수님의 종이자 제자로서의 우리의 정체성에 어울리지 않는 도구들이나 방법들 말이다. 이런 '방법들'은 흔히 직업상 정당함을 인정받고 '전문적인 기술/지식'이라는 함축된 의미를 전달하기도 한다. 그러나 어떤 일을 하는 '방법'은 우리의 기도와 선언에 어울리는, 믿을 만하고 진실한 것이어야 한다. 퀘이커교도인 아이작 페닝턴은 이렇게 외치곤 했다. "당신을 인도할 것이 당신 가까이에 있습니다. 오! 그것을 기다리십시오. 그리고 반드시 그

것을 따라가십시오."

…17:42그 블레셋 사람이 둘러보다가 다윗을 보고 업신여기니… 43블레셋 사
람이 다윗에게 이르되 네가 나를 개로 여기고 막대기를 가지고 내게 나아
왔느냐… 45다윗이 블레셋 사람에게 이르되 너는 칼과 창과 단창으로 내게
나아오거니와 나는 만군의 여호와의 이름 곧 네가 모욕하는 이스라엘 군대
의 하나님의 이름으로 네게 나아가노라… 47…전쟁은 여호와께 속한 것인즉
그가 너희를 우리 손에 넘기시리라

48…다윗이 블레셋 사람을 향하여 빨리 달리며 49손을 주머니에 넣어 돌을
가지고 물매로 던져 블레셋 사람의 이마를 치매 돌이 그의 이마에 박히니
땅에 엎드러지니라

50다윗이 이같이 물매와 돌로 블레셋 사람을 이기고 그를 쳐죽였으나 자기
손에는 칼이 없었더라 51다윗이 달려가서 블레셋 사람을 밟고 그의 칼을 그
칼 집에서 빼내어 그 칼로 그를 죽이고 그의 머리를 베니 블레셋 사람들이
자기 용사의 죽음을 보고 도망하는지라…

이제 다윗과 골리앗이 엘라 골짜기에서 대결을 벌인다. 화자는 이 대결
을 위해 우리를 조심스럽게 준비시켜 왔다. 그 난폭한 거인은 다윗을 무시
했다. 그는 골짜기 건너편을 향해 블레셋 사람들이 저주할 때 쓰는 말을
거침없이 내뱉었다. 그 저주들은 가나안의 조잡한 신들의 이름을 빙자한
저속한 욕설이었는데, 회반죽처럼 다윗과 이스라엘 군인들의 귓전을 때
렸다. 그러나 다윗은 사람들을 감동시키는 것은 안중에도 없는 듯, 냇가
에서 조약돌 다섯 개를 주워 비열함과 힘을 지배하시는 하나님의 주권을
골리앗에게 선포하고, 그를 심판하실 것을 설교한 뒤 그 거인을 죽였다.

이야기의 마지막 장면은 달려가고 있는 다윗(48, 51절)의 모습을 그리고

있다. 다윗은 기절해서 쓰러져 있는 악의 화신인 거인에게 달려가 그를 송장을 만들었다. 무기력하게 하는 교착상태가 끝났다. "주께서 내 마음을 넓히시면 내가 주의 계명들의 길로 달려가리이다"(시 119:32).

그날 엘라 골짜기에서 유일하게 믿음의 실재를 만났던 사람은 다윗이었다. 실재는 대개 우리가 볼 수 없는 것으로 이루어진다. 이러한 인간의 삶은 대부분 신문에 보도되지 않는다. 골리앗에 흠뻑 젖은 마음이 아니라, 하나님께 흠뻑 젖은 마음만이 그날 엘라 골짜기에서 거룩한 역사를 이루게 한 것이 무엇이었는지를 설명할 수 있다.

> 17:55사울은 다윗이 블레셋 사람을 향하여 나아감을 보고 군사령관 아브넬에게 묻되 아브넬아 이 소년이 누구의 아들이냐… 56왕이 이르되 너는 이 청년이 누구의 아들인가 물어보라 하였더니 57다윗이 그 블레셋 사람을 죽이고 돌아올 때에 그 블레셋 사람의 머리가 그의 손에 있는 채 아브넬이 그를 사울 앞으로 인도하니 58사울이 그에게 묻되 소년이여 누구의 아들이냐 하니 다윗이 대답하되 나는 주의 종 베들레헴 사람 이새의 아들이니이다 하니라

앞서 우리는 다윗이 사울의 궁전에 있다는 기사를 읽었는데, 이것은 두 사람 사이에 상당한 친분이 있었으며 심지어 둘 사이가 친밀했음을 암시한다(16:14-23). 그런데 현재의 본문에선 사울이 다윗을 전혀 알지 못한 듯이 다윗에 대해 물어보고 있다. 이 문제는 다음과 같이 설명할 수 있다. 분명히 사무엘서 기록 당시에 다윗에 관한 많은 이야기가 회람되고 있었고, 사무엘서 기자는 가능한 한 많은 이야기를 수집했을 것이다. 그의 과제는 지나치게 세심하게 신문을 만들어 일상적인 사건들을 보도하는 것이 아니라, 하나님이 사람과 사건을 통해 일하신다는(하나님의 통치와 구원이라는 목적을 성취하시기 위해) 사실을 가장 잘 보여주는 이야기들을 반복

해서 말하는 것이다. 성경에서 어떤 진리에 관한 다른 관점들을 보여주는 유사한 이야기들은 그리 생소하지 않다. 성경을 주의 깊게 읽으면, 어떤 세부사항들이 내러티브 전체와 썩 들어맞지 않는 경우들을 볼 수 있다. 그런 내용들은 역사를 재구성하려고 단편적인 정보들을 끼워 맞추려는 사람들에게는 자신의 틀에 적합하지 않은 듯 느껴질 수 있고 앞뒤가 맞지 않는 모순처럼 보일 수 있다. 그러나 내레이터는 정부에 제출할 보고서를 작성하고 있었던 것이 아니다.

만약 우리가 모든 사실을 그 사건이 일어난 그대로 충분히 알았다면, 그리고 우리가 가지고 있는 최종 본문에 실린 모든 세부사항(그 사실들과 관련된 세부사항)을 있는 그대로 충분히 알았다면, 우리는 겉으로 보기에는 이질적이고 가끔 부적절해 보이는 항목들이 어떻게 조화를 이루는지 이해했을 것이다. 그러나 우리는 모르기 때문에, 우리에게 전해진 그대로 본문을 받아들이고 하나님이 현재의 본문 안에서 자신의 뜻을 계시하시도록 하는 것이 바람직하다. 모든 말과 행동이 결국 하나님의 이야기이기 때문이다.

다윗이 사울의 가족을 위해 일하다(18:1-5)

다윗과 골리앗의 이야기에 이어서 다윗과 요나단의 이야기가 나오는데, 전자와 후자가 대조를 이룬다. 전자는 전쟁 이야기이고 후자는 사랑 이야기이다. 일반적인 인류 역사, 특별히 다윗의 인생에서는, 전쟁과 사랑 이야기가 주된 내용이다.

18:1…요나단의 마음이 다윗의 마음과 하나가 되어 요나단이 그를 자기 생명

같이 사랑하니라… 3요나단은 다윗을 자기 생명같이 사랑하여 더불어 언약을 맺었으며 4요나단이 자기가 입었던 겉옷을 벗어 다윗에게 주었고 자기의 군복과 칼과 활과 띠도 그리하였더라…

본문은 잘 알려진 요나단과 다윗의 우정을 최초로 소개한다. 요나단은 이전의 사건을 통해 우리의 주의를 끌었다. 혼자서 믹마스 어귀에 있던 블레셋 군사들을 공격했고, 그 전쟁 후 자신의 의도하지 않은 행동에 대하여 아버지 사울 왕이 내린 사형선고에 의연하게 대처했다(14장). 이 이야기에서 이제 요나단은 다윗의 영혼의 친구로 등장한다.

이런 깊이와 내용을 지닌 우정(이 우정의 상세한 내용은 20장에서 다룰 것이다)은 그 자체로 사람들의 주목을 받을 만하다. 특히 이 시점에서는 더욱 그러한데, 요나단이 다윗을 경쟁자로 대하는 것이 지극히 자연스럽게 여겨질 상황이기 때문이다. 다윗은 전사이자 사울이 아들처럼 총애하는 사람이다. 블레셋과의 전쟁의 지휘관이라는 점에서, 아버지 사울의 총애를 받는다는 점에서, 다윗은 요나단의 경쟁자일 수밖에 없었다.

우리 조상들이 아주 소중히 여겼던 우정은, 현대인들 사이에서 불운한 꼴을 당해왔다. 우리는 자신의 즐거움과 필요를 채우기 위해 지인들과 가끔 통화하지만, 감동에 의해, 다윗과 요나단 사이에 맺은 언약에 의해 보증된, 그런 종류의 영적 가족 관계는 드물다. 하지만 그런 관계가 우리 인간관계에 조금이라도 있어야 한다. 그것은 우리가 누구인지를 깨닫고, 아무런 조건 없이 우리 자신이 되는 데(그리고 다른 사람들로 하여금 그들 자신이 되도록 하려면) 반드시 필요한 것이다. C. S. 루이스는 이런 종류의 우정을 높이 평가하면서 "우정은 하나님이 사용하시는 사랑의 한 형태로, 각 사람에게 다른 모든 종류의 사랑이 얼마나 아름다운지 드러내기 위해 사용하시는 사랑"이라고 했다(C. S. Lewis, *The Four Loves*, chapter 4). 다윗과 요나단이 보여준 우정은 상대방을 그/그녀 자신이 되도록 자유롭게 해주는 사랑, 즉 아무것도 요구하지 않는 헌신이다. 우리 문화에서는 헌신을 기피하는 경향이 있는데, 그 이유는 헌신이 (자유를) 제한하기 때문이다. 상대방을 자유롭게 하는 이런 헌신적인 사랑 이야기는 기운을 북돋아 준다. 건강한 관계들은 우리의 삶을 제한하는 것이 아니라 오히려 삶의 지평을 넓힌다.

13. 사울이 다윗을 공격하다

사무엘상 18:6-20:42

미래의 왕 다윗은 지금 사울의 궁전에서 충성스럽고 믿을 만한 자로서의 위치를 굳혔다. 개인적으로나 공적으로나, 가족의 일원이자 모든 분야에서 그리고 왕국의 수호자로서의 입지를 확고히 했다. 다윗은 어떤 일도 비밀리에 진행하지 않았다. 그런 인상조차 준 적이 없다. 다윗의 삶은 사울에게 주시는 하나님의 선물이다. 사울은 어떤 도움이라도 받아야 할 형편이었다. 그래서 사울은 다윗을 받아들인다. 그러나 오래가지는 못했다.

사울이 질투하다(18:6-16)

18:6무리가 돌아올 때 곧 다윗이 블레셋 사람을 죽이고 돌아올 때에 여인들이 이스라엘 모든 성읍에서 나와서 노래하며 춤추며 소고와 경쇠를 가지고 왕 사울을 환영하는데 7여인들이 뛰놀며 노래하여 이르되 사울이 죽인 자는 천천이요 다윗은 만만이로다 한지라 8사울이 그 말에 불쾌하여 심히 노

하여 이르되 다윗에게는 만만을 돌리고 내게는 천천만 돌리니 그가 더 얻을 것이 나라 말고 무엇이냐 하고 9그날 후로 사울이 다윗을 주목하였더라 10그 이튿날 하나님께서 부리시는 악령이 사울에게 힘 있게 내리매 그가 집 안에서 정신 없이 떠들어대므로 다윗이 평일과 같이 손으로 수금을 타는데 그때에 사울의 손에 창이 있는지라 11그가 스스로 이르기를 내가 다윗을 벽에 박으리라 하고 사울이 그 창을 던졌으나 다윗이 그의 앞에서 두 번 피하였더라

12여호와께서 사울을 떠나 다윗과 함께 계시므로 사울이 그를 두려워한지라 13그러므로 사울이 그를 자기 곁에서 떠나게 하고 그를 천부장으로 삼으매 그가 백성 앞에 출입하며 14다윗이 그의 모든 일을 지혜롭게 행하니라 여호와께서 그와 함께 계시니라 15사울은… 그를 두려워하였으나 16온 이스라엘과 유다는 다윗을 사랑하였으니…

다윗에 대한 요나단의 우정 그리고 백성들의 무한한 사랑과 대조적으로, 사울은 다윗을 질투하기 시작했다. 본문에 계속되는 동사들은 죽을 때까지 사울의 영혼을 지배했던 적개심이 어떻게 커갔는지를 보여준다. 사울은 "심히 노하였고"(8절), "정신없이 떠들어 댔고"(10절), "창을 던졌으며"(11절), "두려워하여"(12절), "다윗을 내어 쫓았다"(13절). 그리고 마침내 다윗을 "두려워했는데"(15절), 이 모든 것이 단순히 인기 문제가 아님을 깨달았기 때문이었을 것이다. 하나님의 계획이 이 젊은이를 통해 이뤄지리라는 것을 깨달은 것이다. 그러므로 "사울이 다윗을 주목하였더라"(9절)라는 구절에서 우리는 사울의 눈길이 정말로 악의에 찬 것임을 알 수 있다.

사울이 다윗을 죽이려고 음모를 꾸미다(18:17-30)

···18:20사울의 딸 미갈이 다윗을 사랑하매 어떤 사람이 사울에게 알린지라 사울이 그 일을 좋게 여겨 21스스로 이르되 내가 딸을 그에게 주어서 그에게 올무가 되게 하고 블레셋 사람들의 손으로 그를 치게 하리라 하고 이에 사울이 다윗에게 이르되 네가 오늘 다시 내 사위가 되리라 하니라··· 25사울이 이르되 너희는 다윗에게 이같이 말하기를 왕이 아무것도 원하지 아니하고 다만 왕의 원수의 보복으로 블레셋 사람들의 포피 백 개를 원하신다 하라 하였으니 이는 사울의 생각에 다윗을 블레셋 사람들의 손에 죽게 하리라 함이라··· 27다윗이 일어나서 그의 부하들과 함께 가서 블레셋 사람 이백 명을 죽이고 그들의 포피를 가져다가 수대로 왕께 드려 왕의 사위가 되고자 하니 사울이 그의 딸 미갈을 다윗에게 아내로 주었더라 28여호와께서 다윗과 함께 계심을 사울이 보고 알았고 사울의 딸 미갈도 그를 사랑하므로 29사울이 다윗을 더욱더욱 두려워하여 평생에 다윗의 대적이 되니라···

사울의 막연한 미움은 치밀한 계획을 가진 적개심으로 발전했다. 그는 자기 딸들을 미끼로 이용해 다윗을 위험에 빠뜨리려는 음모를 꾸몄다. 다윗이 음모대로 블레셋 사람한테 가면 죽임당할 것이 거의 확실하다. 냉정하게도, 결혼을 이용하여 살인을 묵인하려는 것이다.

첫 번째 시도는, 다윗에게 전쟁에서 공을 세우는 조건으로 자신의 큰딸 메랍과 결혼하라고 제안한 것이다. 그러나 사울은 막판에 계획을 취소했다. 다윗이 블레셋과의 전쟁에서 승리를 거두고 돌아와서 결혼할 준비가 되자, 사울은 서둘러서 메랍을 다른 사람과 결혼시켜 버렸다(18:17-19). 그는 다윗에게 왕의 사위가 되는 것을 허락할 생각이 전혀 없었다.

둘째 딸 미갈이 다윗을 사랑한다는 것을 알고 사울은 또 음모를 꾸몄다. 이번에는 결혼 지참금으로 포악한 블레셋 군인의 포피(包皮) 일백 개를 구해오라고 요구했다. 사울이 추잡한 농담이나 하자고 그런 조건을 제시했겠는가? "블레셋 사람 백 명에게 할례를 행하고 그 증거를 내게 가져오라." 다윗은 그 요구가 위험하고 품위를 떨어뜨린다고 생각했지만 전혀 내색하지 않았다. 그는 시키는 대로 했고 블레셋 사람들의 포피가 든 자루를 가지고 돌아와서 미갈과 결혼했다.

사울은 치밀한 계획을 세웠지만 만사는 다윗에게 유리하게 돌아갔다. 사울의 아들 요나단이 그를 사랑하고, 그의 딸 미갈이 그를 사랑하고, 백성들도 그를 사랑한다. 그리고 결정적인 것은 "여호와께서 다윗과 함께 계셨다"(28절)는 것이다. 사울과 블레셋 사람들만 다윗을 미워했다.

이야기의 부수적인 주제 중 하나는 다윗이 권좌에 오른 것이 왕위 찬탈이 아니었다는 것을 증명하는 것인데, 주목할 만한 사실은 다윗이 왕의 딸과의 결혼이 거론될 때마다 부마(駙馬)가 될 권리를 거부했다는 것이다(18:18, 23). 왕의 사위가 되어 왕족의 일원이 되는 것은 그가 원하는 바가 아니다. 다윗이 왕권을 향해 꾸준히 다가가는 것은 야심이 있어서가 아니라, 하나님이 배후에 계시기 때문이었다. 사울을 도구로 사용하시면서 말이다.

사울이 다윗을 죽이라고 명령하다(19:1-17)

19:1사울이 그의 아들 요나단과 그의 모든 신하에게 다윗을 죽이라 말하였더니 사울의 아들 요나단이 다윗을 심히 좋아하므로 2그가 다윗에게 말하여 이르되 내 아버지 사울이 너를 죽이기를 꾀하시느니라 그러므로 이제 청하노니 아침에 조심하여 은밀한 곳에 숨어 있으라… 6사울이 요나단의 말

을 듣고 맹세하되 여호와께서 살아 계심을 두고 맹세하거니와 그가 죽임을
당하지 아니하리라 7요나단이 다윗을 불러 그 모든 일을 그에게 알리고 요
나단이 그를 사울에게로 인도하니 그가 사울 앞에 전과 같이 있었더라
8전쟁이 다시 있으므로 다윗이 나가서 블레셋 사람들과 싸워…9사울이 손
에 단창을 가지고 그의 집에 앉았을 때에 여호와께서 부리시는 악령이 사
울에게 접하였으므로 다윗이 손으로 수금을 탈 때에 10사울이 단창으로 다
윗을 벽에 박으려 하였으나 그는 사울의 앞을 피하고 사울의 창은 벽에 박
힌지라 다윗이 그 밤에 도피하매 11사울이 전령들을 다윗의 집에 보내어 그
를 지키다가 아침에 그를 죽이게 하려 한지라 다윗의 아내 미갈이 다윗에게
말하여 이르되 당신이 이 밤에 당신의 생명을 구하지 아니하면 내일에는 죽
임을 당하리라 하고 12미갈이 다윗을 창에서 달아 내리매 그가 피하여 도망
하니라…

　결혼을 이용해 다윗을 죽이려는 계획이 수포로 돌아가자, 사울은 교활
한 작전들을 포기하고 다윗을 죽이라고 명령한다. 처음에는 그의 아들 요
나단이 아버지를 설득하며 이를 만류했다. 사울은 그때까지만 해도 이성
적으로 판단할 수 있었기에 암살 명령을 취소했다.
　두 번째로 사울은 밤에 부하들과 다윗의 집을 포위한 뒤 날이 새면 다
윗을 죽이려 했다. 이때 그의 딸 미갈이 다윗을 보호해 주었는데, 미갈은
그날 밤 창문으로 다윗을 도주시킨 후에 그의 침대에 우상을 눕히고는 염
소 털 엮은 것을 그 머리에 씌우고 다윗의 옷을 입혔다. 암살 명령을 받은
사울의 심복들이 다윗을 잡기 위해 들이닥치자, 미갈은 그들에게 자기 남
편이 병이 났으므로 일어날 수 없다고 말했다. 암살자들은 고대의 결투의
례에 따라 작전을 수행하고 있었다. 그들은 무방비 상태의 환자를 살해하
는 것을 부담스럽게 여겼다. 그래서 단번에 일을 해치우기 위해 무조건 밀

고 들어가지는 않았다. 그들은 사울에게 돌아가서 다윗이 병환 중이어서 죽일 수 없었다고 보고했다. 사울은 다윗이 누워 있는 침상을 통째로 메어 자기 앞으로 가져오라고 명령하면서 자기가 직접 다윗을 죽이겠다고 했다. 그러나 그 남자들이 메고 온 것은 우상이 누워 있는 침상뿐이었다.

첫 번째 계획은 아들과의 논쟁 끝에 포기했고, 두 번째 계획은 딸의 속임수 때문에 수포로 돌아갔다. 이 두 계획 사이에서 샌드위치가 된 사울은 이성을 잃었고, 살인적인 질투심이 격발되어 자기를 위해 다윗이 열심히 악기를 연주하고 있을 때 그를 향해 창을 던졌다. 다윗을 죽이려고 창을 던진 것이 벌써 두 번째다(첫 번째 시도는 18:10-11을 보라).

사울이 자기를 죽이려고 애를 쓰는데도 다윗은 모든 일을 옳게 행하고 있었다. 그는 사울의 뒤틀린 영혼을 치료했고, 블레셋의 거인을 물리쳤다. 그 결과 이스라엘과 적의 대치국면은 끝났고, 근심에 싸인 왕의 마음도 평안해졌다. 다윗은 국가가 필요로 하는 존재이자 왕이 필요로 하는 사람이었다. 다윗은 두 종류의 일을 조심스럽고 겸손하게 했던 것 같다. 그러나 이 선한 일들을 하다가 죽을 뻔했다.

사울이 다윗을 쫓다(19:18-24)

19:18다윗이 도피하여 라마로 가서 사무엘에게로 나아가서… 20사울이 다윗을 잡으러 전령들을 보냈더니 그들이 선지자 무리가 예언하는 것과 사무엘이 그들의 수령으로 선 것을 볼 때에 하나님의 영이 사울의 전령들에게 임하매 그들도 예언을 한지라 21어떤 사람이 그것을 사울에게 알리매 사울이 다른 전령들을 보냈더니 그들도 예언을 했으므로 사울이 세 번째 다시 전령들을 보냈더니 그들도 예언을 한지라 22이에 사울도 라마로 가서… 23…하나

님의 영이 그에게도 임하시니 그가 라마 나욧에 이르기까지 걸어가며 예언을 하였으며 24그가 또 그의 옷을 벗고 사무엘 앞에서 예언을 하며 하루 밤낮을 벗은 몸으로 누웠더라 그러므로 속담에 이르기를 사울도 선지자 중에 있느냐 하니라

"선지자 무리가 예언하는 것"(원문은 나바 동사의 힛파엘 형태인데, NRSV는 "그들이 선지자의 열광에 빠졌다"고 번역했다.-옮긴이)이 무슨 뜻인지 정확히 알 수는 없지만, 본문이 말하고자 하는 핵심은 분명하다. 사울이 왕이 될 때 그를 압도했던 바로 그 하나님의 영(10:9-13)이 왕권의 마지막을 장식한다. 사울은 또 다윗을 죽이려 했는데, 이번이 여섯 번째. 이 일 후에 다윗은 신변을 보호받기 위해 라마에서 선지자 학교를 관장하고 있던 사무엘에게 달려갔다. 사울은 다윗을 데려오려고 사자(使者)들을 보냈으나, 그 신성한 모임에 들어가자 사자들은 선지자의 엑스타시에 사로잡혔고, 하나님의 영에 압도당했다. 두 번째와 세 번째 사자들에게도 똑같은 일이 벌어졌다. 사울은 사무엘이 응하지 않자 자기가 직접 일을 해결하려고 라마로 간다. 그는 마음에 살의(殺意)를 품고 도착하지만, 사자들이 하나님의 영을 거역하지 못했던 것처럼, 그와 그의 악한 의도도 하나님의 영을 거스르지 못했다. 곧 완전히 하나님의 영의 영향 아래 들어와 왕복을 벗고 사무엘 앞에 엎드림으로써, 하나님의 능력과 임재를 증언했다. "한때 위대했던 이 사람은 여전히 키는 크지만 더 이상 위대하지 않다. …자신을 분명히 통제하지 못한 부끄러움, 그는 무력해져 유순하게 되었다"(Walter Brueggemann, *First and Second Samuel*, 145). 악은 한동안 선을 이길 수 없었다.

사울이 다윗을 더욱 미워하다(20:1-42)

다윗과 요나단은 사울에게 가장 좋은 길을 원했다. 하지만 날이 갈수록 나쁜 징조들이 쌓여갔다. 간헐적인 분노와 종잡을 수 없는 질투는 결심과 함께 계획된 형태로 발전했다. 그러나 여전히 그 두 사람은 아직 그런 결론을 내리고 싶지 않았다. 하지만 결국에는 일말의 가능성마저 사라지고 말았다. 더 이상 의심의 여지가 없었다. "요나단이 그의 아버지가 다윗을 죽이기로 결심한 줄 알고"(33절).

> 20:1다윗이 라마 나욧에서 도망하여 요나단에게 이르되 내가 무엇을 하였으며 내 죄악이 무엇이며 네 아버지 앞에서 내 죄가 무엇이기에 그가 내 생명을 찾느냐 2요나단이 그에게 이르되 결단코 아니라 네가 죽지 아니하리라 내 아버지께서 크고 작은 일을 내게 알리지 아니하고는 행하지 아니하나니 내 아버지께서 어찌하여 이 일은 내게 숨기리요… 3다윗이 또 맹세하여 이르되 내가 네게 은혜 받은 줄을 네 아버지께서 밝히 알고 스스로 이르기를 요나단이 슬퍼할까 두려운즉 그에게 이것을 알리지 아니하리라 함이니라 그러나 진실로 여호와의 살아 계심과 네 생명을 두고 맹세하노니 나와 죽음의 사이는 한 걸음뿐이니라… 5다윗이 요나단에게 이르되 내일은 초하루인즉 내가 마땅히 왕을 모시고 앉아 식사를 하여야 할 것이나 나를 보내어 셋째 날 저녁까지 들에 숨게 하고 6네 아버지께서 만일 나에 대하여 자세히 묻거든 그 때에 너는 말하기를 다윗이 자기 성읍 베들레헴으로 급히 가기를 내게 허락하라 간청하였사오니 이는 온 가족을 위하여 거기서 매년제를 드릴 때가 됨이니이다 하라 7그의 말이 좋다 하면 네 종이 평안하려니와 그가 만일 노하면 나를 해하려고 결심한 줄을 알지니 8그런즉 바라건대 네 종에게 인자하게 행하라 네가 네 종에게 여호와 앞에서 너와 맹약하게 하였음이니라…

12요나단이 다윗에게 이르되… 13그러나 만일 내 아버지께서 너를 해치려 하는데도 내가 이 일을 네게 알려주어 너를 보내어 평안히 가게 하지 아니하면 여호와께서 나 요나단에게 벌을 내리시고 또 내리시기를 원하노라 여호와께서 내 아버지와 함께하신 것같이 너와 함께하시기를 원하노니 14너는 내가 사는 날 동안에 여호와의 인자하심을 내게 베풀어서 나를 죽지 않게 할 뿐 아니라 15여호와께서 너 다윗의 대적들을 지면에서 다 끊어버리신 때에도 너는 네 인자함을 내 집에서 영원히 끊어버리지 말라 하고 16이에 요나단이 다윗의 집과 언약하기를 여호와께서는 다윗의 대적들을 치실지어다 하니라 17다윗에 대한 요나단의 사랑이 그를 다시 맹세하게 하였으니 이는 자기 생명을 사랑함같이 그를 사랑함이었더라…

사울과 다윗의 관계가 완전히 끝나는 시간이 다가올수록 내러티브의 속도는 느려진다. 내러티브는 세부사항들을 정밀히 묘사하고 대부분의 행동을 대화형식으로 표현하는데, 이것은 독자들이 무슨 일―정치적이고 개인적인 일―이 진행되고 있는지를 상세히 관찰할 수 있도록 해준다. 요나단과 다윗은 엄청난 도박을 하고 있다.

20:24다윗이 들에 숨으니라 초하루가 되매 왕이 앉아 음식을 먹을 때에 25… 다윗의 자리는 비었더라

매월 초하루에는 사흘간의 종교적 축제가 열리는데, 이 축제는 왕이 주관한다(민 28:11-15). 그 자리는 결국 다윗을 향한 왕의 진심을 알 수 있는 완벽한 기회였기 때문에, 요나단은 그 자리에서 왕의 의도를 살펴볼 생각이었다.

…20:30사울이 요나단에게 화를 내며 그에게 이르되 패역무도한 계집의 소생 아 네가 이새의 아들을 택한 것이 네 수치와 네 어미의 벌거벗은 수치 됨을 내가 어찌 알지 못하랴 31…이제 사람을 보내어 그를 내게로 끌어오라 그는 죽어야 할 자이니라 한지라 32요나단이 그의 아버지 사울에게 대답하여 이르되 그가 죽을 일이 무엇이니이까 무엇을 행하였나이까 33사울이 요나단에게 단창을 던져 죽이려 한지라 요나단이 그의 아버지가 다윗을 죽이기로 결심한 줄 알고 34심히 노하여 식탁에서 떠나고 그 달의 둘째 날에는 먹지 아니하였으니 이는 그의 아버지가 다윗을 욕되게 하였으므로 다윗을 위하여 슬퍼함이었더라

요나단은 다윗을 죽이려던 아버지를 설득한 적이 있었다(19:1-7). 하지만 이번에는 사정이 다르다. 형 집행 정지는 일시적이었다. 이성의 지배에서 벗어나자 사울은 악이 분출하여 다윗을 죽이려고 단창을 들었다. 다시 한 번 요나단이 이치에 닿게 설득했지만, 사울은 요나단에게 창을 던진다.

20:35아침에 요나단이 작은 아이를 데리고 다윗과 정한 시간에 들로 나가서… 42요나단이 다윗에게 이르되 평안히 가라 우리 두 사람이 여호와의 이름으로 맹세하여 이르기를 여호와께서 영원히 나와 너 사이에 계시고 내 자손과 네 자손 사이에 계시리라 하였느니라 하니 다윗은 일어나 떠나고 요나단은 성읍으로 들어가니라

이 본문은 다윗과 요나단 이야기의 마지막 장면이다. 두 친구는 이후에 십 광야 수풀에서 잠깐 몰래 만난다(23:15-18). 다윗을 죽이려는 사울의 결심을 최종적으로 결말짓는 이 이야기가 가장 정교하게 서술된 감동적인 우정 이야기라는 점은 의미 있다. 요나단이 다윗과 맺은 우정의 언약

은, 이성이 있을 때든 없을 때든 다윗을 죽이려는 사울의 반복되는 시도들을 괄호로 묶고 있다. 우정을 담은 언약을 최초로 언급한 부분은 18장 2-3절이며, 가장 마지막으로 언급하는 부분은 20장 42절이다. (이 안에 다윗을 죽이려는 사울의 시도들이 기록되어 있다.)

요나단은 어려운 여건 속에서도 언약으로 맺어진 우정을 지켰다. 그 우정의 언약은 다윗을 향한 하나님의 계획에는 도움이 되었으나, 요나단에게는 감정적인 보상이 거의 혹은 전혀 없었다. 요나단은 이후 다윗을 다시 보지 못한다. 요나단은 반(反)다윗 정서가 널리 퍼져 있던 가혹한 환경과 조건 속에서 평생을 살아갔다. 그는 남은 생애를, 블레셋과 전쟁을 벌이거나 다윗을 추적하는 자기 아버지와 궁전에서 보냈을 것이다. 그렇지만 그런 상황들이 언약을 무효화하지는 못했다. 오히려 언약은 그런 상황을 정복하시려는 하나님의 계획을 위해 사용된다. 언약으로 맺어진 우정은 이처럼 '사울의 궁전'에서, 결혼생활에서, 가족 관계에서, 직장에서, 맹세로 맺어진 친밀함에 적대적인 문화적 조건들 속에서 살아남는다. 그러나 승리를 거두는 것은 제약(conditions)이 아니라 언약(covenant)이다.

14. 다윗의 광야 시절
사무엘상 21-30장

다윗에게 사울과의 결별은 지금까지 살아오던 생활방식과 환경의 포기를 의미했다. 사울과 결별함으로써, 다윗의 유랑 세월이 시작되었다. 다윗은 인생을 광야에서 시작하지도 않았고 거기서 최후를 맞이하지도 않는다. 그러나 수년간 광야에서 아주 의미 있는 시간을 보냈다. 하나님과 관계 있는 사람은 누구나 광야에서 시간을 보낸다. 따라서 거기에서 어떤 일이 일어나는지를 알고 있는 것이 중요하다.

다윗이 광야로 들어간 것은 그의 선택이 아니었다. 도망 다니다 보니 그곳으로 갈 수밖에 없었다. 여유롭게 들짐승들을 구경하거나 야생화를 그리기 위해서가 아니라, 살기등등한 사울 왕의 추격을 피하려고 숲으로 들어간 것이다. 그는 거기에서 예측할 수 없는 험난한 세월을 보낸다. 광야에서의 시간은 '왕으로 기름 부음을 받은 자'라는 신분과는 전혀 다른 나날이었다. 다윗은 많은 사람들의 도움과 지지를 받아왔다. 특히 사무엘, 미갈, 요나단이 특별한 도움을 주었다. 그러나 이제 그는 혼자다. 하지만 다윗은 여전히 이야기의 중심에 있다. 사울은 점점 하나님의 섭리에서 멀어져 가는 반면, 다윗은 확실히 섭리의 중심에 있다.

발달된 문명사회에서 안락하게 사는 사람들에게 광야는 뭔가 엄청나게 매력적인 곳이다. 너무 매력적이라서 우리는 넓은 땅들을 구분해서 광야로 보존한다. 그 때문에 우리는 '야생의 소리'를 느끼면 언제든 광야로 들어갈 수 있다는 것을 안다. 광야에 있으면 통제당하지도 않고, 숙제도 없고, 지켜야 할 약속도 없다. 정신을 바짝 차리고 살아 있는 것이 전부다. 광야에 있으면, 우리의 삶이 단순화되고 깊어짐을 느낀다. 광야에서 며칠(때로는 불과 몇 시간)만 지내도, 많은 사람이 자신이 더욱 정돈되고 자발적이 되었다고 느낀다. 익숙하지는 않지만, 그들은 종종 하나님을 말한다. 광야는 놀라울 정도로 매력적인 곳이다.

그러나 광야에는 사람을 무섭게 하는 것도 있다. 개발되지 않은 광야는 숨이 막힐 정도로 아름답지만 예측불허의 위험이 도사리는 곳이기도 하다. 광야의 폭풍은 천사가 포옹하고 있는 하늘을 악마의 큰 가마솥으로 바꿀 수도 있다. 한 마리의 야수가 우아한 조각상에서 순식간에 잔인한 살인자로 바뀔 수도 있다. 광야는 우리를 죽일 수 있는 수백 가지 방법을 지니고 있다.

다윗이 들어간 광야가 이렇다. 아름다우면서 위험한 곳이다. 다른 곳에서는 보고 듣고 경험할 수 없던 일들을 광야에서는 보고 듣고 경험할 것이다. 자신이 광야에 있다는 것을 발견하면, 우리는 무서워하는 편이 좋고(다윗처럼), 정신을 바짝 차리고 눈을 크게 뜨는 것이 좋다(다윗처럼). 광야에 있으면, 우리는 위험과 죽음을 의식하기 시작한다. 그러나 바로 그 순간, 자신을 그대로 내버려 두면 우리는 하나님이 대단히 신비로운 분이며 생명이 놀랍도록 존귀하다는 것을 깨닫기 시작할 것이다. 다윗의 광야 시절은 고귀함(preciousness)과 불확실함(precariousness)의 요소가 함께 있다.

앞으로 열다섯 개의 광야 이야기가 전개될 것이다.

놉에서의 다윗(21:1-9)

21:1다윗이 놉에 가서 제사장 아히멜렉에게 이르니 아히멜렉이 떨며 다윗을 영접하여 그에게 이르되 어찌하여 네가 홀로 있고 함께하는 자가 아무도 없느냐 하니 2다윗이 제사장 아히멜렉에게 이르되 왕이 내게 일을 명령하고 이르시기를 내가 너를 보내는 것과 네게 명령한 일은 아무것도 사람에게 알리지 말라 하시기로 내가 나의 소년들을 이러이러한 곳으로 오라고 말하였나이다 3이제 당신의 수중에 무엇이 있나이까 떡 다섯 덩이나 무엇이나 있는 대로 내 손에 주소서 하니 4제사장이 다윗에게 대답하여 이르되 보통 떡은 내 수중에 없으나 거룩한 떡은 있나니 그 소년들이 여자를 가까이만 하지 아니하였으면 주리라 하는지라 5다윗이 제사장에게 대답하여 이르되 우리가 참으로 삼 일 동안이나 여자를 가까이하지 아니하였나이다 내가 떠난 길이 보통 여행이라도 소년들의 그릇이 성결하겠거든 하물며 오늘 그들의 그릇이 성결하지 아니하겠나이까 하매 6제사장이 그 거룩한 떡을 주었으니…
7그날에 사울의 신하 한 사람이 여호와 앞에 머물러 있었는데 그는 도엑이라 이름하는 에돔 사람이요 사울의 목자장이었더라
8다윗이 아히멜렉에게 이르되 여기 당신의 수중에 창이나 칼이 없나이까 왕의 일이 급하므로 내가 내 칼과 무기를 가지지 못하였나이다 하니 9제사장이 이르되 네가 엘라 골짜기에서 죽인 블레셋 사람 골리앗의 칼이 보자기에 싸여 에봇 뒤에 있으니 네가 그것을 가지려거든 가지라 여기는 그것밖에 다른 것이 없느니라 하는지라 다윗이 이르되 그 같은 것이 또 없나니 내게 주소서 하더라

다윗이 광야에서 처음 들른 곳은 놉이었다. 거기에는 성소와 아히멜렉이 이끄는 큰 제사장 공동체가 있었다. 놉의 위치를 정확하게 확인할 수

는 없지만, 기브아에서 약 2킬로미터 떨어진 곳으로 알려져 있다. 이사야 10장 30절과 느헤미야 11장 32절에서 놉이 아나돗과 함께 언급되는 걸로 보아 기브아와 예루살렘 사이에 있었던 것이 분명하다.

사울을 피하여 급하게 떠났기 때문에 다윗은 양식과 무기 그 어느 것도 준비하지 못해 이 두 가지를 놉에서 마련했다. 제사장 아히멜렉은 다윗에게 성소의 떡을 (전투용) 휴대 식량으로 주기를 꺼려했다. 그러나 아히멜렉은 다윗이 정결법에 비추어 볼 때 정결하고, 인간적인 필요를 채워줘야 할 상황이라는 것을 확신한 뒤 한 걸음 더 나아갔다. (다윗은 이 시점에서 정직하지 않다. 자신이 지금 사울을 **피해** 도망치고 있다고 말하지 않고, 여전히 사울을 **위해** 일하고 있다고 소개했다.) 예수는 다윗의 행동을 시인하시면서 마태복음 12장 3-4절에서 이 사건을 인용하신다. 성소에 드려진 떡에 관한 율법은 레위기 24장 5-9절에 정리되어 있다.

다윗과 아히멜렉이 나눈 대화를 보면 두 사람이 친분이 있었음을 알 수 있다. 다윗은 군사 원정대를 이끌면서, 전장으로 떠나기 전 자신의 군대를 성별하기 위해 제사장의 성소에 자주 들렀을 것이다. 무기가 필요한 다윗에게 아히멜렉은 골리앗의 칼을 주었다. 수년 전 엘라 골짜기에서 다윗이 거인 골리앗을 제압하고 노획한 칼은 그때부터 놉에 있는 성소에 보관되어 왔다. 그 사건의 회고를 통해 다윗의 목동 시절 모습과 곤경에 처해 있는 현재 처지가 오버랩된다. 다윗은 그 당시 무명인데다 검증되지도 않았다. 하지만 기도로 무장한 채 막대기와 물매와 조약돌만 가지고 골리앗을 대적하러 나갔고, 하나님 안에서 승리했다. 수년이 지난 지금, 여러 전쟁에서 전과를 거둔 베테랑이자 이스라엘 전역에 걸쳐 존경받는 유명한 사람이지만, 무기가 없는 빈손이다. 그런데 그 손에 골리앗의 칼이 주어졌다. 이것은 상징적인 의미가 있다. 그 칼은 누구도 이길 수 없는 적을 하나님을 의지하여 믿음으로 정복했음을 기념하는 상징물이다. 또한 다윗이 사울을 섬기면서 최초로 성취한 대승리의 증표이다. 그런데 이제 다윗은 사울의 공격에서 자신을 지키기 위해 그 칼을 사용하게 되었다. 다윗은 성소에서 철저하게 준비했고 무장했다. 다윗을 왕으로 삼기 위해 그에게 기름 부으셨던 하나님은 이제 왕이 되기까지의 길고긴 투쟁에 필요한 것들을 그에게 공급하실 것이다.

여기서 도엑(7절)을 잠시 주목할 필요가 있다. 후에 전개되는 이야기(22장)와 관련되는 인물이기 때문이다. 에돔 사람들은 그들의 조상 에서로부터 헤롯 대왕 시대의 이두매 사람들에 이르기까지 성경 역사 전체에 걸쳐 등장하는데, 전통적으로 적개심으로 가득 찬 사람들이다. 따라서 도엑이 에돔 사람임을 강조하는 것은 그 사람이 저지를 악행을 미리 경고하는 것이다. '사울의 목자장'이라는 명칭으로 보아 도엑은 사울이 고용한 경호원으로서 높은 지위에 있던 사람이었을 것이다.

가드에서의 다윗(21:10-15)

21:10그날에 다윗이 사울을 두려워하여 일어나 도망하여 가드 왕 아기스에게로 가니 11아기스의 신하들이 아기스에게 말하되 이는 그 땅의 왕 다윗이 아니니이까 무리가 춤추며 이 사람의 일을 노래하여 이르되 사울이 죽인 자는 천천이요 다윗은 만만이로다 하지 아니하였나이까 한지라 12다윗이 이 말을 그의 마음에 두고 가드 왕 아기스를 심히 두려워하여 13그들 앞에서 그의 행동을 변하여 미친 체하고 대문짝에 그적거리며 침을 수염에 흘리매 14아기스가 그의 신하에게 이르되 너희도 보거니와 이 사람이 미치광이로다… 15이자가 어찌 내 집에 들어오겠느냐 하니라

광야에서 다윗이 들른 두 번째 장소 가드는 저지대 평야에 있는 블레셋의 다섯 도시 중 하나다. 다윗은 정말 아무도 모르게 숨어들려 했던 것일까? 그는 자신이 얼마나 유명한 사람인지 몰랐던 걸까? 어쨌든 그는 즉시 발각되었고 가드 왕 아기스에게 보고되었다. 아기스의 신하들은 왕에게 보고하면서 다윗을 "그 땅의 왕"(11절)이라고 칭했다. 다윗이 기름 부음을 받은 사실을 전혀 모르는 사람들이 그런 명칭을 사용했다는 것은 놀라운 일이 아닐 수 없다. 그러나 온 지역에 이스라엘의 지도자로 알려진 다윗의 명성은 블레셋 사람들에게도 흘러들어 갔을 것이다. 블레셋 사람들에게는 사울이 아니라 다윗이 이스라엘의 왕이었다. 다윗은 사울을 피해 도망하는 과정에서 이스라엘의 오랜 원수에게 자신을 맡겼던 것이다.

블레셋 사람들이 자신을 어떻게 이해하고 있는지 알자, 다윗은 두려웠고 뭔가 빨리 조치를 취해야 함을 깨달았다. 멀리 떨어져 있을 때는 찬탄의 대상이었을지 몰라도, 가드에 머물고 있는 상황에서는 가드 사람들이 가장 미워하는 사람일 수밖에 없다. 다윗은 지난 수년 동안 블레셋의 보복 대상 1호였다. 골리앗은 가드 사람이었고(17:4), 다윗은 그들의 공적이었다. 폭도들의 희생물이 되는 것을 모면하려고, 다윗은 미친 척하면서 정신이상자로 가장했다. 고대인들은 미친 사람을 보면 미신적인 두려움 때문에 접근을 꺼렸다. 그래서 아기스 왕은 다윗을 죽이는 대신 쫓아내려고 했다. 감옥에 가두려 하지도 않았다. 또다시 다윗은 블레셋을 물리쳤다. 그러나 이번에는 무기 대신 기지를 발휘한 것이다.

아둘람에서의 다윗(22:1-2)

22:1그러므로 다윗이 그곳을 떠나 아둘람 굴로 도망하매 그의 형제와 아버

지의 온 집이 듣고 그리로 내려가서 그에게 이르렀고 2환난 당한 모든 자와 빚진 모든 자와 마음이 원통한 자가 다 그에게로 모였고 그는 그들의 우두머리가 되었는데 그와 함께한 자가 사백 명가량이었더라

지리학자들은 아둘람이 예루살렘에서 남서쪽으로 약 28킬로미터 떨어진 언덕 지역에 위치한 것으로 추측한다. 이 지역에는 동굴들이 산재해 있다. 재미있는 것은 이 지역이 골리앗과 승부를 벌였던 엘라 골짜기에서 그리 멀지 않다는 것이다. 아둘람의 언덕 기슭에는 샘이 솟는 좋은 우물이 있어서 다윗이 지내기에는 가장 이상적인 장소였다. 다윗은 그 지역을 잘 알고 있었다. 그곳의 언덕과 골짜기는 게릴라들이 지내기에 적합한 은신처를 제공했고, 충분한 물이 있었으며, 골리앗을 물리친 기억을 살려줌으로써 사기를 북돋아 주어 은신처로는 안성맞춤이었다.

다윗의 형제들에 대한 언급은 다소 의외다. 이전에는 그들이 다윗을 대할 때 우애심이 없었기 때문이다. 아마도 그의 형제들은 다윗의 가족이라는 이유로 사울에게 보복당할 위험에 놓여 있었을 것이다. 그렇다면 황량한 사막은 그들에게 가장 안전한 장소였을 것이다. 그들과 함께 온갖 유형의 사람들이 올랐는데, 그들은 대부분 평판이 안 좋았다. 정부에 말썽을 일으키거나 사울의 리더십에 불만을 가진 사람들이었다. 사울의 통치하에서 모든 사람이 사회적, 경제적 생활에 만족하지는 않았을 것이다. 왕이 생겼다고 해서 이스라엘의 모든 정치적 문제가 해결된 것은 아니다.

다윗과 함께 있는 400명은 이스라엘 백성 가운데 '능하고 문벌 좋은' 사람들이 아니다(고전 1:26). 오히려 고린도에 있던 초기 그리스도인들과 흡사하다. 바울은 그들에게 보낸 편지에서 이렇게 말한다. "형제들아 너희를 부르심을 보라 육체를 따라 지혜로운 자가 많지 아니하며 능한 자가 많지 아니하며 문벌 좋은 자가 많지 아니하도다 그러나 하나님께서 세

상의 미련한 것들을 택하사 지혜 있는 자들을 부끄럽게 하려 하시고 세상의 약한 것들을 택하사 강한 것들을 부끄럽게 하려 하시며 하나님께서 세상의 천한 것들과 멸시받는 것들과 없는 것들을 택하사 있는 것들을 폐하려 하시나니 이는 아무 육체도 하나님 앞에서 자랑하지 못하게 하려 하심이라"(고전 1:26-29).

모압 미스베에서의 다윗(22:3-5)

> 22:3다윗이 거기서 모압 미스베로 가서 모압 왕에게 이르되 하나님이 나를 위하여 어떻게 하실지를 내가 알기까지 나의 부모가 나와서 당신들과 함께 있게 하기를 청하나이다 하고… 5선지자 갓이 다윗에게 이르되 너는 이 요새에 있지 말고 떠나 유다 땅으로 들어가라 다윗이 떠나 헤렛 수풀에 이르니라

이 무렵 다윗의 부모는 아주 연로했을 것이다. 여덟 형제 중 막내이지만 이제는 성숙한 다윗은 아둘람 굴이 부모님께 안전하지 않으며 두 분이 그곳에서 도망자의 혹독한 삶을 견뎌내지 못하리라고 판단한다. 다윗이 부모님을 안전하게 모시려고 요단 강을 건너 모압 땅으로 간 데는 나름대로 합당한 이유가 있다. 다윗 가문은 모압과 관련이 있는데, 그의 고조할머니인 룻이 모압 사람이었다(룻 4:17). 따라서 베들레헴이 심한 기근에 시달리던 시기에 보호 구역을 제공했던 모압이, 이제 다시 어려운 시기에 피난처를 제공하는 것이다.

선지자 갓은 사무엘하 24장에 다시 언급되는데, 다윗이 인생을 마감할 즈음에 발생한 에피소드에 등장한다. 그는 범법자이며 왕인 다윗의 인생전반에 걸쳐 영적인 조언을 했다. 다윗이 자신의 지혜만 의지해 살았던

것은 아니다. 그는 선지자의 조언과 충고(5절)를 받아들여, 위험하지만 유다 땅으로 돌아갔다. "헤렛 수풀"의 정확한 위치는 알 수 없다. 우리가 아는 것은 다윗이 쫓기고 있다는 것이다.

놉에서 일어난 대학살(22:6-23)

···22:7사울이 곁에 선 신하들에게 이르되 너희 베냐민 사람들아 들으라 이새의 아들이 너희에게 각기 밭과 포도원을 주며 너희를 천부장 백부장을 삼겠느냐 8너희가 다 공모하여 나를 대적하며 내 아들이 이새의 아들과 맹약하였으되 내게 고발하는 자가 하나도 없고 나를 위하여 슬퍼하거나 내 아들이 내 신하를 선동하여 오늘이라도 매복하였다가 나를 치려 하는 것을 내게 알리는 자가 하나도 없도다 하니 9그때에 에돔 사람 도엑이 사울의 신하 중에 섰더니 대답하여 이르되 이새의 아들이 놉에 와서 아히둡의 아들 아히멜렉에게 이른 것을 내가 보았는데 10아히멜렉이 그를 위하여 여호와께 묻고 그에게 음식도 주고 블레셋 사람 골리앗의 칼도 주더이다

11왕이 사람을 보내어 아히둡의 아들 제사장 아히멜렉과 그의 아버지의 온 집 곧 놉에 있는 제사장들을 부르매 그들이 다 왕께 이른지라 12사울이 이르되 너 아히둡의 아들아 들으라··· 13사울이 그에게 이르되 네가 어찌하여 이새의 아들과 공모하여 나를 대적하여 그에게 떡과 칼을 주고···

14아히멜렉이 왕에게 대답하여 이르되 왕의 모든 신하 중에 다윗같이 충실한 자가 누구인지요··· 15···왕의 종은 이 모든 크고 작은 일에 관하여 아는 것이 없나이다 하니라 16왕이 이르되 아히멜렉아 네가 반드시 죽을 것이요 너와 네 아비의 온 집도 그러하리라 하고 17왕이 좌우의 호위병에게 이르되 돌아가서 여호와의 제사장들을 죽이라··· 18왕이 도엑에게 이르되 너는 돌

아가서 제사장들을 죽이라 하매 에돔 사람 도엑이 돌아가서 제사장들을 쳐서 그날에 세마포 에봇 입은 자 팔십오 명을 죽였고 19제사장들의 성읍 놉의 남녀와 아이들과 젖 먹는 자들과 소와 나귀와 양을 칼로 쳤더라
20아히둡의 아들 아히멜렉의 아들 중 하나가 피하였으니 그의 이름은 아비아달이라 그가 도망하여 다윗에게로 가서 21사울이 여호와의 제사장들 죽인 일을 다윗에게 알리매 22다윗이 아비아달에게 이르되 그날에 에돔 사람 도엑이 거기 있기로 그가 반드시 사울에게 말할 줄 내가 알았노라…

사울은 과대망상에 사로잡힌다. 다윗이 어디에 있는지 알게 되면서 자신의 지위에 대해 불안감을 느낀다. 다윗은 사울에 대한 반감을 높여 온 나라를 내란으로 몰고갈 수도 있는 위치에 있었기에 사울은 다윗이 바로 그런 짓을 하고 있다고 단정했다. 그는 자기 신하들, 특히 요나단이 다윗과 동조한다고 심하게 질책했다. 이 장광설 중에, 에돔 사람 도엑은 놉에서 얻은 정보를 자기에게 유리하게 이용할 수 있다고 판단했다. 그래서 그날 목격한 것을 사울에게 일러바쳤다. 사울의 상황은 결코 좋지가 않다. 다윗에게로 도망하는 반체제 인사들이 늘어나는 상황 속에서, 두려움 가운데 있는 신하들에게 둘러싸여 보좌에 앉아 밀고자 도엑이 소문을 퍼뜨리는 것을 경청하고 있다.

사울은 도엑의 밀고에 근거해 아히멜렉과 그의 지도하에 있는 제사장들을 소환하고, 그들이 다윗에게 양식과 무기와 영적인 도움을 제공한 혐의를 씌워 문초했다. 아히멜렉의 설명은 과대망상에 사로잡힌 사울에게 아무런 영향을 미치지 못했다. 사울은 제사장들을 모두 학살하라고 명령했으나 신하들은 그들에게 손도 대려 하지 않았다. 신하들은 어쩌면 대단한 용기를 발휘한 것이다. 그러나 도엑은 신성모독이든 폭력이든 조금도 망설이지 않고 혼자서 그 일을 처리했다. 칼뱅은 도엑을 가리켜 "더할

나위 없는 완전한 악인"이라고 했다(John Calvin, *Commentary on the Book of Psalms*, vol. 2, 311).

놉에서 저질러진 무자비하고 몰상식한 대학살은 역사상 가장 중대한 범죄 중 하나다. 하나님의 분명한 명령을 듣고도 아말렉 왕 아각을 죽이지 않음으로써 몰락의 길을 걷기 시작했던 왕 사울이(삼상 15장), 이제는 한 악인의 말을 증거로 놉의 제사장들과 주민들을 없앤다. 두 사건을 비교해 보면 사울의 몰락을 도표로 보는 듯하다.

그러나 대학살이 완벽한 파멸은 아니었다. 아히멜렉의 아들 아비아달이 도망쳐서 다윗에게 참상을 보고했다. 다윗은 그날 도엑이 놉의 성소 뒤에 숨어서 엿보던 것을 기억하고, 그 대학살에 대해 책임감을 느꼈다. 이후로 아비아달은 다윗의 사람이 된다.

광야에서 도피 중인 다윗이지만 선지자(갓)와 제사장(아비아달)의 지원을 받게 된다. 이것은 하나님이 인도하고 보호하신다는 표시다. 반면 기브아에서 등극한 사울은 과대망상과 질투로 인해 점점 더 고립되고 있었다.

그일라에서의 다윗(23:1-14)

23:1사람들이 다윗에게 전하여 이르되 보소서 블레셋 사람이 그일라를 쳐서 그 타작 마당을 탈취하더이다 하니 2이에 다윗이 여호와께 묻자와 이르되 내가 가서 이 블레셋 사람들을 치리이까 여호와께서 다윗에게 이르시되 가서 블레셋 사람들을 치고 그일라를 구원하라 하시니… 5다윗과 그의 사람들이 그일라로 가서 블레셋 사람들과 싸워 그들을 크게 쳐서 죽이고 그들의 가축을 끌어오니라…

6아히멜렉의 아들 아비아달이 그일라 다윗에게로 도망할 때에 손에 에봇을 가지고 내려왔더라… 8사울이 모든 백성을 군사로 불러모으고 그일라로 내려가서 다윗과 그의 사람들을 에워싸려 하더니 9다윗은 사울이 자기를 해하려 하는 음모를 알고 제사장 아비아달에게 이르되 에봇을 이리로 가져오라 하고 10다윗이 이르되 이스라엘 하나님 여호와여… 11…사울이 내려오겠나이까… 여호와께서 이르시되 그가 내려오리라 하신지라… 13다윗과 그의 사람 육백 명가량이 일어나 그일라를 떠나서 갈 수 있는 곳으로 갔더니…

"그일라"라는 마을은 아둘람에서 남쪽으로 5킬로미터 정도 떨어져 있다. 추수를 마칠 때가 되면 블레셋 사람들이 이곳에 나타나 타작마당에 쌓아둔 곡식을 약탈해 갔다. 그들의 농사법은 쉬웠다. 그일라 주민들이 열심히 씨를 뿌리고 재배하고 추수하여 타작까지 잘 마쳐 모든 일이 끝나면, 블레셋 사람들은 곡식을 약탈하러 때맞춰 나타났다.

본문이 강조하는 핵심은 이것이다. 다윗은 더 이상 사울의 군대에 속해 있지 않지만, 사울이 해야 할 일을 계속해서 하고 있다는 것이다. 그는 블레셋의 약탈로부터 이스라엘 사람들을 보호하고 도와주고 있다. 여기에서는 다윗의 뛰어난 리더십과 헌신에 초점을 맞춘다. 다윗의 사람들이 그일라의 문제에 개입하는 것은 경솔한 행동이다. 사울의 마수(魔手)에서 이제 벗어났기 때문에 또 다른 적을 만들 필요가 없었다. 다윗은 자신의 용사들의 권고에 귀를 기울인다. 그러나 그대로 따르지는 않는다. 그는 하나님의 권고에 귀를 기울이고 승리를 거둔다.

사울은 다윗을 궁지에 빠뜨렸다고 판단하고, 다윗을 추격하여 그일라까지 왔다. 그일라 에피소드의 아이러니는 이것이다. 다윗은 목숨을 아끼지 않고 그일라 사람들을 블레셋의 손에서 구해냈지만, 그일라 주민들은 사울에게서 다윗을 보호하지 않고 불확실하고 위험한 광야로 그를 또다시 돌아가게 만든다. 선한 행동이 항상 보상받는 것은 아니다.

호레쉬에서의 다윗(23:15-29)

23:15다윗이 사울이 자기의 생명을 빼앗으려고 나온 것을 보았으므로 그가 십 광야 수풀에 있었더니 16사울의 아들 요나단이 일어나 수풀에 들어가서 다윗에게 이르러 그에게 하나님을 힘 있게 의지하게 하였는데 17곧 요나단이 그에게 이르기를 두려워하지 말라 내 아버지 사울의 손이 네게 미치지 못할 것이요 너는 이스라엘 왕이 되고 나는 네 다음이 될 것을 내 아버지 사울도 안다 하니라 18두 사람이 여호와 앞에서 언약하고 다윗은 수풀에 머물고 요나단은 자기 집으로 돌아가니라…

본문은 다윗과 요나단이 마지막으로 만나는 장면을 그린다. 세상에 널리 알려진 그들의 우정의 끝 장면이다. 요나단의 입장에서 보면 아주 위험천만한 일이었지만, 이 짧은 만남을 통해 다윗은 엄청난 위로를 받았다. 수년 동안 사울한테 혹독하게 쫓겨다니고 있는 다윗은 격려가 필요했다. 그런데 거기에는 우정 이상의 것이 있다. 거기에는 하나님이 계셨다. 두 전치사구, 즉 "여호와를 통하여"(16절, 개역개정판은 "그에게 하나님을 힘 있게 의지하게 하였는데"로 번역했기 때문에 이 전치사구가 잘 드러나지 않는다. 대부분의 영역본은 전치사를 in[안에서]으로 번역했으나, NRSV는 through[통하여]로 번역했다.-옮긴이)와 "여호와 앞에서"(18절)는 각자의 우정보다는 하나님과 더 관계 있는 우정을 드러낸다. 이 두 사람은, 하나님과 교제하는 본질적이며 최우선적인 삶에서 서로의 길에 끼어들지 않는다. 이 우정, 즉 언약은 인격적인 관계가 주관주의(subjectivism)라는 악취가 진동하는 늪으로 빨려 들어가 파괴되는 것을 막아주는 진귀한 헌신이다. 언약은 애정을 위해 다른 사람에게 시간을 내고, 개인적인 편리함 또는 사회적, 정치적 유익을 위해 상대방을 이용하지 않도록 도와준다.

호레쉬에서 두 사람은 우정을 최종적으로 확인하였고, 사울의 추격은 가속화됐다. 다윗은 숨 돌릴 겨를도 없이 이리저리 쫓기다가, 호레쉬를 떠나 다음 이야기의 배경이 되는 엔게디로 피신했다.

엔게디에서의 다윗(24:1-22)

24:1사울이 블레셋 사람을 쫓다가 돌아오매 어떤 사람이 그에게 말하여 이르되 보소서 다윗이 엔게디 광야에 있더이다 하니 2사울이… 다윗과 그의 사람들을 찾으러… 3길가 양의 우리에 이른즉 굴이 있는지라 사울이 뒤를 보러 들어가니라 다윗과 그의 사람들이 그 굴 깊은 곳에 있더니 4다윗의 사람들이 이르되 보소서 여호와께서 당신에게 이르시기를 내가 원수를 네 손에 넘기리니 네 생각에 좋은 대로 그에게 행하라 하시더니 이것이 그날이니이다 하니 다윗이 일어나서 사울의 겉옷 자락을 가만히 베니라 5그리한 후에 사울의 옷자락 벰으로 말미암아 다윗의 마음이 찔려 6자기 사람들에게 이르되 내가 손을 들어 여호와의 기름 부음을 받은 내 주를 치는 것은 여호와께서 금하시는 것이니 그는 여호와의 기름 부음을 받은 자가 됨이니라 하고 7…사울이 일어나 굴에서 나가 자기 길을 가니라

8그 후에 다윗도 일어나 굴에서 나가 사울의 뒤에서 외쳐 이르되 내 주 왕이여 하매… 9다윗이 사울에게 이르되 보소서 다윗이 왕을 해하려 한다고 하는 사람들의 말을 왕은 어찌하여 들으시나이까… 11내 아버지여 보소서 내 손에 있는 왕의 옷자락을 보소서 내가 왕을 죽이지 아니하고 겉옷 자락만 베었은즉 내 손에 악이나 죄과가 없는 줄을 오늘 아실지니이다 왕은 내 생명을 찾아 해하려 하시나 나는 왕에게 범죄한 일이 없나이다…

17다윗에게 이르되 나는 너를 학대하되 너는 나를 선대하니 너는 나보다 의

롭도다…

엔게디(문자적으로 '새끼 염소의 샘'이라는 뜻)는 험한 계곡과 깊은 동굴이 많은 지역인 사해 서쪽 편에 있는 오아시스다. 잠언 1장 14절에 따르면, 그곳은 한때 포도원 지역이었다. 잘 알려진 대로 20세기 중엽에 사해 사본들이 엔게디 지역의 동굴들에서 발견되었다. 또한 다른 동굴들에서는 철기 시대(사울과 다윗 시대)의 것으로 보이는 항아리 조각들이 발굴되었다. 동굴들 중 일부는 다윗과 그를 따르던 사람들이 발각되지 않고 충분히 숨어 있을 수 있을 정도로 크고 깊다.

이 시점에 다윗의 처지는 절망적이었다. 그곳은 많은 동굴과 가파른 협곡들로 이루어져 숨을 곳이 많은 반면, 동굴들과 협곡들이 도리어 함정이 될 수도 있었다. 사울의 군사는 다윗의 용사보다 다섯 배나 많아서 포위당한다면 싸울 수도 없는 처지였다.

사건이 전개됨에 따라 음탕한 익살극에 필요한 모든 요소가 등장한다. 사울은 생리적 요청을 해결하려고, 환한 태양을 피해 캄캄한 동굴로 들어갔다. 어두운 동굴 속에서 아직 동공이 적응되지 않아 아주 가까이에 있는 형체도 분간하지 못했다. 거기에 그가 있다. 저 푸른 사해 바다와 모압 지역의 붉은 산들이 윤곽을 드리운 광경을 '왕좌'(throne은 속어로 '변소'라는 뜻도 있다.-옮긴이)에 앉아서 보고 있다. 왕복과 무기들을 벗어서 한쪽에 밀쳐둔 사울은 무방비 상태가 되었다.

다윗과 그의 병사들이 현재 진행되는 상황을 볼 때, 사울은 그들의 존재를 모르고 있다. 그러니 띠를 풀고 무장을 해제한 사울은 죽은 것이나 다름없다. 그 상황에서, 당연히 사울을 죽여야 했다. 그러나 다윗은 그것을 금지한다. 대신에 그는 어둠에서 소리 없이 나와, 한쪽에 내팽개쳐진 왕의 의복을 조금 잘라낸 후 자기 병사들이 있는 자리로 돌아왔다. 얼마

지나지 않아 사울은 동굴을 떠났다. 사울이 동굴에서 제법 멀리 떨어지자 다윗은 동굴 입구에 서서 사울을 불렀다. "내 주 왕이여!" 사울은 놀라 뒤를 돌아본다. 두 사람은 말을 주고받는다. 다윗은 자신의 충성심이 변함없음을 항변했고, 사울은 다윗이 도덕적으로 우월함을 인정한다. 예술적으로 표현된 두 사람의 대화 내용은 두 사람 안에서 이루어진 하나님의 사역을 보여준다.

아주 구체적으로 진술된 다윗의 말은 역동성 있는 내러티브를 유지한다. "어떤 사람이 나를 권하여 왕을 죽이라 하였으나 내가 왕을 아껴 말하기를 나는 내 손을 들어 내 주를 해하지 아니하리니 그는 여호와의 기름 부음을 받은 자이기 때문이라 하였나이다"(10절). 다윗은 '하나님이 만유 안에 계시며 만유 안에서 활동하신다'는 확신을 가지고 말하며 행동한다. 반대로 사울은 하나님이 누구시며, 그분이 무엇을 하시는지 거의 깨닫지 못했다. 하나님을 몰아낸 정치적이고 군사적인 관심이 그의 삶을 지배하고 있었다.

사울의 말(17-21절)은 감성에 빠진 영성의 고전적인 실례다. 사울은 다윗이 옳다는 것을 인정하며 다윗이 자신을 대신해 의로운 왕이 될 것임을 천명한다. 그는 동굴 속의 모든 상황이 자기와 다윗이 동시에 지닌 왕권의 진실을 드러내고 있다고 말한다. 스스로 생각하지도 않고 믿지도 않는 말을 하고 있다는 암시는 본문 가운데 전혀 없다. 사울은 생각하고 믿는 것을 말한 것이다. 그러나 그에게는 그런 생각과 믿음을 뒷받침해 줄 만한 성품도 없었고, 회개와 기도, 관계와 순종의 삶의 기반이 될 언약도 없었다. 사울은 격렬한 종교적 감정을 드러내지만 그의 삶은 조금도 변하지 않는다.

사무엘의 장례식(25:1)

> 25:1사무엘이 죽으매 온 이스라엘 무리가 모여 그를 두고 슬피 울며 라마 그의 집에서 그를 장사한지라 다윗이 일어나 바란 광야로 내려가니라

다윗이 라마에 있는 선지자 사무엘을 찾아온 후(19:18)로, 사무엘은 언급되지 않는다. 다윗은 자기를 죽이려는 자들을 피해서 조언도 구할 겸 사무엘에게 도망쳐 왔다. 이야기 전개에는 기여하지 못하더라도, 사무엘의 존재는 여전히 대단했다. 많은 사람이 장례식에 모여 그의 죽음을 슬퍼했기 때문이다. 겉으로 보기에 다윗의 앞날은 그다지 밝지 않다. 그의 후견인은 죽었고, 그는 아직도 광야에서 헤어나오지 못하고 있다. 그러나 한 장 한 장 이 이야기를 읽고 있는 독자들은 은밀히 그리고 무대 뒤에서 섭리가 펼쳐지고 있다는 인상을 받는다. 다윗이 점점 부상하고 있다.

갈멜에서의 다윗: 나발과 아비가일(25:2-42)

> 25:2마온에 한 사람이 있는데 그의 생업이 갈멜에 있고 심히 부하여 양이 삼천 마리요 염소가 천 마리이므로 그가 갈멜에서 그의 양 털을 깎고 있었으니 3그 사람의 이름은 나발이요 그의 아내의 이름은 아비가일이라 그 여자는 총명하고 용모가 아름다우나 남자는 완고하고 행실이 악하며 그는 갈렙 족속이었더라… 5다윗이 이에 소년 열 명을 보내며 그 소년들에게 이르되 너희는 갈멜로 올라가 나발에게 이르러 내 이름으로 그에게 문안하고 6그 부하게 사는 자에게 이르기를 너는 평강하라 네 집도 평강하라 네 소유의 모든 것도 평강하라 7네게 양 털 깎는 자들이 있다 함을 이제 내가 들었

노라 네 목자들이 우리와 함께 있었으나 우리가 그들을 해하지 아니하였고 그들이 갈멜에 있는 동안에 그들의 것을 하나도 잃지 아니하였나니 8네 소년들에게 물으면 그들이 네게 말하리라 그런즉 내 소년들이 네게 은혜를 얻게 하라 우리가 좋은 날에 왔은즉 네 손에 있는 대로 네 종들과 네 아들 다윗에게 주기를 원하노라 하더라 하라

9다윗의 소년들이 가서 다윗의 이름으로 이 모든 말을 나발에게 말하기를 마치매 10나발이 다윗의 사환들에게 대답하여 이르되 다윗은 누구며 이새의 아들은 누구냐 요즈음에 각기 주인에게서 억지로 떠나는 종이 많도다 11내가 어찌 내 떡과 물과 내 양 털 깎는 자를 위하여 잡은 고기를 가져다가 어디서 왔는지도 알지 못하는 자들에게 주겠느냐 한지라 12이에 다윗의 소년들이 돌아서 자기 길로 행하여 돌아와 이 모든 말을 그에게 전하매 13다윗이 자기 사람들에게 이르되 너희는 각기 칼을 차라 하니 각기 칼을 차매 다윗도 자기 칼을 차고 사백 명가량은 데리고 올라가고 이백 명은 소유물 곁에 있게 하니라

14하인들 가운데 하나가 나발의 아내 아비가일에게 말하여 이르되 다윗이 우리 주인에게 문안하러 광야에서 전령들을 보냈거늘 주인이 그들을 모욕하였나이다 15우리가 들에 있어 그들과 상종할 동안에 그 사람들이 우리를 매우 선대하였으므로 우리가 다치거나 잃은 것이 없었으니 16우리가 양을 지키는 동안에 그들이 우리와 함께 있어 밤낮 우리에게 담이 되었음이라 17그런즉 이제 당신은 어떻게 할지를 알아 생각하실지니 이는 다윗이 우리 주인과 주인의 온 집을 해하기로 결정하였음이니이다 주인은 불량한 사람이라 더불어 말할 수 없나이다 하는지라

18아비가일이 급히 떡 이백 덩이와 포도주 두 가죽 부대와 잡아서 요리한 양 다섯 마리와 볶은 곡식 다섯 세아와 건포도 백 송이와 무화과 뭉치 이백 개를 가져다가 나귀들에게 싣고 19소년들에게 이르되 나를 앞서 가라 나는

너희 뒤에 가리라 하고 그의 남편 나발에게는 말하지 아니하니라

23아비가일이 다윗을 보고… 24그가 다윗의 발에 엎드려 이르되… 25원하옵나니 내 주는 이 불량한 사람 나발을 개의치 마옵소서 그의 이름이 그에게 적당하니 그의 이름이 나발이라…

28주의 여종의 허물을 용서하여 주옵소서… 29사람이 일어나서 내 주를 쫓아 내 주의 생명을 찾을지라도 내 주의 생명은 내 주의 하나님 여호와와 함께 생명 싸개 속에 싸였을 것이요… 31…여호와께서 내 주를 후대하실 때에 원하건대 내 주의 여종을 생각하소서 하니라

32다윗이 아비가일에게 이르되 오늘 너를 보내어 나를 영접하게 하신 이스라엘의 하나님 여호와를 찬송할지로다 33또 네 지혜를 칭찬할지며 또 네게 복이 있을지로다 오늘 내가 피를 흘릴 것과 친히 복수하는 것을 네가 막았느니라… 35다윗이 그가 가져온 것을 그의 손에서 받고 그에게 이르되 네 집으로 평안히 올라가라 내가 네 말을 듣고 네 청을 허락하노라

36아비가일이 나발에게로 돌아오니 그가 왕의 잔치와 같은 잔치를 그의 집에 배설하고 크게 취하여 마음에 기뻐하므로 아비가일이 밝는 아침까지는 아무 말도 하지 아니하다가 37아침에 나발이 포도주에서 깬 후에 그의 아내가 그에게 이 일을 말하매 그가 낙담하여 몸이 돌과 같이 되었더니 38한 열흘 후에 여호와께서 나발을 치시매 그가 죽으니라

39나발이 죽었다 함을 다윗이 듣고… 다윗이 아비가일을 자기 아내로 삼으려고 사람을 보내어 그에게 말하게 하매…

이 이야기의 중심에는 광야에서 낮은 자세로 다윗 앞에 무릎 꿇은 아비가일이 있다. 다윗은 격노해서 살기등등했고, 아비가일은 다윗 앞에 무릎을 꿇고 길을 막았다. 심한 모욕을 당한 다윗은 성난 기세로 400명을 거느리고 나발에게 복수하러 가고 있었다. 외롭고 아름다운 아비가일이

다윗 앞에서 무릎을 꿇고 길을 막았다(23-31절). 우리가 아는바 하나님으로 충만했던 다윗이, 이 순간 자아로 가득 채워져 있다. 이전에 아름답다고 묘사되어 왔던 다윗이지만(16:12; 17:42), 여기서는 그 아름다움이 흔적조차 보이지 않는다. 이제 "아름다운" 아비가일(3절)이 다윗을 제자리로 돌아오게 하고 그의 진짜 모습, 그의 참된 정체성을 되찾도록 돕는다.

　이야기의 배경은 다윗의 광야 사역이다. 광야에서 거하는 수년간, 다윗은 자기와 함께한 사람들을 '선한 사마리아인'처럼 잘 훈련된 그룹으로 만들었다. 광야는 자연환경이 주는 위험뿐 아니라 중한 범죄의 위험이 도사린 곳이다. 도둑 떼들이 자주 출몰하여, 지나가는 사람들을 습격하고 무방비 상태의 사람들을 약탈하기 일쑤였다. 예수께서 들려주신 매우 유명한 이야기 가운데 하나는 유대 광야를 지나던 한 나그네가 노상에서 강도를 만나 강탈당하고 두들겨 맞아서 쓰러져 있는데, 그리로 지나던 한 사마리아인이 그를 구해줬다는 이야기다. 이는 다윗과 그의 병사들이 광야에서 하던 것과 같은 종류의 일이다. 다윗의 병사들은 일종의 자원 경비대와 비상 구조대라고 생각하면 된다. 그들의 도움을 받았던 사람들 중에는 부유한 목축업자인 나발의 목동들이 있었다. 그들 가운데 한 명은 다윗이 자기들을 도와주었다고 증언했다(16절). 양을 지키는 동안 약탈자들로부터 보호해 주었다는 것이다. 나발의 이름은 '어리석다'라는 뜻이다. 시편 14편은 나발을 잘 묘사한다.

　'어리석은'이라는 말은 성경에 나오는 가장 경멸적인 용어다. 어리석은 자는 하나님이 창조하신 세상에서 무슨 일이 일어나고 있는지 모르는 사람이다. 어리석은 자들은 무지해서 자세히 찾지 않는 사람들도, 어찌할 바를 몰라 생각해 보지도 않는 사람들도 아니다. 나발은 그 모든 것을 알고 있었고, 이해하고 있었고, 요령 또한 익숙했다. 어리석은 자는 자아를 유지할 모든 자료(material)가 부족한 사람들이다. 그들은 가치 있는 계획을 구상할 줄 몰라 결국 파멸하고 만다. '어리석은'이라는 단어는 '무너지다'라는 뜻을 지닌 히브리어 동사에서 파생된 것이다. '시체'를 의미하는 단어 역시 후자와 밀접한 관계가 있다. 화려한 열기구에서 뜨거운 공기가 빠져나가면, 눈에 보이는 것은 흐느적거리는 공기주머니뿐이다.

당시 문화에서는 양털 깎는 기간이 되면 사람들이 축제를 즐기며 남들에게 베푸는 전통이 있었다. 다윗이 나발에게 사람을 보내어 양식 지원을 요청한 것은 당시 상황에선 무리한 요구가 아니었다. 그러나 나발은 그 요구를 듣자, 다윗의 이름을 한 번도 들어본 적이 없었다는 듯이 광야의 떠돌이 취급을 하면서 다윗을 모욕하며 거절했다.

그동안 사울한테는 대단한 자제력으로 부드럽게 대해온 다윗이 자제력을 잃고 나발을 죽이기로 결심한다. 살기등등한 사울은 하나님이 기름 부어 세운 사람이었지만, 나발의 조잡한 저주 속에서는 그의 삶을 악취로 가득 채우는 추악한 쓰레기 조각밖에 발견할 수 없었던 것이다.

바로 그때 아비가일이 개입한다. 그녀는 다윗에게 그의 사명과 위치를 일깨워 줬다. 즉 하나님이 세우신 지도자로서의 사명과 하나님의 통치에 대한 증인으로서의 위치 말이다. 그녀는 시(詩)로 간청하는데, 다윗이 근본적으로 사망이 아니라 **생명**과 관계된다는 점을 가지고 다윗과 맞섰다. 그리고 암암리에 그의 '물매'를 가리킴으로써 골리앗 사건을 생각나게 했다(29절). 요컨대 아비가일은 이렇게 말한다. "다윗이여, 당신의 임무는 복수가 아닙니다. 복수는 하나님의 권리이며 당신은 하나님이 아닙니다. 이곳 광야에서 당신은 하나님이 하시는 일이 무엇인지, 하나님 앞에서 당신이 누구인지를 알아내려고 힘써야 합니다. 광야는 당신이 얼마나 강하고 굴하지 않는지 알아보려고 시험하는 장소가 아닙니다. 광야는 당신의 삶 안에, 그리고 삶을 통하여 일하시는 하나님의 신실하신 방법과 그분의 힘을 발견하는 현장입니다. 나발은 어리석은 사람입니다. 그렇지만 당신은 어리석은 사람이 되지 마십시오. 이 이야기에서 어리석은 사람은 한 명으로 충분합니다."

다윗은 경청하는 사람이다. 그는 사무엘의 말과 하나님의 말씀, 아비아달의 말과 요나단의 말을 경청했으며, 이제 아비가일의 말을 경청하고 있다.

이 이야기는 나발과 다윗과 아비가일 사이에 이루어진 사랑과 죽음의 삼각관계로 시작해서 하나님과 다윗과 아비가일 사이에 형성된 비슷하지만 아주 다른 삼각관계로 끝을 맺는다. 만약 이 사건에서 나발이 하나님을 제치고 주역이 되었다면, 다윗과 아비가일의 중요성은 줄어들었을 것이다. 그러나 곧 이어 보겠지만, 다윗과 아비가일 모두 엄청난 축복을 받았다. (32-33절에 명시된 삼중 축복을 주목하라.)

기독교에는 아름다움을 하나님에 대한 증거이자 기도에 대한 요청으로 존중하는 오랜 전통이 있는데, 그것은 동방정교회에서 가장 발달되었다. 아름다움은 우리의 감각이 우리에게 보고하는 것뿐만 아니라, 항상 우리의 감각(정신과 깊이)을 뛰어넘는 것을 나타내기도 한다. 아름다움에는 우리가 경험적으로 설명할 수 있는 것 이상이 있다. 그 **이상**과 **너머**에서 우리는 하나님을 인식한다. 우리의 몹시 지친 감각을 일깨워서 이런 문제들에 주의를 기울이도록 도와주는 예술가들은 바로 복음을 전하는 사람들이다. 아름다운 존재 속에서 우리는 '주님의 아름다움'에 가까이 간다.

복수심에 사로잡혀 명예를 지키기 위해 나발을 헤치려고 날뛰다가 주님의 아름다움을 거의 지워버린 다윗을 주님의 아름다움에 다시 접촉하도록 한 것은 아비가일의 아름다움이었다.

십 광야에서의 다윗(26:1-25)

26:1십 사람이 기브아에 와서 사울에게 말하여 이르되 다윗이 광야 앞 하길라 산에 숨지 아니하였나이까 하매 2사울이 일어나 십 광야에서 다윗을 찾으려고 이스라엘에서 택한 사람 삼천 명과 함께 십 광야로 내려가서…

7다윗과 아비새가 밤에 그 백성에게 나아가 본즉 사울이 진영 가운데 누워 자고 창은 머리 곁 땅에 꽂혀 있고 아브넬과 백성들은 그를 둘러 누웠는지라 8아비새가 다윗에게 이르되 하나님이 오늘 당신의 원수를 당신의 손에 넘기셨나이다 그러므로 청하오니 내가 창으로 그를 찔러서 단번에 땅에 꽂게 하소서 내가 그를 두 번 찌를 것이 없으리이다 하니 9다윗이 아비새에게 이르되 죽이지 말라 누구든지 손을 들어 여호와의 기름 부음 받은 자를 치면 죄가 없겠느냐 하고… 11내가 손을 들어 여호와의 기름 부음 받은 자를 치는 것을 여호와께서 금하시나니 너는 그의 머리 곁에 있는 창과 물병만 가지고 가자 하고…

13이에 다윗이 건너편으로 가서 멀리 산 꼭대기에 서니 거리가 멀더라 14다윗이 백성과 넬의 아들 아브넬을 대하여 외쳐 이르되 아브넬아 너는 대답하지 아니하느냐… 15다윗이 아브넬에게 이르되… 네가 어찌하여 네 주 왕을 보호하지 아니하느냐… 16이제 왕의 창과 왕의 머리 곁에 있던 물병이 어디 있나 보라 하니

17사울이 다윗의 음성을 알아듣고 이르되 내 아들 다윗아 이것이 네 음성이냐 하는지라 다윗이 이르되 내 주 왕이여 내 음성이니이다 하고 18또 이르되 내 주는 어찌하여 주의 종을 쫓으시나이까 내가 무엇을 하였으며 내 손에 무슨 악이 있나이까… 20…이는 산에서 메추라기를 사냥하는 자와 같이 이스라엘 왕이 한 벼룩을 수색하러 나오셨음이니이다…

21사울이 이르되 내가 범죄하였도다… 내가 어리석은 일을 하였으니 대단

히 잘못되었도다 하는지라 22다윗이 대답하여 이르되… 24오늘 왕의 생명을 내가 중히 여긴 것같이 내 생명을 여호와께서 중히 여기셔서 모든 환난에서 나를 구하여 내시기를 바라나이다 하니라 25사울이 다윗에게 이르되 내 아들 다윗아 네게 복이 있을지로다 네가 큰 일을 행하겠고 반드시 승리를 얻으리라 하니라 다윗은 자기 길로 가고 사울은 자기 곳으로 돌아가니라

다윗은 '어리석은' 나발을 처치했으나(25장), 어리석은 자들을 전부 처리한 것은 아니다. 자신을 어리석다고 말한 사울과 다시 마주치게 되었기 때문이다(26:21).

십 광야에서 벌어진 사울과 다윗 이야기는 엔게디 광야에서 있었던 두 사람의 이야기(24장)와 아주 비슷하다. 내용은 본질적으로 같으나 구체적인 사항들이 다르다. 동일한 주제를 반복하여 이 광야 시절 이야기를 결론으로 제시하는 것이 내레이터의 강조점이다. 진정한 왕 다윗은 사울에 의해 인정받는데, 이제 곧 사울 대신 그가 왕으로 들어설 것이다. 그러나 다윗은 사울을 제거하고 권좌에 오르려는 노력을 조금도 하지 않는다. 만일 다윗이 하나님이 선택하신 왕이라면 그렇게 되는 데 필요한 모든 일을 하나님이 하실 것이다. 그러므로 다윗은 권력 투쟁에 개입할 필요가 없고, 자기 스스로 일을 추진하지 않을 것이다. 연단과 훈련의 의미가 있는 고통스러운 현실 가운데서 다윗이 보여준 과묵함은 예수께서 "땅을 기업으로 받을 것"이라고 축복하신 '온유한 자'(마 5:5)의 자격에 속한다. '온유함'은 통제된 힘으로 자신의 유익이나 입장을 강화하려는 기회주의를 거부하고, 하나님의 '날'과 하나님이 정하신 때를 기다리며 굳게 설 수 있게 한다. 다윗은 온유함으로 사울을 하나님의 기름 부으신 자로 존중함으로써, 하나님을 높인다. 계획하신 때에 계획하신 곳에서 계획하신 방법으로 역사 속에서 일하시는 하나님을 말이다.

최근 엔게디에서 있었던 사건(24장)과 그 전의 이야기에 반복되는 유형으로 일부 동사들이 되풀이된다. 다윗이 왕궁에서 시중들던 초기에 사울이 다윗에게 창을 던진 사건이 두 번 있었다. 각 사건마다 "다윗을 벽에 박으리라"(18:11; 19:10)라는 표현이 나타난다. 사울은 또한 자기 아들 요나단도 같은 창으로 죽이려고 했다(20:33). 다윗이 도망친 후에 사울은 "그 손에 자기 창을 가지고" 기브아에 앉아 있는 모습으로 묘사된다(22:6). 사울이 자기 창을 손에서 놓았던 적이 있었던가? 그리고 수년이 지난 지금, 다윗과 아비새가 십 광야의 진영에서 잠든 사울에게 다가가자 그의 창이 눈에 띄었다(26:7). 아비새가 "그를 (땅에) 꽂게 (하소서)"라는 똑같은 표현을 쓰면서, 바로 그 창으로 사울을 죽이겠다고 했다(26:8). 이것은 '시적 정의'(poetic justice)로, 사울이 다윗에게 던졌던 바로 그 창과 다윗에게 던졌던 공격적인 말이 부메랑처럼 사울에게로 돌아간 것이다. 그러나 다윗은 사울을 찌르지 못하게 한다. 다윗은 "눈에는 눈, 이에는 이"라는 오래된 윤리 기준에 따라 행동하지 않는다.

이것이 다윗과 사울의 마지막 만남이었다. 사울은 다윗을 자신의 삶에서 제거하려고 여러 번 집요하게 시도했지만, 놀랍게도 사울이 다윗에게 한 마지막 말은 축복이었다. 게다가 이 축복의 말은 놀랍게도 맞는 말이었다(26:25).

광야생활 이야기라는 더 큰 이야기 안에서 중심적인 역할을 하는 24, 25, 26장은 서로 균형을 이룬다. 세 장 모두 호의적으로 다윗이 이스라엘의 진정한 왕이며 곧 사울을 대신할 것임을 보여준다. 첫째 장(24장)과 셋째 장(26장)은 다윗과 사울의 대화로 이루어진다. 이 대화에서 다윗은 사울을 죽이고 왕권을 찬탈하는 것을 거부하고, 사울은 다윗이 자기보다 뛰어난 사람이며 하나님이 복 주신 왕위 계승자임을 인정한다. 가운데 장

(25장)은 (비록 화가 머리끝까지 났지만) 인내하여 어리석은 사람 나발을 죽이지 않은 다윗과 함께 이 이야기의 아웃사이더이던 아비가일을 보여주는데, 그녀는 자신의 언어로 다윗의 왕으로서의 신분과 임박한 통치를 증언한다.

다시 가드에서의 다윗(27:1-28:2)

27:1다윗이 그 마음에 생각하기를 내가 후일에는 사울의 손에 붙잡히리니 블레셋 사람들의 땅으로 피하여 들어가는 것이 좋으리로다 사울이 이스라엘 온 영토 내에서 다시 나를 찾다가 단념하리니 내가 그의 손에서 벗어나리라 하고 2다윗이 일어나 함께 있는 사람 육백 명과 더불어 가드 왕 마옥의 아들 아기스에게로 건너가니라 3다윗과 그의 사람들이 저마다 가족을 거느리고 가드에서 아기스와 동거하였는데… 4다윗이 가드에 도망한 것을 어떤 사람이 사울에게 전하매 사울이 다시는 그를 수색하지 아니하니라

5다윗이 아기스에게 이르되 바라건대 내가 당신께 은혜를 입었다면 지방 성읍 가운데 한 곳을 내게 주어 내가 살게 하소서… 6아기스가 그날에 시글락을 그에게 주었으므로 시글락이 오늘까지 유다 왕에게 속하니라…

8다윗과 그의 사람들이 올라가서 그술 사람과 기르스 사람과 아말렉 사람을 침노하였으니 그들은 옛적부터 술과 애굽 땅으로 지나가는 지방의 주민이라… 10아기스가 이르되 너희가 오늘은 누구를 침노하였느냐… 11다윗이 그 남녀를 살려서 가드로 데려가지 아니한 것은 그의 생각에 그들이 우리에게 대하여 이르기를 다윗이 행한 일이 이러하니라 하여 블레셋 사람들의 지방에 거주하는 동안에 이같이 행하는 습관이 있었다 할까 두려워함이었더라 12아기스가 다윗을 믿고…

28:1그때에 블레셋 사람들이 이스라엘과 싸우려고 군대를 모집한지라 아기스가 다윗에게 이르되 너는 밝히 알라 너와 네 사람들이 나와 함께 나가서 군대에 참가할 것이니라 2…아기스가 다윗에게 이르되 그러면 내가 너를 영원히 내 머리 지키는 자를 삼으리라 하니라

다시 가드다. 그리고 아기스다. 아기스는 다윗의 유배생활 초기에 두각을 나타내다가(21:10-15), 이제 그 생활이 끝날 즈음에 다시 나타난다. 그러나 그의 역할이 바뀌었다. 다윗이 광야로 피신할 당시 아기스는 다윗의 적이었지만, 이제는 다윗의 후견인이다. 다윗이 처음에는 미친 사람처럼 연기를 해서 아기스의 손에서 탈출했으나, 지금은 아기스를 섬기면서 그의 보호를 받고 있다.

아기스의 역할은 아이러니하다. 이스라엘의 숙적인 블레셋의 왕이 이스라엘의 도망자이자 차기 왕이 될 사람을 보호하고 있다. 가드는 바로 골리앗의 고향이다. 이교도이며 적대적인 블레셋 사람들이 하나님의 기름 부음 받은 자를 영접한다. 블레셋 사람들이 하나님의 주권적인 목적을 완성하는 도구가 된 것이다. 이 상황에 꼭 맞는 중세 시대의 격언이 있다. "하나님은 절름발이 말을 타시고 꼬부라진 막대기를 가지고도 반듯하게 기록하신다."

이야기에는 부분적으로 긴장이 흐른다. 다윗은 사울의 추격에서 벗어날 가망이 없다고 판단하고, 적군인 블레셋의 아기스에게 망명했다. 다윗의 전략은 적중했다. 사울은 더 이상 다윗을 추격하지 않았고, 아기스는 파괴와 약탈이라는 블레셋의 지속적인 과업을 위해 다윗을 귀한 동맹자로 여겨 환영했다. 다윗은 자기들끼리만 거주할 수 있는 마을을 요구했고, 이에 허락을 받아 아기스의 직접적인 감시를 피할 수 있을 만큼 떨어진 곳에 살게 되었다. 모든 일이 아주 순조롭게 진행되고 있었다. 다윗과 그의 용사들은 더 이상 사막 경제에 의존해 살 필요가 없었다. 그들은 자신

의 아내와 가족들과 함께 시글락이라는 마을에서 살림을 차렸다.

그러나 블레셋으로의 망명은 겉치레였을 뿐이다. 다윗은 아주 위험한 이중 플레이를 하고 있다. 그는 유다 남부의 마을들을 습격해서 약탈을 일삼는 것처럼 행동했다(10절). 이는 하나님의 백성을 괴롭히는 블레셋의 정책을 실행하는 것처럼 보였다. 그러나 사실상 그가 출정해서 한 일은, 이스라엘이 출애굽한 후 약속의 땅까지 걸어갔던 바로 그 길, 즉 유다로부터 애굽에 이르는 길을 따라 더 남쪽에 거주하던 이스라엘의 역사적 원수인 아말렉을 파괴하는 것이었다. 그는 어떤 진영을 습격하면 그 진영에 있던 자들을 모두 죽였는데, 생존자가 아기스에게 도망쳐 목격한 것을 보고하지 못하게 하려는 것이었다. 다윗은 아기스의 후원과 보호를 받으면서 자신과 한패인 이스라엘 사람들을 위해 몰래 일하고 있었던 것이다.

광야에서의 마지막 16개월 동안 다윗은 이렇게 지냈다. 아기스는 전혀 의심하지 않았다. 오히려 아기스는 유명한 다윗이 자기와 동맹을 맺고 블레셋을 위해 충성스럽게 싸우고 있다는 사실을 자랑스럽게 생각했다.

그런데 유감스럽게도, 일이 너무 잘 풀렸다. 또다시 블레셋과 이스라엘 사이에 전면전이 발발하자 아기스가 다윗을 작전참모에 임명했다. 이제 다윗은 어떻게 해야 하는가? 하나님이 맡기신 바로 그 사람들—자기를 선택해서 그들을 돌보라고 목자로 세우신 그 사람들—을 상대로 싸워야 하는가? 다윗은 딜레마에 빠졌다. 자신을 신뢰하는 아기스의 제안을 거절할 수 없다. 그는 다윗이 여태껏 이 일을 해왔다고 믿고 있다. 그렇다고 아기스의 제안을 들어줄 수도 없다. 그것은 자신을 규정하는 모든 언약과 기름 부음 전체를 거스르는 행동이다. 앞서 두 차례나 사울을 죽이지 않고 지나쳐 왔는데, 이제 사울을 죽이려는 블레셋의 전략에 일조할 처지가 되었다. 만일 사울을 죽이려는 블레셋 전쟁에 참전하기를 거부한다면, 다윗은 그를 보호했던 민족에게 등을 돌린 배신자로 드러나게 될 것이다. 반면 사울과 싸우려고 무기를 든다면, 다윗은 자기 민족에게 등을 돌린 배신자가 될 것이다. 긴장이 고조되고 있다. (이 긴장은 29장에서 해결될 것이다.)

사울과 엔돌의 신접한 여인(28:3-25)

블레셋 전투가 갑자기 발발하면서 다윗은 타협하는 입장에 애매하게 놓이게 되었고, 사울은 명백히 위험에 빠졌다. 사울은 곤경에 처했으나 빠져나갈 방법이 없었다. 그는 절망적이었다.

28:3사무엘이 죽었으므로 온 이스라엘이 그를 두고 슬피 울며 그의 고향 라마에 장사하였고 사울은 신접한 자와 박수를 그 땅에서 쫓아내었더라 4블레셋 사람들이 모여 수넴에 이르러 진 치매 사울이 온 이스라엘을 모아 길보아에 진 쳤더니 5사울이 블레셋 사람들의 군대를 보고 두려워서 그의 마음이 크게 떨린지라 6사울이 여호와께 묻자오되 여호와께서 꿈으로도, 우림으로도, 선지자로도 그에게 대답하지 아니하시므로 7사울이 그의 신하들에게 이르되 나를 위하여 신접한 여인을 찾으라 내가 그리로 가서 그에게 물으리라 하니 그의 신하들이 그에게 이르되 보소서 엔돌에 신접한 여인이 있나이다
8사울이 다른 옷을 입어 변장하고 두 사람과 함께 갈새 그들이 밤에 그 여인에게 이르러서는 사울이 이르되 청하노니 나를 위하여 신접한 술법으로 내가 네게 말하는 사람을 불러 올리라 하니 9여인이 그에게 이르되 네가 사울이 행한 일 곧 그가 신접한 자와 박수를 이 땅에서 멸절시켰음을 아나니 네가 어찌하여 내 생명에 올무를 놓아 나를 죽게 하려느냐 하는지라 10사울이 여호와의 이름으로 그에게 맹세하여 이르되… 11여인이 이르되 내가

누구를 네게로 불러 올리랴 하니 사울이 이르되 사무엘을 불러 올리라 하는지라… 13…여인이 사울에게 이르되 내가 영이 땅에서 올라오는 것을 보았나이다 하는지라 14사울이 그에게 이르되 그의 모양이 어떠하냐 하니 그가 이르되 한 노인이 올라오는데 그가 겉옷을 입었나이다 하더라…

15사무엘이 사울에게 이르되 네가 어찌하여 나를 불러 올려서 나를 성가시게 하느냐 하니 사울이 대답하되 나는 심히 다급하니이다 블레셋 사람들은 나를 향하여 군대를 일으켰고 하나님은 나를 떠나서 다시는 선지자로도 꿈으로도 내게 대답하지 아니하시기로 내가 행할 일을 알아보려고 당신을 불러 올렸나이다 하더라 16사무엘이 이르되… 17여호와께서 나를 통하여 말씀하신 대로 네게 행하사 나라를 네 손에서 떼어 네 이웃 다윗에게 주셨느니라… 19…내일 너와 네 아들들이 나와 함께 있으리라…

20사울이 갑자기 땅에 완전히 엎드러지니 이는 사무엘의 말로 말미암아 심히 두려워함이요… 21그 여인이 사울에게 이르러 그가 심히 고통 당함을 보고 그에게 이르되 여종이 왕의 말씀을 듣고 내 생명을 아끼지 아니하고 왕이 내게 이르신 말씀을 순종하였사오니 22그런즉 청하건대 이제 당신도 여종의 말을 들으사 내가 왕 앞에 한 조각 떡을 드리게 하시고 왕은 잡수시고 길 가실 때에 기력을 얻으소서 하니…

죽은 자의 영혼을 지하 세계로부터 불러내어 죽은 자와 거래하는 것을 이스라엘에서는 금하고 있었다. 하지만 사람들은 그 매력에 못 이겨 강령술(necromancy, 영매를 통해 죽은 자에게 묻는 행위)을 이용해 계속해서 많은 이들을 끌어들였다고 한다. 오늘날은 이것을 '채널링'(channeling)이라고 한다. 그것은 관계와 헌신이라는 어떤 불편함도 겪지 않고, 하나님과 상대하지도 않으면서, 초자연적인 경험을 제공하는 것처럼 보인다. 그것은 곤란하거나 절박한 사람들에게 초자연적인 전율을 제공하는 일종의 심령 기술이다. 신명기에서는 "그 민족들의 가증한 행위"(신 18:9-11)라고 언급한다. 사울 자신도 통치 초기에는 개혁을 주도해서 심령술사들이 인도하는 그런 주술적 교령회(occult seance)를 금지했다.

사울이 영매를 찾으려고 사회의 최하층인 심령술사들의 지하 세계에 기대는 모습은, 그가 얼마나 절망적인지를 보여준다. 사울이 알고 있었던 사람 중 가장 지혜로운 사람이었던 사무엘은 죽었다. 그러나 아마도, 틀림없이 그는 상담하기 위해 사무엘의 유령을 불러올 누군가를 찾았을 것이다.

이야기는 그림처럼 예술적이고 신학적으로 서술된다. 하나님을 대신할 신접한 여인을 찾기 위해 이스라엘의 뒷골목을 배회하는 사울은 하나님의 계시와 기름 부음이라는 최고의 은혜를 누리던 사람이었다. 선지자이자 마지막 사사인 가장 위대한 사람이 여러 해 동안 그의 개인적인 조언자였다. 사울은 이스라엘 초대 왕으로서, 다소 비공식적인 카리스마적 지도자들과 함께한 느슨한 부족 동맹에서 하나님의 주권을 증언할 중앙 정부로 전환하는 데 필요한 모든 일을 처리해야 했다. 그러나 오랜 불순종의 집적된 효과들은, 다윗이 꾸준히 부상하면서 사울에게 큰 타격을 주었다. 사울은 속수무책이다. 하나님과의 교제를 끊고, 진정한 자아와 만나려고도 하지 않고, 무엇이든 붙잡으려고 한다. 결국 지푸라기, 즉 영매로 유명한 엔돌의 한 여인을 붙잡았다.

그녀는 사울이 요구하는 것, 즉 죽은 자의 세계에서 사무엘의 유령을 불러내는 것을 할 수 있다. 그러나 그 교령회로부터 새로 알게 된 사실은 아무것도 없다. 사무엘의 유령이 사울에게 전한 모든 내용은 사무엘이 이미 생전에 수차례에 걸쳐 말했던 것이다. 사울의 통치는 끝났다. 다윗의 통치가 곧 시작될 것이다. 강령술이라는 보기 흉한 사업에 어떤 실체가 놓여 있든 간에, 한 가지는 분명한 것 같다. 하나님은 구원의 진리를 그런 방법을 통해 계시하시지 않는다. 사무엘이 지금 말하고 있는 것은 이전에 말했던 것이고, 사울이 지금 듣고 있는 것은 이전에 들었던 것이다.

자신에게 유리한 것은 아무것도 듣지 못했다. 그러나 여기에서도, 이 불쾌하고 어둑한 암흑가에서도, 사울은 불쌍히 여김을 받았다. 가장 꺼림을 받는 영매가 자비를 베풀었다. 그녀는 강권하여 사울에게 영양분이 있는 식사를 공급한다. 사울은 밑바닥까지 추락했고, 그 밑바닥에서 누군가 심신이 지치고 절망에 빠진 그를 돌보고 있다. 이것이 그의 마지막 식사다. 그는 그다음 날 죽을 것이다.

다윗이 블레셋 군대에서 축출되다(29:1-11)

이야기의 흐름에서 보면 엔돌에서 있었던 강령술 이야기는 여담(餘談)이었다. 이제 주된 이야기가 다시 시작된다. 다윗은 블레셋의 아기스 일행 가운데 있는데, 사울과 이스라엘을 대항하여 싸우는 전투에서 떨어져 나간다.

> …29:2블레셋 사람들의 수령들은 수백 명씩 수천 명씩 인솔하여 나아가고 다윗과 그의 사람들은 아기스와 함께 그 뒤에서 나아가더니 3블레셋 사람들의 방백들이 이르되 이 히브리 사람들이 무엇을 하려느냐 하니 아기스가 블레셋 사람들의 방백들에게 이르되 이는 이스라엘 왕 사울의 신하 다윗이 아니냐 그가 나와 함께 있은 지 여러 날 여러 해로되 그가 망명하여 온 날부터 오늘까지 내가 그의 허물을 보지 못하였노라 4블레셋 사람의 방백들이 그에게 노한지라 블레셋 방백들이 그에게 이르되 이 사람을 돌려보내어 왕이 그에게 정하신 그 처소로 가게 하소서 그는 우리와 함께 싸움에 내려가지 못

하리니 그가 전장에서 우리의 대적이 될까 하나이다 그가 무엇으로 그 주와 다시 화합하리이까 이 사람들의 머리로 하지 아니하겠나이까 5그들이 춤추며 노래하여 이르되 사울이 죽인 자는 천천이요 다윗은 만만이로다 하던 그 다윗이 아니니이까 하니 6아기스가 다윗을 불러 그에게 이르되… 7…그러므로 이제 너는 평안히 돌아가서… 8다윗이 아기스에게 이르되 내가 무엇을 하였나이까… 9아기스가 다윗에게 대답하여 이르되 네가 내 목전에 하나님의 전령같이 선한 것을 내가 아나 블레셋 사람들의 방백들은 말하기를 그가 우리와 함께 전장에 올라가지 못하리라 하니… 11이에 다윗이 자기 사람들과 더불어 아침에 일찍이 일어나서 떠나 블레셋 사람들의 땅으로 돌아가고 블레셋 사람들은 이스르엘로 올라가니라

아기스는 다윗이 굉장하다고 생각한다. 그는 다윗을 매우 신뢰한다. 16개월 동안, (그가 생각하기에) 다윗이 침략하여 약탈하면 그에게 혜택이 돌아갔다. 이 기간은 다윗의 능력과 충성심을 테스트하기에 충분히 긴 시간이었다. 그러나 다른 블레셋 지도자들은 다윗을 그다지 신뢰하지 않는다. 블레셋 사람들을 죽인 것으로 유명한 사람이 그렇게 쉽사리 입장을 바꿔 자기 동료 이스라엘 사람들을 죽일 거라고 확신할 수 없었다. 그들은 아기스에게 다윗이 자신들과 같은 계급으로 전투에 참여하는 것을 원치 않는다고 말한다. 그러자 아기스는 그가 쓸모 있으며 믿을 만하다며 다윗을 변호했다. 하지만 아기스는 결국 자신의 참모들에게 굴복하고 다윗을 그의 지위에서 쫓아낼 수밖에 없었다. 그는 내키지 않는 마음에 변명까지 하면서, 다윗이 거절당했다고 성내지 않기를 바라며 그의 지위를 박탈했다. 그러나 다윗에 관한 한, 블레셋 지휘관들의 판단이 옳았고 아기스가 틀렸다. 다윗에 관하여 아기스가 믿고 있는 모든 것은 다윗의 속임수에 근거한 것이다. 다윗은 시글락에 정착한 이후 일구이언으로 아기스

를 속여왔다. 자기도 모르는 사이에 아기스는 적에게 피난처를 제공해 온 것이다. 다윗은 끝까지 신실한 친구 행세를 했다.

이것은 블레셋의 군주인 아기스와 다윗의 생생한 대화를 통해 전달된 표면적인 이야기일 뿐이다. 우리는 그 이면에 하나님의 섭리가 있음을 알고 있다. 내러티브의 관심이 일시적으로 다윗에서 사울에게로 바뀐 이 전장에서(28:3), 다윗은 딜레마에 빠졌다. 블레셋 사람들은 이스라엘에 대한 전면전을 준비하고 있었고, 아기스는 당연히 다윗을 블레셋 편에 가담시키려 했다. 그러나 아기스가 모르고 있던 사실이 있었으니 다윗은 **이스라엘**의 왕이라는 점이다. 만약 아기스가 다윗의 진짜 정체를 안다면, 다윗을 죽이려 할 것이다. 반면 다윗이 아기스를 위해 싸운다면, 다윗은 자신의 정체를 부인하는 것이다.

그런데 그 딜레마는 다윗의 별다른 노력 없이 해결되었다. 블레셋 사람들(믿음이 없는 **적**인 블레셋)이 화가 나서 다윗을 거부했지만 무의식중에 하나님의 일을 함으로써 그들은 다윗의 생명을 구하고 다윗의 고결함을 보전했다. 이것은 하나님의 사람들이 흔히 경험하는 것으로, 다음 시편에 아주 잘 표현되어 있다. "진실로 사람의 노여움은 주를 찬송하게 될 것이요"(시 76:10).

브솔 시내(와디)에서의 다윗(30:1-31)

'주요 사건'인 이스라엘과 블레셋의 전면전이 이스르엘에서 진행되는 한편, 내레이터는 우리의 주의를 남쪽으로 돌려서 무대 뒤에서 이루어지는 어떤 일을 보게 한다.

이것은 다윗 이야기 가운데 가장 애정이 가는 이야기다. 다윗은 역사가 이뤄지고 있는 주요한 전투로부터 뽑혀, 변방에 있는 고향으로 보내졌다. 그러나 헤드라인 기사를 장식할 전투가 벌어지고 있는 이스르엘에서 멀리 떨어진, 세상에 잘 알려지지 않은 시글락에서 발생한 일은 '복음'으로 가득 찬 것으로 밝혀진다. 브솔 시내에서 일어난 한 사건이 우리의 주의를 끌고 시선을 고정시킨다. 브솔이란 단어는 '좋은 소식' 또는 우리가 흔히 표현하는 식으로 말하자면 '복음'(gospel)이라는 뜻이다. 인류에게 결정적인 영향을 미치는 많은 행동, 아마도 대부분의 행동은, 저널리스트들이 모여 자신의 기사를 송고하는 현장으로부터 멀리 떨어진 곳에서 일어난다. 본문의 사건과 함께 다윗이 광야에서 지낸 수년간의 세월이 막을 내린다.

30:1…아말렉 사람들이 이미 네겝과 시글락을 침노하였는데 그들이 시글락을 쳐서 불사르고 2거기에 있는 젊거나 늙은 여인들은 한 사람도 죽이지 아니하고 다 사로잡아 끌고 자기 길을 갔더라 3다윗과 그의 사람들이 성읍에 이르러 본즉 성읍이 불탔고 자기들의 아내와 자녀들이 사로잡혔는지라 4다윗과 그와 함께한 백성이 울 기력이 없도록 소리를 높여 울었더라 5(다윗의 두 아내 이스르엘 여인 아히노암과 갈멜 사람 나발의 아내였던 아비가일도 사로잡혔더라) 6백성들이 자녀들 때문에 마음이 슬퍼서 다윗을 돌로 치자 하니 다윗이 크게 다급하였으나 그의 하나님 여호와를 힘입고 용기를 얻었더라

7다윗이… 에봇을 내게로 가져오라… 8다윗이 여호와께 묻자와 이르되 내가 이 군대를 추격하면 따라잡겠나이까 하니 여호와께서 그에게 대답하시되 그를 쫓아가라 네가 반드시 따라잡고 도로 찾으리라 9이에 다윗과 또 그와 함께한 육백 명이 가서 브솔 시내에 이르러 뒤떨어진 자를 거기 머물게 했으되 10곧 피곤하여 브솔 시내를 건너지 못하는 이백 명을 머물게 했고 다윗은 사백 명을 거느리고 쫓아가니라

11무리가 들에서 애굽 사람 하나를 만나 그를 다윗에게로 데려다가 떡을 주어 먹게 하며 물을 마시게 하고 12…그가 밤낮 사흘 동안 떡도 먹지 못하였고 물도 마시지 못하였음이니라… 13다윗이 그에게 이르되 너는 누구에게 속하였으며 어디에서 왔느냐 하니 그가 이르되 나는 애굽 소년이요 아말렉 사람의 종이더니 사흘 전에 병이 들매 주인이 나를 버렸나이다 14우리가 그렛 사람의 남방과 유다에 속한 지방과 갈렙 남방을 침노하고 시글락을 불살랐나이다 15다윗이 그에게 이르되 네가 나를 그 군대로 인도하겠느냐 하니 그가 이르되 당신이 나를 죽이지도 아니하고 내 주인의 수중에 넘기지도 아니하겠다고 하나님의 이름으로 내게 맹세하소서 그리하면 내가 당신을 그 군대로 인도하리이다 하니라

16그가 다윗을 인도하여 내려가니 그들이 온 땅에 편만하여 블레셋 사람들의 땅과 유다 땅에서 크게 약탈하였음으로 말미암아 먹고 마시며 춤추는지라 17다윗이 새벽부터 이튿날 저물 때까지 그들을 치매… 18다윗이 아말렉 사람들이 빼앗아 갔던 모든 것을 도로 찾고 그의 두 아내를 구원하였고 19…모두 다윗이 도로 찾아왔고…

21다윗이 전에 피곤하여 능히 자기를 따르지 못하므로 브솔 시내에 머물게 한 이백 명에게 오매 그들이 다윗과 그와 함께한 백성을 영접하러 나오는지라… 22다윗과 함께 갔던 자들 가운데 악한 자와 불량배들이 다 이르되 그들이 우리와 함께 가지 아니하였은즉 우리가 도로 찾은 물건은 무엇이든지 그들에게 주지 말고 각자의 처자만 데리고 떠나가게 하라 하는지라 23다윗이 이르되… 그가 우리에게 주신 것을 너희가 이같이 못하리라 24이 일에 누가 너희에게 듣겠느냐 전장에 내려갔던 자의 분깃이나 소유물 곁에 머물렀던 자의 분깃이 동일할지니 같이 분배할 것이니라 하고…

다윗이 블레셋 군대에서 직위를 박탈당한 것은 분명 하나님의 섭리였

다. 그러나 다윗과 그의 용사들이 성읍으로 돌아와 보니, 그들의 주거지인 시글락은 약탈당해 불에 탔고 그들의 처자식들은 사라져 버렸다. 그것을 보는 순간 감사의 안도는 곧 참기 힘든 분노로 바뀐다. 괴로움에 가득 찬 분노 속에 사람들은 손쉬운 대상으로 다윗을 지목한다. 다윗은 그들의 지도자로서 이 대참사에 대해 책임을 져야 한다. 고함이 폭발한다. "다윗을 돌로 쳐라!" 지금까지 다윗은 사울 왕과 블레셋에게 위협을 받아왔다. 그런데 이제 동료들이 다윗에게 등을 돌린다. 시편에 자주 언급되는 '원수/적'의 근거는 다윗이 살면서 겪은 포괄적인 경험이다. "하나님이 일어나시니 원수들은 흩어지며"(시 68:1).

절망적인 상황에서 다윗은 하나님을 의지하며, 하나님의 제사장 아비아달을 찾는다(6-7절). 다윗은 기도한다. 사울이 엔돌의 영매와 교령회를 열고 있던 거의 같은 시간(28장)에, 다윗은 제사장의 도움을 받아 성경적으로 허락받은 에봇에게 물어봤다. 두 사람 모두 자신의 목숨이 위험하다는 것을 알고 있다. 그러나 다윗은 자신을 계시하시는 하나님께 기도하는 반면, 사울은 실체가 없는 유령의 의견을 듣는다.

쫓아가라는 하나님의 허락이 떨어지자, 다윗은 분노하고 지친 자신의 용사들을 다시 모아 약탈자들을 추적한다. 그들은 아벡에서 블레셋 사람들과 함께 대전(이스라엘과의 전면전)을 치를 준비를 하고 있었다. 아벡에서 출발하여 3일간의 행군(약 90킬로미터)을 마친 뒤 그날 늦게 또다시 25킬로미터를 걸었기에 브솔 시내에 도착할 즈음 그들은 기진맥진한 상태였다. 게다가 그들 무리 가운데 3분의 1인 200명이 중간에 낙오했다. 이 200명의 낙오자들은 앞으로의 이야기에서 독특한 역할을 할 것이다.

한편 추격대는 자신들이 잡으러 가는 사람들이 누구며, 그들이 어디에 있는지 전혀 몰랐다. 그러다가 그들은 빈사 상태에 빠진 병든 애굽 사람 한 명을 우연히 만난다. 그들은 다정하게 동정심을 가지고 그를 치료해 주었다('선한 사마리아인'의 주제가 반복된다). 회복한 애굽 사람은 추격대의 길잡이 역할을 맡는데, 그는 아말렉 사람의 노예로 시글락 약탈 현장에 함께 있었던 사람이다. 노예가 광야에서 병이 들자, 그의 주인은 쓸모없다고 생각해 죽게 내버려 두었다. 그의 생명이 회복된 후, 다윗의 용사들은 길이 없는 사막에서 그들이 쫓고 있는 사냥감에게로 인도할 사람이 생겼다는 사실을 깨달았다.

아말렉 사람들에게 이르고 보니 그들은 난잡하게 마시고 떠들고 있었다. 아말렉 사람들은 오리처럼 앉아 있었다. 그들은 죽은 오리다. 아말렉이 약탈해 간 것뿐 아니라 납치되었던 여자들과 아이들도 모두 되찾을 수 있었다.

그들은 돌아오는 길에 브솔 시내에 들러 뒤처졌던 200명을 대열에 합류시켜 그들의 아내들과 자녀들과 재회하게 했다. 그러나 일부 관대하지 못한 사람들이 막대한 전리품을 나눠 갖기를 거절했다. 낙오자들은 다른 사람들이 모든 일을 하는 동안 시냇가에 앉아 발이나 적시고 있었으니 전리품을 받을 자격이 없다는 이유였다. 이때 다윗은 똑같이 나눠 가져야 한다며 개입했다. 그들을 안내해 준 병든 애굽인 노예, 술에 취해 무방비 상태로 있던 아말렉 사람들, 여인들과 아이들이 모두 살아 있는 것 등, 이 군사 행동과 관련한 모든 것은 하나님이 주신 선물이었기 때문이다. 이 이야기에는 두 개의 관용적인 행동이 나온다. 하나는 버려진(left-behind) 애굽 사람에게 베풀어진 것이고, 다른 하나는 남겨진(left-behind) 200명에게 베풀어진 것이다. 다윗의 자비로운 아량은 그날부터 이스라엘의 기준이 되었다(25절). 이 이야기는 이후로 그리스도인의 상상력에 깊이 새겨져 바울의 가르침에도 나타난다. "너희는 그 은혜에 의하여 믿음으로 말미암아 구원을 받았으니 이것은 너희에게서 난 것이 아니요 하나님의 선물이라 행위에서 난 것이 아니니 이는 누구든지 자랑하지 못하게 함이라"(엡

2:8-9).

사울이 이스르엘 골짜기에서 목숨을 위해 싸우던 시간에 이 브솔 시내 사건이 일어났기 때문에 우리는 아말렉의 존재를 확실히 인식할 수 있다. 아말렉과의 전쟁에서 하나님의 명령에 불순종했을 때(15장), 사울의 몰락은 확실해졌다. 사울의 왕권이 종말을 고하는 바로 그 순간에, 아말렉에 대한 승리를 발판으로 다윗은 왕권을 계승할 준비를 갖추었다. 내러티브가 사울의 버림 받음과 다윗의 상승으로 연결된다. 둘 다 특징적이지만, 아말렉이라는 하나의 실체에 관해서는 상호 대조적인 방식으로 연결된다.

> 30:26다윗이 시글락에 이르러 전리품을 그의 친구 유다 장로들에게 보내어 이르되 보라 여호와의 원수에게서 탈취한 것을 너희에게 선사하노라 하고… 31헤브론에 있는 자에게와 다윗과 그의 사람들이 왕래하던 모든 곳에 보내었더라

열두 성읍 또는 지역들이 거론되고 헤브론이 마지막으로 언급된다. 헤브론은 다윗이 이 성의 동료 이스라엘 사람들을 약탈하는 척하면서 아기스를 기만하던 지역이다. 오히려 다윗은 헤브론의 적들을 급습하고 괴롭힘으로써 그들을 보호해 주었다. 다윗은 지난 수년 동안 그들의 필요를 채워주고 존중함으로써 자신이 백성들에게 헌신적인 사람임을 입증했다. 이제 조금 있으면 다윗은 헤브론에 입성하여 유다의 왕으로서 의심할 여지가 없는 통치를 시작할 것이다(삼하 2:1-4). 헤브론은 다윗이 잘 아는 지역이며, 그곳 사람들도 다윗을 잘 알고 있다. 이제 다윗이 왕으로 등극하려 하자, 그가 광야에서 도망자로 지내는 동안 일어난 모든 일이 하나로 연결된다.

놉에서 시작된(21장) 광야 이야기는 이제 끝났다. 다윗이 광야에서 지낸

세월의 중요성은 다른 두 개의 광야 이야기 사이에 놓여 있다는 사실에서 드러난다. 한쪽에는 모세가 시내 광야에서 이스라엘 백성을 인도한 40년이 있고, 다른 한쪽에는 예수께서 유대 광야에서 금식하며 보내신 40일이 있다. 세 개의 위대한 광야 이야기, 즉 모세, 다윗 그리고 예수의 이야기가 있는 것이다.

광야 이야기는 유혹과 시험의 이야기다. 광야는 시련의 장소이며 유혹의 장소다. 광야는 야생이다(Wilderness is wildness). 유순하거나 길들여진 것은 전혀 없다. 문명이라는 익숙한 후원이 없는 단순한 생존이다.

모세의 광야 이야기에서 이스라엘 백성은 살아 계신 하나님과 우상들의 차이점을 구별하는 훈련을 받고, 하나님을 예배하는 것을 배웠다. 광야의 경험을 통하여 그들은 온전히 하나님 앞에서 살아갈 준비를 갖추었다. 예수의 광야 이야기를 보면, 우리 주님은 하나님을 이용하는 종교와 하나님이 행하시는 것의 일부가 되는 영성(靈性)을 구별하는 법을 배우신다. 그러면서 예수는 우리의 구세주가 될 준비를 하셨다. 다윗의 광야 이야기에서 우리는 미움받아 사냥감처럼 쫓기는 한 사람을 본다. 그는 존엄성이 짓밟히고, 불신앙의 삶과 경외하며 기도하는 삶 사이에서 선택하도록 강요받았다. 그는 기도를 선택했다.

15. 사울의 최후
사무엘상 31장

우리는 앞에서(29:11) 블레셋 사람들이 전쟁터로 진군하는 모습을 보았는데, 다시 그곳에서 이야기가 시작된다. 다윗이 남쪽 지역 브솔 시내 근처에서 불쌍한 자들의 공동체를 세우는 동안, 북쪽에서는 블레셋과 이스라엘의 전쟁이 한창이다.

31:1블레셋 사람들이 이스라엘을 치매 이스라엘 사람들이 블레셋 사람들 앞에서 도망하여 길보아 산에서 엎드러져 죽으니라 2블레셋 사람들이 사울과 그의 아들들을 추격하여 사울의 아들 요나단과 아비나답과 말기수아를 죽이니라 3사울이 패전하매 활 쏘는 자가 따라잡으니 사울이 그 활 쏘는 자에게 중상을 입은지라 4그가 무기를 든 자에게 이르되 네 칼을 빼어 그것으로 나를 찌르라 할례 받지 않은 자들이 와서 나를 찌르고 모욕할까 두려워하노라 하나 무기를 든 자가 심히 두려워하여 감히 행하지 아니하는지라 이에 사울이 자기의 칼을 뽑아서 그 위에 엎드러지매 5무기를 든 자가 사울이 죽음을 보고 자기도 자기 칼 위에 엎드러져 그와 함께 죽으니라…

사울의 병기 든 자는 자신을 칼로 치라는 왕의 명령을 거부했는데, 이 장면은 안락사를 정당화하려고 그럴듯하게 호소하고 변명하는 우리 현대인의 문화와 아주 다르다. 사울 왕이 자신의 비참한 상태를 끝내라고 신하에게 명령한 것을 두고 왕을 비난하기는 어려울 것이다. 그는 이미 죽어가고 있었고 고통 가운데 있었다. "나를 죽여서 이 고통을 끝내라." 우리는 이 상황을 충분히 이해할 수 있다. 이것은 자비라는 이름으로 행해 줄 만한 왕의 당당한 명령이었다. 그러나 병기 든 자는 거절했다. 그는 왕권 자체를 우러렀다. 하나님이 기름 부어 세운 직책과 가치라는 척도에서, 왕위는 왕의 어떠한 명령보다 무겁게 다가왔다. 그러나 그 이상의 뭔가가 있을 것이다. 즉 생명 자체의 존엄성은, 심지어 고통으로 일그러진 최후의 순간에도 생명 없음보다 귀하다. 그렇지만 병기 든 자를 현대의 안락사를 반대하는 증인으로 채택하는 것은 근거가 없다. 결국 그도 잠시 후에 자결했기 때문이다. 그러나 그는 오늘날 의학적 문화의 상당 부분이 합법화하는 것에 대해 본능적으로 부정적인 반응을 보였는데, 이는 윤리적 안락사를 그토록 자주 지지하는 현대인들의 입장에 도전을 준다.

> 31:8그 이튿날 블레셋 사람들이 죽은 자를 벗기러 왔다가 사울과 그의 세 아들이 길보아 산에서 죽은 것을 보고 9사울의 머리를 베고… 10…그의 시체는 벧산 성벽에 못 박으매 11길르앗 야베스 주민들이 블레셋 사람들이 사울에게 행한 일을 듣고 12모든 장사들이 일어나 밤새도록 달려가서 사울의 시체와 그의 아들들의 시체를 벧산 성벽에서 내려 가지고 야베스에 돌아가서 거기서 불사르고 13그의 뼈를 가져다가 야베스 에셀 나무 아래에 장사하고 칠 일 동안 금식하였더라

오래전부터 진행되어 온 사울의 최후는 비로소 마무리된다. 이스라엘의

초대 왕이자 실패한 왕 사울이 죽음을 맞았다. 우리가 이 이야기를 진술하면서 사울이 치명적인 결함을 지니고 있고 하나님께 버림받은 것으로 알고 있었던 것에 비해 그의 죽음에 관한 기사는 경건하게 진술된다. 사울은 그의 세 아들과 그의 충성스러운 병기 든 자와 함께 장렬하게 전사했다. 이 이야기에서 그들을 얕보거나 경멸하는 암시는 보이지 않는다. 모든 일에도 불구하고, 사울은 하나님의 기름 부음을 받은 사람으로 죽는다.

물론 블레셋 사람들은 그런 시각으로 보지 않는다. 그들에게 왕족의 시신은 희롱의 대상이었다. 그들은 시체들을 잔혹하게 유린해서 벧산의 성벽에 걸어둔 뒤 조롱하고 능욕당하게 했다.

그러나 야만적인 모독이 사울 인생의 마지막 장면은 아니다. 블레셋 사람들은 최종적 승리 선언을 하지 못했다. 시체들이 모욕당한다는 말을 듣고 야베스 길르앗 거민들이 달려왔다. 그들은 사울이 왕으로 등극한 후 치른 최초 전쟁의 수혜자로, 사울에게 입은 은혜를 기억하고 있었다. 사울은 그들을 암몬 족속의 왕 나하스('뱀')의 잔인한 압제에서 구출해 주었다(11장을 보라). 사울이 블레셋 사람들의 손에 죽음으로써 그들은 사울에게 경의를 표할 기회를 얻었다. 사울은 그들을 지지했고, 이제 그들이 사울을 지지할 차례다. 비록 사울에게 남은 것이 수족이 절단된 시신뿐이고 그가 지금까지 어떤 잘못을 저질렀더라도 상관없다. 그 무엇도 그들이 가지고 있는 해방에 대한 그 감사함을 지울 수 없다. 그래서 블레셋 사람들의 무도함을 듣고는 모욕당한 사울과 그의 아들들의 시신을 죽음을 무릅쓰고 회수하여 예법에 따라 매장해 주었다.

5 부

왕으로서의
다윗 이야기

사무엘하 1-24장

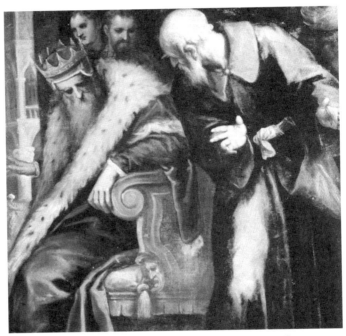

팔마 지오바네(1548?–1628), "다윗에게 충고하는 나단"

서론

구약성경 전체에서 확인되듯이, 이스라엘의 왕들은 정치적으로도 그렇지만 신앙 면에서도 높이 평가받을 만한 인물들이 아니었다. 정치적으로는 북동쪽의 앗수르와 바벨론 그리고 남서쪽의 애굽과 같은 초강대국들의 힘에 눌려 이스라엘 왕들은 위축될 수밖에 없었다. 정신적으로 그들은 그들보다 앞선 모세와 사사들 그리고 그들의 통치 기간 중 등장한 엘리야와 선지자들의 보호 아래서 살았는데, 그들은 왕이 발휘할 수 없는 리더십을 발휘했다. 이스라엘의 긴 역사를 돌아볼 때, '왕'이라는 단어는 경탄을 불러일으키는 용어가 아니다.

그러나 다윗의 경우는 예외다. 다윗의 일생은 구원사의 중심축으로 서술된다. 다윗의 이름은 구약성경에 거의 800번, 신약성경에 60번 나온다. 다윗이 죽고 약 천 년이 지난 후, 예수께서 '다윗의 자손'임이 언급되면서 그의 이름이 다시 시선을 끈다. 그의 이름은 여전히 존경과 경외의 대상이 되고 있어 그리스도인들과 유대인들 중에는 자녀에게 '다윗'이라는 이름을 붙여주는 이들이 많다. 역대 이스라엘 왕 가운데 탁월성에서 '다윗'과 견줄 만한 이름은 없다. 실제로 성경에 소개된 삶 가운데 예수를 제외하면, 다윗처럼 폭넓고 자세히 묘사된 삶은 없다. 한 사람의 인생을 일련의 내러티브로 처리하는 이런 방식은, 우리를 **인간의** 조건, 즉 우리 인간의 조건 속에 복잡하게 얽혀 있는 모든 영광과 고난에 집중하게 하는 효과가 있다. 이것은 인간이 되는 것, 즉 하나님이 창조하고 부르고 심판하고 구원하시는 인간이 되는 것과 관계가 있다.

다윗 내러티브의 이 중간 지점에서 잠시 쉬면서 우리의 인간적인 상황에 몰두하고 집중하게 하는 이야기 방식에 주목하는 것은 도움이 된다. 자기 자신에게 주의를 기울이기가 쉽지 않기 때문이다. 인간적인 조건에 굴하지 않는 것은 더욱 매력적이다. 우리의 인간적인 조건 아래로 내려앉아 동물처럼 사는 것이 더 쉽기 때문이다. 그런데 '인간'은 독특하여 우리가 **누구이며** 하나님 앞에 **어떻게** 나아갈 수 있을지 깨달을 때까지 지속적인 성숙이 필요하다. 우리는 놀랍게도 종종 종교가 우리의 실제 인간성을 회피하거나 도피하도록 해주는 수단으로 이용되는 것을 발견한다. 도덕을 계획하고 관리하는 것(moral engineering)은 우리(그리고 가족과 친구들)의 삶을 개조하여 더욱 우리의 마음에 들게 하는 방법들을 고안하려는 것을 막으려는 전략이다. 기적은 도피를 위한 대표적인 수단으로 어떤 상황이 마음에 들지 않을 때 하나님이 개입하시는 것을 요청하거나 기대하는 것이다. 다윗 내러티브는 도덕적인 교훈이나 기적에 관해 침묵한다. 실제로 이 이야기에서는 도덕 체계를 강요하거나 문제를 해결하기 위해 기적을 개입시키지 않는다. 그럼에도 이 내러티브에는 도덕 체계가 있다. 그러나 그것은 이야기의 상황들 안에서만 작동한다. 그리고 기적이 눈에 띄게 나타나는데, 기적은 무대 뒤에, 즉 이야기의 배경들 속에 감춰져 있다.

다윗 이야기는 우리가 인간적인 상황을 있는 그대로 받아들이도록 서술된다. 팸플릿을 꾸미듯 인간적인 상황을 그럴듯하게 미화하지도 않고, 우리의 인간성(겸손과 경외심, 희생과 용기, 회개와 순종, 공동체에 대한 충성심과 하나님에 대한 사랑으로 이뤄진 인격)에 적합한 영적 특성을 계발하도록 서술되는 것도 아니다. 다윗의 일생은 대단히 도덕적이지만 도덕성을 과시하지 않으며 전반적으로 불가사의하지만 기적을 개입시키지 않는다.

  많은 그리스도인 독자들은 다윗 이야기를 읽으면서, 도덕적 '교훈'으로 이야기를 아름답게 꾸미고, 상상해 낸 '기적들'로 이야기를 미화(美化)한다. 그러나 화자가 우리에게 이야기를 전해줄 때, 본문을 함부로 고치지 않는 것이 좋다. 이 내러티브는 우리가 바라는 이상적인 상태가 아니라 있는 그대로의 인간의 상황에 지속적으로 집중하게 해준다. 즉 극단적으로 도덕을 강조하는 도덕주의도 없고, 기적을 바라는 현실 도피주의도 없다. 다윗 이야기는 우리에게 인간이 되는 것에 대한 대안으로 영적 삶을 사용하라고 강요하지 않는다. 예를 들면, 우리 자신과 다른 사람들을 도덕적 우리에 밀어넣거나, 하나님을 우리의 인간성이라는 한계와 상황에서 빠져나가기 위한 탈출구로 생각하라고 강요하지 않는다. 우리에게 다가오는 이야기를 그대로 존중하고 말할 때, 이 말하기와 듣기를 통해 하나님이 우리와 함께하시는 방식에 순종과 믿음으로 참여하는 삶이 형성된다.

16. 다윗이 유다 지파의 왕이 되다

사무엘하 1:1-2:11

다윗이 사울의 죽음을 슬퍼하다(1:1-27)

이 본문에서는 사울 이야기와 다윗 이야기가 교차하는데, 이야기의 마지막은 다윗이 왕으로 출발하는 장면이다. 다윗이 권좌에 등극하고 사울이 권좌에서 밀려나는 이야기는 사무엘상 16장에서 시작되었고, 이제 마무리되어 간다.

우리는 사울과 다윗의 갈등을 소포클레스(Sophocles, 고대 그리스의 비극 시인-옮긴이)와 셰익스피어의 작품처럼 고전극(古典劇)으로 읽기 쉽다. 즉 옳은 것과 그른 것, 가족 간의 음모와 배신, 분열된 충성심, 광기와 증오의 심화, 정치적 음모, 예기치 않은 곳에서 드러나는 은폐된 속셈들과 같은 경박한 이슈들이 들어 있는 이야기로 읽기 쉽다. 물론 그런 요소가 있지만 그게 다는 아니다.

우리는 정서적으로 사울의 서거에 박수를 치고 다윗의 등극을 축하하게 되어 있다. 하지만 이 이야기는 그렇게 하도록 내버려 두지 않는다.

1:1사울이 죽은 후에 다윗이 아말렉 사람을 쳐죽이고 돌아와 다윗이 시글락에서 이틀을 머물더니 2사흘째 되는 날에 한 사람이 사울의 진영에서 나왔는데 그의 옷은 찢어졌고 머리에는 흙이 있더라 그가 다윗에게 나아와 땅에 엎드려 절하매 3다윗이 그에게 묻되 너는 어디서 왔느냐 하니 대답하되 이스라엘 진영에서 도망하여 왔나이다 하니라 4다윗이 그에게 이르되 일이 어떻게 되었느냐 너는 내게 말하라 그가 대답하되 군사가 전쟁 중에 도망하기도 하였고 무리 가운데에 엎드러져 죽은 자도 많았고 사울과 그의 아들 요나단도 죽었나이다 하는지라… 6그에게 알리는 청년이 이르되 내가 우연히 길보아 산에 올라가 보니 사울이 자기 창에 기대고 병거와 기병은 그를 급히 따르는데… 9…너는 내 곁에 서서 나를 죽이라 하시기로 10그가 엎드러진 후에는 살 수 없는 줄을 내가 알고 그의 곁에 서서 죽이고 그의 머리에 있는 왕관과 팔에 있는 고리를 벗겨서 내 주께로 가져왔나이다 하니라

아말렉 사람은 거짓말을 하고 있다. 사울이 중상을 입자 병기 든 자에게 자신을 죽이라고 명령했다. 그러나 병기 든 자는 명령을 거부했고, 사울은 자살했다. 이에 병기 든 자도 자살함으로써 그와 동행했다(삼상 31:3-5).

이야기를 듣는 다윗은 그런 사실을 몰랐을지라도 독자인 우리는 그것을 알고 있다. 다윗이 남쪽으로 내려가 아말렉 족속과 싸우고 시글락으로 돌아오는 동안, 북쪽에서는 길보아 전투가 일어나 이스르엘 골짜기를 휩쓸었다. 다윗은 그 전쟁의 결과를 전혀 몰랐을 것이다. 이 아말렉 사람이 소식을 전한 최초의 사람이었다.

우리는 이 아말렉 사람이 꼼수를 쓰는 기회주의자라는 것을 알고 있다. 그는 자신의 겉모습을 비극적으로 보이게 꾸몄다. 찢어진 옷을 입고 머리에 먼지를 뒤집어쓴 채 끔찍한 재난에서 살아남은 사람처럼 행세했다. 그에게는 어떤 계획이 있었으나 먼저 다윗의 반응을 테스트해 볼 필요가

있었다. 그는 전할 내용을 '재어서' 먼저 수많은 시체가 엎드러져 있는 전쟁터에서 겨우 목숨만 건져 도망쳐 나온 사실을 말한 뒤 사울과 요나단이 죽었다는 사실을 보고했다! 다윗은 자세히 말하라고 다그쳤다.

다윗이 관심을 보이자 그는 대담해져, 사울을 자기가 죽였다고 범행 성명을 발표했다. 사울의 병기 든 자가 행하기를 거부했던 일을 자신이 했다고 말한 것이다. 본문에서는 사울의 죽음을 절제해 보도하고 있으나(삼상 31:4-5), 이 아말렉 사람은 심혈을 기울여 자신의 이야기를 아주 상세하게 만든다. 당시 자기가 서 있던 곳, 사울의 처지, 사울과 나눈 대화, 사울의 상태, 자기가 그 상황을 어떻게 판단했는지를 자세히 설명했다. 거짓말쟁이들은 자세히 설명해 주는 것의 중요성을 안다. 이 아말렉 사람은 거짓말을 아주 잘하는 사람이다. 다윗이 주의 깊게 경청하자 자신감에 넘쳐, 꾸며낸 보고를 과장된 몸짓으로 마무리했다. 그는 왕의 표지인 사울의 왕관과 팔 고리를 다윗에게 바친다. 조금 전에 목숨을 건지려고 전쟁터에서 도망칠 때 우연히 움켜잡은 것들이다! 그는 사울의 왕관과 팔 고리를 바치면서 자신이 다윗을 왕으로 만들고 있다고 착각했다. 분명히 상당한 보상을 받을 것이다.

이제 이 이야기는 두 가지 수준에서 진행된다. 우리는 확실히 알고 있지만 다윗은 모르고 있는 이야기가 있다(삼상 31장). 또한 다윗이 듣고 있는 이야기가 있는데, 우리는 그 이야기가 거짓말임을 안다(삼하 1장). 다윗이 아말렉 사람의 거짓말에 속아 넘어가 이 교활한 아말렉 사람이 자신에게 왕관을 씌우도록 내버려 둘까?

> 1:11이에 다윗이 자기 옷을 잡아 찢으매 함께 있는 모든 사람도 그리하고 12 사울과 그의 아들 요나단과 여호와의 백성과 이스라엘 족속이 칼에 죽음으로 말미암아 저녁때까지 슬퍼하여 울며 금식하니라 13다윗이 그 소식을 전

한 청년에게 묻되 너는 어디 사람이냐 대답하되 나는 아말렉 사람 곧 외국인의 아들이니이다 하니 14다윗이 그에게 이르되 네가 어찌하여 손을 들어 여호와의 기름 부음 받은 자 죽이기를 두려워하지 아니하였느냐 하고 15다윗이 청년 중 한 사람을 불러 이르되 가까이 가서 그를 죽이라 하매 그가 치매 곧 죽으니라…

거짓말이 성공할 것 같지만 오래가지 못한다. 다윗의 첫 반응은 틀림없이 아말렉 사람의 간담을 서늘하게 했을 것이다. 왜 다윗은 축전을 벌이지 않는가? 화해할 수 없는 오랜 원수가 죽었는데, 왜 다윗은 왕관을 쓰고 팔 고리를 착용하고 왕처럼 행세하지 않는가? 왜 애가와 금식과 애곡인가?

그리고 왜 심문인가? 슬픔이 진정된 후 다윗은 아말렉 사람을 불러들여 몇 가지 질문을 했다. 먼저(8절에서 사울이 질문한 것으로 보도된 것처럼) 그 젊은이가 아말렉 사람이 맞는지 확인하려는 질문을 던진다. 그다음, 그에게 살인죄, 즉 여호와께서 기름 부은 자를 죽인 살인죄를 씌우려는 질문을 한다.

다윗이 아말렉 청년이 거짓말을 하고 있다고 의심했는지는 알 수 없다. 본문에 그런 암시는 전혀 없다. 우리가 확인할 수 있는 바라고는 다윗이 아말렉 사람의 보고를 그대로 믿었다는 것이다. 거기까지는 괜찮았다. 그러나 아말렉 청년은 다윗이 신학자라는 사실을 간과했다. 신학자에게는 독특한 시각으로 사람과 상황을 바라보는 습관이 있다. 신학자는 하나님이 행하시는 것을 관찰한다. 사람이 마음에 안 들면 안 들수록, 상황이 불리해지면 불리해질수록, 신학자의 관찰(보는 눈이 있다!)은 더욱 집요해진다. 아말렉 사람은 길보아 산에서 죽은 왕을 보는 순간, 새 정권에서 자신이 영예로운 지위를 얻는 기회를 봤다. 그러나 다윗이 "기름 부음 받은" 그 왕 속에서 일하시는 하나님을 보며 반평생을 보냈다는 사실을 아말렉 사람이 어찌 알겠는가?

여기서 아말렉이라는 말은 모든 사람과 모든 상황을 승진의 수단으로 삼으려고 음모를 꾸미는 기회주의자를 지칭한다. 신학자들과 달리 아말렉 사람들은 하나님의 주권에 관심이 없고 일상적인 사건 속에 하나님의 뜻이 숨겨져 있다는 사실을 깨닫지 못한다. 그들은 하나님의 백성을 괴롭히고 하나님의 계획을 방해하던 전력이 있다. 다윗을 이용하려고 했던 젊은 아말렉 사람은 이름이 언급된 두 명의 아말렉 사람의 이야기 사이에 놓여 있다.

먼저 아말렉 족속의 왕 아각은 사울 이야기의 초반부(삼상 15장)에 등장한다. 그다음, 성경의 역사가 거의 끝날 즈음에 "아각 사람"으로 언급된 아각의 후손인 하만이 등장한다(에 3:1). 아말렉 사람들은 기회가 있을 때마다 거룩한 장소에 모습을 드러냈다. (그 순간에는 기회주의가 매력적으로 보이지만 그때나 지금이나 기회주의는 좋은 실적을 올리지 못한다. 아각은 "토막 내어져" 죽었고, 아말렉 청년은 "쳐 죽임"을 당했고, 하만은 "나무에 달려" 죽었다).

이 아말렉 사람은 다윗에게 보고한 후 승리의 축제가 시작되리라고 생각했다. 그러나 다윗의 장엄한 애가는 그를 불행에 빠뜨렸다. 어떤 학자는 이스라엘이 "파토스(pathos)를 위한 특별한 능력"을 지녔다고 말한다 (Walter Brueggemann, *First and Second Samuel*, 214). 그리고 그 무리 중에서 다윗은 연민의 정을 가장 잘 자아내는 뛰어난 시인이다.

> 1:17다윗이 이 슬픈 노래로 사울과 그의 아들 요나단을 조상하고…
> 19이스라엘아 네 영광이 산 위에서 죽임을 당하였도다
> 오호라 두 용사가 엎드러졌도다
> 20이 일을 가드에도 알리지 말며
> 아스글론 거리에도 전파하지 말지어다

블레셋 사람들의 딸들이 즐거워할까,

할례 받지 못한 자의 딸들이 개가를 부를까 염려로다

재난이 이스라엘을 덮쳤다. 왕이 살해됐고, 왕의 시체는 모욕을 당했다. 이런 차원의 슬픔은 경의와 위엄을 갖고 다뤄야 한다. 길모퉁이에서 나누는 잡담이나 멜로드라마의 감흥이 되어서는 안 된다. 이스라엘 왕의 위엄을 파괴한 블레셋 족속은 그 일에 책임을 져야 하지만, 그 일을 어떻게 보고하고 그 일에 관해 어떻게 말하든, 그들은 결코 책임지지 않을 것이다. 그러나 사울과 그의 아들들이 전사한 것은 큰 불행이다. 나아가 블레셋의 선정적 언론이 그들의 죽음을 대서특필한다면 그것은 더 나쁘다.

1:21길보아 산들아

너희 위에 이슬과 비가 내리지 아니하며

제물 낼 밭도 없을지어다

거기서 두 용사의 방패가 버린 바 됨이니라

곧 사울의 방패가 기름 부음을 받지 아니함같이 됨이로다

마지막 전투가 벌어졌던 길보아 산은 비옥함과 동의어다. 블레셋 사람들이 신성한 죽음을 존중할 것이라는 기대를 할 수 없다면(확실히 그런 기대는 할 수 없다), 그 땅이 직접 그 일을 해야 한다. 그래서 그 땅에 금식과 애도를 요구하는 것이다.

1:22죽은 자의 피에서, 용사의 기름에서

요나단의 활이 뒤로 물러가지 아니하였으며

사울의 칼이 헛되이 돌아오지 아니하였도다

기술적으로 사용된 이미지가 전쟁이 불러일으키는 공포와 명예(horror and honor)를 실감나게 표현해 준다. 전쟁은 무서운(horrible) 것이다. (피가 흐르고 기름이 잘려져 나간다.) 한편 전쟁은 명예로운(honorable) 것이다(용감한 활, 가차 없는 칼). 만약 (두 요소 중에) 어느 하나라도 모욕을 당한다면 전몰자에 대한 추도는 감상주의나 천박함으로 훼손될 것이다.

> 1:23사울과 요나단이 생전에 사랑스럽고 아름다운 자이러니
> 죽을 때에도 서로 떠나지 아니하였도다
> 그들은 독수리보다 빠르고
> 사자보다 강하였도다

이 애가에서는 다윗의 원수와 다윗의 친구가 대등한 사람으로 연결된다. 죽음은 일상적인 동기들과 원인들, 의제들과 프로젝트들의 십자포화 속에서 (자주) 분명치 않았거나 감추어져 있던 관계들과 실체들을 폭로한다. 장례식의 애가는 한 인생을 다른 인생들과 비교하여 등급을 매기는 행사가 아니다. 여론이나 개인적인 감정에 상관없이 모든 인생은 거짓 없는 찬사를 받을 가치가 있다(그리고 받아야 한다).

> 1:24이스라엘 딸들아 사울을 슬퍼하여 울지어다
> 그가 붉은 옷으로 너희에게 화려하게 입혔고
> 금 노리개를 너희 옷에 채웠도다
> 25a오 호라 두 용사가
> 전쟁 중에 엎드러졌도다

애도는 개인적인 행동일 뿐만 아니라 사회적인 행동이기도 하다. 예수

께서 나사로의 무덤에서 탄식하셨던 것(요 11장)은 다윗이 사울과 요나단의 죽음을 애도하는 것과 같은 종류의 것이다. 애도는 복음서가 가르치는 행동이다. 혼자 슬퍼하는 것으론 부족하다. 슬픔을 함께할 친구들이 필요하다. 슬픔을 당한 친구들의 장례식에 참석해야 하는 이유가 바로 여기 있다. 다윗은 공동체에게 자신의 탄식을 도우라고 촉구했다. 다윗의 상실은 모두의 상실이다. "블레셋 사람들의 딸들"(20절)과 대조적으로 "이스라엘의 딸들"은 다윗의 요구에 적절하게 반응하여 사울의 일생 중 최고의 순간들을 기념하고 공동의 탄식에 참여할 것이다.

> 1:25b 요나단이 네 산 위에서 죽임을 당하였도다
>
> 26내 형 요나단이여 내가 그대를 애통함은
>
> 그대는 내게 심히 아름다움이라
>
> 그대가 나를 사랑함이 기이하여
>
> 여인의 사랑보다 더하였도다

사울은 이 애가에서 어떤 식으로든 조금도 무시당하지 않는다. 하지만 이 탄식의 가장 통절한 순간은 다윗의 평생 친구이자 언약으로 맺어진 친구 요나단을 위해 남겨진다.

다윗이 노래하는 우정은 우리 시대에 찾아보기 힘들다. 우리에게는 친구처럼 친하지는 않지만 아는 사람, 동료, 룸메이트 등과의 '관계'가 있다. 그런데 친구들은 있는가? 우리는 업무 때문에 서로 연락을 취하고 정보를 교환하는 네트워킹을 한다. 이와 대조적으로 C. S. 루이스는 다음과 같이 썼다. "우리의 조상들은 우리 인류를 좀 더 뛰어난 존재로 끌어올리는 것을 우정으로 여겼다. 본능에 매이지 않고, 사랑이 자유로이 떠맡은 자들(친구를 가리키는 것임-옮긴이) 이외의 모든 의무에서 자유롭고, 질투에서도

자유롭고, 타인의 필요를 필요로 하는 것으로부터도 완전히 자유로운 이 사랑은 그야말로 탁월하게 영적이다. 이것은 천사들 사이에서 이루어지는 그런 사랑이라고 할 수 있다"(C. S. Lewis, *The Four Loves*, 91).

> 1:27 오호라 두 용사가 엎드러졌으며
> 싸우는 무기가 망하였도다 하였더라

애가에서 "두 용사가 엎드러졌도다"라는 표현이 세 번 반복된다(1:19, 25, 27). 첫 번째는 파국의 증거가 되는 사울을 강조하는 말이며, 그다음에는 파국을 더욱 애통하게 만든 요나단을 강조한다. 그리고 이제 세 번째 표현은 세 개가 짝을 이루는 조화미를 이루기 위해 요약하는 대구(couplet)에 나타난다. 탄식은 짐승의 짖어대는 소리나 알아들을 수 없는 울부짖음이 아니다. 탄식은 세부 묘사들, 이미지들, 관계들에 주목하고, 그런 것들을 통해 집중된 관심을 나타내며, 그 의미를 음미하며 추억한다. 거기에 들어오고, 수용되고, 고백된 고통이 시가 된다. 이제 그것은 조금도 고통이 아니며, 더 이상 추하지도 않다. 시는 우리의 언어를 가장 개인적으로 사용하여 표현한 것이다. 시는 우리가 경험에 공감하여 경험을 이해하는 하나의 방법이다. 시는 우리가 경험하는 것을 그저 관찰만 하는 것이 아니라, 우리의 가정처럼 그곳에 살게 한다.

이 애가는 철저하게 개인적이다. 그것은 아마 모든 사람이 들을 수 있도록 공개되었을 것이다. 이 애가는 개인적으로 다윗에게서, 지역적으로는 시글락에서 시작되었으나, 곧바로 공동체를 끌어들이고 결국에는 나라 전체를 포함한다. 다윗의 애가는 개인적인 것을 공공의 것과 융합시킨다. 탄식은 한 민족이 끊임없이 그 인간다움을 사회적으로, 문화적으로, 정치적으로 함양하고 유지하게 하는 중요한 수단 중 하나다. 다윗의 애가에는 이 세 가지 요소가 모두 포함되어 있다. 지혜로운 가족과 문화는 탄식을 존중한다. 탄식이 없으면, 그 민족은 점차 그리고 확연히 비인간화되어 군사력이나 경제력에 예속된다. 만약 한 나라가 행진이나 하며 깃발을 흔들거나 생활수준을 자랑하고, 전쟁을 해서 돈을 버는 것이 전부라면, 머지않아 속 빈 강정이 될 것이다. 탄식은 사람들을 그들의 지도자들과 친구들, 상실과 패배, 한계와 고통, 즉 인간의 속성과 계속해서 접촉하게 해준다. 탄식은 우리로 하여금 실재, 실재하는 하나님과 관계를 맺게 해준다. 이것이 다윗이 혼자만 탄식하지 않고 이 애가를 "유다 족속에게 가르치라"고 명령한 이유다(18절).

다윗이 헤브론으로 이동하다(2:1-4a)

지금까지 여러 해 동안 다윗은 이스라엘의 기름 부음 받은 왕이었지만, 그렇게 보이지 않았다. 사무엘이 다윗에게 기름을 부은(삼상 16:1-13) 이후에도 사울이 줄곧 왕좌를 차지하고 있었다. 실제보다 과장된 사울이 지금껏 왕으로 나타났다. 그러나 사울이 죽음으로써 다윗의 신분이 처음으로 공공연해진다.

> 2:1그 후에 다윗이 여호와께 여쭈어 아뢰되 내가 유다 한 성읍으로 올라가리이까 여호와께서 이르시되 올라가라 다윗이 아뢰되 어디로 가리이까 이르시되 헤브론으로 갈지니라 2다윗이… 그리로 올라갈 때에… 4a유다 사람들이 와서 거기서 다윗에게 기름을 부어 유다 족속의 왕으로 삼았더라

다윗은 아직도 시글락에 있다. 시글락은 다윗이 사울을 피해 광야에서

지내던 시절의 마지막 몇 년 동안 블레셋 왕 아기스의 보호 아래 있을 때 본부가 있던 곳이다. 이곳에서 다윗은 자신의 세력을 모았고, 남쪽에 거주하는 유목민들을 자주 공격하여 전리품이 생기면 그 노획한 전리품을 유다 사람들에게 나누어 주었다. 그래서 유다 족속 중에 다윗에게 감사하고 충성을 바치는 추종자들이 많아졌다(삼상 30:26-30). 그리고 다윗은 그 지역 출신의 두 여자와 결혼했다. (갈멜과 이스르엘은 유다와 가까운 '남쪽' 지역에 있다). 그는 왕으로서의 공식 무대로 나아갈 전략적인 위치(장소와 그가 처한 상황 모두를 가리키는 것임-옮긴이)에 있다.

그러나 오히려 그는 기도한다("여호와께 여쭈어", 1절). 하나님께 인도해 달라고 기도한다. "이제 왕인 것을 공포할 때입니까?", "그 일을 어디서 해야 합니까?"라고 묻는다. 다윗은 기도 응답을 받는다. "그래, 지금이 그때이고 헤브론이 그 장소다."

모든 일이 착실히 진행된다. 다윗은 유다의 중심 도시인 헤브론에 입성한다. 믿음의 조상인 아브라함과 사라의 매장지가 있는 유구한 헤브론은 거룩한 전통이 많이 서린 곳이다. 이곳은 새 출발을 하기에 알맞은 거룩한 장소다. 여기에서 하나님은 아브라함을 믿음의 조상으로 둔 백성들에게, 다윗을 통하여 하나님 나라의 통치를 시작하실 것이다. 다윗은 그의 광야 시절 동료들 전부와 두 아내 아히노암과 아비가일, 자신의 게릴라 부대와 가족들을 모두 데리고 간다. 얼마 지나지 않아 다윗은 자신의 출신 지파인 유다의 왕이 된다.

그러나 오직 유다 지파의 왕이다. 사울이 죽었기에 다윗이 곧바로 이스라엘 전체를 다스리는 데 아무런 장애물이 없을 것 같지만, 한데 뭉뚱그려 '이스라엘'이라고 불리는 북쪽의 열한 지파에게 이 기름 부음은 있을 수 없는 일이었다. 사무엘이 다윗에게 기름 부은 사실도 잘 알려져 있지 않았다. 이 모든 일이 제대로 정리되기까지 7년 6개월이 걸렸다. 이스라엘의 열두 지파는 다루기 힘든 무리였다. 이들을 어떤 종류의 통일체로 묶는 것은 어려운 일이었고, 끊임없는 노력과 무한한 인내심을 요구하였다.

그동안에 다윗은 북쪽 지파들(이스라엘)을 그의 통치하에 두는 어려운 일을 시작했다. 동전의 양면과 같은 두 이야기가 배경을 이룬다. 길르앗 야베스를 상대로 한 다윗의 외교와 권력을 꿈꾸는 아브넬의 공작이다.

다윗이 야베스 길르앗의 환심을 사다(2:4b-7)

2:4b어떤 사람이 다윗에게 말하여 이르되 사울을 장사한 사람은 길르앗 야베스 사람들이니이다 하매 5다윗이 길르앗 야베스 사람들에게 전령들을 보내 그들에게 이르되 너희가 너희 주 사울에게 이처럼 은혜를 베풀어 그를 장사하였으니 여호와께 복을 받을지어다 6너희가 이 일을 하였으니 이제 여호와께서 은혜와 진리로 너희에게 베푸시기를 원하고 나도 이 선한 일을 너희에게 갚으리니…

다윗이 북쪽 지파들을 자신의 영향권 안으로 끌어들이기 위한 첫 번째 조치로 외교술을 발휘했다. 즉 길르앗 야베스 사람들의 환심을 산 것이다. 길르앗 야베스 사람들은 블레셋 사람들이 사울과 그의 아들들의 시체를 모욕하자, 애정을 가지고 아주 용감하게 시체들을 되찾아 예를 다해 매장해 주었던 사람들이다(삼상 31장). 길르앗 야베스는 오래전에 사울이 왕으로 첫출발을 했던 곳이다. 사울이 왕이 된 후 행한 첫 번째 행동은 악명 높은 암몬 족속의 왕 나하스의 야만적 행위로부터 길르앗 야베스를 구출한 것이었다(삼상 11장). 사울은 길르앗 야베스 사람들이 말로 다할 수 없는 모욕을 당할 때 그들을 구해주었고, 그들은 사울이 더 이상 모욕당하지 않도록 그 시체를 구해주었다. 다윗은 그들이 충성을 다한 것을 축복하고, 답례로 자신이 (왕의 직무에-옮긴이) 충실할 것을 약속했다. 그들은 아직 다윗의 지배를 받아들이지 않았지만, 자신들에 대한 다윗의 호의는 확신했다.

권력을 꿈꾸는 아브넬의 공작(2:8-11)

하지만 다윗이 북쪽 지파들과 접촉하려는 동안 아브넬은 다른 일을 준비하느라 바빴다. 그는 다윗과 적대적인 사울의 후손을 세워 나라를 계속 통치하게 할 계획이었다.

> 2:8사울의 군사령관 넬의 아들 아브넬이 이미 사울의 아들 이스보셋을 데리고 마하나임으로 건너가 9길르앗과 아술과 이스르엘과 에브라임과 베냐민과 온 이스라엘의 왕으로 삼았더라 10…유다 족속은 다윗을 따르니 11다윗이 헤브론에서 유다 족속의 왕이 된 날 수는 칠 년 육 개월이더라

사울과 그의 아들 셋은 블레셋과 싸우다가 길보아 산에서 죽었다. 그러나 다른 아들이 살아 있었는데, 그 이름은 이스보셋이다(저자는 NRSV를 따라 이스바알[Ishbaal]이라고 기록했지만, 한글 성경 및 히브리어 원문에는 이스보셋이라고 표기되어 있다. 이스바알[에스바알]이라는 이름은 대상 8:33에 근거한 것이다.-옮긴이). 사울 군대 총사령관이었던 아브넬은 전투에서 목숨을 건진 후 이스보셋을 데리고 요단 강을 건너 동쪽으로 간다. 이곳은 블레셋의 세력이 닿지 않는 곳이다. 아브넬은 이스보셋을 왕으로 세워 블레셋에게 점령당하지 않고 남아 있는 이 지역을 다스리게 했다.

잠시 후 분명해지겠지만, 아브넬은 이스보셋에게는 관심이 없다. 이스보셋은 아브넬의 권력욕을 합법화하기 위한 수단일 뿐이다. 아브넬의 움직임은 사울의 통치와 연관된 이들에게 계속해서 권력을 유지할 기회를 주었다. 아브넬은 '사울당'을 지지함으로써 다윗이 사울의 후임자가 되어 왕의 직책(사무엘이 오래전에 그에게 기름 부어 부여했던 사명)을 수행하지 못하게 하였다.

17. 다윗의 내란
사무엘하 2:12-4:12

유다의 장로들이 다윗에게 기름 부은 사건(2:1-4a), 길르앗 야베스에 대한 다윗의 외교(2:4b), 아브넬이 이스보셋을 이용하여 정치 공작을 벌인 일 (2:8-11)은 내란 이야기에서 삼각대(三脚臺) 역할을 한다. 이 세 사건은 간단하게 보고되지만, 조화를 이루어 이야기의 뼈대가 되는 역사를 구성한다. 이것(뼈대가 되는 역사)은 관련된 몇몇 사람의 개인적인 삶을 통해 이야기를 계속 이어나가기에 적합한 구조다.

내란 이야기는 이름이 잘 알려진 대표적인 인물들을 중심으로 전개되는데, 당연히 다윗을 위시해서 아브넬, 스루야의 아들들(요압, 아비새, 아사헬), 이스보셋, 리스바, 미갈, 발디엘, 므비보셋, 레갑, 브나야 등이다. 이 열한 명의 이름은 생생한 지역 묘사와 재빠른 극적 행동을 배경으로 나타난다. (다윗의 아들들 중에 여섯 명이 명단에 올랐으나, 그들은 여기에서 다루는 사건에는 참여하지 않았다.)

첫 전투는 두 왕, 다윗과 이스보셋과 관련되지만, 그 둘은 직접 전투에 가담하지 않았다. 각 진영의 대장인 요압과 아브넬이 팔레스타인 중앙 지역에 있는 기브온에서 만났다. 이곳은 북쪽 이스보셋 진영과 남쪽 다윗 진영의 중간 지점이다. 본문에서 언급한 것과 똑같은 "기브온 못 가"가 현지에서 발굴되었는데, 지름이 약 11미터 깊이가 25미터나 된다.

기브온에서의 아브넬과 요압(2:12-32)

> 2:12넬의 아들 아브넬과 사울의 아들 이스보셋의 신복들은 마하나임에서 나와 기브온에 이르고 13스루야의 아들 요압과 다윗의 신복들도 나와 기브온 못 가에서 그들을 만나 함께 앉으니 이는 못 이쪽이요 그는 못 저쪽이라 14 아브넬이 요압에게 이르되 원하건대 청년들에게 일어나서 우리 앞에서 겨루게 하자⋯ 15그들이 일어나 그 수대로 나아가니, 베냐민과 사울의 아들 이스보셋의 편에 열두 명이요 다윗의 신복 중에 열두 명이라 16각기 상대방의 머리를 잡고 칼로 상대방의 옆구리를 찌르매 일제히 쓰러진지라⋯ 17그날에 싸움이 심히 맹렬하더니 아브넬과 이스라엘 사람들이 다윗의 신복들 앞에서 패하니라

대장인 아브넬과 요압은 전면전을 벌이는 대신 각 진영에서 선발된 군인들끼리 싸우게 하여 승자를 가리기로 했다. 각 진영에서 선발된 열두 명이 자기 진영을 대표하여 상대방과 싸우고, 다른 군인들은 옆에서 그들을 지켜보며 응원하는 것이다. 다윗은 어린 시절 엘라 골짜기에서 골리앗과 싸울 때, 그와 똑같은 싸움에서 주역을 한 적이 있다. 오늘날 스포츠 이벤트가 이런 전통을 계속 이어가며 이와 비슷한 감정을 자극하지만, 그런 식으로 피를 흘리는 결과를 낳지는 않는다.

이 경기는 기대했던 것처럼 끝나지 않았다. 한 팀이 다른 팀을 꺾는 대

신 두 팀의 스물네 명이 모두 죽고 말았다. 서로 짝을 이룬 적들끼리 치명적인 포옹으로 서로를 움켜잡은 채 각자 상대를 찔러 죽였다. 무리 전체가 무더기로 쓰러져 죽었다. 이 사건은 애벗과 코스텔로(1940-50년대에 미국에서 인기를 얻었던 코미디 듀오-옮긴이)의 틀에 박힌 연기를 연상시키는 일종의 코미디 같다. 그러나 이것을 보고 웃는 사람은 없었다. 투사들이 죽자 두 군대는 폭도로 돌변하였다. 그들은 땅에 피를 쏟으며, 살의(殺意)를 품고 덤벼들었다. 날이 저물 무렵 요압의 팀이 아브넬의 팀에 결정적인 승리를 거두었다.

> 2:18a 그곳에 스루야의 세 아들 요압과 아비새와 아사헬이 있었는데

스루야는 다윗의 누이다(대상 2:16). 그녀의 아들이자 다윗의 조카이기도 한 요압, 아비새, 아사헬은 다윗의 군대에서 요직을 차지하고 있었다. 그들은 다윗에게 충성스럽고 유익했으나 끊임없이 문제를 일으켰다. 생각과 신앙이 깊고 관대한 다윗과 달리, 세 사람은 충동적이고, 폭력적이며, 제멋대로였다.

> 2:18b 아사헬의 발은 들노루같이 빠르더라 19 아사헬이 아브넬을 쫓아 달려가되 좌우로 치우치지 않고 아브넬의 뒤를 쫓으니 20 아브넬이 뒤를 돌아보며 이르되 아사헬아 너냐 대답하되 나로라… 22 아브넬이 다시 아사헬에게 이르되 너는 나 쫓기를 그치라 내가 너를 쳐서 땅에 엎드러지게 할 까닭이 무엇이냐… 23 그가 물러가기를 거절하매 아브넬이 창 뒤 끝으로 그의 배를 찌르니 창이 그의 등을 꿰뚫고 나간지라 곧 그곳에 엎드러져 죽으매…
> 24 요압과 아비새가 아브넬의 뒤를 쫓아… 26 아브넬이 요압에게 외쳐 이르되 칼이 영원히 사람을 상하겠느냐… 27 요압이 이르되 하나님이 살아 계심을

두고 맹세하노니 네가 말하지 아니하였더면 무리가 아침에 각각 다 돌아갔을 것이요 그의 형제를 쫓지 아니하였으리라 하고 28요압이 나팔을 불매 온 무리가 머물러 서고 다시는 이스라엘을 쫓아가지 아니하고…

29아브넬과 그의 부하들이 밤새도록 걸어서 아라바를 지나 요단을 건너 비드론 온 땅을 지나 마하나임에 이르니라 30요압이 아브넬 쫓기를 그치고 돌아와 무리를 다 모으니 다윗의 신복 중에 열아홉 명과 아사헬이 없어졌으나 31다윗의 신복들이 베냐민과 아브넬에게 속한 자들을 쳐서 삼백육십 명을 죽였더라 32무리가 아사헬을 들어올려 베들레헴에 있는 그의 조상 묘에 장사하고…

무차별 폭력 가운데 한 사건(아사헬과 아브넬 사이의 추격전)이 선택되어 주의를 끈다. 아사헬이 아브넬을 추격하고, 아브넬이 그만 쫓으라고 간청했지만 성공하지 못한다. 아브넬이 아사헬을 살해하고, 요압과 아비새가 아브넬을 계속 추격한다. 이어서 그만 쫓으라는 아브넬의 간청(이번에는 성공함), 아사헬의 장례, 아브넬과 요압의 야간 행군(한 무리는 북쪽으로, 다른 무리는 남쪽으로) 등 여러 행동을 폭포가 떨어지듯 뚜렷하게 진술하며, 모든 세부 내용을 빈틈없이 선명하게 묘사한다.

이 두 사건, 즉 기브온에서의 대결과 아사헬을 죽인 사건은 지명, 이름, 대화, 행동 등 내용이 아주 생생하게 묘사된다. 앞에서 "유다 사람들이 와서 거기서 다윗에게 기름을 부어 유다 족속의 왕으로 삼았더라"(2:4)라고 단순하게 보고한 것과는 대조적이다. 우리는 다윗이 **어떻게** 왕으로 추대되었는지, 관련된 협상의 내용은 무엇인지, 협상을 주도한 인물은 누구인지 를 알고 싶어 한다. 그러나 화자의 임무는 우리의 호기심을 채워주는 것이 아니라 우리를 이야기에 참여시키는 데 있다. 그는 우리를 대관식 장관(壯觀)을 지켜보는 구경꾼으로 만드는 대신 평범한 내용들을 모음으로써 자신의 임무를 완수했다. 성경 이야기의 근본 목적은 즐거움을 주려는 데 있지 않고 모든 사람을 하나님 나라의 사역에 참여하게 하는 데 있다. 결국 아브넬과 요압과 아사헬의 감당하기 어려운 야심과 조급함을 보면서, 우리는 다윗의 대관식에 얽힌 내막보다는 이 이야기 안에서의 우리의 위치에 더 쉽게 다가갈 수 있다.

아브넬이 다윗과 협상하다(3:1-21)

> 3:1사울의 집과 다윗의 집 사이에 전쟁이 오래매…

전쟁이 오래 계속되었는데, 앞에서 그 기간을 7년 6개월이라고 암시하고 있다(2:11). 이 요약 문장은 곧 이야기 덩어리로 채워지는데, 그 이야기들의 주역은 아브넬과 요압이다. 그러나 먼저 여담이 하나 삽입되면서 나중에 중요한 역할을 할 사람들의 이름이 거론된다.

> 3:2다윗이 헤브론에서 아들들을 낳았으되 맏아들은 암논이라 이스르엘 여인 아히노암의 소생이요 3둘째는 길르압이라 갈멜 사람 나발의 아내였던 아비가일의 소생이요 셋째는 압살롬이라 그술 왕 달매의 딸 마아가의 아들이요 4넷째는 아도니야라 학깃의 아들이요 다섯째는 스바댜라 아비달의 아들이요 5여섯째는 이드르암이라 다윗의 아내 에글라의 소생이니 이들은 다윗이 헤브론에서 낳은 자들이더라

헤브론 바깥에서 내란이 사납게 휘몰아치는 동안, 헤브론에서는 결혼식이 치러지고 아이들이 태어난다. 전체적으로 보면 결혼과 출산은 이야

기에서 중요한 의미가 있다. 두 아내를 헤브론으로 데려온 지 얼마 되지 않아서 다윗이 네 명의 아내를 더 맞이한다.

헤브론에 거하는 동안 여섯 명의 아내는 각각 아들을 한 명씩 낳았다. 여섯 아들 중에서 암논, 압살롬, 아도니야는 장차 두드러진 역할을 한다. 우리는 이 세 아들의 모습을 지켜볼 것이다.

공교롭게도(아니면 의도적으로), 다윗의 아내들의 목록은 우리의 고정관념(다윗에 대한 상상의 산물로 생겼을 것이다)인 로맨틱한 상상과는 상충된다. 아내들의 출신을 밝히는 방식을 보면, 다윗을 아내와 묶어주는 것은 사랑이 아니라 정치라고 추론할 수 있다.

> 3:6사울의 집과 다윗의 집 사이에 전쟁이 있는 동안에 아브넬이 사울의 집에서 점점 권세를 잡으니라 7사울에게 첩이 있었으니 이름은 리스바요 아야의 딸이더라 이스보셋이 아브넬에게 이르되 네가 어찌하여 내 아버지의 첩과 통간하였느냐 하니 8아브넬이 이스보셋의 말을 매우 분하게 여겨 이르되 내가 유다의 개 머리냐 내가 오늘 당신의 아버지 사울의 집과 그의 형제와 그의 친구에게 은혜를 베풀어 당신을 다윗의 손에 내주지 아니하였거늘 당신이 오늘 이 여인에게 관한 허물을 내게 돌리는도다 9여호와께서 다윗에게 맹세하신 대로 내가 이루게 하지 아니하면 하나님이 아브넬에게 벌 위에 벌을 내리심이 마땅하니라 10그 맹세는 곧 이 나라를 사울의 집에서 다윗에게 옮겨서… 11이스보셋이 아브넬을 두려워하여 감히 한마디도 대답하지 못하니라…

아브넬은 자신의 야망을 위한 볼모로 사울의 아들 이스보셋을 왕으로 세워놓고 사울의 첩이었던 리스바와 동침하였다. 권력을 과시한 것이다. 당시 문화에서는 성이 정치권력의 상징이었다. 리스바와 동침한다는 것은 사울의 권좌에 앉아 있는 것과 같은 것이다. 이스보셋의 반발은 아무런 효과도 없었고, 오히려 아브넬의 분노를 샀다. 그런 후 아브넬은 자신의 행위를 정당화하기 위해 신학을 들먹였다(9-19절). 자신의 이기적인 행동이 주목을 받자 시선을 딴 데로 돌리려고 하나님을 언급한 것이다. 이렇게 하나님을 이용하는 행태는 아주 오랜 역사를 지니고 있다.

어느 틈엔가 아브넬은 사울 왕조의 이스보셋을 내세우는 자신의 음모를 포기하고 다윗 편으로 붙었다. 그리고 이스라엘 전체를 다윗의 통치 아래로 귀속시키겠다고 약속했다. 북쪽 이스라엘과 남쪽 유다가 다윗 왕위 아래서 하나로 통합되는 것이다. 다윗은 이 제안을 받아들였고 잔치를 베풀어 조약을 공식적으로 비준했다(20-21절).

다윗은 아브넬과 자신 사이에 타결된 협상의 일부로서 본인의 첫 아내이자 사울의 딸인 미갈을 자신에게 돌려보내라고 요구했다. 미갈은 다윗이 사울을 피해서 도망칠 수 있도록 도와주었었다(삼상 19:11-17). 하지만 다윗은 그녀를 버려두고 갔었다. 이제 다윗은 그녀가 돌아오기를 원한다. 이것이 사랑일까, 정치일까? 그의 요구에 최소한의 정치적 의도가 들어 있음은 분명하다. 사울의 딸이 다윗의 아내로 돌아온다면, 이스라엘 사람들은 그것을 사울 왕국이 다윗에게 양도된 표시로 받아들일 것이다. 다만 한 가지 문제가 있다. 다윗이 광야생활을 하는 동안 미갈이 발디엘과 결혼해 버린 것이다(혹은 그에게 주어진 것이다). 잔인하게도 미갈을 발디엘에게서 강제로 빼앗자, 남편 발디엘이 울며 아내를 따라갔다. 이런 모습이 한 문장으로 묘사되어 있는데(16절), 이는 성경에서 가장 통절한 구절 중 하나다.

이 이야기에 나오는 두 여인은 사소한 역할을 하는 듯 보이나 상당히 큰 역할을 맡고 있다. 리스바와 미갈은 불행하지만 드물지 않은 운명을 공유하는데, 둘 다 인격에서 기능으로 격하된다. 이 이야기에서 두 사람 모두에게 정치적인 의미가 씌어지고, 각자 아브넬과 다윗에게 이용당한다. 리스바는 왕의 정력의 상징으로 아브넬에게, 미갈은 왕조의 정통성의 상징으로 다윗에게 이용당한다. 먼저 비인간화시킨 다음에 이용하는데, 이런 일은 오늘날에도 계속해서 일어난다.

요압이 아브넬을 살해하다(3:22-39)

> 3:22다윗의 신복들과 요압이 적군을 치고 크게 노략한 물건을 가지고 돌아오니 아브넬은 이미 보냄을 받아 평안히 갔고 다윗과 함께 헤브론에 있지 아니한 때라… 24요압이 왕에게 나아가 이르되 어찌 하심이니이까… 어찌하여 그를 보내 잘 가게 하셨나이까 25왕도 아시려니와 넬의 아들 아브넬이 온 것은 왕을 속임이라 그가 왕이 출입하는 것을 알고 왕이 하시는 모든 것을 알려 함이니이다 하고…

요압은 용장이지만 섬세한 외교는 참지 못하는 사람이다. 요압의 생각은 단순하다. 그는 흑백논리밖에 모르며, 음영도 없고 빛깔도 없다. 요압에게 아브넬은 적일 뿐이다. 사울의 군대를 대표하며, 자기 동생 아사헬을 죽인 갑절의 원수다. 이런 원수를 처리하는 방법은 단 하나 뿐이다. 바로 죽이는 것이다.

다윗은 요압 몰래 아브넬과 평화 협정을 맺었다. 이제 요압이 은혜를 갚을 차례다. 그는 다윗 몰래 아브넬을 암살한다.

> 3:26이에 요압이 다윗에게서 나와 전령들을 보내 아브넬을 쫓아가게 하였더니 시라 우물 가에서 그를 데리고 돌아왔으나 다윗은 알지 못하였더라 27아

브넬이 헤브론으로 돌아오매 요압이 더불어 조용히 말하려는 듯이 그를 데리고 성문 안으로 들어가 거기서 배를 찔러 죽이니 이는 자기의 동생 아사헬의 피로 말미암음이더라 28그 후에 다윗이 듣고 이르되 넬의 아들 아브넬의 피에 대하여 나와 내 나라는 여호와 앞에 영원히 무죄하니 29그 죄가 요압의 머리와 그의 아버지의 온 집으로 돌아갈지어다…

31다윗이 요압과 및 자기와 함께 있는 모든 백성에게 이르되 너희는 옷을 찢고 굵은 베를 띠고 아브넬 앞에서 애도하라 하니라… 33왕이 아브넬을 위하여 애가를 지어 이르되 아브넬의 죽음이 어찌하여 미련한 자의 죽음 같은고 34네 손이 결박되지 아니하였고 네 발이 차꼬에 채이지 아니하였거늘 불의한 자식의 앞에 엎드러짐같이 네가 엎드러졌도다 하매 온 백성이 다시 그를 슬퍼하여 우니라 35석양에 뭇 백성이 나아와 다윗에게 음식을 권하니 다윗이 맹세하여 이르되 만일 내가 해 지기 전에 떡이나 다른 모든 것을 맛보면 하나님이 내게 벌 위에 벌을 내리심이 마땅하니라 하매 36온 백성이 보고 기뻐하며 왕이 무슨 일을 하든지 무리가 다 기뻐하므로 37이날에야 온 백성과 온 이스라엘이 넬의 아들 아브넬을 죽인 것이 왕이 한 것이 아닌 줄을 아니라

한창 전쟁 중이지만, 다윗은 전쟁으로 규정되지 않는다. 다윗에게는 하고 싶은 것을 해내는 것 이상의 무엇이 있다. 아브넬이 죽자 다윗은 슬퍼한다. 탄식은 마음 가장 깊은 곳에서부터 나오는 가장 인간적인 반응이다. 다윗은 탄식의 대가다. 사울과 요나단의 죽음에 대한 그의 애가(삼하 1장)는 3천 년이 지난 지금도 가장 슬픈 이야기다. 아브넬의 죽음을 애도하는 다윗은 사울과 요나단에게 했던 것과 같은 깊이의 감정과 그의 삶에 존경심을 표하며, 존중의 언어로 죽음에 관심을 보인다.

그러나 탄식하기 전에 다윗은 저주한다(28-29절). 최근까지 자신의 통치에 반대해 왔던 아브넬의 죽음을 애통해하고, 자신의 조카이자 군대의 총

사령관인 요압을 저주한다. 저주는 탄식처럼 결코 다윗다운 것이 아니지만, 평화를 이루려는 다윗의 노력을 요압이 터무니없이 방해한 결과로 일어난 것이다.

다윗은 공개적으로 요압과 그의 부하들의 행위를 부인했다. 자기는 그들의 살인 음모에 관련이 없음을 분명히 밝혔다. 그리고 한 걸음 더 나아갔다. 살인자들에게 장례를 돕고 곡하는 자의 옷을 입고 행진하라고 명령했다. 이 남자들은 자신들이 자랑했던 그 일 때문에 수치와 조롱을 당하고 있다.

다윗의 반응은 백성의 반응이 된다. 잔인한 요압 때문에 전쟁 발발 직전까지 갔던 헤브론은 자칫하면 무자비한 학살의 현장으로 변할 뻔했다. 그러나 헤브론은 다윗 덕분에 탄식의 기념관으로 바뀌었다. 다윗의 통치는 정치 이상의 것으로 확장된다. 다윗의 통치는 백성들의 감정에까지 미쳐, 그들의 가치관을 형성하고, 그들의 명예심을 높이고, 생명의 존엄성을 깨닫게 해준다.

> 3:38왕이 그의 신복에게 이르되 오늘 이스라엘의 지도자요 큰 인물이 죽은 것을 알지 못하느냐 39내가 기름 부음을 받은 왕이 되었으나 오늘 약하여서 스루야의 아들인 이 사람들을 제어하기가 너무 어려우니 여호와는 악행한 자에게 그 악한 대로 갚으실지로다 하니라

다윗의 조카들인 요압과 아비새(그리고 사망한 아사헬)는 다윗에게 옆구리의 가시 같은 존재였으며, 처음부터 끝까지 그런 역할을 할 것이다. 그들이 아는 것이라곤 폭력과 살인이 전부인 듯하다. 다윗은 끊임없이 그들에게 화를 냈다.

스루야의 아들들은 다윗의 편이지만 다윗이 일을 해내는 방식, 즉 다윗이 하나님 앞에서 살아가는 방식을 따르지 않았다. 그들은 다윗을 알

고 그와 함께 살지만, 다윗의 하나님에게는 관심이 없다. 옳은 편에 서는 것만으로는 충분하지 않다. 옳은 방법으로 일하는 것이 필요하다. 다윗의 조카들인 "스루야의 아들들"은 수 세기 동안 엄청난 후손을 얻었다. 그 후계자들은 교회와 세상 속에서 하나님을 섬기고 하나님의 대의를 위해 일한다고 고백하는 사람들이다. 훗날 다윗의 후손으로 오신 예수도 똑같은 어려움을 겪으셨다. 가족들 가운데 방해하는 자들이 있었기 때문이다(막 3:21; 요 7:1-5).

레갑과 바아나가 이스보셋을 암살하다(4:1-12)

4:1사울의 아들 이스보셋은 아브넬이 헤브론에서 죽었다 함을 듣고 손의 맥이 풀렸고 온 이스라엘이 놀라니라 2사울의 아들 이스보셋에게 군지휘관 두 사람이 있으니 한 사람의 이름은 바아나요 한 사람의 이름은 레갑이라…
4사울의 아들 요나단에게 다리 저는 아들 하나가 있었으니 이름은 므비보셋이라 전에 사울과 요나단이 죽은 소식이 이스르엘에서 올 때에 그의 나이가 다섯 살이었는데 그 유모가 안고 도망할 때 급히 도망하다가 아이가 떨어져 절게 되었더라
5브에롯 사람 림몬의 아들 레갑과 바아나가 길을 떠나 볕이 쬘 때 즈음에 이스보셋의 집에 이르니 마침 그가 침상에서 낮잠을 자는지라… 7…그를 쳐 죽이고 목을 베어 그의 머리를 가지고 밤새도록 아라바 길로 가 8헤브론에 이르러 다윗 왕에게 이스보셋의 머리를 드리며 아뢰되 왕의 생명을 해하려 하던 원수 사울의 아들 이스보셋의 머리가 여기 있나이다 여호와께서 오늘 우리 주 되신 왕의 원수를 사울과 그의 자손에게 갚으셨나이다 하니
9다윗이 브에롯 사람 림몬의 아들 레갑과 그의 형제 바아나에게 대답하여

그들에게 이르되 내 생명을 여러 환난 가운데서 건지신 여호와께서 살아 계심을 두고 맹세하노니 10전에 사람이 내게 알리기를 보라 사울이 죽었다 하며 그가 좋은 소식을 전하는 줄로 생각하였어도 내가 그를 잡아 시글락에서 죽여서 그것을 그 소식을 전한 갚음으로 삼았거든 11하물며 악인이 의인을 그의 집 침상 위에서 죽인 것이겠느냐 그런즉 내가 악인의 피흘린 죄를 너희에게 갚아서 너희를 이 땅에서 없이하지 아니하겠느냐 하고 12청년들에게 명령하매 곧 그들을 죽이고 수족을 베어 헤브론 못 가에 매달고 이스보셋의 머리를 가져다가 헤브론에서 아브넬의 무덤에 매장하였더라

므비보셋에 관한 언급(4절)은 삽입된 것이다. 이 구절은 앞 장에 있는 삽입된 본문(3:2-5)과 같은 역할을 하며 앞으로 전개될 이야기에 필요한 자료들(다윗의 아내들과 아들들의 명단)을 제공한다. 므비보셋 이야기는 나중에 접하게 되는데, 다윗의 아들들 이야기가 나중에 다뤄지는 것과 같다. 특별한 이름들을 언급하는 것은 뒤에서 쉽게 인식하도록 우리 마음속에 새겨두려는 것이다. 능숙한 이야기꾼들은 이처럼 문맥에서 벗어나 독자들의 관심을 끌 이름들과 사건들을 소개한다. 이는 나중에 파악하기 쉽게 하려는 것이다. 단편소설의 대가인 러시아의 문호 안톤 체호프는 이렇게 썼다. "어떤 저자가 이야기 초반부에 장전된 총을 테이블에 놓아둔다면, 이야기가 끝나기도 전에 발사되고 말 것이다." 우리는 기대한다. 어떻게 그리고 언제 므비보셋(그리고 암논, 압살롬, 아도니야)이 '발사'될 것인가?

레갑과 바아나에 관한 기사는 내란 기간 중 일어난 마지막 에피소드다. 전쟁이 막바지에 이르렀을 때 레갑과 바아나는 아말렉 사람처럼 계산을 잘못했다. 즉, 권력에 굶주린 다윗이 정당한 방법을 사용하든 반칙을 하든 상관없이 자기 야망을 조장하는 사람에게 보답할 것이라고 말이다. 다윗이 권력보다 정의에 관심이 더 많다는 사실을 레갑과 바아나가(아말렉

사람이 그러했듯이) 알 리가 없다.

다윗이 사는 세상은 하나님이 살아 계시는 세상이라는 것을 그들은 알지 못한다. 이와 같은 '상상의 실패'가 그들의 생명을 잃게 했다. 하나님과 그분의 방식을 아는 지식(신학)이야말로 실제적인 지식이다. 그것이 생명을 구할 수 있다. 만약 레갑과 바아나가 하나님을 조금이라도 알았다면, 두 사람은 그들의 머리(head)를 잃지 않았을 것이다. 비유적인 의미(지도자-옮긴이)에서든 글자 그대로이든(목숨-옮긴이).

지금까지 많은 살인이 보고되어 왔다. 아말렉 사람이 살해되었고, 기브온 못 가에서 전투원 24명이 칼에 찔려 죽었으며, 이어서 벌어진 전투에서 379명이 전사했다. 이후 아사헬과 아브넬과 이스보셋이 살해되었고, 이제 레갑과 바아나가 살해되었다. 아브넬이 요압에게 던졌던 질문, 즉 "칼이 영원히 사람을 상하겠느냐?"(2:26)라는 말은 내란 부분(2-4장)의 비명(碑銘)으로 세워도 좋겠다.

위에 열거된 최초(아말렉 사람)와 최후(레갑과 바아나 형제)의 죽음은 다윗의 명령으로 집행된 사형이다. 그러나 모든 죽음이 응보(應報)의 성격을 지닌 것으로 암시되어 있다. 이들은 파렴치하고 움켜쥐려는 남자들이다. 자기 눈에 보이는 '빠른 사람이 이기는' 기회들을 최대한 이용하려고 서로 다투고 빼앗는 자들이다. 그들의 운명은 시편 말씀이 얼마나 정확한지 확인해 준다. "그의 재앙은 자기 머리로 돌아가고 그의 포악은 자기 정수리에 내리리로다"(시 7:16). 요압은 이런 죽음에서는 벗어났으나 저주를 받는다. 그의 사형 집행은 약 30년 연기되었다(왕상 2:28-34). "악인은 자기가 손으로 행한 일에 스스로 얽혔도다"(시 9:16)라는 다윗의 관찰은, 그가 7년 6개월 동안의 내란을 경험한 데서 우러나온 것일까? 그럴지도 모른다. 이 이야기에는 희생자들도 있다. 이용당한 여인 리스바와 미갈, 쓸쓸한 발디엘, 불행한 이스보셋 말이다. 어떤 학자는 이스보셋을 "전혀 왕답지 않은 우유부단한 사람"이라고 묘사한다(P. Kyle McCarter, *II Samuel*, 122). 당할 이유가 없는 일을 당하는 희생자들이 항상 있게 마련이다.

내란의 어두운 면이 이런 식으로 드러난다. 그러나 처음부터 끝까지, 이 이야기는 다른 요소를 품고 있다. 그것은 이야기가 진술되는 과정에서 극적이진 않지만 결국 지배적인 요소가 되는데, 바로 다윗이다. 기도하는 다윗, 하나님의 주권 아래에서 자기에게 맡겨진 왕국을 기다리는 다윗이다. 조급하게 굴지 않는 다윗이다. 기름 부음을 통해 마침내 자신이 왕좌에 앉을 것이라고 믿고 있는 다윗이다. 다윗은 성가시게 하고 분열을 획책하는 동료들을 잘도 참는다. 명예를 지키고 정의를 수호하려는 강한 열정을 지녔으며 탄식에 민감하다.

이 이야기 가운데 주목할 만한 다윗의 핵심적인 특성이 두 가지 있다. 다윗은 사울의 왕위를 찬탈하려고 애쓰지 않으며, 자신이 "피 흘린 죄"라고 부르는 그것에 빠지지도 않는다. 사울의 빈 왕좌를 놓고 흥분한 주변 사람들에게서 볼 수 있는 광적인 야망과는 대조적으로, 다윗은 장례식을 주도하고, 시를 짓고, 결혼하여 자녀를 낳고, 정의를 베푼다. 권력을 움켜쥐려고 살인을 계속 저지르는 주변 상황과는 대조적으로, 다윗은 경쟁자로 보이는 어느 누구도 죽이지 않는다.

다윗의 이런 이야기를 냉소적으로 접근해 궁정의 선전활동의 일부로 읽을 수도 있을 것 같다. 그런 눈으로 보면 이 이야기는 다윗이 남긴 오점(다윗을 결국 사울의 왕좌에 앉힌 빈틈없는 정치 조작)을 얼버무리기 위해 고안된 것에 지나지 않는다. 다윗의 동기를 의심하는 회의적인 이스라엘 사람들(그들은 그의 성공을 시샘하는 자들이며, "이 이야기에 나오는 다윗은 지나치게 선해서 사실이 아니다"라고 생각하는 자들이다)을 설득하기 위해 쓰였을 뿐이다.

그러나 주의 깊게 읽어보면 다윗을 "지나치게 선하게 묘사하여 사실이 아니다"라는 주장이 틀렸음을 알 수 있다. 다윗은 확실히 그 시대가 낳은 인물이다. 이 내러티브의 뼈대를 구성하는 플롯은 다윗의 선함이나 순전함이 아니라, 하나님의 섭리다. 다윗이 권력의 자리로 오르게 된 사건들의 배후에는 하나님의 주권이 있다. 이것은 그 무엇보다도 신학적인 이야기다. 그러나 이것은 삶으로부터 분리된 신학(우리가 연구한 것들과 쓴 책들에서 흔히 마주친다)이 아니라, 삶에서 구체적으로 표현된 신학이다. 우리 시대 가장 존경받는 주석가 중 한 사람은 다윗 이야기를 다음과 같이 평가한다. "다윗이 권좌에 오른 이야기는 운 좋게 잡은 기회나 지혜로운 정책 때문이 아니라, 더 높은 분의 손길에 의해 배치된 기적적인 사건으로 묘사된다. 이렇게 하여 그 자료는 성경 전체라는 더 큰 문맥으로 들어와서 하나님이 인도하시는 역사의 한 에피소드가 된다"(Hans Hertzberg, *I & II Samuel*, 244).

18. 다윗이 이스라엘과 유다를 통합하다
사무엘하 5-10장

장로들이 다윗에게 기름을 부어 왕으로 삼다(5:1-5)

5:1이스라엘 모든 지파가 헤브론에 이르러 다윗에게 나아와 이르되 보소서 우리는 왕의 한 골육이니이다 2전에 곧 사울이 우리의 왕이 되었을 때에도 이스라엘을 거느려 출입하게 하신 분은 왕이시었고 여호와께서도 왕에게 말씀하시기를 네가 내 백성 이스라엘의 목자가 되며 네가 이스라엘의 주권 자가 되리라 하셨나이다 하니라 3이에 이스라엘 모든 장로가 헤브론에 이르러 왕에게 나아오매 다윗 왕이 헤브론에서 여호와 앞에 그들과 언약을 맺으매 그들이 다윗에게 기름을 부어 이스라엘 왕으로 삼으니라 4다윗이 나이가 삼십 세에 왕위에 올라 사십 년 동안 다스렸으되 5헤브론에서 칠 년 육 개월 동안 유다를 다스렸고 예루살렘에서 삼십삼 년 동안 온 이스라엘과 유 다를 다스렸더라

다윗이 또 기름 부음을 받았다. 이번이 세 번째다. 첫 번째는 어릴 때

사무엘에게서 받았고(삼상 16장), 두 번째는 그의 소속 지파인 유다 지파의 장로들에게서 받았는데 그때 나이가 삼십이었다(삼하 2:1-4). 그리고 마지막으로 이스라엘의 장로들에게서 기름 부음을 받는다. 이제 다윗은 이스라엘과 유다가 합쳐진 연합 왕국의 왕이다. 열두 지파가 모두 다윗의 지배를 받게 된 것이다. 그의 나이 37세 때의 일이다.

장로들이 여기까지 오는 데는 시간이 좀 걸렸다. 정확히 7년 6개월이다. 이제 그들은 사울의 영향력에서 벗어나 다윗이 처음부터 계속해서 자기들을 지지해 왔음을 깨달았다. 그들은 더 이상 적개심을 품지 않았으며, 남북 간의 해묵은 경쟁의식을 벗어버리고, 다윗과 근본적으로 혈족 관계임을 인정했다. "보소서 우리는 왕의 한 골육이니이다"(1절). 그들은 다윗이 그들 역사에서 담당했던 결정적인 역할을 기억한다. "이스라엘을 거느려 출입하게 하신 분은 왕[다윗]이시었고"(2절). 그들은 다윗을 자신들의 왕으로 삼을 준비가 되었다.

다윗을 왕으로 세우려는 시도는 이스라엘의 장로들이 주도한 것이다. 본문은 이 점을 분명히 밝힌다. 다윗은 어렸을 때 사무엘에게서 이미 왕으로 기름 부음 받았다. 그러나 다윗은 자신이 왕이라는 사실을 강조하거나 헤브론에 주둔하는 막강한 군대를 동원해서 북쪽 지파들에게 자신을 왕으로 받아들이도록 밀어붙이지 않았다. 다윗은 기다릴 줄 안다. 그의 기다림은 꾸물거림도 나태함도 아니다. 그것은 균형잡힌 복종으로, 다른 사람을 통해 일을 주도하시는 하나님께 적절한 공간과 시간을 내어드리며 스스로 행동하지 않는 것이다. 다윗은 긴 시간을 기다려 왔다. 그동안 아무 일도 안 했던 것은 아니지만, 성급하게 하나님이 주신 권리들을 주장하지 않았다. 다윗은 활동력과 자제력, 자신감과 겸손함이 겸비된 보기 드문 사람이다. 그는 사심 없는 지도자였다.

다윗을 왕으로 세우려고 장로들이 먼저 다윗에게 접근했음을 본문은 이렇게 말한다. "여호와께서도 왕에게 말씀하시기를 네가 내 백성 이스라엘의 목자가 되며 네가 이스라엘의 주권자가 되리라 하셨나이다"(2절). 그들은 (현재 글로 남아 있지는 않지만) 자신들이 기억하던 하나님의 말씀을 인용하는 것 같다. 어린 다윗은 이 이야기에 처음 소개될 때 목동으로 나온다(삼상 16:11). 그는 이제 왕이 되었지만, 어렸을 때의 직업상의 신분을 계속 유지할 것이다. 가장 유명한 다윗의 시(시 23편)는 하나님을 목자에 비유한다. 선지자들은 목자 은유를 가져와 폭넓게 사용하는데, 하나님 혹은 하나님이 세우신 지도자들을 가리키기 위해 이 은유를 사용한다(사 40:11; 렘 23:3-4; 겔 34장; 37:24). 예수도 자신을 선한 목자라고 말씀하셨다 (요 10:11). 목자는 섬김과 돌봄으로 양 떼를 이끈다.

이스라엘의 장로들은 다윗에게 기름을 부으면서 다윗을 '목자'라고 칭한다. 이렇게 함으로써 그들은 미묘하게 '왕'이라는 말의 의미를 회복시켰다. 사울은 왕으로 있으면서 이 단어의 의미를 상당히 왜곡시켰다. 그는 '왕'이라는 단어를 일종의 자격증으로 생각했다. 백성들을 축복하는 대신 들볶으라고, 하나님을 대신해서 자신을 지배자로 세운 허가증이라고 생각한 것이다. 그러나 이스라엘에서 왕의 지위는 한 번도 하나님의 왕권을 빼앗는 것이라고 해석된 적이 없다. 장로들은, 의도적인 것인지 본능적인 것인지 알 수 없지만, 이런 단어들이 얼마나 중요한지 알고 있다. '왕'을 '목자'라는 단어가 지배하는 의미의 영역에 둠으로써, 왕의 통치를 돌봄이라는 관점에서 이해하게 되었다. 우리가 선택하는 단어들과 그 단어의 사용 방식은 우리의 사고방식과 생활방식에 영향을 준다. 왕이 맞다. 그러나 양을 지키고 보살피고 기른다는 의미에서의 왕이다.

예루살렘을 손에 넣어 '다윗의 성'이 되다(5:6-10)

> 5:6왕과 그의 부하들이 예루살렘으로 가서 그 땅 주민 여부스 사람을 치려 하매 그 사람들이 다윗에게 이르되 네가 결코 이리로 들어오지 못하리라 맹인과 다리 저는 자라도 너를 물리치리라 하니 그들 생각에는 다윗이 이리로 들어오지 못하리라 함이나 7다윗이 시온 산성을 빼앗았으니 이는 다윗 성이더라 8그날에 다윗이 이르기를 누구든지 여부스 사람을 치거든 물 긷는 데로 올라가서 다윗의 마음에 미워하는 다리 저는 사람과 맹인을 치라 하였으므로 속담이 되어 이르기를 맹인과 다리 저는 사람은 집에 들어오지 못하리라 하더라 9다윗이 그 산성에 살면서 다윗 성이라 이름하고 다윗이 밀로에서부터 안으로 성을 둘러쌓으니라 10만군의 하나님 여호와께서 함께 계시니 다윗이 점점 강성하여 가니라

예루살렘은 이스라엘 역사에서 중심 역할을 하는데, 이제 처음으로 성경 이야기에 언급된다. 이 장소를 선택한 전략은 분명하다. 이스라엘과 유다로 이뤄진 통합 이스라엘 왕국을 다스리려면, 양쪽 모두가 받아들일 수 있는 장소를 확보하는 것이 중요하다. 예루살렘은 이스라엘과 유다의 접경 지역에 있으면서 어느 쪽에도 속하지 않았기 때문에 그 요건을 충족시킨다.

다윗이 예루살렘을 어떻게 손에 넣었는지는 알 수 없다. 예루살렘은 이스라엘 지파에게 주어지기 전에 여부스 족속이 점령하고 있었기 때문에, 새로운 수도로 사용하려면 먼저 정복해야 했다. 군사작전에 관한 신비한 묘사와 이야기에 사용된 투박한 용어들은 난해한 구절을 풀어내기 좋아하는 학자들에게 기쁨을 주지만, 성경을 쉽고 단순하게 읽는 것을 좋아하는 사람들에게는 절망감을 느끼게 한다. "물 긷는 데로 올라가서 치라"(5:8)는 지시는 수수께끼 같다. 핵심 단어들의 의미는 모두 불명

료하며 논쟁의 여지가 있다(예루살렘에는 두 개의 물 공급 체계가 있는데, 그 중 오래된 것이 바로 본문에 나오는 것으로 보이는 수로다. 다윗이 예루살렘을 정복하기 이전부터 있었던 것으로 보이기 때문에 '여부스 수로'라고 하다가 1867년 찰스 워런이 발견한 뒤로 '워런의 수로'라고 한다. 바위를 수평으로 약 15미터 깎아 만든 수로를 통해 기혼 샘으로부터 물을 끌어들여 저장실에 모아둔 후 15미터 정도의 수직 터널을 통과해 물을 긷도록 되어 있다. 두레박으로 물을 길어 수평으로 난 터널을 통과한 다음 계단식 터널을 오르면 도시의 성벽 아래로 갈 수 있다. 이런 시스템 덕분에 사람들이 산 아래까지 가서 물을 길어올 필요가 없었고 수원을 보호할 수 있었다. 다윗의 용사들이 이 수로를 통해 성 안으로 들어갔다고 추정한다. 하지만 워런의 수로가 발견된 이후 15미터나 되는 수직 갱도를 올라가는 실험을 해보았는데, 아무도 성공하지 못한 것으로 알려져 있다. 일부 학자들은 히브리어 '친노르'를 '수구'나 '수로'로[개역개정판은 '물 긷는 데'로 번역함] 번역하는 것을 반대한다. 예를 들어 유명한 고고학자인 올브라이트는 이 단어가 갈고리를 의미하는 가나안 말이라고 생각하며, 다윗의 부하들이 지하의 수로로 침투한 것이 아니라 성벽의 난간에 걸려 있는 갈고리를 통하여 요새로 접근했다고 주장한다. -옮긴이). 예루살렘 성 안에는 성벽 바로 바깥에 있는 기혼 샘에 갈 수 있는 터널이 뚫려 있었다. 정복자들은 이 터널을 이용해 요새로 침투한 것일까? 학자들은 단어들의 여러 의미와 고고학 관련 자료들을 잘 조합해서 그럴듯한 시나리오를 찾으려고 애쓰지만, 아직 만족할 만한 설명은 제시하지 못하고 있다.

투박한 언어들도 문제다. 본문에서 "다리 저는 사람과 맹인"이라는 어구가 경멸적인 의미로 세 번이나 사용되었다(6, 8절). 장애인들과 불우한 사람들을 존중하도록 성경을 통해 교육받은 사람들에게, 이런 표현은 공격이나 다름없다. 한편 어떤 사람들은 이런 용어들을 순화해서 다윗이 불우한 사람들을 차별한다는 올가미에서 풀어주려고 하지만, 정교하지 못하다. 그냥 다윗을 투박한 철기 시대 문화의 산물로, 즉 뿌리 깊은 편견들과 둔감함을 지닌 사람으로 보고, 다윗이 서투르게 처리한 것을 그의 후손인 '다윗의 자손'이 어떻게 다루는지를 눈여겨보는 것이 더 나을 것이다. 마태는 다윗 이야기와 병행하는 예수 이야기를 들려주는데, 이 이야기가 다윗 이야기에서 아주 공격적으로 다루어진 것을 정반대로 뒤집기 때문이다. 다윗도 예수도, 하나님의 나라를 세우려고 예루살렘에 들어간다. 둘 다 그곳을 더럽히는 자들을 쫓아내 그곳을 청결하게 했다. 그러나 "맹인과 다리 저는 사람들"의 운명은 호전(好轉)된다. 즉 "다윗이 미워하던 자들"은 예수께서 치료해 주시던 바로 그 사람들이다.

사무엘서의 이야기와 마태복음의 이야기를 비교하면 좋은 결과를 얻을 수 있다. 히브리인의 이야기들을 잘 알고 있는 마태는, 자신이 기록하는 내용의 깊이를 더하려고 히브리 이야기들을 배경으로 사용했다. 다윗은 이스라엘의 새로운 왕이 된 후 온 나라를 다스릴 새 수도를 세우려고 예루살렘에 들어가면서, 이교도인 여부스 족속이 거주하던 곳을 청결하게 했다. 이 과정에서 "맹인과 다리 저는 사람들"을 "다윗이 미워하는 사람"이라고 말한 것이다. 천 년 후에 예수는 같은 곳으로 들어가시는데, 착취를 일삼아 거룩한 곳을 더럽히던 자들의 자리를 왕이요 다윗의 자손이라는 군중들의 환호를 받으며 청결케 하신다. 그렇게 성전을 정화하신 뒤 예수께서 하신 첫 번째 일이 맹인과 저는 자들을 고치신 것이다. "맹인과 저는 자들이 성전에서 예수께 나아오매 고쳐주시니"(마 21:14).

장애인들에 대한 태도가 무시함에서 존중함으로 바뀌기까지는, 천 년이라는 시간이 필요했다. 이렇게 변화되는 데는 선지자들의 가르침, 특히 이사야의 가르침이 상당히 도움을 주었다(사 29:18; 35:3-6; 42:7; 56:8; 61:1). 장애인들에 대한 태도와 감정이 많이 변했지만, 아직은 충분하지 않다. 그러나 그런 변화의 근거('다윗의 자손')는 견고히 확립되었다.

아직 주목할 만한 점이 더 있다. 조금 뒤 이 이야기에는 실제로 다리를 저는 인물이 등장한다. 바로 므비보셋이다(삼하 9장). 다윗은 그를 예루살렘으로 데려와 자기 궁전으로 환대해 들이고 최대한 예우를 갖춰 대한다. 다윗의 행동은 그가 하는 말 이상이다.

시온(7절)은 예루살렘 안에 있는 요새였을 것이다. '시온'이라는 단어는 성경에서 여기에 처음 나오며, 이후 예루살렘의 동의어가 된다. 시간이 흐르면서 이 단어는 광범위한 신학적 의미들을 내포하게 되었다. 이 단어의 어근이 무슨 뜻인지는 분명치 않다.

밀로(9절)는 성의 동쪽에 있는 주요 건축물인데, 성벽, 망대, 계단식 구조 중 어떤 종류인지는 확실치 않다.

집과 가족(5:11-16)

> 5:11두로 왕 히람이 다윗에게 사절들과 백향목과 목수와 석수를 보내매 그들이 다윗을 위하여 집을 지으니 12다윗이 여호와께서 자기를 세우사 이스라엘 왕으로 삼으신 것과 그의 백성 이스라엘을 위하여 그 나라를 높이신 것을 알았더라

히람은 이스라엘 북쪽에 인접한 이웃 나라의 왕이다. 그는 다윗이 왕들의 모임에 들어오게 된 것을 환영하는 뜻에서, 그에게 궁전을 지어주었다. 히람 왕이 환영하자 다윗은 자신의 새로운 리더십(왕으로서)과 일(왕국)을 하나님이 승인하신 것으로 해석한다.

> 5:13다윗이 헤브론에서 올라온 후에 예루살렘에서 처첩들을 더 두었으므로

아들과 딸들이 또 다윗에게서 나니 14예루살렘에서 그에게서 난 자들의 이름은 삼무아와 소밥과 나단과 솔로몬과…

가족을 자세히 소개하는 것은 사무엘하 3장 2-5절에 소개된 명단을 보충함으로써 왕국을 결속시키고 다윗 왕권의 정통성을 더욱 확실시하려는 것이다. 헤브론에서 태어난 여섯 아들 외에 예루살렘에서 열한 명이 더 태어났다. 열일곱 명의 아들들은 인상적인 자손들이다(대상 3:1-9에 나오는 명단은 약간 다르다). 이 명단 가운데 나중에 다시 나오는 이름은 솔로몬뿐이다.

예루살렘을 정복하고, 히람 왕에게 인정받고, 가족이 번성한다는 이 세 기사는 결합되어 사실상 이렇게 말한다. "다윗이 여기 있다. 다윗의 통치는 견고한 기반 위에 서 있다."

또 블레셋 사람들(5:17-25)

5:17이스라엘이 다윗에게 기름을 부어 이스라엘 왕으로 삼았다 함을 블레셋 사람들이 듣고 블레셋 사람들이 다윗을 찾으러 다 올라오매 다윗이 듣고 요새로 나가니라 18블레셋 사람들이 이미 이르러 르바임 골짜기에 가득한지라 19다윗이 여호와께 여쭈어 이르되 내가 블레셋 사람에게로 올라가리이까 여호와께서 그들을 내 손에 넘기시겠나이까 하니 여호와께서 다윗에게 말씀하시되 올라가라 내가 반드시 블레셋 사람을 네 손에 넘기리라 하신지라 20다윗이 바알브라심에 이르러 거기서 그들을 치고 다윗이 말하되 여호와께서 물을 흩음같이 내 앞에서 내 대적을 흩으셨다 하므로 그곳 이름을 바알브라심이라 부르니라 21거기서 블레셋 사람들이 그들의 우상을 버렸으므로 다윗과 그의 부하들이 치우니라

22블레셋 사람들이 다시 올라와서 르바임 골짜기에 가득한지라 23다윗이 여호와께 여쭈니 이르시되 올라가지 말고 그들 뒤로 돌아서 뽕나무 수풀 맞은편에서 그들을 기습하되 24뽕나무 꼭대기에서 걸음 걷는 소리가 들리거든 곧 공격하라 그때에 여호와가 너보다 앞서 나아가서 블레셋 군대를 치리라 하신지라 25이에 다윗이 여호와의 명령대로 행하여 블레셋 사람을 쳐서 게바에서 게셀까지 이르니라

그동안 다윗의 통치가 견고하게 확립되었고, 이제 이스라엘의 오랜 원수인 블레셋에 의해 다윗의 통치가 도전받는 것이 확인된다. 사울의 왕조를 무너뜨린 블레셋 사람들이 이제 다윗을 무너뜨리려 한다.

다윗은 사울의 신하로 있으면서 블레셋과 전쟁을 치렀고, 그 덕분에 사람들한테 좋은 평판을 얻었다. 이제 왕이 된 다윗은 오래전에 했던 일로 돌아간다. 아직 기량이 쇠하지 않았다는 사실이 드러났다. 그는 이전처럼 블레셋을 물리치는 일을 잘해낸다.

두 차례의 전쟁이 잇따라 발발하는데, 둘 다 예루살렘 정남방(正南方)에 있는 르바임 골짜기에서 일어났다. 다윗은 전쟁 전에 두 번 다 기도한다. 그는 명령을 받는 왕이다. 사울과 달리 다윗은 한 분 왕을 위해 일하는 왕이다. 전쟁을 두 차례 치르면서 다윗은 각각 다른 전략을 사용했으나 두 전쟁에서 모두 승리했다. 사무엘하 8장 1절에 잠깐 언급되는 것을 제외하면, 블레셋 사람들에 관해 듣는 것은 이것이 마지막이다. 앞으로 수년 동안 다윗은 다른 적들과 싸울 것이다. 그렇게 오랫동안 지배해 왔던 블레셋의 위협은 끝났다.

시간이 흐르면서 '블레셋'은 상징적인 단어로 자리잡았다. 현재 '블레셋'은 하나님께 반항적인 사람, 힘이 정의라고 믿는 정신, 조잡하고 무감각한 영혼을 가리킨다. 그러나 블레셋 사람들은 오래가지 못한다. 그들은 갑각

류 같다. 갑각류는 전신갑주를 입어 몹시 강해 보이지만, 상대적으로 부드러워 보이는 척추동물(뼈는 속에 있다)의 적수가 못 된다. 하나님께 주의를 기울이며 기도하는 골격을 갖춘 다윗이 최후의 승리를 얻는다는 것은 당연하며 전혀 놀라운 일이 아니다.

언약궤(6:1-23)

하나님의 궤는 예로부터 하나님이 이스라엘과 함께하신다는 상징이었다. 언약궤는 언덕에 있는 아비나답의 집(기럇여아림이라는 마을 근처에 있다)에 오랫동안 보관되어 왔다. 하나님의 궤를 블레셋 사람들에게 빼앗기고, 그 궤가 이스라엘로 돌아온 뒤 아비나답의 집에 보관하기로 결정하게 된 이야기는 앞에서 들었다(삼상 4:1-7:2). 그 모든 사건은 사울과 다윗이 이스라엘의 왕이 되기 전에 일어났다. 이제 그 궤가 다시 이야기 속으로 들어온다.

> 6:1다윗이 이스라엘에서 뽑은 무리 삼만 명을 다시 모으고 2…하나님의 궤를 메어 오려 하니… 3그들이 하나님의 궤를 새 수레에 싣고 산에 있는 아비나답의 집에서 나오는데 아비나답의 아들 웃사와 아효가 그 새 수레를 모니라 4그들이 산에 있는 아비나답의 집에서 하나님의 궤를 싣고 나올 때에 아효는 궤 앞에서 가고 5다윗과 이스라엘 온 족속은 잣나무로 만든 여러 가지 악기와 수금과 비파와 소고와 양금과 제금으로 여호와 앞에서 연주하더라

다윗 왕은 이제 예루살렘의 왕좌에 굳건히 앉아 있다. 그동안 하나님은 언약궤의 "그룹들 사이에 좌정"하고 계셨다(2절). 언약궤는 하나님의 주권과 구원의 임재를 상징하는 이스라엘의 핵심적인 상징이었다. 여호수아의

지휘 아래 가나안을 정복한 때부터 실로의 성소에 안치된 하나님의 궤는 이스라엘 예배의 중심이었다. 이 궤가 그런 중심을 제공해 온 지는 꽤 오래된다. 지난 20년 동안 언약궤는 잘 알려지지 않은 마을에 숨겨져 있었다.

이제 다윗은 이 궤를 타향에서 모셔와 특별하고 잘 알려진 장소에 두기로 결심한다. 이것은 이스라엘에 엄청난 결과를 가져올 것을 염두에 둔 전략적인 결정이다.

다윗의 이 결정(하나님의 궤를 예루살렘으로 옮겨온 것)은 예루살렘에 도읍한 신생 왕국의 정치적이며 군사적인 차원의 행동이자, 어느 왕이든 하나님의 왕권에 복종할 것이라는 선언과 같다. (다른 누가 아니라) **하나님이** 왕이시다. 하나님은 (다른 무엇이 아니라) **왕이시다.** 하나님이 권위 있게 다스리신다. 상소할 더 이상의 상급 법정은 없다. 하나님은 우주만물을 다스리신다. 피난하거나 망명할 중립 국가나 무인도는 없다.

하나님의 주권은 이스라엘의 신학을 지배한다. 다윗은 지금 하나님의 주권이 이스라엘의 상상력과 정치도 지배하리라는 것을 알고 있다. 다윗은 언약궤를 실로가 아니라 예루살렘에 둠으로써 하나님의 주권을 다시 확립한다.

다윗이 언약궤를 가져오자 많은 사람들이 이런 의문을 던진다. "다윗은 고대 근동에서 보편적으로 행해온 것처럼 자신의 왕권이 신적인 것이라고 주장할 것인가? 아니면 하나님이 족장들과 모세에게 주셨던 계시에 복종할 것인가?" 언약궤를 가져오는 것은 이 질문에 대한 다윗의 대답이다. 계시와 구원과 섭리를 통해 자신을 드러내신 하나님이 이스라엘의 삶을 지배하신다. 언약궤는 하나님(신학적으로)과 정부(정치적으로)에 관한 이스라엘의 사고방식과 생활방식을 직접 형성할 수 있는 곳에 놓인다.

성경이라는 계시를 특정한 문화에 동화시키려는 교활한 압력이 끊임없이 행해지고 있다. 즉, 당면한 사회 및 정치적 가설이나 필요에 의해 하나님을 재해석하려는 것이다. 다윗 시대에는 하나님의 통치를 주변 민족들의 왕을 신으로 보는 수많은 신화들의 관점에서 이해하려고 했다. 우리 시대에는 하나님의 통치를 여론조사 기관이 표로 만들어 제공해 주는 유권자들의 선호도로 이해하려고 한다. 성경 이야기와 그 진술 방식은 성경을 읽는 사람들에게 그런 압력에서 벗어날 수 있도록 끊임없이 힘을 준다. 온 세상이 하나님의 통치 아래로 들어와야지 세상 정치를 섬기는 자리에 하나님을 두려고 하면 안 된다.

예배는 실체(하나님의 주권)에 대한 반응들 가운데 유일하게 충분하고 적절한 반응이다. 예배는 많은 대응 주권(하나님의 주권에 반대하는 다른 주권들–옮긴이)의 환영(幻影)을 은연중에 폭로한다. 다른 어떤 것도 예배를 대신할 수 없다.

다윗은 예루살렘을 새로운 예배 중심지로 삼으려고 하나님의 궤를 예루살렘으로 가져왔고, 예배를 드리면서 궤를 옮겼다(5절). 방법(예배드리는 것)과 목적(예배)이 완벽하게 일치한다. 성경적인 예배는 바로 이런 일치와 조화를 요구한다. 하나님을 예배하게 만들 목적으로 사람들에게 인위적인 방법을 사용하는 것은 잘못이다. 인간적인 이유를 합법화하여 '감추려고'(cover, 언약궤의 뚜껑이 속죄소다.–옮긴이) 하나님께 드리는 예배를 이용하면 안 된다. 예배드리는 공동체가 이런 일치에 도달하는 것은 어렵다. 그리고 그렇게 예배드리지 못하는 것이 그렇게 예배드리는 것보다 더 눈에 띈다. 그러나 이 이야기는 적어도 그 부분들(방법과 목적)을 일치시킨다.

6:6그들이 나곤의 타작 마당에 이르러서는 소들이 뛰므로 웃사가 손을 들어 하나님의 궤를 붙들었더니 7여호와 하나님이 웃사가 잘못함으로 말미암아 진노하사 그를 그곳에서 치시니 그가 거기 하나님의 궤 곁에서 죽으니라 8여호와께서 웃사를 치시므로 다윗이 분하여 그곳을 베레스웃사라 부르니

그 이름이 오늘까지 이르니라 9다윗이 그날에 여호와를 두려워하여 이르되 여호와의 궤가 어찌 내게로 오리요 하고 10다윗이 여호와의 궤를 옮겨 다윗 성 자기에게로 메어 가기를 즐겨하지 아니하고 가드 사람 오벧에돔의 집으로 메어 간지라 11여호와의 궤가 가드 사람 오벧에돔의 집에 석 달을 있었는데 여호와께서 오벧에돔과 그의 온 집에 복을 주시니라

그런데 이 성대한 예배를 수행하는 이들 가운데 예배드리지 않는 사람이 한 사람 있었다. 그 사람의 이름은 웃사다.

언뜻 보기에 웃사는 억울하게 죽은 것 같다. 그러나 자세히 들여다보면 뭔가 다른 것이 드러난다. 실마리는 3절에 있다. "그들이 하나님의 궤를 새 수레에 싣고"(3절). 이 문장은 언약궤의 기원과 의미를 아는 사람의 주의를 끈다. 모세는 궤를 운반하는 방법을 자세히 가르쳐 주었는데, 궤를 운반할 때는 손을 대면 안 된다. 레위인들이 궤에 붙어 있는 네 개의 고리에 채(막대기)를 끼운 후 그 채를 어깨에 메고 신중하게 옮겨야 한다(출 25:13-14; 대상 15:14-15). 웃사와 아효는 다윗 시대에 궤를 돌보고 섬기는 책임을 맡은 제사장이지만 모세의 율법을 무시했다. 그들은 궤를 채로 운반하지 않고 블레셋 사람들의 선진 기술인 수레로 대체했다(삼상 6장 참고). 분명 수레가 더 효율적이지만, 결정적인 문제가 있다. 수레는 비인격적이다. 성별된 사람들을 제치고 노동력을 아낄 수 있는 기계로 바꾼 것이다. 비인격적인 것이 인격적인 것을 제거한다. 웃사는 거룩의 본질에 상관없이 무비판적으로 기술을 신봉하는 사람들의 수호성인이다.

수 세기에 걸쳐 그리스도인들은 웃사의 죽음을 놓고 상상력을 펼쳐왔는데, 계속해서 한 가지 통찰이 반복되고 있다. 그것은 하나님을 맡는 것이 웃사의 운명이라는 주장이다. 수레를 끄는 소들이 뛰자 웃사는 반사적으로 손을 내밀어 궤를 잡았다. 언약궤가 수레에서 미끄러지지 않도록 그

렇게 한 것이다. 이것은 돌발적인 행동이 아니라 웃사가 언약궤를 다루는 '습관'이었다. 그리고 필경 언약궤 안에 계신 하나님을 대하는 습관이기도 하다. 강박관념에 사로잡힌 이런 태도는 결국 죽음이라는 결과를 가져온다. 천천히 죽느냐 갑자기 죽느냐의 차이가 있을 뿐이다. 하나님은 상자에 담겨 보관될 분이 아니다. 다듬어진 목재로 만들어진 상자이든, 다듬어진 돌, 뛰어난 아이디어, 순수한 감정으로 만들어진 상자이든 상관없다. 우리가 하나님을 돌보는 것이 아니라 하나님이 우리를 돌보신다. 웃사는 하나님을 예배하는 데 열중하지 않고 쓸데없이 참견하면서, 하나님을 상자 안에 모셔두고 세상의 진흙과 먼지로부터 하나님을 지켜야 한다고 생각하여 그 책임을 떠맡은 그런 사람이다. 종교적인 영역에서 죄인들의 야비함과 대중들의 무지로부터 하나님을 보호해야 할 임무를 자신들이 떠맡았다고 착각하는 남녀들이 끊임없이 나타나고 있다.

당시 다윗은 이 모든 일을 받아들일 처지가 아니었다. 그가 보고 있는 것은 '결국 죽게 될 목숨'이 아니라 갑작스러운 죽음이다. 다윗은 행사를 계속 진행시키는 것이 두려워 행렬을 중단시키고 언약궤를 다시 보관소에 보관하는데, 이번에는 가드 사람 오벧에돔에게 맡겼다. "가드 사람"이라는 말은 '가드 출신', 즉 '블레셋 사람'이라는 뜻일 것이다.

이 사람은 다윗의 이야기에 언급된 세 번째 블레셋 사람이다. 첫째는 다윗이 죽인 골리앗, 둘째는 다윗을 보호했던 아기스, 그리고 이제 다윗이 위험한 임무를 맡긴 오벧에돔이다. '블레셋'에 대한 고정관념은 이쯤에서 끝내자. 블레셋 사람들도 하나님께 쓰임 받을 수 있다.

앞 장은 이스라엘이 르바임 골짜기에서 블레셋과 싸우는 이야기를 다룬다(5:17-25). 다윗은 그 장소를 바알브라심이라고 했고(5:20), 웃사가 죽은 이곳을 베레스 웃사라고 불렀다(6:8). 두 지명에 사용된 동사들의 어근인 '바라스'가 두 사건을 연결해 준다. '바라스'는 '돌발하다', '갑자기 …하다', '분출하다/폭발시키다'라는 뜻을 지닌 히브리어 동사다. 두 사건에서 이 동사는 하나님의 행동을 가리키는데, 신성한 힘을 사건 현장으로 분출시키는 것을 나타낸다. 그러나 두 이름은 대조적이다. 첫 번째는 하나님이 위험한 악(블레셋)에서 구원해 주신 것을 기뻐하면서 다윗이 외친 이름이지만, 두 번째는 위험하지 않다고 여겼던 종교(제사장)를 심판하신 데 대해 분노를 터뜨린 것이다. 하나님은 오시지만 당신의 방식대로 오신다. 그분의 행동은 우리의 기대나 바람을 항상 채워주시는 것이 아니다. 하나님은 다윗의 편이지만 다윗이 하라는 대로 하시는 분은 아니다.

> 6:12어떤 사람이 다윗 왕에게 아뢰어 이르되 여호와께서 하나님의 궤로 말미암아 오벧에돔의 집과 그의 모든 소유에 복을 주셨다 한지라 다윗이 가서 하나님의 궤를 기쁨으로 메고 오벧에돔의 집에서 다윗 성으로 올라갈새 13여호와의 궤를 멘 사람들이 여섯 걸음을 가매 다윗이 소와 살진 송아지로 제사를 드리고 14다윗이 여호와 앞에서 힘을 다하여 춤을 추는데 그때에 다윗이 베 에봇을 입었더라 15다윗과 온 이스라엘 족속이 즐거이 환호하며 나팔을 불고 여호와의 궤를 메어 오니라
> 16여호와의 궤가 다윗 성으로 들어올 때에 사울의 딸 미갈이 창으로 내다보다가 다윗 왕이 여호와 앞에서 뛰놀며 춤추는 것을 보고 심중에 그를 업신여기니라

다윗은 "여호와 앞에서 힘을 다하여 춤을 추는데", 이 모습은 아내 미갈(20, 23절 참고)의 냉정한 태도와 아주 대조적이다. 미갈은 창가에서 그 모습을 보며 다윗을 비웃는다. 이 대조는 하나님을 예배하는 것보다 예배의 형식을 더 따지는 사람들을 향한 경고와 책망의 역할을 한다.

6:17여호와의 궤를 메고 들어가서 다윗이 그것을 위하여 친 장막 가운데 그 준비한 자리에 그것을 두매 다윗이 번제와 화목제를 여호와 앞에 드리니라 18다윗이 …백성에게 축복하고 19모든 백성 곧 온 이스라엘 무리에게 남녀를 막론하고 떡 한 개와 고기 한 조각과 건포도 떡 한 덩이씩 나누어 주매 모든 백성이 각기 집으로 돌아가니라

20다윗이 자기의 가족에게 축복하러 돌아오매 사울의 딸 미갈이 나와서 다윗을 맞으며 이르되 이스라엘 왕이 오늘 어떻게 영화로우신지 방탕한 자가 염치 없이 자기의 몸을 드러내는 것처럼 오늘 그의 신복의 계집종의 눈앞에서 몸을 드러내셨도다 하니 21다윗이 미갈에게 이르되 이는 여호와 앞에서 한 것이니라 그가 네 아버지와 그의 온 집을 버리시고 나를 택하사 나를 여호와의 백성 이스라엘의 주권자로 삼으셨으니 내가 여호와 앞에서 뛰놀리라 23내가 이보다 더 낮아져서 스스로 천하게 보일지라도 네가 말한 바 계집종에게는 내가 높임을 받으리라 한지라 23그러므로 사울의 딸 미갈이 죽는 날까지 그에게 자식이 없으니라

다윗은 언약궤를 예루살렘으로 가져와 여호와 앞에서 춤을 추었는데, 이런 행동을 통해 예배를 백성들의 삶의 중심에 두었다. 다윗은 하나님이 세우신 왕의 자격으로 그들을 다스리는 것이다. 하나님이 전반적인 인간 삶의 가장 중요한 실재이시라면, 예배는 우리가 해야 할 '실제적인 일'이다. 우리가 행하는 어떤 일도 예배보다 기본이 되거나 중요한 것은 없다.

성경적인 예배는 하나님의 계시와 인간의 반응이라는 두 요소가 장단이 잘 맞아 규칙적으로 순환한다. 예배에는 심오한 단순성이 있다. 그러나 그것은 성취된 단순성(achieved simplicity)이다. 왜냐하면 예배에는 많은 것이 연관되어 있어, 그만큼 본질을 벗어나기 쉽기 때문이다. 이것을 바르게 이해하는 것이 대단히 중요하다. 그러나 늘 그렇듯, 성경은 당장 써먹을 수

있게 명확한 정의를 내려주는 대신 우리가 참여하게끔 이야기를 들려준다. 이런 이야기를 잘 들으면 예배의 본질과 위험에 관한 생각들을 정리할 수 있다.

다윗이 언약궤를 예루살렘으로 가져오는 이야기는 실로 정교하게 뜬 직물처럼, 예배라는 태피스트리를 만들어 낸다. 이 이야기로 들어가면 우리는 복잡성과 단순성을 동시에 인식할 수 있다.

예배는 하나님의 계시에서 시작된다. 하나님은 누구시며 무엇을 어떻게 하시는가? 이것이 첫 번째 요소다. 하나님의 궤는 바로 이것에 집중할 수 있게 해준다. 언약궤는 이스라엘 사람들에게 하나님에 대한 가시적 증거를 보여주었는데, 홍해에서의 구원(모세의 지팡이), 시내 산에서의 계시(두 돌판), 광야에서의 인도하심(만나를 담은 항아리), 모든 것 위에 뛰어나신 하나님의 주권(그룹 가운데 있는 속죄소)을 상기시켰다. '하나님'께는 역사가 있다. '하나님'은 사람들이 일반적으로 말하는 추상개념이 아니라 우리가 구체적으로 경험하는 신적인 존재이시다. 사람들이 예루살렘으로 행진하면서 춤추고 노래하는 반응은 2차적인 요소다. 그들의 존재가 먼저 하나님이라는 실재에 의해 규명된 다음, 그들은 그것에 따라 적절하게 반응한다.

그러나 이 이야기에는 그 이상의 것이 있는데, 이런 일은 예배 가운데 항상 있는 것이다. 우선 세 사람이 눈에 띈다. 다윗과 웃사와 미갈이다. 다윗은 중심 역할을 견지한다. 다윗은 예배를 인도하며 이야기를 시작하고 이야기를 끝맺는다. 웃사와 미갈도 두드러지지만 부정적인 역할이다. 그들은 예배드릴 상황에 있으면서도 예배드리지 않는다. 웃사는 예배드리지 않고 성가신 일을 하고 있다. 그는 종교적인 업무를 수행할 뿐이다. 미갈 역시 예배드리지 않고 비판적으로 예배를 관찰한다. 그녀는 겉으로 드러나는 동작만 비판한다. 예배드리는 자리에 참석하고도 예배드리지 않는 일은 흔하며 위험한 일이다. 살아 계신 하나님께 예배드리지 않겠다고 한다면, 결국 생명을 잃게 될 것이다. 죽고(웃사) 불임(미갈)에 놓인다.

그러나 다윗은 예배드린다. '예배'라는 단어가 직접적으로 나타나지는 않지만, '춤추다'라는 은유가 네 번 반복된다(6:5, 14, 16, 21). 예배를 암시하는 은유인 춤은 중요한 사실을 깨닫게 한다. 즉 우리가 하나님께 반응하면, 그것은 우리로 하여금 근심을 잊게 한다. 길을 건너는 무거운 발걸음에서 자유롭게 하고, 거룩한 춤으로 끌어들인다.

다윗은 기본적으로 하나님 중심적인 사람이며, 역사적으로 볼 때 그는 예배에 가장 중요한 영향을 끼쳤다. 때가 되자 다윗의 왕으로서의 직무도 끝났고, 정치적 영향력도(신학적 영향력은 아니지만) 다하였다. 그러나 그의 예배는 지속되고 활성화되었다. 그가 보여준 예배 모범과 그가 지어 모범이 된 시편들은 앞으로도 계승될 위대한 유산이며, 여전히 그 영향력이 확대되고 있다. 예수를 제외하면, 유대교와 기독교 예배에 가장 중요한 영향을 끼친 인물이 다윗이다. 그는 생전에 정치로 백성들을 다스렸을 때보다 훨씬 많은 사람에게 영향을 주었다.

이스라엘과 교회의 삶에 다윗이 언약궤를 예루살렘으로 가져오는 이 이야기가 들어온 후, 하나님께 예배드리는 사람들에게 체계와 통찰력과 경고를 주었다. 우리는 누가의 기사에서 다윗이 기뻐 춤추며 뛰어놀던 이야기가 되풀이되는 것을 포착할 수 있다. 이제 막 예수를 임신한 마리아가 엘리사벳을 만나러 왔을 때, 엘리사벳의 태중에 있던 요한이 뛰놀았다는 이야기(눅 1:41) 말이다.

언약과 기도(7:1-29)

이 시점에서 이야기의 템포와 분위기가 갑자기 바뀐다. 다윗이 헤브론에서 왕으로 기름 부음 받은 순간(2:1-4)부터 지금까지, 희게 부서지는 급류에서 뗏목을 타는 듯 숨 돌릴 겨를도 없이 극적인 사건이 계속 이어져 왔다. 그러다 갑자기 아무 이야기도 없다. 고요한 물만 있을 뿐 더 이상의 움직임은 없다.

그러나 겉보기에만 그렇다. 행동이 내면화된 것이다. 다윗은 기도한다. 여전히 많은 일이 일어나고 있지만 그것을 동일한 방식으로 얘기할 수는 없다. 만약 우리가 빠른 템포의 감정적이고 단조로운 이야기만 기대한다면, 우리는 여기에 암시된 위기-중심점(crisis-pivot)을 놓칠 위험이 있다. 월터 브루그만은 이 장을 "사무엘서에서 가장 극적이며 신학적인 중심"이라고 한다. 그는 이렇게 말한다. "참으로 이 본문은 구약성경에서 가장 복음적인 신앙을 위한 결정적인 구절이다."

> 7:1여호와께서 주위의 모든 원수를 무찌르사 왕으로 궁에 평안히 살게 하신 때에 2왕이 선지자 나단에게 이르되 볼지어다 나는 백향목 궁에 살거늘 하나님의 궤는 휘장 가운데에 있도다 3나단이 왕께 아뢰되 여호와께서 왕과 함께 계시니 마음에 있는 모든 것을 행하소서 하니라

마침내 모든 일이 다윗을 위하여 합력하고 있다. 위험과 투쟁과 기다림의 세월을 보낸 뒤 그는 일을 성취했다. 하나님이 "주위의 모든 원수를 무찌르사" "왕으로 궁에 평안히 살게" 하셨다(1절). 그러나 다윗은 아직 은퇴할 마음이 없다. 그의 능력과 힘은 절정에 있으며 의욕도 넘친다. 그는 멀리 볼 필요가 없다. 하나님의 궤를 이제 막 예루살렘으로 가져왔으니 이제 언약궤를 위한 성소, 즉 예배드릴 장소를 지을 것이다. 그는 이스라엘에서 하나님께 예배드리는 것의 중요성과 중심됨을 건축으로 표현할 것이다. 다윗은 예루살렘에 **자신의** 공간을 세웠다. 이제 그는 **하나님의** 공간을

세울 것이다.

다윗은 자신의 목자인 선지자 나단에게 건축 계획을 알리고 그의 재가와 축복을 받는다. 모든 상황이, 아주 분명하고 사심 없이 순수한 마음에서 추진되어 기도할 필요도 없는 것 같은 때가 있다. 바로 이런 경우다. 당연히 다윗도 기도하지 않고 나단도 기도하지 않았다. 이스라엘의 역사와 다윗의 생애에서 하나님의 영광을 드러내는 데 이보다 더 적절한 시기가 언제이겠는가? 그 순간에 성소는 사실상 건축된 것이나 다름없었다.

> 7:4그 밤에 여호와의 말씀이 나단에게 임하여 이르시되 5가서 내 종 다윗에게 말하기를 여호와께서 이와 같이 말씀하시되 네가 나를 위하여 내가 살 집을 건축하겠느냐 6내가 이스라엘 자손을 애굽에서 인도하여 내던 날부터 오늘까지 집에 살지 아니하고 장막과 성막 안에서 다녔나니 7이스라엘 자손과 더불어 다니는 모든 곳에서 내가 내 백성 이스라엘을 먹이라고 명령한 이스라엘 어느 지파들 가운데 하나에게 내가 말하기를 너희가 어찌하여 나를 위하여 백향목 집을 건축하지 아니하였느냐고 말하였느냐 8그러므로 이제 내 종 다윗에게 이와 같이 말하라 만군의 여호와께서 이와 같이 말씀하시기를 내가 너를 목장 곧 양을 따르는 데에서 데려다가 내 백성 이스라엘의 주권자로 삼고 11…여호와가 너를 위하여 집을 짓고 12네 수한이 차서 네 조상들과 함께 누울 때에 내가 네 몸에서 날 네 씨를 네 뒤에 세워 그의 나라를 견고하게 하리라 13그는 내 이름을 위하여 집을 건축할 것이요 나는 그의 나라 왕위를 영원히 견고하게 하리라…

밤새도록 기도한 후 나단은 건축 허가를 취소한다. 낮 시간에는 아주 훌륭하게 보이던 선한 의도(열정적이지만 기도가 없었다)가 이제 아주 부적절하게 보인다. 하나님이 나단에게 보이신 것은, 다윗이 하나님을 위해 세운 건축 계획이 하나님이 다윗을 위해 세우신 계획을 방해하고 혼란스럽게 한다는 것이다.

하나님이 나단을 통해 다윗에게 주신 말씀의 핵심은 이것이다. "나를 위해 집을 지어주고 싶으냐? 됐다. 내가 너를 위해 집을 세울 것이다. 내가 이곳에 세울 왕국은 네가 나를 위해 세우는 것이 아니라, 내가 너를 통해 세우는 것이다. 내가 건축할 일이지 네가 건축할 일이 아니다. 네 힘으로 건축 작업을 시작하게 놔두지 않을 것이다. 그렇게 되면 일이 복잡해질 것이다. 내가 너의 건축 사업을 허락한다면, 예루살렘은 건축 프로젝트가 진행되는 광경들과 소리들, 그러니까 목수들의 망치 소리와 석공들의 정 소리, 십장들의 외침으로 채워질 텐데, 그러면 어떻게 되겠느냐? 얼마 못 가서 모든 사람의 관심은 **네가** 하는 일에 집중될 것이고, **내가** 하는 일에는 무관심해질 것이다. 지금 우리는 **왕국**을 다루고 있으며 내가 그 왕국의 왕이다. 나는 지금까지 오랫동안 '왕궁' 없이 잘 지내왔는데, 너는 왜 내가 왕궁을 원하거나 필요로 한다고 생각했느냐? 만일 건물을 지어야 한다면 내가 지을 것이다. 나는 네가 목동이던 시절부터 너와 함께 일해왔다. 그것은 구원과 정의와 평화가 실현될 수 있는 왕국을 세우기 위해서다. 네가 지금 여기 있는 것이 이 때문이다. 내가 너와 함께 일하는 것은 내가 하는 것을 보고 마음에 그리라는 것이지, 네가 하고 있는 일에 집중하라는 뜻이 아니다. 나는 사울이 그런 실패를 하는 것을 지금까지 봐왔기에 다시는 그런 실패를 허용하지 않을 것이다. 지금 네가 마음에 두고 있는 것과 같은 건축물을 지을 적당한 때가 올 것이다. 사실은 너의 아들이 그 일을 할 것이다. 그러나 아직은 아니다. 먼저 우리는 백성들의 생각과 습관 속에 **내가** 주님이라는 개념을 확립해야 한다. 네 왕권은 내가 왕이라는 것을 증언해야지, 그 사상을 모호하게 하면 안 된다. **그게** 바로 내가 세우는 집이다. 즉 나의 주권을 증언하고 나타내라고 부여한 너의 왕권이 내가 세우는 집이다. 중요한 일을 먼저 하라!"

하나님이 나단을 통해 다윗에게 주신 이 메시지에는 하나님이 이미 행하신 일과 지금 하고 계신 일, 그리고 앞으로 하실 일이 구체적으로 드러난다. 하나님이 이 메시지에 나오는 23개 동사의 일인칭 주어가 되신다. 그리고 이 동사들은 모두 행동, **하나님**의 행동을 나타낸다. 하나님을 위해 뭔가를 하려는 생각으로 꽉 차 있던 다윗은 하나님이 자기를 위해 하시는 것들을 광범위하게 나열하자 순종한다. 나단의 메시지는 시편 127편을 통하여 우리 시대 기도하는 신앙 공동체의 삶에 계속해서 통합된다. "여호와께서 집을 세우지 아니하시면 세우는 자의 수고가 헛되다."

> 7:18다윗 왕이 여호와 앞에 들어가 앉아서 이르되 주 여호와여 나는 누구이오며 내 집은 무엇이기에 나를 여기까지 이르게 하셨나이까 19주 여호와여 주께서 이것을 오히려 적게 여기시고 또 종의 집에 있을 먼 장래의 일까지도 말씀하셨나이다 주 여호와여 이것이 사람의 법이니이다… 22그런즉 주 여호와여 이러므로 주는 위대하시니 이는 우리 귀로 들은 대로는 주와 같은 이가 없고 주 외에는 신이 없음이니이다 23땅의 어느 한 나라가 주의 백성 이스라엘과 같으리이까… 25여호와 하나님이여 이제 주의 종과 종의 집에 대하여 말씀하신 것을 영원히 세우셨사오며… 27만군의 여호와 이스라엘의 하나님이여 주의 종의 귀를 여시고 이르시기를 내가 너를 위하여 집을 세우리라 하셨으므로 주의 종이 이 기도로 주께 간구할 마음이 생겼나이다… 29이제 청하건대 종의 집에 복을 주사 주 앞에 영원히 있게 하옵소서 주 여호와께서 말씀하셨사오니 주의 종의 집이 영원히 복을 받게 하옵소서 하니라

"다윗 왕이 여호와 앞에 들어가 앉아서"(18절). 다윗이 **앉는다**. 이것은 지금까지 다윗이 한 것 가운데 가장 결정적인 행동이다. 앉는 것은 움직임

을 멈추게 하는 행동이다. 이 행동이 그토록 결정적인 이유는, 다윗이 이 것을 통해 왕의 자리(그가 기름 부음을 받아 오른)에 적합한 인물인지 시험 받기 때문이다. 다윗은 앉음으로써 왕으로서의 주도권을 포기한다. 그는 운전자의 자리에서 물러나 유일한 왕이신 하나님 앞에 기도하는 마음으로 앉았다. 시편 가운데 가장 의미 있는 기도는 하나님을 왕으로 선포하며 왕으로 대하는 기도들이다. 다윗은 이러한 기도를 드릴 때 반드시 취해야 할 태도를 찾아내었다. 시편 93편은 하나님을 왕으로 경배하는 시편의 몇몇 기도들 가운데 대표적인 것이다.

> 여호와께서 다스리시니 스스로 권위를 입으셨도다
> 여호와께서 능력의 옷을 입으시며 띠를 띠셨으므로
> 세계도 견고히 서서 흔들리지 아니하는도다
> 주의 보좌는 예로부터 견고히 섰으며
> 주는 영원부터 계셨나이다
>
> 여호와여 큰 물이 소리를 높였고
> 큰 물이 그 소리를 높였으니
> 큰 물이 그 물결을 높이나이다
> 높이 계신 여호와의 능력은
> 많은 물 소리와 바다의 큰 파도보다 크니이다
> 여호와여 주의 증거들이 매우 확실하고
> 거룩함이 주의 집에 합당하니
> 여호와는 영원무궁하시리이다

하나님 앞에 앉아 드린 다윗의 기도를 통해 다윗이 하나님의 말씀(나단을 통해 주신)을 주의 깊게 경청했음을 알 수 있다. 나단의 설교는 행동하시는 하나님, 즉 모든 경우(23개의 일인칭 동사)에 일인칭 주어로 나타나시는 하나님에 관한 리허설이었다. 다윗이 경청하고 있었다는 증거는 그의 기도를 분석해 보면(문법을 보면) 알 수 있다. 처음에는 하나님에 대해 비인격적인 대상처럼 말하다가(2절), 하나님을 부를 때 이인칭으로 바뀐다. 이 기도에서 다윗은 17번이나 하나님을 언급하면서 그분의 이름(하나님, 여호와 하나님, 여호와, 만군의 하나님)을 부른다. 그는 하나님을 가리키는 인칭대명사를 40번 이상 사용한다. 처음에 다윗은 자기 자신과 하나님을 위한 계획으로 생각이 가득 차 있었지만, 나중에는 자신을 위한 하나님의 계획에 집중하게 되었다. 이 기도를 보면, 다윗이 처음에는 하나님을 위해 뭔가 해야 한다고 생각했다가, 하나님이 자기를 위해 뭔가를 하시도록 해야 한다는 생각으로 급격히 바뀐 것을 확실히 알 수 있다. "만군의 여호와 이스라엘의 하나님이여 주의 종의 귀를 여시고 이르시기를 내가 너를 위하여 집을 세우리라 하셨으므로 주의 종이 이 기도로 주께 간구할 마음이 생겼나이다"(27절). 이렇게 기도하기 위해서는 용기가 필요하다. 자신이 지배하겠다는 생각을 포기하고 하나님께 주도권을 넘겨드리겠다고 결단하기 위한 엄청난 용기가 필요하다.

하나님을 위해 아무것도 하지 않는 것이 사실은 뭔가를 하는 것보다 훨씬 중요할 때가 종종 있다. 하나님은 이 세상 생명의 시작이며 중심이며 끝이시다. 그분은 존재 자체이시다. 그러나 우리는 하나님의 행동을 인식하되 어렴풋이, 지엽적으로 인식할 때가 많다. 특히 우리가 능력을 완전히 소유하고 있을 때, 즉 정규 교육 과정을 마치고 전속력으로 출세가도를 달리며, 사람들이 우리를 보고 감탄하고, 우리에게 전진하라고 부추길 때, 우리가 세상의 시작과 중심과 끝에 있다는 생각을 떨쳐버릴 수 없다. 적어도 우리가 세상의 일부라는 생각은 떨쳐버리기 어렵다. 야망을 갖고 프로젝트를 세우는 것은, 그것이 건물을 짓는 것이든 도덕을 함양하는 것이든 프로그램을 수립하는 것이든, 종교적인 마음에서는 소중한 것이다. 그러나 선지자가 간섭해야 한다면, 바로 이런 순간이다. 우리에게는 나단 같은 사람이 필요하다. 우리가 무얼 하고 있든 그만두고 앉아야 한다. 앉으면 우리의 격노한 활동 때문에 발생한 소동이 해결되고, 우리의 건축 작업으로 발생한 소음들이 잦아든다. 그때에야 비로소 우리는 진정한 세계, 즉 **하나님**의 세계를 인식하게 된다.

체질적으로 그리스도인들은 하나님을 위해 하는 일이 너무 적을까 봐 두려워한다. 그러나 아무것도 하지 않는 것이 우리가 해야 할 더 복음적인 일인 경우가 우리 생각보다 많다. 이따금씩 오래된 이단이 다시 나타나, 하나님을 순종하는 마음에서 비롯된 '아무 일도 하지 않음'을 잘못된 생각에서 비롯된 '하는 것이 아무것도 없음'으로 왜곡한다. 생각이 비뚤어진 선생들이 나타나 때때로 이렇게 말한다. "하나님이 모든 것을 하시므로 우리는 아무 일도 하지 않는 것에 익숙해져야 합니다." 그들은 다음과 같이 일종의 경건한 게으름을 조장한다. "우리가 하나님을 위해 하는 일이 적을수록, 하나님이 우리를 위해 더 많이 일하실 것입니다." 어떤 사람들은 일어나는 모든 일이 '하나님의 뜻'이기 때문에 어떤 일이 일어나도 금욕주의자처럼 감내(堪耐)하라고 가르친다. 매사에 자포자기적인 체념을 권장한다. 지금도 어떤 사람들은 기도와 신앙의 삶을 오해하여, 신앙은 피할 수 없는 일을 묵인하는 것이라고 생각한다. 그러나 다윗이 모범을 보인, 성경적인 '아무것도 하지 않음'은 게으름도 아니고 금욕주의도 아니다. 그것은 하나의 전략이다.

다윗이 하나님 앞에 앉을 때, 그것은 수동적이거나 체념적인 것과는 거리가 멀다. 그것은 기도다. 다윗이 앉은 것은 하나님의 임재로 들어가며, 그분의 말씀을 깨닫고 그분의 계획을 받아들이기 위해 자신의 계획들을 버리는 것이다. 왕이 되어 권위와 힘을 가지고 하나님을 위해 뭔가 하겠다는 열심을, 고귀한 왕이신 하나님의 주권을 올바르게 대표하는 왕이 되겠다는 열정으로 바뀌게 내버려 두는 것이다.

그런 '활동하지 않음' 안에서는, 우리가 할 일이 전혀 없게 될 위험은 거의 없다. 다윗은 앉기 전에 많은 것을 했고, 앉은 후에도 많은 것을 했다. 하나님이 명령하시면 우리는 순종한다. 하나님이 보내시면 우리는 간다. 그리스도인의 삶은 영광스럽게 행동하는 삶이다. 성령이 우리 안에서, 우리를 통하여 그리스도의 일을 하시기 때문이다. 그러므로 주님 앞에 앉아 있다고 다리 기능이 감퇴되어 자리에서 다시 일어서지 못하게 될 위험은 전혀 없다. 그러나 앞에서 말한 것처럼, 하나님을 위해 세운 계획에 몰두하다 보면, 하나님에 관한 모든 것을 잊어버리게 될 위험성이 크다. 다윗이 앉았을 때, 진짜 행위가 시작되었다! 다윗이 하나님을 위해 집을 짓는 것이 아니라, 하나님이 다윗을 위해 집을 지으실 것이다.

계속되는 전투(8:1-14)

> 8:1 그 후에 다윗이 블레셋 사람들을 쳐서 항복을 받고 블레셋 사람들의 손에서 메덱암마를 빼앗으니라

이것이 블레셋에 관한 마지막 언급이다. 오랜 세월 동안 이스라엘의 삶을 지배해 온 이 야만적인 원수의 영향력이 이제 옛일이 되었다. 믿기 어려운 사실이다. 그러나 '블레셋'이 심어준 개념, 즉 믿음이 없고, 무감각하고, 반항하는 영혼을 지닌 채 살아가는 인간의 삶에 대한 은유는 지속된다. 이런 인간은 언제까지나 하나님을 모르고 살아가는 인간, 하나님은 안중에도 없이 살아갈 '능력 있는' 인간이다.

8:2다윗이 또 모압을 쳐서 그들로 땅에 엎드리게 하고… 3르홉의 아들 소바 왕 하닷에셀이 자기 권세를 회복하려고 유브라데 강으로 갈 때에 다윗이 그를 쳐서 6…아람 사람이 다윗의 종이 되어 조공을 바치니라… 7다윗이 하닷에셀의 신복들이 가진 금 방패를 빼앗아 예루살렘으로 가져오고…

9하맛 왕 도이가 다윗이 하닷에셀의 온 군대를 쳐서 무찔렀다 함을 듣고 10 도이가 그의 아들 요람을 보내 다윗 왕에게 문안하고 축복하게 하니 이는 하닷에셀이 도이와 더불어 전쟁이 있던 터에 다윗이 하닷에셀을 쳐서 무찌름이라 요람이 은 그릇과 금 그릇과 놋 그릇을 가지고 온지라 11다윗 왕이 그것도 여호와께 드리되 그가 정복한 모든 나라에서 얻은 은금 12곧 아람과 모압과 암몬 자손과 블레셋 사람과 아말렉에게서 얻은 것들과 소바 왕 르홉의 아들 하닷에셀에게서 노략한 것과 같이 드리니라

13다윗이 소금 골짜기에서 에돔 사람 만 팔천 명을 쳐죽이고 돌아와서 명성을 떨치니라…

지금까지 다윗이 치러온 전쟁 대부분은 방어를 목적으로 한 것이었다. 그런데 여기에서 공격적으로 바뀐다. 그는 이스라엘의 국경을 사방으로 확장하고 있다. 다윗에게 패한 여섯 나라(블레셋, 모압, 아람, 에돔, 암몬, 아말렉)와 두 왕(하닷에셀, 도이)의 이름이 소개된다.

저자는 이렇게 영토가 확장되는 것을 하나님 통치의 표시로 이해한다. 하나님이 자기 백성에게 언약백성으로서 다양한 차원의 삶을 누리게 하시려고 공간을 주신 것이다. "다윗이 어디로 가든지 여호와께서 이기게 하셨더라"라는 말씀이 두 번 반복된다(6, 14절).

에돔 족속과의 전쟁에 관한 상세한 내용(13-14절)은 시편 60편의 표제에 사용되었다.

정부 관료들(8:15-18)

> 8:15다윗이 온 이스라엘을 다스려 다윗이 모든 백성에게 정의와 공의를 행할
> 새 16스루야의 아들 요압은 군사령관이 되고 아힐룻의 아들 여호사밧은 사
> 관이 되고 17아히둡의 아들 사독과 아비아달의 아들 아히멜렉은 제사장이
> 되고 스라야는 서기관이 되고 18여호야다의 아들 브나야는 그렛 사람과 블
> 렛 사람을 관할하고 다윗의 아들들은 대신들이 되니라

다윗의 외무(外務)는 기본적으로 군사작전이다. 내무(內務) 분야에서는
다윗이 "모든 백성에게 정의와 공의를" 행했다(15절). 정의와 공의, 이 두
단어는(히브리어로 '미슈파트'와 '체다카'인데, 이것은 중언법[hendiadys]으로, 두
단어를 사용해 하나의 복합적인 사상을 표현하는 수사법이다.-옮긴이) 하나님의
주권적인 통치를 보여주는 가장 중요한 요소들이다.

다윗은 전쟁을 치르는 것 이상으로 평화를 유지하는 일에 신경 썼다.
전쟁을 승리로 이끌어 사회가 안전해지면서 정의 실현에 주의를 기울일
수 있게 된 것이다. 하지만 이런 단어들이 이스라엘의 기도(시편)와 사회적
인 양심(선지서)에 깊이 새겨졌음에도, 평화를 유지하고 정의를 실현하는
일은 결코 전쟁만큼 관심을 받지 못한다.

행정은 전쟁처럼 손에 땀을 쥐게 하는 것은 아니지만, 전쟁보다 중요하
고 그 영향이 더 오래간다. 언급된 사람들의 이름과 직위를 보면, 다윗이
자기 백성들을 잘살게 하려고 얼마나 신경을 썼는지 알 수 있다. 전투에
서 칼을 번뜩이던 자들이 대부분 명단의 앞을 차지하지만 오래가지 못한
다. 회의에서 결정되는 지루한 결론들은 대부분 주목받지 못한다. 그러나
결정된 사항들은 백성들의 일상적인 삶에 들어와 이웃들을 사랑하고 돌
보는 방식에 큰 영향을 준다.

므비보셋의 등장(9:1-13)

9:1다윗이 이르되 사울의 집에 아직도 남은 사람이 있느냐 내가 요나단으로 말미암아 그 사람에게 은총을 베풀리라 하니라 2사울의 집에는 종 한 사람이 있으니 그의 이름은 시바라 그를 다윗의 앞으로 부르매 왕이 그에게 말하되 네가 시바냐 하니 이르되 당신의 종이니이다 하니라 3…시바가 왕께 아뢰되 요나단의 아들 하나가 있는데 다리 저는 자니이다 하니라… 5다윗 왕이 사람을 보내어 로드발 암미엘의 아들 마길의 집에서 그를 데려오니 6사울의 손자 요나단의 아들 므비보셋이 다윗에게 나아와 그 앞에 엎드려 절하매 다윗이 이르되 므비보셋이여 하니 그가 이르기를 보소서 당신의 종이니이다 7다윗이 그에게 이르되 무서워하지 말라 내가 반드시 네 아버지 요나단으로 말미암아 네게 은총을 베풀리라 내가 네 할아버지 사울의 모든 밭을 다 네게 도로 주겠고 또 너는 항상 내 상에서 떡을 먹을지니라 하니 8그가 절하여 이르되 이 종이 무엇이기에 왕께서 죽은 개 같은 나를 돌아보시나이까 하니라…

11…므비보셋은 왕자 중 하나처럼 왕의 상에서 먹으니라 12므비보셋에게 어린 아들 하나가 있으니 이름은 미가더라 시바의 집에 사는 자마다 므비보셋의 종이 되니라 13므비보셋이 항상 왕의 상에서 먹으므로 예루살렘에 사니라 그는 두 발을 다 절더라

어떤 사람들은 성공했을 때, 그 성공을 지키기 위해 모든 힘과 자원을 이용한다. 그러나 어떤 사람들은 그들이 가진 것을 다른 사람들과 나눌 방법을 찾기 위해, 즉 축복의 영역을 넓히려고 자신들의 길에서 벗어난다. 다윗은 관대해질 수 있는 방법들을 모색했다.

므비보셋이라는 이름은 이스보셋의 암살 사건을 다루는 기사에서 잠

깐 나왔다(4:4). 므비보셋은 다리를 절었다. 유모가 아이 므비보셋을 안고 블레셋의 추격을 피해 필사적으로 도망치다가 그를 떨어뜨렸기 때문이다. 사울과 요나단이 패전하자 두 집의 가신들은 요단 강 건너편에 있는 작은 마을 로드발로 황급히 피난 갔는데, 이때 일어난 일이다. 그때 그는 다섯 살이었다. 므비보셋은 이후로 다시는 걸을 수 없었다. 그는 세상에 알려지지 않은 채 절름발이로 자랐다. 4장에 그를 소개하는 한 구절(4절)이 나오는데, 이로써 우리는 이 이야기를 종합해 볼 수 있다. 이야기는 이렇다.

그의 원래 이름은 므립바알이었을 것이다(대상 9:40 참고). '므비보셋'이라는 이름(불명예를 씻어줌)은 억울하게 희생당한 그의 인생에 관심을 갖게 하려고 다른 사람들이 붙여준 별명일 것이다. 그러나 이것은 어디까지나 추측이다.

다윗은 "요나단으로 말미암아 그 사람에게 은총을 베풀려고" 사울의 가문에 생존자가 있는지 물었다(1절). 사실상 이런 질문이었다. "원수의 진영에 내가 사랑할 만한 생존자가 있느냐?" 그가 찾고 있던 것은 요나단과 잠시 나누었던 사랑, 즉 진귀하고 고상한 사랑(삼상 20장 참고)을 대신할 사람이 아니다. 그는 사랑해야 할 **원수**를 찾고 있다.

아직도 사울에게 충성을 바치며 다윗을 거부하는 사람들이 있다. 사울이 죽은 뒤 아브넬은 사울의 세력을 모으려 했다. 그는 사울의 아들 이스보셋을 왕으로 세우고 배후에서 왕국을 조종했다. 아브넬이 죽고 이스보셋이 암살당하자, 그의 노력은 물거품이 되고 말았다. 그렇다고 해서 사울에게 충성하는 세력이 완전히 없어진 것은 아니다. 사울의 후손이라면 누구든 잠재적인 왕이다. 아무리 미미할지라도 사울 왕조를 재건할 가능성은 얼마든지 있다. 다윗은 그런 위협을 무시할 정도로 안전하지는 않았다. 그런데 그런 위협을 자기 집으로 불러들인 것이다.

본문에서 '은총'으로 번역된 단어(헤세드-옮긴이)는 다이아몬드에 태양

빛을 비추면 발산되는 여러 빛깔의 무지개처럼, 다양한 의미를 지닌 히브리어 단어다. 이 단어에는 은총, 사랑, 변함없는 사랑, 언약으로 맺어진 우정, 충성스런 사랑, 정의와 같은 여러 의미가 있다. 시편 기자들이 선호하는 이 단어는 하나님이 우리와 맺으신 독특한 관계를 나타낸다. 선지자들도 이 단어를 선호했는데, 우리가 서로 맺어야 할 가장 적절한 관계를 나타낸다. 다윗과 므비보셋의 이야기는 이것들 중 여러 의미를 전달한다. 이야기를 들려주는 것이 정의를 내리는 것보다 낫다.

안전한 권력의 자리에서 다윗은 그 권력을 가지고 사랑할 방향과 방법을 찾고 있다. 다윗과 요나단이 우정의 언약을 맺을 때에는, 둘 중에 누가 마침내 왕이 될지 아무도 몰랐다. 두 사람이 약속한 것은 누가 왕이 되든지 권력이 아니라 사랑이 그들 관계의 특징이 되리라는 것이다. 사랑이지 복수가 아니다. 사랑이지 이익이 아니다.

므비보셋에 대해 다윗이 사용한 첫 단어는 그의 이름이다(6절). 므비보셋이 한 인격체로 인정받는다. 그는 이름이 없는 망명자가 아니다. 인간 이하의 취급을 받아도 괜찮은 희생양이 아니다. 그에게는 이름이 있고, 다윗은 일부러 그 이름을 알려고 한다. 만약 일부 사람들이 추측하듯 오랫동안 이 이름과 연관된 수치나 불명예가 있었다면(이 이름은 부르기 위해 지은 이름이 아니라, 그에게 붙여진 이름이다), 다윗이 약속에 충실한 사랑으로 그에게 말을 걺과 함께 그 치욕이 깨끗이 씻겨 없어진 것이다. 두 사람이 만나는 이야기에서 이 이름은 일곱 번 사용된다. 하지만 다윗이 모욕할 의도로 사용했다는 암시는 전혀 없다. 이제부터 므비보셋은 그 이름의 어원에 의해서가 아니라, 언약(다윗과 요나단이 맺은)에 의해 규정될 것이다. 그는 어휘 사전이 아니라 사랑에서 자신의 정체성을 찾을 것이다.

그 사랑이 약속에 충실한 사랑이라는 것은 다윗의 말을 통해 분명히 알 수 있다. 다윗은 그를 안심시키려고 "두려워하지 말라"라고 말한다. 이 말은 성경에서 흔히 볼 수 있는 표현이다. 이 말이 자주 나타나는 이유는 인생에 두려워할 것이 많기 때문이다. 우리는 자신보다 큰 힘을 가진 사람들과 끊임없이 마주친다. 그 사람들은 그 힘과 권위를 어떻게 사용하려고 할까? 그 사람들은 우리를 왜소하게 만들고, 우리를 착취하고, 우리를 이용하고, 우리를 제거하려고 할까? 우리는 조심하면서 계속 방어하는 법을 배운다.

어느 날, 다섯 살 된 손자를 데리고 약국에 간 적이 있다. 순서를 기다리며 줄을 서 있는 동안 내 앞에 있는 어떤 남자와 대화를 하게 되었다. 약사가 부를 때까지 우리는 서로 상냥하게 대화를 했다. 얼마 후 차를 운전하여 집으로 돌아오는 자리에서 손자가 물었다. "할아버지, 그 사람 잘 알아?" 처음 만난 사람이라고 대답하자 손자는 이렇게 말했다. "그래? 할아버지, 그런 사람하고 이야기하면 안 돼! 낯선 사람하고 이야기하는 것은 위험하단 말이야!" 내 손자는 자기 부모에게서 "낯선 사람과 이야기하는 것은 위험하다"라는 교육을 철저히 받은 것이다. 우리는 조심하고 자신을 보호하는 것이 현명하다고 생각한다. 므비보셋을 집으로 불러들일 때, 다윗도 모험을 했지만 므비보셋도 위험하기는 마찬가지였다. 다윗은 두려운 편을 택했다.

우리는 하나님, 즉 능력과 신비의 하나님께 나아간다. 하나님이 우리를 어떻게 대하실까? 우리를 벌하시고, 파멸시키시고, 우리에게서 자유를 거두어 가시려는가? 우리가 이전에 경험한 것들에 비춰 보면, 이중 어떤 일도 가능하다. 아마 틀림없을 것이다. 그래서 "두려워하지 말라"라는 안심시키는 말씀을 그렇게 많이 듣는 것이다. 안심하라! 다 잘될 것이다! 이런 표현은 종종 하나님의 좋은 소식들을 전해주는 심부름꾼인 천사의 입을 통해 전달된다. 또한 예수께서 자주 그렇게 말씀하셨는데, 그분은 놀라고 당황한 사람들을 바로 하나님 앞으로 인도하신다. 여기에선 그것이 다윗의 입을 통해 전달된다.

므비보셋에게는 그 순간 다윗에 대해 죽음의 공포를 느낄 온갖 이유가 있었다. 그에게는 다윗이 자신을 제거하지 않을 것이라고 생각할 어떤 이유도 없었다. 그는 사울 집안의 마지막 자손 중 유일하게 살아 있는 사람이므로 다윗의 왕권을 위협할 수 있는 잠재적인 경쟁자다. 게다가 지금 그는 무장해제된 상태에서 아버지 요나단이 다윗과 맺은 언약(자기가 태어나기도 전에 아버지가 다윗과 맺은 우정의 언약)에 포함될 상황이다.

그러나 다윗은 약속에 충실한 사랑의 말을 전한다. 므비보셋에게 그의 할아버지인 사울의 모든 사유지를 돌려주어 므비보셋이 독자적인 수입을 얻도록 해주었고, 한때 사울의 하인이었던 시바를 보내어 므비보셋의 농장을 관리하고 일상적인 일들을 돌봐주도록 조치했다. 그런 다음 므비보셋을 가족의 일원으로 받아들였다. 한 친구와 맺은 언약 안에서 싹튼 사랑이 이제 열매를 맺어, 확실하지 않은 상속자를 찾아내 빼앗긴 땅을 회복시키고 왕의 식탁에서 매일 먹도록 했다. 약속에 충실한 사랑은 연하장을 돌리는 정도가 아니다. 그것은 좋은 땅이라는 물질과, 그것을 보강하는 하루 세끼의 푸짐한 식사라는 정기적인 공급을 베푸는 사랑이다.

사랑을 아주 낭만적이고 배타적인 것으로 보는 현대 문화에서, 므비보셋 이야기는 감정의 폭풍(우리의 아이디어와 경험 때문에 우리 시대라는 날씨들이 매일 발생시키는)이 몰아칠 때 배에 안정감을 주는 바닥의 짐과 같다. 물론 감정은 사랑의 본질적인 요소다. 그러나 사랑은 단지 무아경의 감정이 아니며, 성적인 것만 지향하는 감정도 아니다. 관심, 동정심, 책임감, 지켜진 약속 같은 것에도 감정적인 차원이 있다. 약속에 충실한 사랑은 삶의 한 방식인데, 이런 사랑을 실천하는 사람은 다른 사람의 유익을 위해 일하며, 다른 사람에게 최선을 다하며, 사회적 편견(장애, 불편, 경쟁, 무가치, 역기능)에 개의치 않고 이면에 감추어진 것을 보려 하고, 그들이 하나님이 창조하신 사람이라는 것을 긍정하기 위해 행동한다. 우리 사회는 사랑을 이해하려는 노력들이 시들해지고 사랑할 수 있는 능력들이 점점 사라져 가고 있다. 이 시점에서 그리스도인 공동체가 사회에 도움을 줄 수 있는 한 가지 방법은 다윗과 므비보셋 이야기를 위대한 사랑 이야기의 경전에 두는 것이다.

므비보셋은 사무엘하 16-19장에 재등장하는데, 철저하게 달라진 상황에서 다시 나타난다.

여전히 계속되는 전투(10:1-19)

10:1그 후에 암몬 자손의 왕이 죽고 그의 아들 하눈이 대신하여 왕이 되니 2 다윗이 이르되 내가 나하스의 아들 하눈에게 은총을 베풀되 그의 아버지가 내게 은총을 베푼 것같이 하리라 하고 다윗이 그의 신하들을 보내 그의 아버지를 조상하라 하니라 다윗의 신하들이 암몬 자손의 땅에 이르매⋯ 4이에 하눈이 다윗의 신하들을 잡아 그들의 수염 절반을 깎고 그들의 의복의 중동볼기까지 자르고 돌려보내매 5사람들이 이 일을 다윗에게 알리니라 그 사람들이 크게 부끄러워하므로⋯

6암몬 자손들이 자기들이 다윗에게 미움이 된 줄 알고 암몬 자손들이 사람을 보내 벧르홉 아람 사람과 소바 아람 사람의 보병 이만 명과 마아가 왕과 그의 사람 천 명과 돕 사람 만 이천 명을 고용한지라 7다윗이 듣고 요압과 용사의 온 무리를 보내매⋯

9요압이 자기와 맞서 앞뒤에 친 적진을 보고 이스라엘의 선발한 자 중에서 또 엄선하여 아람 사람과 싸우려고 진 치고 10그 백성의 남은 자를 그 아우 아비새의 수하에 맡겨 암몬 자손과 싸우려고 진 치게 하고 11이르되⋯ 12

너는 담대하라 우리가 우리 백성과 우리 하나님의 성읍들을 위하여 담대히 하자 여호와께서 선히 여기시는 대로 행하시기를 원하노라 하고… 14암몬 자손은 아람 사람이 도망함을 보고 그들도 아비새 앞에서 도망하여 성읍으로 들어간지라…

15아람 사람이 자기가 이스라엘 앞에서 패하였음을 보고 다 모이매… 19하닷에셀에게 속한 왕들이 자기가 이스라엘 앞에서 패함을 보고 이스라엘과 화친하고 섬기니…

암몬 족속과의 전쟁은 다윗의 충심에서 비롯된다(2절). 이 행동은 므비보셋 이야기를 시작할 때 나타난 문장과 실제적으로 같다. "사울의 집에 아직도 남은 사람이 있느냐 내가 요나단으로 말미암아 그 사람에게 은총을 베풀리라"(9:1).

다윗의 성격을 나타내는 'deal loyally'(10:2)와 'kindness'(9:1)는 히브리어로 같은 단어이며 9장과 10장을 연결해 준다(개역개정판은 '헤세드'를 둘 다 '은총'으로 번역했다.-옮긴이). 이 단어는 히브리어에서 하나님의 사랑을 표현하는 가장 포괄적인 용어다. 다윗은 적극적으로 하나님의 은총, 하나님의 관대하심과 성실하심, 하나님의 자비로운 보살핌 등을 표현할 수 있는 방법들을 찾았다. 왕의 권세를 행사할 수 있는 위치에 있는 다윗은, 자신의 왕이신 하나님의 권세가 해를 끼치는 부정적인 힘이 아니라 도움을 주는 긍정적인 힘이라는 것을 보여주고 싶었다. 다윗은 삶을 위축시키는 것이 아니라 확장시키는 일을 한다. 관심을 보일 대상으로 삼은 두 사람 모두 다윗의 오랜 원수였던 사울과 관계 있는 사람들이다. 첫 번째 인물 므비보셋은 사울의 손자(9장)이며, 여기 나오는 하눈은 나하스의 아들이다.

나하스는 성경에 처음 소개될 때 잔인한 압제자로 나오는데, 사울 왕에게 패배를 당한다(삼상 11장). 암몬 족속 나하스와의 싸움은 사울이 행한 최초의 군사적 모험이었다. 그러나 그 후 사울이 다윗에게 집착하는 동안, 나하스는 외관상으로는 다윗을 편들었다. "적의 적은 나의 친구다"라는 격언에 따라 그렇게 행동한 것이다. 그러므로 왕 나하스가 죽자, 다윗은 나하스의 아들 하눈에게 조문 사절단을 보냈다. 자신에게 베푼 나하스의 은총을 잊지 않고 자신의 충심 어린 고마움을 표시하려는 것이었다.

그러나 하눈은 사절단을 스파이로 간주하여 노골적이며 공개적으로 그들에게 모욕을 주었고, 결과적으로 다윗을 자극해 전쟁을 일으키게 했다. 다윗이 사랑할 수 있는 능력은 후손이신 예수께서 가르치고 보여주신 수준까지는 아직 미치지 못했다. 다른 뺨을 돌려대는 대신 다윗은 전쟁에 의지했다.

내러티브의 긴장감이 고조되고 긴박하게 돌아간다. 단어들은 적지만 이야기는 생생하다. 일차적으로 이 이야기는 다윗이 치른 여러 전쟁들 중 하나를 다룬 역사 기록이다. 그러나 이 이야기에는 두 개의 부수적인 이야기가 들어 있다. 하눈이 행한 모욕(4-5절)과 요압의 전략(9-14절)이 그것이다. 이 부수적인 이야기들은 이야기 전체에 극적인 효과를 주어 계속해서 회고하고 기억하게 해준다.

다윗은 사자(死者)를 위로하려고 사자(使者)들을 보냈지만, 하눈은 그들을 스파이로 의심하여 그들의 수염을 절반이나 깎아 우스꽝스럽게 만들고 옷을 엉덩이 부근까지 잘라내어 그들의 성기를 보이게 했다. 그들이 하눈 앞에 들어갈 때는 다윗 왕실이 보낸 존경받는 이들이었으나 떠날 때는 거리의 모든 사람이 조롱하고 야유하는 광대 같은 모습이었다. 모욕을 주고 있는 하눈은 사춘기 청소년같이 미숙하다. 신입생을 못살게 구는 대학의 장난꾸러기들 같다.

아버지와 아들인 나하스와 하눈은 완벽한 한 쌍이다. 나하스는 이스라엘 사람들의 오른쪽 눈을 뽑겠다고 위협함으로써 역사에 자신의 흔적을 남겼고, 그 아들은 다윗의 사람들에게 당치도 않는 모욕을 줌으로써 수치스러운 자들의 반열에 올라섰다. 그 아버지에 그 아들이라고, 잔인함과 무례함이 대를 이었다. 하눈은 아버지의 비열한 성향을 타고났다.

요압의 전략은 이야기 전체를 균형 잡아 주는 반대 이야기다. 요압은 분명히 수적으로 열세였으나("요압이 자기와 맞서 앞뒤에 친 적진을 보고… 싸우려고", 9절) 뛰어난 전략을 사용해 승리를 거뒀다. 그는 전력을 교묘하게 분산해 자신이 직접 한 부대를 지휘하여 공격하고 동생 아비새에게 다른 부대를 지휘하게 했다. 상황은 간략하게 묘사되었지만 요압이 유능한 군사 전략가였음을 보여주기에는 충분하다.

이 특별한 전투에서 다윗을 언급하는 부분에 관심이 집중되는데, 이 부분에서는 다윗의 통치를 사울의 초기 리더십과 함께 다룬다. 불의와 무례함은 하나님의 방법을 위반한 것이며, 하나님의 왕은 그분의 창조 질서를 회복시킬 책임이 있다.

이 이야기는 간결하다. 암몬 사람들이 아람 사람들을 동맹군으로 끌어들여 전쟁이 확대되었다. 그러나 그 무렵 다윗은 암몬 사람들이나 아람 사람들이 상상하는 것보다 훨씬 강대한 군사력을 보유하고 있었다. 결국 국경을 대하고 있는 오랜 적들은 이스라엘에게 패배했다. 아람 족속은 강화조약을 체결하면서 이스라엘의 지배를 받게 되었다. 암몬 족속은 전쟁에서 퇴각했지만 계속해서 위협적인 존재였다. 암몬 족속의 끊임없는 적개심은 곧 보게 될 밧세바와 우리아의 사건(11-12장)의 배경이 된다.

이 지점에서 잠시 쉬면서, 다윗 이야기를 읽는 내내 우리를 어렵게 한 문제들 중 하나를 깊이 생각하는 것이 좋겠다. 윤리적인 행동에 관한 전반적인 질문이다. 다윗은 수많은 살인에 책임이 있다. 그런데도 다윗은 우리의 기억 속에서 좋은 사람이다. 하나님이 "내 마음에 맞는 사람"(행

13:22)이라고 부르셨던 사람이다. 우리는 그를 "이스라엘의 뛰어난 찬송가 작사가"(삼하 23:1, KJV)로 존중한다. 또한 그는 우리 자녀들에게 도덕적 모범으로 제시할 수 있는 가장 전형적인 인물이다.

그러나 회피할 수 없는 사실이 있다. 그가 엄청나게 많은 사람들을 죽이는 일에 관련되었다는 것이다. 그는 골리앗을 죽임으로써 이스라엘의 대중적 인물이 된다. 그는 블레셋 사람들을 죽임으로써 사울의 군대에서 지위를 확보한다. 그는 아말렉 족속과 접경지대에 출몰하는 잡다한 적들을 죽임으로써 광야에서 살아남는다. 그는 사울과 이스보셋을 죽인 자들을 즉석에서 처형한다. 엄청난 수의 암몬 사람들과 아람 사람들이 사망자 명부에 기재된다. 도덕적인 조망을 통해 계속 문제를 복잡하게 만들어 보자면, 다윗은 많은 여자와 결혼했고, 후궁들을 거느렸고, 곧이어 사건 기록에 간통을 추가하게 된다.

이 모든 사건을 대하면서 우리는 어떻게 도덕적 균형을 유지할 수 있는가? 어떻게 이런 이야기를 모세와 예수와 바울의 이야기와 모순되지 않게 읽을 수 있는가? 이 시대는 생명존중 사상을 약화시키고, 아동 학대, 배우자 학대, 종족 간의 전쟁, 국제적인 분쟁, 낙태, 안락사, 자살, 성희롱, 핵위협 등 모든 영역에서 폭력을 부추기고 있다. 이런 시대에 우리가 구원 이야기에 외형적으로 별다른 어려움 없이 다윗을 포함시키는 것을 어떻게 생각하는가?

이것은 답하지 않은 채로 놔둘 수 없는 문제다. 때때로 많은 사람이 이 문제를 다뤄보려고 다양한 답을 내놓았다. 그러나 전체적으로 가장 도움이 되는 것, 이 이야기에 개입하거나 이야기를 왜곡하지 않는 것은, 그것이 주어진 상황들을 단순하게 받아들이고 평가하는 것이다.

이것은 분명히 도덕을 향상할 목적으로 쓴 이야기가 아니다. 다윗 이야기는 우리에게 어떻게 살지를 보여주려고 마련된 것이 아니다. 다윗은 도덕의 본보기가 아니다. 교회사에서 '경건하게' 읽으려는 시도는 그 역사가 오래되었다. 이런 식으로 성경을 읽으면, 그리스도인들의 윤리적 기준에 맞지 않는 행동은 어떤 것이든 간과하거나 억압하게 된다. 그러나 내러티브 자체는 이런 암시를 전혀 주지 않는다. 이것은 "위장되지 않은 역사"다 (Walter Brueggemann, *First and Second Samuel*, 3). 이들은 하나님이 함께 일하신 사람들이다. 그 사람들은 하나님이 여전히 함께 일하고 계시는 사람들, 즉 우리가 매일 아침 거울에서 마주 대하고 매일 어깨를 스치는 사람들보다 낫지도 못하지도 않은 사람들이다.

거룩한 역사는 유토피아 같은 역사가 아니다. 성경 시대는 우리가 유토피아의 용어들로 재현하려고 애쓰는 어떤 '황금 시대'가 아니다. 거룩한 역사는 오히려 이것들이 구원의 재료를 제공하는 상황이자 사람들이라는 것을 확증하는 역사다. 성경 이야기는 처음부터 끝까지 있는 그대로의 사회적, 문화적, 정치적, 윤리적 세계의 견지에서 진술되고 있다. 하나님의 계시는 외부로부터 우리에게 부과된 것이 아니다. 즉 우리 가운데 내려와 그다음에 우리가 들어갈 수 있게 된 도덕적이고 영적인 유토피아의 해석이 아니다. 하나님의 나라는 안에서부터 이뤄진다. 다시 말해 그것이 무엇이든, 어느 때에 주어진 것이든, 하나님의 임재와 뜻을 드러내기 위해 준 재료를 사용하여 이뤄진다. 도덕은 성결이나 구원의 선결 조건이 아니다.

이 모든 것 중에서도 가장 놀라운 사실은 순수하게 윤리적이고 도덕적인 양심이 문화적으로 적합하지 않은 조건들 속에서 나타날 수 있다는 것이다. 전쟁과 일부다처와 권력에 관한 철기 시대의 전제들은 상황을 제공하기는 하지만 결과를 통제하지는 않는다. 이런 상황에서 다윗은 적을 훌륭하게 처리할 수 있었고, 목자로부터 책망받을 수 있었고, 자신의 죄들을 용서해 달라고 기도할 수 있었다. 가나안 사람들이 살던 사회만큼 하나님의 계획에 이질적인 문화는 상상하기 어렵다.

하나님은 우리의 구원을 완성하는 과정에서 우리를 품으시며, 죄는 물론 우리의 모든 것을 수용하신다. 그분은 우리 가운데서 하나님의 나라를 세우고 확장시키는 사역에 헌신할 남녀들을 선택하실 때 까다롭게 따지지 않는다. 다윗이 야비한 요압을 사용하려 했던 것처럼, 하나님은 흠이 있는 다윗을 사용하셨다.

성경은 전체적으로 그리고 기본적으로 하나님의 이야기이지 인간의 이야기가 아니다. 성경의 일부인 다윗 이야기는 우리에게 이 사실을 주지시켜 준다. 성경은 하나님이 우리를 구원하려고 행하신 것을 진술한 책이지 하나님을 기쁘시게 해드리려는 우리의 행실을 기록한 책이 아니다. 그러나 우리는 항상 이런 이야기를 이어받아 우리 힘으로 그것을 행할 방법을 찾는다. 결과적으로 하나님은 우리가 정교하게 꾸민 삶을 보며 기뻐하시는 구경꾼이 되신다. 그렇다고 우리가 하나님을 기쁘시게 할 수 있는 것이 아무것도 없다는 뜻이 아니다. 많이 있다. 우리 인간이 믿고 순종하는 것은 끈덕지게, 끊임없이 하나님이 하시는 일에 관한 이야기에 삽입된다. 그럼에도 하나님이 다스리고 구원하시는 이 세상에서 우리가 하는 일이 아무것도 없다는 것은 아주 분명하다.

이 지점에서 우리가 읽고 있는 이야기의 신학적 구조를 이해하는 것이 매우 중요하다. 이 이야기는 우리 가운데 하나님의 방법을 계시하는 것이지, 어떻게 행동해야 하는지를 가르치는 삽화를 곁들인 교훈이 있는 도덕 지침서가 아니다. 이 지점부터 다윗은 가파른 내리막길을 걷는다. 몹시 혐오스럽고 유쾌하지 않은 행동이다. 그러나 최악의 상태에서도 다윗의 삶은 계속해서 하나님을 계시하는 재료로 사용된다.

19. 다윗이 밧세바와 우리아에게 지은 죄
사무엘하 11-12장

밧세바(11:1-27a)

하눈이 조문 사절들을 모욕해 품위를 떨어뜨린 일로, 암몬 족속과의 전쟁이 발발했다는 사실은 앞에서 언급했다(10:4-5). 그 전쟁이 다시 시작되었고, 이번 전쟁은 다윗이 불명예스러운 간통 사건을 일으키는 배경이 된다.

다윗과 관련된 인물들 가운데 잊을 수 없는 사람이 둘 있다. 바로 골리앗과 밧세바다. 성경을 건성으로 읽는 사람들도 이 두 사람의 이름은 잘 안다. 이 두 사람의 겉모습은 극과 극이다. 골리앗은 추하게 생긴 난폭한 거인인 반면, 밧세바는 아름답고 온화한 여인이다. 골리앗은 악한 압제자이지만, 밧세바는 순진한 희생자다.

이렇게 골리앗과 밧세바는 서로 다른 성격과 외모를 지녔지만, 두 사람이 다윗의 인생에서 차지하는 위치는 비슷하다. 두 사람 모두 다윗을 시험한다(testing). 이 거인과 여인은 대조적인 시점에 다윗의 인생에 개입한다. 다윗이 골리앗과 맞섰을 때, 다윗은 어렸고, 무명한데다가 검증되지도 않았다. 그러나 밧세바를 만날 무렵에는 성숙하고, 유명하고, 철저한 검증을 거친 믿을 만한 사람이 되어 있었다. 첫 번째 사건에서 다윗은 승리를 거둔 사람으로 나타나지만, 두 번째 사건에서는 패배자로 전락한다. 이 두 사건에 공통 요소가 있다면, 그것은 하나님이다. 도덕적이고 인간적인 파토스에도 불구하고, 이 이야기도 일차적으로는 다윗의 삶에 역사하시는 하나님의 뜻에 관한 이야기이기 때문이다.

11:1그 해가 돌아와 왕들이 출전할 때가 되매 다윗이 요압과 그에게 있는 그의 부하들과 온 이스라엘 군대를 보내니 그들이 암몬 자손을 멸하고 랍바를 에워쌌고 다윗은 예루살렘에 그대로 있더라

2저녁때에 다윗이 그의 침상에서 일어나 왕궁 옥상에서 거닐다가 그곳에서 보니 한 여인이 목욕을 하는데 심히 아름다워 보이는지라 3다윗이 사람을 보내 그 여인을 알아보게 하였더니 그가 아뢰되 그는 엘리암의 딸이요 헷 사람 우리아의 아내 밧세바가 아니니이까 하니 4다윗이 전령을 보내어 그 여자를 자기에게로 데려오게 하고 그 여자가 그 부정함을 깨끗하게 하였으므로 더불어 동침하매 그 여자가 자기 집으로 돌아가니라 5그 여인이 임신하매 사람을 보내 다윗에게 말하여 이르되 내가 임신하였나이다 하니라

6다윗이 요압에게 기별하여 헷 사람 우리아를 내게 보내라 하매 요압이 우리아를 다윗에게로 보내니 7우리아가 다윗에게 이르매 다윗이 요압의 안부와 군사의 안부와 싸움이 어떠했는지를 묻고 8그가 또 우리아에게 이르되 네 집으로 내려가서 발을 씻으라 하니 우리아가 왕궁에서 나가매 왕의 음식물이 뒤따라 가니라 9그러나 우리아는 집으로 내려가지 아니하고 왕궁 문에서 그의 주의 모든 부하들과 더불어 잔지라 10어떤 사람이 다윗에게 아뢰되 우리아가 그의 집으로 내려가지 아니하였나이다 다윗이 우리아에게 이르되 네가 길 갔다가 돌아온 것이 아니냐 어찌하여 네 집으로 내려가지 아

니하였느냐 하니 11우리아가 다윗에게 아뢰되 언약궤와 이스라엘과 유다가 야영 중에 있고 내 주 요압과 내 왕의 부하들이 바깥 들에 진 치고 있거늘 내가 어찌 내 집으로 가서 먹고 마시고 내 처와 같이 자리이까…

14아침이 되매 다윗이 편지를 써서 우리아의 손에 들려 요압에게 보내니 15그 편지에 써서 이르기를 너희가 우리아를 맹렬한 싸움에 앞세워 두고 너희는 뒤로 물러가서 그로 맞아 죽게 하라 하였더라 16요압이 그 성을 살펴 용사들이 있는 것을 아는 그곳에 우리아를 두니 17그 성 사람들이 나와서 요압과 더불어 싸울 때에 다윗의 부하 중 몇 사람이 엎드러지고 헷 사람 우리아도 죽으니라 18요압이 사람을 보내 그 전쟁의 모든 일을 다윗에게 보고할새 19그 전령에게 명령하여 이르되 전쟁의 모든 일을 네가 왕께 보고하기를 마친 후에 21…네가 말하기를 왕의 종 헷 사람 우리아도 죽었나이다 하라

22전령이 가서 다윗에게 이르러 요압이 그를 보낸 모든 일을 다윗에게 아뢰어 23이르되 그 사람들이 우리보다 우세하여… 24…왕의 부하 중 몇 사람이 죽고 왕의 종 헷 사람 우리아도 죽었나이다 하니 25다윗이 전령에게 이르되 너는 요압에게 이같이 말하기를 이 일로 걱정하지 말라 칼은 이 사람이나 저 사람이나 삼키느니라 그 성을 향하여 더욱 힘써 싸워 함락시키라 하여 너는 그를 담대하게 하라 하니라

26우리아의 아내는 그 남편 우리아가 죽었음을 듣고 그의 남편을 위하여 소리내어 우니라 27a그 장례를 마치매 다윗이 사람을 보내 그를 왕궁으로 데려오니 그가 그의 아내가 되어 그에게 아들을 낳으니라

때는 봄이었다. 요압이 벌인 암몬 족속과의 전쟁(10장)이 재개되자, 다윗의 군대는 암몬 족속을 섬멸하기 위해 출정했다. 그러나 다윗은 출정하지 않고 뒤에 남았다. 그 무렵 그는 왕으로서의 입지를 굳힌 터라, 전투를 통해 자신을 입증할 필요가 없었다. 그러나 자신의 백성들과 함께 참전하지

않고 일선에서 물러나 있는 다윗을 볼 때 예감이 든다. 집에 머무는 것은 영혼이 무기력해졌다는 징후인가? 인생 자체에서 뒤로 물러선 것인가? 대답을 듣기 위해 오랫동안 기다릴 필요가 없다. 본문이 대답하고 있기 때문이다.

어느 날 오후 다윗이 왕궁 옥상에서 거닐고 있다. 그곳에서는 주변 집들의 안뜰이 내려다보였다. 다윗은 목욕하고 있는 한 여인을 거기서 보았다. 그녀는 대단히 아름다웠다. 그는 사람을 보내어 그녀를 데려왔고, 동침한 후 그녀를 버렸다. 집으로 돌려보낸 것이다. 그녀의 이름은 밧세바, 남편은 암몬 족속과의 전쟁에 참전 중이었다. 이 일이 있은 지 두 달이 채 못 되어서 밧세바는 자신이 임신한 것을 알고 그 사실을 다윗에게 알렸다(5절).

문제를 다루는 데 능숙한 다윗은 이 사건을 해결하기 위해 사람을 전선으로 보내 우리아를 데려오게 했다. 최근의 전황을 직접 보고받겠다는 명분으로 부른 뒤 며칠간 휴가를 주려는 심산이었다. 휴가를 주면 우리아는 자기 아내와 곧 동침할 것이고, 그렇게 되면 우리아는 아내가 자기 아이를 임신했다고 생각할 것이기 때문이다. (8절의 "발을 씻으라"는 표현은 일반적으로 성행위를 의미하는 완곡한 표현이다.) 그러나 우리아는 충직한 군인이었다. 그는 동료들이 전선에서 불편을 감수하며 야영하고 있는데, 자신만 아내와 잠자리를 하는 것이 옳지 않다고 생각했다. 그래서 왕궁 문에서 그날 밤을 보냈다. 우리아의 도덕적인 자제력은 다윗의 비도덕적인 방종에 대한 암시적인 책망이다. 다윗은 한 번 더 시도해 보지만, 우리아가 교묘한 수단으로 조종당할 사람이 아니라는 것을 깨닫고는 그를 전선으로 돌려보냈다. 그런 후 다윗은 전쟁을 총지휘하던 요압에게 보낼 편지를 써서, 그 편지를 우리아에게 준다. 편지에는 다윗이 요압에게 내리는 명령이 기록되어 있었다. 맹렬한 전투가 벌어질 때 우리아를 전방에 배치한 후 군대를 퇴각시켜 우리아를 전사(戰死)시키라는 명령이었다. 음모를 꾸며본 경험이 많은 요압은 다윗의 계략을 잘 알아들었다. 다음 날 우리아는 전사했고, 곧바로 그의 사망 소식이 다윗에게 보고되었다. 죽은 남편을 애도하는 정해진 기간이 지나자 다윗은 밧세바를 데려와 정혼하여 아내로 삼았다.

우리는 이런 다윗을 대할 준비가 되어 있지 않다. 일시적인 음탕심에서 시작된 일이 성범죄와 살인이 뒤얽힌 극악한 죄로 발전했다. 어떻게 이런 일이 일어날 수 있는가? 대부분의 죄가 그렇듯이 다윗의 죄도 서서히 그리고 은밀히 진행되었다.

이 죄는 결국 도덕과 무관해 보이는 '보내다'(send)라는 동사와 관계가 있음이 밝혀진다. 그러나 본문을 읽으면서, 우리는 이 동사가 도덕적으로 중립적이지 않다는 것을 깨닫는다. 이 동사는 권력을 비인간적으로 행사하지 말라는 신호를 보낸다. 이 동사를 추적해 보면, 다윗이 사랑과 순종의 사람에서 타산과 잔인함의 사람으로 추락하는 것을 볼 수 있다. 동사 하나하나에서 우리는, 다른 사람들의 말에 귀를 기울이고 그들과 인격적인 교제를 나누던 다윗이 다른 사람들의 바깥과 위에 앉아 명령하고 권력을 휘두르는 사람으로 변하는 것을 볼 수 있다.

본문은 "다윗이 요압을 **보내니**"라는 간단한 표현으로 시작된다. 이 행동에는 아무 문제가 없다. 부하들에게 임무를 주고, 명령을 주어 보내는 것은 다윗이 할 일이다. 그러나 두 절 뒤(3절)에서 다윗은 밧세바에 관해 알아보도록 사람을 **보낸다**. 이 행위는 임무를 주고 명령할 때 사용했던 권력과 동일하지만, 그의 본연의 임무에서 벗어난 것이다. 그 동사가 세 번째 나타났을 때(4절), 즉 다윗이 밧세바와 동침하려고 사자를 **보냈을** 때, 우리는 뭔가 변했다는 것을 알 수 있다. 나라를 다스리기 위해 합법적으로 사용해야 할 권력을 사적인 일에, 기분을 즐기는 데 사용하고 있다. 가진 자를 타락시키기로 유명한 바로 그 권력이 다윗을 타락시켰다.

'보내다'라는 동사가 한 절(6절)에 세 번이나 사용되어 타락을 분명히 드러낸다. "다윗이 요압에게 **보내어**(개역개정판은 '기별하여'-옮긴이) 헷 사람 우리아를 내게 **보내라** 하매 요압이 우리아를 다윗에게로 **보내니.**" 반복된 동사들은 다윗이 도덕적 비난이나 책임감, 인격적 관계라는 압박에서 벗어나기 위해 드러내놓고 권력을 남용했음을 보여준다. 다윗의 혈관에는 권력이라는 아드레날린이 넘치고 있다. 지금 다윗을 말릴 수 있는 것은 아무것도 없다. 그가 요압을 사주하여 우리아를 전투에서 죽게 한 것과 우리아 편에 그의 사망증서를 줘서 요압에게 **보낸 것**을 우리는 알고 있다(14절). 은폐 공작을 마무리한 뒤 다윗은 밧세바에게 두 번째 사람을 **보내어** 그녀와 정혼했다(27절).

이 이야기에서 '보내다'라는 동사가 두 번 더 나타나는데, 미묘한 방식으로 진리를 드러낸다. 다윗이 왕의 권력을 비인간적인 방식으로 행사하여 야심을 채우는 데 성공한 것처럼 보이지만, 기대한 만큼 상황을 통제하지는 못했다는 것이다. 밧세바는 다윗에게 사람을 **보내어** 자신이 "임신" 했다고 알렸다(5절). 요압은 사람을 **보내어** 전쟁의 모든 소식을 다윗에게 보고했다(18절). 이 두 보고는 다윗으로 하여금 자신이 지금 정확하게 어떤 상태에 놓여 있는지를 깨닫게 해준다. 밧세바의 수태된 자궁과 요압의 공범자 정신, 이 둘은 다윗의 통제 능력을 벗어나서 작동한다.

이 이야기에서 '보내다'가 마지막이자 결정적으로 사용된 예는 "여호와께서 나단을 다윗에게 **보내신**"(12:1) 것이다. 이제 **하나님의** 주권이 역사하기 시작한다. 그리고 사람의 목숨을 가지고 '신처럼 굴던' 다윗의 외도도 이것으로 끝이다. 하나님, 오직 하나님만이 군주이시다.

이야기는 이런 식으로 전개되었다. 이것이 지금까지 긴 세월을 거치며 여러 형태로 반복되어 온 이야기다. 모든 범죄 이야기는 시간이 조금 지나면 아주 비슷하게 들리는 경향이 있다. 실제로 모든 범죄 이야기는 같은 주제가 여러 다른 모습으로 나타나는 것이다. 모든 죄는 자기 생명을 자기가 주관하고 다른 사람들의 생명을 통제하고 싶은 마음, 즉 스스로 신이 되고 싶어 하는 마음에서 생긴다. 이렇게 할 수 있는 방법은 한정되어 있기 때문에 이 이야기를 읽는 누구나 이것에서 자신을 발견하게 된다. 실제로 그렇든, 상상으로 그렇든, 이 이야기에서 자신의 모습을 발견하더라도 우리는 놀라지 않는다. 우리 모두 죄인이기 때문이다. 우리의 죄가 구체적으로는 다윗의 죄와 일치하지 않을지 모른다. 그러나 죄가 존재하며 반복된다는 점에서, 우리의 죄는 다윗의 죄와 본질적으로 같다. 우리가 일상적으로 짓는 죄가 다윗과 연결된다는 것을 깨닫는 순간, 우리는 이 이야기 속의 전혀 뜻밖의 이야기, 즉 죄의 이야기에서 발전한 용서 이야기를 들을 준비가 된 것이다.

나단(11:27b-12:15a)

11:27b다윗이 행한 그 일이 여호와 보시기에 악하였더라 12:1여호와께서 나단을 다윗에게 보내시니 그가 다윗에게 가서 그에게 이르되 한 성읍에 두 사람이 있는데 한 사람은 부하고 한 사람은 가난하니 2그 부한 사람은 양과 소가 심히 많으나 3가난한 사람은 아무것도 없고 자기가 사서 기르는 작은 암양 새끼 한 마리뿐이라 그 암양 새끼는 그와 그의 자식과 함께 자라며 그가 먹는 것을 먹으며 그의 잔으로 마시며 그의 품에 누우므로 그에게는 딸처럼 되었거늘 4어떤 행인이 그 부자에게 오매 부자가 자기에게 온 행인을 위하여 자기의 양과 소를 아껴 잡지 아니하고 가난한 사람의 양 새끼를 빼앗다가 자기에게 온 사람을 위하여 잡았나이다 하니 5다윗이 그 사람으로 말미암아 노하여 나단에게 이르되 여호와의 살아 계심을 두고 맹세하노

니 이 일을 행한 그 사람은 마땅히 죽을 자라 6그가 불쌍히 여기지 아니하고 이런 일을 행하였으니 그 양 새끼를 네 배나 갚아 주어야 하리라 한지라 7나단이 다윗에게 이르되 당신이 그 사람이라 이스라엘의 하나님 여호와께서 이와 같이 이르시기를 내가 너를 이스라엘 왕으로 기름 붓기 위하여 너를 사울의 손에서 구원하고 8네 주인의 집을 네게 주고 네 주인의 아내들을 네 품에 두고 이스라엘과 유다 족속을 네게 맡겼느니라 만일 그것이 부족하였을 것 같으면 내가 네게 이것저것을 더 주었으리라 9그러한데 어찌하여 네가 여호와의 말씀을 업신여기고 나 보기에 악을 행하였느냐 네가 칼로 헷 사람 우리아를 치되 암몬 자손의 칼로 죽이고 그의 아내를 빼앗아 네 아내로 삼았도다 10…칼이 네 집에서 영원토록 떠나지 아니하리라 하셨고 11여호와께서 또 이와 같이 이르시기를 보라 내가 너와 네 집에 재앙을 일으키고…

다윗의 목자인 선지자 나단이 하나님의 말씀을 들려주면서 이야기는 급변한다. 분명히 다윗은 그 순간에 설교를 듣고 있다고 생각하지 않았을 것이다. 다윗이 교회에 설치되어 있는 것과 같은 긴 의자에 앉아 있는 것도 아니었고, 선지자 나단이 강단에 서 있는 것도 아니었다. 성경 본문이 있는 것도 아니었고, 하나님이라는 단어를 한 번도 분명하게 언급하지 않았기 때문이다. 무슨 말을 하고 있는지 다윗이 어찌 알 수 있었겠는가?

나단은 이런 일에 익숙하다. 그는 사냥감에 천천히 다가간다. 그는 꾸밈없는 단순한 이야기를 들려준다. 많은 양 떼를 소유하고 있는 어떤 부자가 다른 사람에게 저녁을 대접하려고 새끼 양을 필요로 했다고 한다. 그런데 그 부자는 자신이 소유한 양 중에서 잡지 않고, 잔인하고 뻔뻔스럽게도 근처에 사는 가난한 사람의 귀여운 새끼 양을 빼앗아 자기 손님에게 대접했다.

이야기에 빠져든 다윗은 그 부자의 잔인함에 격분해 자기도 모르는 사이에 의로운 재판관이 되어 그 부자에게 사형을 선고했다.

그때 나단이 선고한다. "당신이 그 사람입니다!"(7절)

이 문장이 처음으로 선포되고 기록된 이후로, 사적인 대화에서 **"당신이 그 남자이다!"** **"당신이** 그 여자이다!"라는 말을 들어본 적이 없는 세대는 단 한 세대도 없다. 그것이 어떻게 시작되었든지, 그 말씀이 받아들여지기까지 얼마나 오랜 시간이 걸리든지, 언제나 결론은 같다. 하나님의 말씀은 결국 각 사람(나와 너)에게 직접 적용된다. 하나님의 말씀은 결코 다른 사람들에게 주어지는 것이 아니다. 하나님의 말씀은 결코 일반적이고 추상적인 진리가 아니다. 그것은 언제나 사적인 대화다. 성경의 계시는 결코 사상이나 문화나 상황에 대한 주석이 아니다. 그것은 언제나 실제적인 사람들, 실제적인 고통, 실제적인 문제, 실제적인 죄에 관한 것이다. 즉 당신과 나에 관한 것, 당신이 누구이며 무엇을 했는지에 관한 것이자 내가 누구이며 무엇을 했는지에 관한 것이다.

잘못하면 초점을 이런 개인(인격)에게 두지 않고, 성경 이야기를 일반적인 용어로 표현된 공고나 분명치 않은 의견, 혹은 종교적인 분노로 오해하기 쉽다. 다윗이 사실 그런 오해를 한 것이다. 다윗은 나단이 어떤 사람(다윗의 생각에)에 관해 설교하는 것을 열심히 들었다. 그리고 이름 없는 그 사람의 끔찍한 범죄에 치를 떨었다. 이런 것이 기숙사에서 벌어지는 한담, 텔레비전 프로그램, 토크쇼 속 종교다. 그것은 도덕적 판단 지상주의의 종교이며, 남을 비난하는 자기 의를 가진 자들, 고소하고 비난하기를 좋아하는 이들의 종교다.

나단이 말을 이어갈수록 다윗은 더욱 종교적이 된다. 그는 귀여운 새끼 양을 빼앗긴 가난한 사람이 불쌍해졌고, 새끼 양을 강탈해 간 부자에 대해선 화가 치밀었다. 누구를 불쌍히 여기고 누구를 판단하는 것은 끝없이 빠져들 수 있는 종교적인 감상(感傷)에 불과하다. 이런 감정은 우리가 주위의 모든 사람보다 훨씬 뛰어난 줄 착각하게 만들지만, 우리 삶을 티끌

만큼도 변화시키지 않는다. 우리는 단지 다윗처럼 될 뿐이다. 다윗은 판단하여 불쌍히 여겼으며, 시시각각 더욱 종교적이 되어 도덕적 감상주의라는 흐릿함 속으로 흡수되어 버렸다.

그런데 그때 갑자기, 초점이 선명해진다. 당신이 바로 그 사람입니다. **당신이!**

나단은 세속의 초연함과 감상주의라는 장벽을 부수고 개인에게 말을 거는 사람의 수호성인이다. 모든 그리스도인의 담화는 음악으로 하든, 그림으로 하든, 말로 하든, 삼인칭이라는 장애물을 피해 이인칭을 인정하도록 강요해서 일인칭으로 반응할 수 있게 하는 것이다. 나단은 이런 기술의 달인이었다.

> 12:13다윗이 나단에게 이르되 내가 여호와께 죄를 범하였노라 하매 나단이 다윗에게 말하되 여호와께서도 당신의 죄를 사하셨나니 당신이 죽지 아니하려니와 14이 일로 말미암아 여호와의 원수가 크게 비방할 거리를 얻게 하였으니 당신이 낳은 아이가 반드시 죽으리이다 하고 15a나단이 자기 집으로 돌아가니라

다윗은 자신에게 하는 말임을 알아채고는 "내가 여호와께 죄를 범하였노라"(13절)라며 개인적으로 대답했다. 그는 더 이상 자신에게 권력이 있다고 허세를 부리지 않았다. 더 이상 다른 사람들을(가난한 사람과 부자)의 생활에 대해 자신의 견해를 말하지 않았다. 그는 자신이 하나님 앞에서 죄인이며, 문제 있는 사람이며, 도움이 필요한 사람이며, 하나님이 필요한 인간이라는 사실을 깨달았다.

성경 이야기에 문외한인 사람들은 자주 이런 오해를 한다. 죄를 고백하는 것은 자신을 형편없는 인간이라고 인정하는 비굴한 태도로, '자신을

괴롭히라'는 말처럼 자신에게 벌을 가하는 일종의 작전이라는 것이다. 그러나 이 이야기의 내부자는 "내가 여호와께 죄를 범하였노라"라는 문장이 희망으로 가득 차 있다는 것을 안다. 이 고백에 희망이 가득한 이유는 하나님으로 충만하기 때문이다.

아우구스티누스가 말한 것으로 알려져 있는 라틴어 문장 '펠릭스 쿨파' (Felix Culpa)는, "오! 행복한 죄악이여"라는 하나의 슬로건 안에 있는 희망을 표현한다. 자신의 죄를 깨닫고 고백할 때, 우리는 비로소 우리의 죄를 용서하시는 하나님을 인정하고 그분께 반응할 수 있는 자리에 서게 된다.

전통적으로 시편 51편은 이 지점에서 다윗의 이야기 속으로 들어온다. 이 기도는 죄에 대한 자각에서 시작되어 하나님의 창조와 구원에 참여하는 기쁨으로 발전한다. 시편 51편 이외에도 여섯 편이 '참회시'로 분류된다(시 6, 32, 38, 102, 130, 143편). 아우구스티누스는 말년에 숨을 거둘 때까지 침대에서 지냈는데, 이때 벽에 이 일곱 편의 '참회시'를 기록해 달라고 부탁했고, 이로써 이 시편들을 '임종의 말'로 남길 수 있었다. 어떤 사람들은 아우구스티누스가 병 때문에 우울해져서 그런 행동을 했다고 생각했지만 그렇지 않다. 그것은 하나님이 전력을 다해 이루시는 일(은혜롭게 죄를 용서하시고, 영광스럽게 죄인들을 구원하시는 것)을 넘치는 기쁨으로 받아들인 결과다.

나단 앞에 서 있는 다윗의 이야기는 훗날 빌라도 앞에 서신 예수의 이야기에 반향(反響)을 불러일으켰다. 둘 다 'passion' 이야기다. 다윗은 밧세바를 향한 욕정(passion)에 불탔고, 예수는 우리를 위해 수난(passion) 당하셨다. 빌라도는 예수를 가리키며 "보라 이 사람이로다"(요 19:5)라고 말했는데, 이것은 나단이 다윗에게 "당신이 그 사람입니다"라고 말한 것의 메아리임이 분명하다.

이 문장들은 지명된 단 한 사람에게 초점을 맞춘다는 점에서 똑같다. 우리가 우리의 감각에 이르고 실체라는 땅에 발붙이게 되는 것은, 우리 바깥에 있는 사상이나 주장이나 법이나 꿈이나 비전이나 조직에 의해서가 아니라 **사람**을 통해서다.

동시에 이 문장들은 같지 않다. 나단의 말은 다윗을(그러므로 우리도) 하나님께 가까이 데려간다. 다윗은 자신이 자신과 다른 사람들을 통제할 권세를 부리는 존재가 아니라 그저 하나님 앞에 있는 존재일 뿐이라는 사실, 즉 자신이 상대해야 할 존재는 하나님이시라는 사실을 깨닫는다. 이와 반대로, 빌라도의 말은 예수를 하나님(우리를 위하시고 우리와 함께하시는 하나님)이 다루셔야 할 존재들인 우리에게 가까이 오게 하신다.

이 유사한 문장은 천 년이라는 시간에 의해 분리되어 있지만, 둘 다 좋은 소식들에 초점을 맞춘다. 죄의 자리는 고소나 비난의 자리가 아니라 구원의 자리다. 이 두 문장은 인식에 영향을 준다. 나단 앞에 서 있는 다윗 안에서 나 자신을 본다. 죄의식 때문에 하나님을 의식하는 나를 본다. 빌라도 앞에 서신 예수 안에서 나는 한 분, 즉 내게 하나님을 보여주시는 분에게 초대된다. 이전에 나는 하나님이 그렇게 가까이 계시고, 그렇게 친절하시고, 그렇게 나를 초청하고 계시는지 몰랐다.

죄의 교묘함 때문에 죄를 짓는 동안은 그것이 죄처럼 느껴지지 않는다. 오히려 거룩하고 종교적으로 느껴진다. 죄는 성취감을 주고 만족감을 준다. 우리를 유혹하는 자가 "너희가 결코 죽지 아니하리라 너희가 하나님과 같이 되리라"(창 3:4-5)라고 말한다면, 그것은 에덴동산의 사건을 재연하는 것이다. 다윗은 밧세바에게 사람을 보낼 때 자신을 죄인으로 여기지 않았다. 자신을 애인으로 여겼으니, 이보다 좋은 일이 어디 있겠는가? 다윗은 우리아에게 사람을 보낼 때 자신을 죄인으로 여기지 않았다. 하나님에 대한 경외심은 물러가고, 그 빈자리에 자신에 대한 집착이 채워졌다.

나단이 (하나님이 보내셔서!) 그날 왕실로 들어갔을 때, 그는 다윗에게 하나님에 대한 의식을 회복시켜 주었다. 동시에 그는 비유 설교를 통해 다윗의 죄책감을 불러일으켰고, 다윗의 의식은 회복됐다. 하나님과 죄에 대한 그런 이중적인 자각 속에서 다윗은 기도했고, 용서받았고, 하나님의 왕으로서 인생을 다시 시작했다.

밧세바가 낳은 두 아이(12:15b−25)

12:15b우리아의 아내가 다윗에게 낳은 아이를 여호와께서 치시매 심히 앓는지라 16다윗이 그 아이를 위하여 하나님께 간구하되 다윗이 금식하고 안에 들어가서 밤새도록 땅에 엎드렸으니… 18이레 만에 그 아이가 죽으니라… 20다윗이 땅에서 일어나 몸을 씻고 기름을 바르고 의복을 갈아입고 여호와의 전에 들어가서 경배하고… 22이르되 아이가 살았을 때에 내가 금식하고 운 것은 혹시 여호와께서 나를 불쌍히 여기사 아이를 살려주실는지 누가 알까 생각함이거니와 23지금은 죽었으니 내가 어찌 금식하랴 내가 다시 돌아오게 할 수 있느냐 나는 그에게로 가려니와 그는 내게로 돌아오지 아니하리라 하니라
24다윗이 그의 아내 밧세바를 위로하고 그에게 들어가 그와 동침하였더니 그가 아들을 낳으매 그의 이름을 솔로몬이라 하니라 여호와께서 그를 사랑하사 25선지자 나단을 보내 그의 이름을 여디디야라 하시니 이는 여호와께서 사랑하셨기 때문이더라

진실한 기도가 항상 응답받는 것은 아니다. 신앙의 역사에서 가장 주목할 만한 기도의 사람 다윗이 하나님께 기도드리지만(그의 기도들은 시편이

라는 문서로 남아 있다), 간구한 것을 얻지 못한다. 다윗은 병든 아이를 낫게 해달라고 기도한다. 자신의 죄를 회개하는 눈물 젖은 기도였다. 7일 밤낮을 금식한 강렬한 기도였다. "늙은 자들"의 지지를 받은 기도였다. 그런데도 그 아이는 죽는다.

여기 나오는 다윗의 기도처럼 영문 모를 결과를 받은 유명한 기도들이 있다. 자신의 고통에 대해 응답해 달라는 욥의 기도, 겟세마네 동산에서 드린 예수의 기도(막 14:36), 그리고 자기 몸의 "가시"를 제거해 달라는 바울의 기도(고후 12:8-10)가 그런 기도들이다. 이런 기도들이 응답받지 못한 기도라고 말하는 것은 완전히 틀렸다. 이 기도들은 응답받았다. 욥의 기도는 "폭풍우 가운데에서"(욥 38:1) 응답받았고, 예수의 기도는 "아버지의 원대로"라는 말씀 속에서 응답받았고, 바울의 기도는 "내 은혜가 네게 족하다"라는 말씀 속에서 응답받았다. 굉장한 응답들을 받은 것이다. 하지만 기도한 대로 응답받은 것은 아니다. 그렇다면 다윗은 어떻게 응답받는가? 병을 고쳐달라고 간절히 기도했지만, 아이가 죽자 다윗은 경건한 마음으로 "여호와의 전으로" 들어가 여호와께 "경배하고"(20절), 그다음 자기 아내 밧세바를 불쌍히 여겨 "위로했다"(24절). 다윗은 이제 막 사건에서 빠져나왔다. 다윗은 그 사건에서 거의 하나님을 망각한 채 자신이 자기 인생의 주인인 것처럼 굴었고, 박정하게도 자기 주변에 있는 사람들을 냉담하게 대했다. 밧세바는 물건이었고, 우리아는 장애물이었고, 요압은 도구였다. 하나님은 다윗의 기도에 '응답'하심으로써, 다윗이 하나님 앞에서 겸손히 기도하며 다른 사람들을 애정으로 대할 수 있도록 회복시켜 주셨다. 겸손한 기도와 부드러운 사랑은 다윗이 "이전에 훨씬 좋아했지만 잠시 잃어버렸던" 자질들이다(*The Hymnbook*, 1955년판, 331번, John Henry Newman의 "Lead Kindly Light"에서 인용).

솔로몬의 출생은 간단히 언급되는데(24-25절), 나단에게서 다른 메시지가 올 때가 된 것이다. 심판의 메시지를 전달했던(14절) 선지자가 이제 사랑의 메시지를 전한다(25절). 우리가 잘 아는 성경 인물들의 이름처럼, 메시지는 '여디디야'("여호와께서 사랑하시는 자")라는 이름에 압축되어 있다. 이름은 아주 적절한 시기에 붙여졌다. 다윗은 막 불행의 바다(대부분 자신이 뿌린 씨앗의 결과다. 12:10-12 참고)에 빠져들었고, 여생을 불행한 사건들과 씨름했기 때문이다. 다시 말해 심판의 메시지가 다른 자녀들의 삶 가운데서 이루어지는 길고도 힘든 세월 동안, 다윗은 집 안에서 여디디야/솔로몬이라는 이름을 부를 때마다 나단이 전해준 사랑의 메시지를 마음속 깊이 느낄 것이다.

다시 언급된 암몬 사람들(12:26-31)

12:26 요압이 암몬 자손의 랍바를 쳐서 그 왕성을 점령하매… 30 그 왕의 머리에서 보석 박힌 왕관을 가져오니 그 중량이 금 한 달란트라 다윗이 자기의 머리에 쓰니라 다윗이 또 그 성읍에서 노략한 물건을 무수히 내오고 31 …암몬 자손의 모든 성읍을 이같이 하고 다윗과 모든 백성이 예루살렘으로 돌아가니라

다윗이 암몬 사람들을 상대로 치르던 전쟁은 이제 끝났다. 역사가들을 제외한, 현대의 성경 독자들은 암몬 사람들에 대해 별로 관심이 없다. 그러나 이 이야기에서 암몬 사람들이(일찍이 블레셋 사람들이 그랬던 것처럼) 얼마나 중요한 역할을 하는지 주목할 필요가 있다. 현재 우리가 대하고 있는 모든 다윗 이야기(밧세바와 우리아와 나단) 가운데 가장 통쾌하고 극적인 이 사건은, 암몬 사람들과의 전쟁을 시작할 때와 끝낼 때 나오는 기사

들 사이에 들어 있다. 본문에 바깥세상의 사건들과 내부의 대인 관계들이 병치(竝置)되어 있는데, 이는 임의적인 것이 아니다. 세상에서 일어나는 사건들은 영혼에서 일어나고 있는 것과 다를 바 없는 그리스도인의 삶의 일부다. 많은 사람이 영적인 삶을 오해하여, 문화적 상황이나 정치는 제쳐두고 하나님을 신뢰하는 믿음만 성장시키면 된다고 생각한다. 그러나 이런 태도는 비성경적이다. 우리가 살고 있는 사회와 단절된 상황에서는 성경적인 계시를 결코 얻을 수 없다. 계시는 그 사회 안에서 일어나기 때문이다. 그러므로 암몬이라는 민족은 그리스도인의 삶을 이해하는 데 우리가 흔히 생각했던 것보다 중요한 역할을 한다.

사무엘서를 읽을 때, 사무엘, 사울, 골리앗, 요나단, 아기스, 아비가일, 므비보셋, 밧세바, 나단과의 극적이고 통찰력이 가득한 만남 안에 있는 다윗에게만 집중하기 쉽다. 그러나 우리가 정신을 드러내는 에피소드들을 듣는 동안, 수많은 전쟁이 치러지고 있고 국정이 운영되고 있다. 성경에 소개되는 역사는 지극히 개인적이다(personal). 그렇다고 '개인적'이라는 말이 사적(private)이거나 개인주의적(individualistic)이라는 뜻은 아니다. 성경의 계시에는 기도나 은혜뿐 아니라 문화와 상황도 이야기의 일부로 들어 있다. 양자 모두 모호하다. 바깥세상을 '좋은 사람과 나쁜 사람'으로 딱 구별할 수 없는 것처럼 죄와 은혜 심판과 구원으로 구성된 내면세계도 그렇기 때문이다. 훌륭한 다윗에게도 흠이 있고, 요압은 오합지졸이다. 이스라엘이 선(善) 자체가 아닌 것처럼, 암몬이 악 자체가 아니다. 내러티브들을 읽다보면, 성급히 어떤 입장을 취하게 되지 않고, 하나님의 임재가 시야에 들어오며 하나님의 뜻이 모든 곳에서 이뤄짐을 알게 된다. 때로 우리가 전혀 생각지 못한 사람들과 장소들 안에서도 말이다. 암몬 족속의 경우, 한때 다윗이 필요한 일이 있었을 때 아주 악한 왕 나하스가 다윗에게 도움을 주었고(10:2), 나중에 이 이야기에서 다윗이 매우 곤란한 처지에 놓였을 때 암몬 사람들이 다윗을 도와준다(17:27). 우리는 아웃사이더들이나 적들을 무조건 악마처럼 생각하지 않도록 주의해야 한다. 적의 진영에 있는 사람 중에서 누가 하나님의 사자로 등장할지 아무도 모르기 때문이다.

20. 아들들 및 타인들 때문에 다윗이 겪은 고통
사무엘하 13-20장

다윗을 과대평가하기는 쉽다. 그렇게 하지 **않으려면** 상당한 자제력이 필요하다. 다윗의 일평생은 대단한 감탄을 불러일으킨다. 이후의 거룩한 역사를 통해 그 감탄이 감소되지 않고 계속 증가되어 왔다. 그는 카리스마적 인물이었다. (그리고 현재도 그런 인물이다.) 그는 그를 존경하는 사람들 앞에 불쑥 거대한 모습을 드러내는데, 실제 삶보다 더 크게 나타났다. 대부분의 유대인과 그리스도인의 마음속에 있는 다윗 이미지는 미켈란젤로가 대리석으로 조각한 다윗상에서 기인한다. 완벽한 인간의 육체를 지닌 다윗, 힘이 넘치는 흠 없는 인간 다윗을 그리고 있다.

그러나 성경은 흠이 없는 다윗을 말하지 않는다. 다윗 이야기의 마지막 국면은 다윗을 고난의 폭풍 가운데로 던져넣는데, 그가 당하는 고난은 대부분 그가 원인을 제공한 것이다. 내레이터는 다윗을 이상적인 인물로 묘사하거나 보편적인 인간성을 초월하는 위치에 두려고 하지 않는다. 사람을 대좌(臺座) 위에 두는 것은, 일상적인 삶 안에서 사람들을(그리고 그들 가운데서 일하시는 하나님을) 대하는 방식이 아니다. 이 이야기가 진술되는 것처럼, 이야기를 신학적으로 진술한다는 것은 가장 좋은 옷을 입었다는 뜻이 아니다. 하나님이 창조하셨고, 예수께서 구원하셨고, 성령께서 복 주셨던 우리의 보편적 자아들, 즉 조작되거나, 축소되거나, 간과되지 않은 자아를 느끼는 것이 절대적으로 필요하다. 다윗 이야기 중에서 이 마지막 에피소드들을 읽어보면, '영감을 주는' 부분이라고 일컫는 부분뿐만 아니라 이야기 전체를 얻을 수 있다.

다말이 성폭행을 당함(13:1-22)

13:1그 후에 이 일이 있으니라 다윗의 아들 압살롬에게 아름다운 누이가 있으니 이름은 다말이라 다윗의 다른 아들 암논이 그를 사랑하나 2그는 처녀이므로 어찌할 수 없는 줄을 알고 암논이 그의 누이 다말 때문에 울화로 말미암아 병이 되니라 3암논에게 요나답이라 하는 친구가 있으니 그는 다윗의 형 시므아의 아들이요 심히 간교한 자라 4그가 암논에게 이르되 왕자여 당신은 어찌하여 나날이 이렇게 파리하여 가느냐… 5요나답이 그에게 이르되 침상에 누워 병든 체하다가 네 아버지가 너를 보러 오거든 너는 그에게 말하기를 원하건대 내 누이 다말이 와서 내게 떡을 먹이되 내가 보는 데에서 떡을 차려 그의 손으로 먹여 주게 하옵소서 하라 하니 6암논이 곧 누워 병든 체하다가 왕이 와서 그를 볼 때에 암논이 왕께 아뢰되 원하건대 내 누이 다말이 와서 내가 보는 데에서 과자 두어 개를 만들어 그의 손으로 내게 먹여주게 하옵소서 하니

7다윗이 사람을 그의 집으로 보내 다말에게 이르되 이제 네 오라버니 암논의 집으로 가서 그를 위하여 음식을 차리라 한지라 8다말이 그 오라버니 암논의 집에 이르매 그가 누웠더라 다말이 밀가루를 가지고 반죽하여 그가

보는 데서 과자를 만들고 그 과자를 굽고… 11그에게 먹이려고 가까이 가지고 갈 때에 암논이 그를 붙잡고 그에게 이르되 나의 누이야 와서 나와 동침하자 하는지라 12그가 그에게 대답하되 아니라 내 오라버니여 나를 욕되게 하지 말라… 14암논이 그 말을 듣지 아니하고 다말보다 힘이 세므로 억지로 그와 동침하니라

15그리하고 암논이 그를 심히 미워하니 이제 미워하는 미움이 전에 사랑하던 사랑보다 더한지라 암논이 그에게 이르되 일어나 가라 하니 16다말이 그에게 이르되 옳지 아니하다 나를 쫓아보내는 이 큰 악은 아까 내게 행한 그 악보다 더하다 하되 암논이 그를 듣지 아니하고 17그가 부리는 종을 불러 이르되 이 계집을 내게서 이제 내보내고… 18암논의 하인이 그를 끌어내고… 19다말이 재를 자기의 머리에 덮어쓰고 그의 채색옷을 찢고 손을 머리 위에 얹고 가서 크게 울부짖으니라

20…다말이 그의 오라버니 압살롬의 집에 있어 처량하게 지내니라 21다윗 왕이 이 모든 일을 듣고 심히 노하니라 22압살롬은 암논이 그의 누이 다말을 욕되게 하였으므로 그를 미워하여 암논에 대하여 잘잘못을 압살롬이 말하지 아니하니라

다윗이 밧세바와 우리아에게 죄를 지은 후, 나단은 그 죄의 결과들을 예언했었다. "내가 너와 네 집에 재앙을 일으키고"(삼하 12:11). 이 사건은 1회분에 해당한다. 참으로 불행한 일이다. 다윗의 딸이 성폭행을 당했는데, 그의 장남이 범인이다. 다윗이 밧세바에게 저지른 성폭행이 암논이 자기 집에서 다말을 성폭행함으로써 다윗의 눈앞에서 재연되고 있다. 곧이어 우리아를 죽인 범행이 압살롬이 암논을 살해함으로써 재연될 것이다.

이야기는 코멘트 없이 간결하게 진행된다. 드라마는 빠른 속도로, 한 가지 범죄에 또 다른 범죄가 꼬리를 물고 이어지듯 긴박하게 전개된다.

이 이야기를 주도하는 네 사람의 이름이 첫 문장에서 모두 소개된다. 바로 다윗과 그의 장성한 세 자녀인 압살롬, 다말, 암논이다. 압살롬과 다말은 다윗의 아내 마아가에게서 태어났고, 암논은 아히노암에게서 태어났다.

자기 이복누이인 다말에 대한 암논의 욕망이 행동으로 나타나기 시작한다. 욕정이 커져 계획되고 상상되고 무르익어 마침내 암논을 사로잡았다. 그러나 암논이 있는 곳에 출입할 수 없는 다말에게 접근할 방법이 없었다. 당시의 규례에 따라, 시집가지 않은 공주 다말은 공주들이 기거하는 일종의 보호 구역 안에서 지내야 했다. 그녀에게 접근할 수 없다는 것 자체가 암논의 욕정에 불을 지폈다.

암논의 사촌인 요나답은 암논의 행동의 원인을 우연히 알아채고 그에게 찾아왔다. (3절의 시므아는 삼상 16:9의 다윗의 셋째 형 삼마와 같은 인물이다.) 암논의 욕정을 성취할 계획을 들고 온 것이다. 본문은 요나답을 "심히 간교한 자"(3절)라고 묘사한다. 자기 힘으로 다말에게 접근할 수 있을 만큼 똑똑하지 못한 암논에게는 공범이 필요했다. 요나답은 압살롬을 위해 발 벗고 나설 준비가 되어 있었다. 세상에는 요나답처럼 자신의 기지를 발휘하여 다른 사람들의 악한 짓을 돕고 싶어 미칠 지경인 사람들이 득실거린다. 불법적인 권력을 얻으려는 사람들과 사악한 쾌락에 빠지려는 사람들을 돕기 위해 매일 동원되는 지성과 상상력은 가히 놀랄 만하다. 현재도 죄악의 욕망을 채워주는 '요나답' 사업은 전 세계적으로 번창하고 있다.

요나답의 계획은 교묘했다. 우선 왕 다윗을 끌어들였다. 다윗이 주도적인 역할을 한다면 아무도 뭔가 잘못되었다고 의심하지 않을 것이다. 그중에서도 특히 다윗이 의심하지 않을 것이다. 그는 자신의 가족과 나라의 복지에 물심양면으로 책임이 있는 아버지이자 왕이다. 밀실에서 꾸민 책략에서 빠져나올 때 든든한 보호막이 될 것이다. 암논은 병이 난 것처럼 가장하여 아버지의 관심을 끌었다. 그런 후 아버지를 이용하여 다말이 음식으로 자기를 위로하게 했다. 다윗은 자기 아들의 터무니없는 욕정에 이용당하고 있음을 조금도 의심하지 않고, 부탁받은 것을 그대로 들어주었다. 다말이 암논에게 보내졌다.

다말도 아무런 의심 없이 아버지께 순종해 암논을 위해 음식을 준비한다. 그것은 단순히 영양분 공급 이상의 서비스다. 다말은 냄비요리를 들고 가서 먹으라고 차려주지 않았다. 다말은 암논이 보는 앞에서 음식을 준비했는데, 음식 준비 자체가 공을 들이고 시간을 투자해야 하는 일종의 위로 의식 같다. 그녀가 만드는 요리를 가리키는 단어(영어로 cakes로 번역된 단어)는 '진실로 만족스러운 것'(soul food)이라는 뜻이 있다. 즉 정서적으로 영양을 공급한다는 뜻이다. 병든 오라버니를 위로하기 위해 다말은 애정을 기울여 음식을 만들었다. 한편 내러티브에는 긴장이 고조되는데, 다말이 순진하게 애정을 다하여 암논을 섬기는 동안 암논은 다말을 침대로 끌어들일 방법을 궁리하고 있다. 우리는 이런 사실을 알고 있다.

정교(情交)할 분위기가 무르익고 환경이 조성되자, 암논은 하인들에게 방에서 나가라고 명령했다. 이제 암논은 자기가 원했던 곳에서 자기 누이와 함께 있게 되었고, 그녀를 자기 침대로 끌어들였다. 다말은 저항하며 완강하게 거절했다. "내게 이런 짓을 강요하지 마세요. 내게 상처 주지 마세요. 백성들 가운데서도 이런 일은 있을 수 없습니다. 오라버니가 우리 둘 다 파멸시킬 것입니다. 내가 어떻게 얼굴을 들고 다니겠습니까? 그리고 오라버니도 거리에서 수치를 당할 것입니다. 제발, 부탁입니다. 아버지께 말씀드리세요. 그러면 아버지께서 나를 오라버니의 아내로 허락하실 것입니다."

다말은 암논에게 아버지께 가서 자기와의 결혼을 허락받으라고 부탁한다. 이것은 절망적인 상황에서 다말이 시간을 벌려고 한 말이다. 아브라함이 이복동생인 사라와 결혼했지만(창 20:12), 이후 이스라엘에는 그런 결혼을 금하는 전통과 규례가 생겼기 때문이다(레 18:9, 11; 20:17; 신 27:22).

어쨌든 다말의 부탁은 통하지 않았다. 암논은 들으려고도 하지 않았다. 다말은 오래전부터 암논에게 귀를 기울여 이야기를 들어주고 사랑으로 돌봐야 할 여동생이 아니었다. 다말은 암논에게 비인간화되어 그의 욕망을 채워줄 대상이 되어 있었다. 암논에게 다말은 한 장의 포르노 사진에 불과했다. 일단 그녀가 비인간화되어 욕망의 대상이 되자, 그는 원하는 바가 무엇이든 그것을 하고야 만다. 결국 암논은 다말을 성폭행한다.

그런데 암논은 그 직후 "심히 미워하는 마음에 사로잡혀"(15절) 그녀를 미워한다. 암논은 그녀를 길거리로 내쫓고 문을 잠가버렸다. 처음에는 성폭행이고 그다음에는 증오다. 증오는 성폭행보다 훨씬 악하다. 어쩌면(그렇게 가능성이 높지는 않지만) 성폭행은 일반적으로 통제할 수 없는 성욕의 결과로 설명할 수 있을지 모른다. 그러나 증오는 단순히 내분비샘과 호르몬 같은 신체적인 문제가 아니다. 증오는 파멸을 노리는 마음과 감정을 요구한다. 성폭행이 내면화되자 증오로 증폭된다. 암논은 그녀의 몸을 더럽혔다. 그리고 이제는 그녀의 **영혼**을 더럽힌다. 이것은 엄청난 신성모독이다.

폭행당한 다말은 말할 수 없는 비탄에 잠겼다. 다말은 암논의 침실에서 은밀하게 저질러진 일을 예루살렘 거리를 걸으며 공개적으로 알렸다. 그녀는 처녀를 상징하는 아름다운 옷을 찢고, 머리에 재를 뿌렸다. 그리고 아주 극적인 몸동작을 하고 통곡함으로써 자신이 당한 일을 드러냈다(19절에 나타난 "손을 머리 위에 얹는다"는 것은 슬픔을 나타내는, 당시의 일반적인 표현이다. 렘 2:37 참고). 다말은 초대를 받아 암논의 집에 들어갈 때, 그를 도와주고 치료해 줄 생각이었다. 동정심 넘치는 사랑을 표현할 생각이었다. 그러나 한 시간쯤 후에 그녀는 거절당하고 미움받아 파멸된 인생, "처량한" 여자(20절)가 되어 그 집을 떠났다. 이후로 우리는 두 번 다시 다말에 대한 소식을 듣지 못한다. 그런데 그녀는 잊히지 않는다. 압살롬이 자신의 아름다운 딸의 이름을 다말이라 지어서(14:27 참고), 그녀의 이름과 미모에 대한 기억을 생생하게 보존한다.

압살롬은 여동생을 찾아내 집으로 데려와 돌봐준다. 압살롬은 일단 그 사건으로 인한 피해를 적절하게 통제하려고 했다. 즉, 암논의 성폭행을 가족의 문제로 최소화하여 시끄러워지는 것을 막고, 우리가 흔히 말하듯 '그 일을 잊으려고' 애썼다.

성폭행 사실을 알고 다윗은 화를 냈으나, 그것으로 끝이었다. 어떤 특별한 조치도 취하지 않았다. 이와 같은 일을 접했을 때 치미는 분노, 생명의 신성함을 모독하는 것에 대한 격분은 정의실현의 원동력, 즉 사태를 바로잡고 범죄자를 옳은 길로 돌아오게 하고 피해자들을 도울 수 있는 동기가 될 수 있다. 그러나 다윗은 분노했지만 아무 일도 하지 않았다. 그는 아무런 조치도 취하지 않았는데(이것은 결국 정의를 추구하는 데 실패한 것이다), 이는 다윗이 암논을 "사랑했기" 때문이다. 이 상황에서 사랑이라는 말은 불쾌한 짓을 떠올린다. 왜냐하면 우리는 이 사건이 어떤 진술과 함께 시작되었는지를 기억하고 있기 때문이다(1, 4절). "암논이 다말을 사랑했다"라는 진술이다. 그런데 지금 우리는 다윗이 암논을 사랑했다는 말을 듣는다. 이것은 어떤 종류의 사랑인가? 암논의 '사랑'은 성폭행의 자극제가 되었고, 다윗의 '사랑'은 불의를 가린다(다윗이 암논을 사랑했다는 말은 한글 성경에는 나오지 않는다. 저자는 NRSV에 근거해서 서술하고 있다.-옮긴이).

'사랑'이라는 단어를 읽거나 들을 때마다, 우리는 현재 어떤 일이 진행되고 있는지 정신을 바짝 차리는 것이 좋다. 사랑은 가장 영광스러운 단어이자 사람들이 할 수 있는 최선을 표현한다. 그러나 그것은 폭력을 은폐하고, 방종을 변명하는 데도 자주 이용된다. 이 이야기가 보여주는 것처럼, 우리가 사용하는 말 중에 사랑이라는 단어보다 개념을 검토하고 검증하는 것이 더 필요한 단어는 없다. 오랜 세월이 지난 후에 바울이 고린도전서 13장에서 사랑이라는 단어를 면밀히 조사하고 검토한다. 사랑에 관한 바울의 정의를 토대로 이들이 어휘 시험을 본다면, 암논과 다윗 모두 F학점이다.

다윗은 화를 냈으나 암논에게 아무런 벌도 내리지 않았고, 다말이 무시당한 채 살도록 내버려 두었다. 그러나 그게 끝이 아니었다. 다윗이 그렇게 처신하는 바람에 압살롬이 폭력의 길에 들어섰기 때문이다. 다말이 성폭행을 당했을 때 압살롬은 그 사건을 가족 문제로 국한시켜 최악의 상황을 어떻게든 참았다(20절). 그러나 아버지가 문제를 적절하게 처리하지 않자, 압살롬의 영혼에 불의가 자리를 잡았다. 그 불의는 끓어올라 가슴에 맺혔다. 만약 다윗이 공정하게 행동하지 않겠다면 자신이 그렇게 하겠다는 것이다. 그는 다말의 억울함을 입증하는 동시에 암논에게 복수할 궁리를 시작했다. 계획을 세운 지 2년이 지난 시점, 드디어 계획을 실행에 옮길 방법을 찾았다.

암논이 살해당함(13:23-39)

13:23만 이 년 후에 에브라임 곁 바알하솔에서 압살롬이 양 털을 깎는 일이 있으매 압살롬이 왕의 모든 아들을 청하고 24압살롬이 왕께 나아가 말하되 이제 종에게 양 털 깎는 일이 있사오니 청하건대 왕은 신하들을 데리시고 당신의 종과 함께 가사이다 하니 25왕이 압살롬에게 이르되 아니라 내 아들아 이제 우리가 다 갈 것 없다… 27압살롬이 간청하매 왕이 암논과 왕의 모든 아들을 그와 함께 그에게 보내니라 28압살롬이 이미 그의 종들에게 명령하여 이르기를 너희는 이제 암논의 마음이 술로 즐거워할 때를 자세히 보다가 내가 너희에게 암논을 치라 하거든 그를 죽이라… 29압살롬의 종들이 압살롬의 명령대로 암논에게 행하매 왕의 모든 아들들이 일어나 각기 노새를 타고 도망하니라

30그들이 길에 있을 때에 압살롬이 왕의 모든 아들들을 죽이고 하나도 남기지 아니하였다는 소문이 다윗에게 이르매 31왕이 곧 일어나서 자기의 옷을 찢고 땅에 드러눕고… 32다윗의 형 시므아의 아들 요나답이 아뢰어 이르되 내 주여 젊은 왕자들이 다 죽임을 당한 줄로 생각하지 마옵소서 오직 암논만 죽었으리이다 그가 압살롬의 누이 다말을 욕되게 한 날부터 압살롬이 결심한 것이니이다…

37압살롬은 도망하여 그술 왕 암미훌의 아들 달매에게로 갔고 다윗은 날마다 그의 아들로 말미암아 슬퍼하니라 38압살롬이 도망하여 그술로 가서 거기에 산 지 삼 년이라 39다윗 왕의 마음이 압살롬을 향하여 간절하니 암논은 이미 죽었으므로 왕이 위로를 받았음이더라

암논의 살인 사건이 어디에서 일어났는지 분명하지 않지만(예루살렘에서 북쪽으로 20킬로미터 떨어진 어떤 지역일 것이다), 양 털 깎는 시기에 일어난 것은 분명하다. 당시의 문화에서 양 털 깎는 시기는 축제 기간이었다. 1년 동안 열심히 일한 것을 보상하는 의미에서 편히 쉬면서 먹고 마시는 축하와 잔치의 기간이었다. (우리는 이런 실례를 삼상 25:2-8의 나발의 양 털 깎기에서 이미 본 적이 있다.) 압살롬은 아버지를 이용하여 암논을 축제에 참석하게 해 암논을 죽일 작정이었다. (앞에서 암논은 아버지를 이용해 다말이 자기를 위해 식사를 만들게 해 그녀를 성폭행했었는데, 지금 같은 일을 되풀이하고 있다).

다윗이 '이용당하는' 모습은 우리에게 익숙하지 않다. 우리는 기도하고 행동하면서 이스라엘을 단호하게 이끌어 가는 주도적인 다윗에 익숙하다. 그러나 더 이상은 아니다. 압살롬은 다윗이 정의를 실행하지 못하고 왕처럼 행동하지 못한 데서 생긴 권력의 공백을 비집고 들어왔다.

그러나 압살롬은 다윗에 비해 나아진 것이 없었다. 압살롬은 다윗이 정의를 실현하지 못하여 생긴 틈으로 들어가면서, 다윗이 광야생활에서 보

여주었던 덕목을 전혀 보여주지 못한다. 압살롬에게는 다윗이 수년 동안의 연단을 통해 쌓은 인내심 같은 것이 전혀 없다. 다윗은 그 인내심 때문에 사울의 비방에도 불구하고 사울을 변함없이 존중할 수 있었다. 압살롬은 충동적이다. 그는 기다리되 와락 덤벼들 태세를 하고 있는 고양이처럼 기다린다. 우리는 다윗이 광야에서 지내면서 자신의 주권을 하나님의 주권 앞에 내려놓고 하나님을 기다리는 것을 보았다. 그러나 압살롬에게 이런 영혼의 인내가 있다는 증거는 없으며, 이야기가 계속 전개되어도 전혀 나타나지 않을 것이다. 그는 하나님의 주권에 대해 아무것도 모른다. 압살롬은 자신의 힘으로 일을 처리하려고 하는데, 이것은 왕국의 모든 일이 하나님의 손에 달려 있다는 것을 염두에 두지 않은 행동이다.

압살롬이 오랫동안 품어온 복수는 신속히 실행되었다. 그는 양 털 깎기 축제가 잘 진행될 때까지 기다린다. 축제에 참석한 형제들이 파티가 제공하는 형제의 우애를 즐기며, 먹고 마시며 좋은 시간을 보내는 동안 기다린다. 이복형제들까지 포함된 대가족이 함께 모였으니, 될 수 있는 대로 가족들 간의 잡담에 끼어들려고 하는 장면을 쉽게 상상할 수 있을 것이다. 암논이 만취 상태인 것을 확인한 압살롬은 하인들에게 암논을 죽이라는 신호를 보냈다. 살인은 폭탄과 같았다. 당황한 형제들은 당연히 자신들도 암살 대상이라고 생각하고 목숨을 건지려고 도망쳤다. 각자 노새를 타고 줄행랑을 쳤다. 암논이 살해당한 사건이 예루살렘에서는 대량 학살의 양상으로 부풀려져 있었다. 압살롬이 왕족들을 대량 학살해서 모든 왕자가 몰살당했다는 것이다!

이 지점에서 요나답이 이야기에 다시 등장한다. 요나답은 암논의 사촌(다윗의 조카)이요, 암논이 다말을 성폭행하도록 밀실에서 모략을 제공한 장본인이다. 그는 암논이 압살롬에게 살해당하도록 만든 공모자이기도 하다. 그는 양 털 깎기 축제에서 압살롬이 암논만 노렸을 것이라고 왕을 안심시켰다. 이것은 무차별적이고 무분별한 폭력이 아니라, 계획적인 복수다. 압살롬은 단지 정의를 실현하는 것이다. 왕은 공주가 성폭행당한 것을 그렇게 빨리 잊으셨는가? (요나답은 발생한 사건에 대해 어떤 책임도 지지 않으면서 그 사건에 관여하는 방법을 알고 있다. 일찍이 그는 문제의 성폭행 사건이 가능하도록 계략을 제공했고, 여기서는 암살 계획에 관해 모든 것을 알고 있는 것처럼 보인다. 요나답은 종교계와 정치계에 자주 등장하는 그런 종류의 사람이다. 권력을 지닌 자들에게 빌붙어 사는 기생충 같은 존재다. 이런 사람들은 창조적인 일이나 책임져야 할 일은 전혀 하지 않는다. 단지 이용 가치가 있는 내부의 소문이나 정보를 손에 쥐고 있는 것처럼 군다.)

형제들이 목숨을 건지려고 도망치자(그것은 예상하지 못했던 결과다), 압살롬도 **자기** 목숨을 건지려고 도망했다(34, 37절). 압살롬에게는 암논에게 했던 것처럼 아버지가 자기에게도 관대할 것이라는 확신이 없었다. 그래서 머뭇거리지 않고 동쪽으로 달아나 요단 강을 건너 외조부에게로 피했다. 외조부 달매는 그술이라는 작은 나라의 왕이었다. 그의 어머니 마아가가 자란 곳이다. 압살롬은 이때부터 3년 동안 외조부와 함께 거기서 지낸다.

본문에는 압살롬이 암논을 죽일 때 여동생 다말을 성폭행한 것을 복수하겠다는 생각 외에 다른 생각을 품었다는 증거가 없다. 이제 복수는 끝났다. 압살롬이 치를 대가는 망명생활이다. 그런데도 일부 독자들은 압살롬이 아버지를 대신해 이스라엘의 왕좌를 차지하려는 생각을 이미 품고 있었다고 생각한다. 그들은 압살롬이 양 털 깎기 축제에서 아버지와 형제들을 한꺼번에 다 죽이고 자기만 남게 되면 손쉽게 왕위에 오를 것으로 생각했다가, 아버지가 초대에 응하지 않자 만족스럽지는 않지만 암논에게 복수하는 것으로 계획을 수정해야 했다고 해석한다.

우리는 압살롬이 왕권에 야망을 품고 있었는지 여부는 이 대목에서 알 수 없다. 그러나 지금까지는 야망이 없었어도 이제 곧 품게 될 것이다.

2년 동안 암논을 미워했고, 결국 만찬을 베풀어 암논을 살해할 계획을 세웠으며, 살해 후 아버지로부터 도망쳐 망명생활을 3년이나 했으니, 이 기간이면 다음과 같은 생각을 품기에 충분하다. '아버지 다윗은 왕국에서 정의실현의 의무를 다하지 않는, 직무 태만한 왕이다. 이런 왕을 대신해서 내가 왕이 되는 것은 정당하다.' 얼마 후 압살롬은 공공연하게 왕의 국정 처리 능력을 문제 삼는다(15:1-6). 이 5년의 시간은 훗날 압살롬이 정부를 점거하는 과정에서 발생할 일들이 잉태되고 자라난 기간이다.

압살롬이 돌아옴(14:1-33)

14:1스루야의 아들 요압이 왕의 마음이 압살롬에게로 향하는 줄 알고 2드고아에 사람을 보내 거기서 지혜로운 여인 하나를 데려다가 그에게 이르되 청하건대 너는 상주가 된 것처럼 상복을 입고 기름을 바르지 말고 죽은 사람을 위하여 오래 슬퍼하는 여인같이 하고 3왕께 들어가서 그에게 이러이러하게 말하라고 요압이 그의 입에 할 말을 넣어 주니라
4드고아 여인이 왕께 아뢸 때에 얼굴을 땅에 대고 엎드려 이르되 왕이여 도우소서 하니 5…나는 진정으로 과부니이다… 6이 여종에게 아들 둘이 있더니 그들이 들에서 싸우나 그들을 말리는 사람이 아무도 없으므로 한 아이가 다른 아이를 쳐죽인지라 7온 족속이 일어나서 당신의 여종 나를 핍박하여 말하기를 그의 동생을 쳐죽인 자를 내놓으라 우리가 그의 동생 죽인 죄를 갚아 그를 죽여 상속자 될 것까지 끊겠노라 하오니 그러한즉 그들이 내게 남아 있는 숯불을 꺼서 내 남편의 이름과 씨를 세상에 남겨두지 아니하겠나이다 하니 11…왕이 이르되 여호와께서 살아 계심을 두고 맹세하노니 네 아들의 머리카락 하나도 땅에 떨어지지 아니하리라 하니라

…13여인이 이르되 그러면 어찌하여 왕께서 하나님의 백성에게 대하여 이같은 생각을 하셨나이까 이 말씀을 하심으로 왕께서 죄 있는 사람같이 되심은 그 내쫓긴 자를 왕께서 집으로 돌아오게 하지 아니하심이니이다…

19왕이 이르되 이 모든 일에 요압이 너와 함께하였느냐 하니 여인이 대답하여 이르되 내 주 왕의 살아 계심을 두고 맹세하옵나니 내 주 왕의 말씀을 좌로나 우로나 옮길 자가 없으리이다 왕의 종 요압이 내게 명령하였고 그가 이 모든 말을 왕의 여종의 입에 넣어 주었사오니…

21왕이 요압에게 이르되 내가 이 일을 허락하였으니 가서 청년 압살롬을 데려오라 하니라… 23요압이 일어나 그술로 가서 압살롬을 데리고 예루살렘으로 오니 24왕이 이르되 그를 그의 집으로 물러가게 하여 내 얼굴을 볼 수 없게 하라 하매 압살롬이 자기 집으로 돌아가고 왕의 얼굴을 보지 못하니라

요압은 압살롬에 대한 다윗의 마음이 누그러졌음을 눈치채고 뭔가를 하려고 했다(13:39). 만약 다윗이 도피 중인 압살롬을 돌아오게 할 방법을 알지 못한다면, 요압이 해법을 찾을 것이다. 요압은 무디고 직설적이고 충동적이고 행동이 앞서는 사람으로, 섬세하지 못하다. 그러나 지금은 일을 신중하게 처리해야 할 상황인 것 같다. 다윗은 아버지로서, 인간적으로는 압살롬을 보고 싶어 하는 마음을 품고 있다. 그러나 정의를 실현해야 하는 왕으로서의 책임감도 있다. 이 둘은 쉽게 조화될 성질의 것이 아니다. 요압에게 공범자가 필요했다. 그는 자기가 원하던 바로 그런 사람을 드고아에서 찾았다.

드고아는 다윗의 고향인 베들레헴 남쪽에 있다. 아마 일가친척인 요압(그는 다윗의 조카이며, 다윗의 여동생 스루야의 아들이다)도 드고아에서 자랐을 것이므로 그 지역과 거기에 살고 있는 뛰어난 인물들을 잘 알고 있었을 것이다. 이 무명의 '드고아의 여인'은 '슬기 있는 여인'으로 알려져 있었다.

그래서 요압은 사람을 보내 이 여인을 데려왔다. (이 일로부터 200년 후, 드고아의 목자 아모스가 선지자로 나타나 하나님 백성의 삶에 영향을 준다.)

요압은 여인에게 옷을 어떻게 입을지, 처신을 어떻게 할지, 말은 어떻게 할지 일일이 코치했다. 그 여인은 요압의 지시에 따라 슬픔에 잠긴 과부 행색을 하면서 다윗 앞으로 나아갔다. 요압은 "그의 입에 할 말을 넣어주었고"(14:3), 그녀는 마치 자신의 말을 하는 것처럼 그대로 말했다. 그녀가 전한 우화는 다윗을 압살롬 문제로 인한 곤경에서 벗어나게 하려고 꾸민 이야기다.

몇 년 전에 밧세바와 우리아 사건이 발생했을 때, 선지자 나단이 이야기를 들려주는 이와 똑같은 방법으로 다윗의 삶에 큰 영향을 미쳤다. 이 때로부터 천 년 후, 예수는 사람들에게 이야기를 들려주시는데, 그 이야기를 듣는 자들은 자신의 삶에서 하나님을 인정하고 그분과 가까이 교제하게 된다. 이런 방법으로 예수는 세상에서 가장 유명한 이야기꾼이 되실 것이다. 이야기는 한 사람을 영혼과 하나님께 가까이 이끌기 위한 유일한 언어적 방법은 아니지만 성경이 선택한 방법이다. 이러한 성경적 방식은 현대인들이 정보를 얻기 위해 선호하는 방식과 대조적이다. 현대인들은 결론을 얻기 위해 일반적으로 비인격적인 정보(잘난 척하며 '과학적'이라고 칭한다)를 모은다. 그 정보가 교리적이든 철학적이든 역사적이든 상관없다. 그리고 현대인들은 수집한 정보들을 자신을 위해 해석해 달라고 외부의 전문가들에게 자문을 구한다. 그러나 우리는 정보에 의존해서 사는 것이 아니다. 우리는 관계들 속에서 살아간다. 즉 사람들로 이루어진 공동체(공동체 구성원은 각자 나름대로의 경험과 동기와 욕망의 복잡한 꾸러미와 같다) 속에서 인격적인 하나님(우리에 대한 정의와 구원의 계획들을 가지고 계시다)과 관계를 맺으며 살고 있다. 정보 수집과 전문가의 의견은 우리에게만 있는 독특한 것들을 거의 모두 없애버린다. 예를 들면 우리 각자의 인생사와 우리가 맺은 관계들, 우리의 죄와 죄의식, 우리의 도덕적 특성과 하나님에 대한 순종 등이다. 이야기를 말하는 것은 실제적인 일상의 현실을 살아가는 방식을 설명하는 기본적인 언어적 방법이다. 이야기에는 추상적인 개념이 전혀(혹은 거의) 없다. 이야기는 직접적이고, 구체적이고, 줄거리가 있고, 관계적이며, 개인적이다. 그러므로 우리가 우리 자신의 삶과 접촉이 끊어지고, **영혼**(우리의 도덕적이고 영적인 삶, 즉 하나님과 인격적으로 교제하는 삶)과의 접촉이 끊어졌을 때, 이야기는 그 접촉을 계속할 수 있도록 되돌리는 가장 좋은 언어적 수단이다. 이것이 하나님의 말씀이 대부분 이야기 형태로 주어지는 이유다.

다윗은 그의 삶에 가장 중요한 것과의 접촉이 끊겼다. 애정 문제와 정의에 관한 문제가 지금 당장 압살롬이라는 인물과 뒤엉켜 범벅이 된 상태다. 압살롬은 도피생활에 갇혀 있고, 다윗은 외로움에 사로잡혀 있다. 요압은 이야기를 가지고 모든 일을 다시 바로잡으려고 한다.

드고아의 '슬기로운 여인'은 두 아들을 둔 과부로 행세하면서, 한 아들이 다른 아들을 죽였고 그녀의 가문은 형제를 죽인 아들을 사형에 처해야 한다고 했다고 이야기한다. 이 이야기에서 친척들은 그녀에게 관심이 없다. 그들은 모두 추상적 개념인 '정의'에 관심이 있다. 그녀에게는 아들 한 명만 남아 있다. 남편도 다른 한 아들도 죽었는데, 이제 "그들이 그녀에게 남아 있는 숯불을 끄려 한다"(7절).

그녀는 정의를 외치는 가문의 비인격적인 주장과 "남아 있는 숯불"로 표현되는 아들과의 관계를 위한 자신의 필요 사이에 존재하는 갈등을 가장 통렬한 방식으로 표현했다.

그녀의 이야기에 감동한 다윗은 비인격적인 기계적 정의로부터 그 아들을 보호해 주겠다고 약속했다. "네 아들의 머리카락 하나도 땅에 떨어지지 아니하리라"(11절). 다윗은 그 이야기가 자신과 압살롬에 관한 이야기라는 것을 아직 눈치채지 못했다. 아버지로서 아들 압살롬을 '그리워하는 마음'과 왕으로서 자기 형을 죽인 압살롬을 처벌해야 하는 임무가 갈등을 빚고 있는 것을 말이다. 그런데 방금 다윗은 자기도 모르는 사이에 압살롬을 살인자가 아니라 아들로서 집으로 데려올 것이라고 결정한 것이다.

그러자 드고아의 슬기로운 여인은 (선지자 나단이 했던 것처럼) 다윗으로 하여금 **알아듣게** 말했다. "왕께서 죄 있는 사람같이 되셨다"(13절).

다윗도 뭔가를 눈치챘다. 이 이야기는 어느 정도 다윗의 상황에 맞춰진 이야기 같다. 다윗은 드고아 여인이 직접 지어낸 이야기가 아닐 것이라고 의심했다. 다윗은 요압을 의심한다. 다윗은 그 여인에게 단도직입적으로 물어보았고, 여인은 순순히 사실을 시인했다.

이쯤에서 이 이야기는 역할을 다했다. 결과적으로 다윗은 죄를 깨달았고, 동시에 확신을 갖게 되었다. 다윗은 요압을 보내 그술의 외조부 집에서 도피 중인 압살롬을 데려오도록 했다.

이야기는 여기에서 이상한 방향으로 흘러간다. 압살롬은 예루살렘으로 돌아왔다. 드고아 여인(그리고 요압)의 이야기는 다윗에게 '왕으로서 정의에 대한 책임감'보다 '아버지로서 마음이 요구하는 것'이 더 중요하다는 것을 확신시켜 주었고, 다윗을 자극하여 압살롬을 돌아오도록 하게 만들었다. 그러나 그는 압살롬을 안 보려고 한다. 압살롬이 자기 앞에 나타나는 것을 허락하지 않았다. 압살롬에 대한 '그리움', 요압이 이것을 이용해 이야기를 꾸몄고 다윗의 마음을 움직여 압살롬을 집으로 데려오게 한 그리움이 재결합과 회복으로 이어지지는 못했다. 다윗은 압살롬을 피한다. 다윗은 무뚝뚝하게 잘라 말한다. "내 얼굴을 볼 수 없게 하라"(24절). '피하는 것'으로 끝난 '그리움'을 어떻게 이해해야 하는가?

성경의 내러티브들을 주의 깊게 살펴보면, '여백'과 '틈' 사이를 구별할 수 있다. '여백'은 별다른 의미가 없는 생략으로, 독자들의 호기심을 부추기지만 이야기에는 영향을 미치지 않는다. 반면 '틈'은 의미 있는 삭제로, 독자들의 주의를 환기시킨다. 진술된 것이 아니라 진술하지 않음으로써 관심을 일으킨다. 지금 우리가 읽고 있는 곳은 '틈'이다. 그리고 우리가 주목하는 것은 다윗의 감정이 그의 행동과 일치하지 않는다는 것이다. 일찍이 다말의 성폭행 사건에 대해 다윗은 분노했지만(13:21), 다윗의 감정적인 분노는 다말도(위로하거나) 암논도(정의를 세우거나) 제대로 다루지 못했다. 압살롬에 대한 다윗의 애정이 인격적인 만남으로 이어지지 못하고 있다. 내레이터는 왜 다윗이 압살롬을 보지 않으려 했는지 그 이유를 전혀 밝히지 않는다. 그러나 내레이터는 우리가 반드시 한 가지 사실을 깨닫도록 손을 썼다. 다윗이 느끼는 것과 행동하는 것, 즉 그의 아들 압살롬을 그리워하는 것과 압살롬을 피하는 것 사이에 엄청난 간극이 있다는 사실이다.

> 14:25온 이스라엘 가운데에서 압살롬같이 아름다움으로 크게 칭찬받는 자가 없었으니 그는 발바닥부터 정수리까지 흠이 없음이라 26그의 머리털이 무거우므로 연말마다 깎았으며 그의 머리털을 깎을 때에 그것을 달아본즉 그의 머리털이 왕의 저울로 이백 세겔이었더라 27압살롬이 아들 셋과 딸 하나를 낳았는데 딸의 이름은 다말이라 그는 얼굴이 아름다운 여자더라

이제 압살롬은 이야기의 핵심 인물이 되었다. 그를 주의 깊게 관찰해야 할 시점이다. 압살롬이 한동안 중심 무대에서 계속 활동하게 될 것이기 때문이다. 그의 특징을 한마디로 요약하면 "아름다움"이고, 그 아름다움은 온 나라가 감탄할 정도였다. 그의 아버지 다윗의 첫인상을 묘사할 때도 똑같은 단어를 사용했었다(삼상 16:12). 그 아름다움은 압살롬의 딸 다말을 통해 다시 나타난다(27절). 압살롬은 다윗의 아름다움을 받았고 동시에 그것을 전했다.

압살롬의 뛰어난 용모는 그의 머리털로 압축된다. 1년에 한 번 깎는 이 특출하고 화려한 머리털은 후에 그의 운명을 결정짓는 중요한 역할을 할 것이다(18:9 참고). 압살롬의 머리털이 얼마나 두드러졌는지를 강조하기 위해 본문은, 매년 자른 머리털의 무게가 2.2킬로그램에 달했다고 자세히 말한다. 매카터는 이렇게 말했다. "주기적으로 머리를 깎아 이 정도라면 머리숱이 대단히 많았을 것이다!"(P. Kyle McCarter, *II Samuel*, 349)

14:28압살롬이 이태 동안 예루살렘에 있으되 왕의 얼굴을 보지 못하였으므로 29압살롬이 요압을 왕께 보내려 하여 압살롬이 요압에게 사람을 보내 부르되 그에게 오지 아니하고 또다시 그에게 보내되 오지 아니하는지라 30압살롬이 자기의 종들에게 이르되 보라 요압의 밭이 내 밭 근처에 있고 거기 보리가 있으니 가서 불을 지르라 하니라 압살롬의 종들이 그 밭에 불을 질렀더니 31요압이 일어나 압살롬의 집으로 가서 그에게 이르되 어찌하여 네 종들이 내 밭에 불을 질렀느냐 하니 32압살롬이 요압에게 대답하되 내가 일찍이 사람을 네게 보내 너를 이리로 오라고 청한 것은 내가 너를 왕께 보내 아뢰게 하기를 어찌하여 내가 그술에서 돌아오게 되었나이까 이때까지 거기에 있는 것이 내게 나았으리이다 하려 함이로라 이제는 네가 나로 하여금 왕의 얼굴을 볼 수 있게 하라 내가 만일 죄가 있으면 왕이 나를 죽이시는 것이 옳으니라 하는지라 33요압이 왕께 나아가서 그에게 아뢰매 왕이 압살롬을 부르니 그가 왕께 나아가 그 앞에서 얼굴을 땅에 대어 그에게 절하매 왕이 압살롬과 입을 맞추니라

예루살렘 사람들 사이에서 압살롬은 명성이 자자했는데(25절), 이것은 아버지 다윗이 그를 계속해서 피하는 것과 상반된다. 아버지를 제외하면 모든 사람이 압살롬을 사랑하는 듯하다. 압살롬은, 아버지 다윗이 고의적

으로 그리고 계속해서 자기를 대면하지 않으려 하는 것에 짜증이 났다.

압살롬을 보지 않으려 함으로써(24, 28절), 다윗은 임박한 재난을 자초했다. 이제 분명해졌다. 다윗이 압살롬을 용서했지만 그것은 비인격적인 것이었다. 그 용서는 일종의 사법적 조치였지 아버지로서 포용한 것이 아니었다. 다윗은 압살롬이 고향으로 돌아올 수 있도록 허락하고 거주할 장소를 마련해 주었으나, 압살롬의 이름을 부르며 반기지 않았고 자기한테 오는 것을 허락하지 않았다. 보는 것조차 허락하지 않았다.

죄는 죄를 먹고 산다. 다말을 성폭행한 죄는 암논의 살인으로 이어지고, 그것은 다시 다윗을 냉혹하게 만들었다. 압살롬은 죄를 지은 암논에게 죄를 짓는 것으로 받아쳤다. 압살롬은 살인으로 암논을 제거했다. 다윗은 그를 피함으로 압살롬을 제거한다. 다윗은 압살롬의 죄 때문에 아들 암논을 잃었고, 자신의 죄 때문에 아들 압살롬을 잃는다.

압살롬은 내쫓긴 상태에서 성을 내고 있다. 그는 지금 집에 있지만 집에 있는 것이 아니다. 살아 있는 것을 허락받은 것이지 사는 것이 아니다. 그는 용납받기를 원한다. 인격적인 용서의 말을 듣고 싶어 한다. 압살롬은 아버지의 사랑을 원한다. 그에게는 먹을 것과 마실 것과 거주할 집 이상의 것이 필요하다. 그는 살기 위해 은혜와 자비를 요구한다. 처음에는 돌아온 것이 그저 기뻤다. 그러나 자신에게 필요한 것은 자기에게 호의를 베푸는 간단한 왕의 칙령 이상의 것임을 서서히 깨닫게 된다. 그에게는 아버지가 필요하다.

여기서 잠시 멈추고 곰곰이 생각해 보자. 만약 다윗이 예수께서 들려주신 한 아버지에 관한 이야기를 먼저 실천에 옮겼다면, 이 이야기는 어떻게 바뀌었을까? 예수께서 들려주신 이야기에서 아들은 먼 타국으로 가서 허랑방탕하게 살다가 아버지의 가문을 수치스럽게 만든 채 돌아온다(눅 15장). 집을 떠난 아들은 끔찍한 짓을 했지만, 아버지는 아들을 용서하고 완전한 아들의 신분을 회복시킬 방법을 고민하면서 아들을 결코 포기하지 않았다. 마침내 아들이 돌아왔을 때, 아버지는 달려가서 그를 맞이하고 껴안아 주며 집으로 들여 큰 잔치를 베풀었다. 다윗이 그런 아버지였더라면 어떻게 되었을까? 만약 압살롬이 자기 아버지 옆에 앉아 여동생 다말에 대한 애정과 암논을 향한 분노와 도피생활에서 겪은 고난을 털어놓았다면 어떻게 되었을까? 아버지 다윗은 다시 한 번 아들을 얻었을 것이고, 아들 압살롬은 다시 한 번 아버지를 얻었을 것이다.

그런데 다윗은 그렇게 하지 않았다. 오히려 아들을 무정하게 대했다. 우리는 다윗이 그렇게 한 이유가 뭔지 속마음을 모른다. 다윗은 자신의 행동이 압살롬에게 유익한 것이라고 생각했을까? 그래서 압살롬이 살인에 대한 책임감과 고통의 무게를 느낄 때까지 벌을 준 것인가? 그의 왕국에서 정의를 실현하는 데 눈에 띄게 실패한 후, 그 실정을 단번에 만회하려고 압살롬을 그런 식으로 다룬 것인가? 다윗이 자신의 입장을 합리화하기 위해 어떤 대사를 사용하든지, 그 밑바닥에는 용서 불가, 은혜 억제, 자비 부인 같은 기본 원칙이 자리잡고 있다.

이것은 다윗 생애 가운데 세 번째 기념비적인 죄로, 변명의 여지가 없다. 다윗은 그 일로 인해 값비싼 대가를 치른다. 밧세바와의 간통은 일순간의 정욕에 사로잡혀 한 짓이다. 우리아를 죽인 것은 죄가 드러나는 것을 막으려고 한 짓으로, 왕다운 방식이다. 그러나 압살롬을 배척한 것은 하나님이 자기에게 베푸신 것을 아들에게 주지 않으려고 확고하게 결심하고 거절한 것이다. 이것은 장기간의 실행과 포괄적인 전략이 필요한 범죄다. 예루살렘은 조그만 도시다. 압살롬을 안 보거나 압살롬의 눈에 띄지 않으려면 주도면밀한 주의가 필요하다.

압살롬은 요압에게 전갈을 보내 아버지를 만날 수 있게 도와달라고 요청했다. 그러나 요압은 압살롬을 무시했다. 요압은 알려진 대로 친밀함의 필요성을 별로 느끼지 못하는 사람이다. 말로 되지 않을 때는 행동으로 하면 된다. 압살롬은 요압의 보리밭에 불을 질렀다. 그러자 **그것**이 요압의 주의를 끌었다. 압살롬은 지금 용서를 받으려는 것이 아니다. 회복을 원하는 것도 아니다. 조건이 무엇이든 그는 **아버지**를 간절히 원한다. 자기 **아버지**가 결정한다면 그는 사형선고라도 받아들일 각오가 되어 있다. 그는 무시당하는 데 지쳤다. 요압은 2년 전 드고아의 여인을 이용해 압살롬을 예루살렘으로 돌아오게 만들었고, 이제는 직접 개입하도록 압살롬에게 압력을 받고 있다. 요압이 다윗에게 가서 아들을 받아주라고 청하자, 다윗은 결국 양보한다. 다윗은 압살롬을 받아들이고 그에게 키스했다.

그러나 이미 늦었다. 너무 늦게 키스했다. 오는 데 너무 오래 걸렸다. 압살롬은 이미 자신의 신분을 바꾸었다. 그는 다윗의 아들 이상이었다. 더 이상 아버지에게 받아들여지기를 간절히 바라던 아들이 아니다. 자기 아버지를 몰아내고 그 자리를 차지하려는 야심을 품은, 다윗의 적이다.

이 이야기는 압살롬이 정확히 언제부터 자기 아버지를 제거하고 이스라엘의 왕좌를 빼앗으려고 생각했는지(마음에 품었는지!) 분명하게 밝히지 않는다. 이 모호함은 의심할 여지없이 의도적이다. 아마 압살롬이 그런 생각을 하기까지는 오랜 시간이 필요했을 것이다. 그것이 죄가 작용하는 방식이다. 다시 말해 죄는 생각 가운데 자리를 잡고 오랫동안 침묵하며 종종 알아챌 수 없는 잠복기를 보낸 다음, 갑작스럽게 분출하여 가족과 공동체와 국가를 황폐하게 하는 전염병이다.

압살롬의 반란(15:1-12)

15:1그 후에 압살롬이 자기를 위하여 병거와 말들을 준비하고 호위병 오십

명을 그 앞에 세우니라 2···어떤 사람이든지 송사가 있어 왕에게 재판을 청하러 올 때에··· 3압살롬이 그에게 이르기를 보라 네 일이 옳고 바르다마는 네 송사를 들을 사람을 왕께서 세우지 아니하셨다 하고 4또 압살롬이 이르기를 내가 이 땅에서 재판관이 되고 누구든지 송사나 재판할 일이 있어 내게로 오는 자에게 내가 정의 베풀기를 원하노라 하고 5사람이 가까이 와서 그에게 절하려 하면 압살롬이 손을 펴서 그 사람을 붙들고 그에게 입을 맞추니 6···이스라엘 사람의 마음을 압살롬이 훔치니라

7사 년 만에 압살롬이 왕께 아뢰되 내가 여호와께 서원한 것이 있사오니 청하건대 내가 헤브론에 가서 그 서원을 이루게 하소서 8당신의 종이 아람 그술에 있을 때에 서원하기를 만일 여호와께서 반드시 나를 예루살렘으로 돌아가게 하시면 내가 여호와를 섬기리이다 하였나이다 9왕이 그에게 이르되 평안히 가라 하니 그가 일어나 헤브론으로 가니라 10이에 압살롬이 정탐을 이스라엘 모든 지파 가운데에 두루 보내 이르기를 너희는 나팔 소리를 듣거든 곧 말하기를 압살롬이 헤브론에서 왕이 되었다 하라 하니라 11그때 청함을 받은 이백 명이 압살롬과 함께 예루살렘에서부터 헤브론으로 내려갔으니 그들은 압살롬이 꾸민 그 모든 일을 알지 못하고 그저 따라가기만 한 사람들이라 12제사드릴 때에 압살롬이 사람을 보내 다윗의 모사 길로 사람 아히도벨을 그의 성읍 길로에서 청하여 온지라 반역하는 일이 커가매 압살롬에게로 돌아오는 백성이 많아지니라

압살롬은 자기 형제를 죽일 계획을 세우고 적당한 때가 오기를 기다리면서 2년을 보냈고(13:23), 아버지를 죽일 준비를 하면서는 4년을 보냈다. 대부분의 사회에서 살인은 가장 무거운 범죄로 분류된다. 압살롬은 한 번도 아니고 두 번씩이나 주도면밀하게 살인을 계획했다. 그러나 압살롬 자신은 그것을 살인으로 **느끼거나**, 자신을 살인자라고 생각하지 않았을 것

이다. 두 번의 살인을 계획하고 실행에 옮길 때, 좋은 일을 한다고 생각했을 것이다. 대부분의 죄가 그렇다. 죄의 놀라운 성격 중 하나는 죄가 지닌 능력인데, 하나는 선(善)처럼 보이게 하는 능력이고, 또 하나는 죄를 짓는 사람으로 하여금 자신이 지금 뭔가 필요한 일 그리고 선한 일을 하고 있다고 확신하게 만드는 능력이다.

압살롬은 두 번 다 자신의 살인 계획을 정의로운 행동으로 생각했다. 암논을 죽임으로써 여동생의 명예가 더럽혀진 것을 복수하고, 자기 아버지가 간과한 정의의 문제를 처리한다고 생각했다. 압살롬은 자신을 폭력적인 방법을 사용하도록 만든 원인이 다윗의 실패에 있으므로 자신이 옳은 일을 하고 있다고 생각했다. 만약 다윗이 왕과 아버지로서 자신의 직무를 제대로 수행했더라면, 압살롬 자신이 격분한 양심에 의해 마지못해 형제를 죽이지는 않았을 것이라고 생각했다.

결국 압살롬이 암논을 죽인 사건은 다소간 자기 아버지를 죽이기 위한 드레스 리허설(의상과 분장을 갖추고 마지막으로 하는 무대 연습-옮긴이)이었음이 드러났다. 아버지를 죽이고 왕권을 찬탈하려는 계획은 '정의의 공백' 상황에서 자라났다. 전국에서 사람들이 불만을 품고 예루살렘으로 와서 왕에게 정의로운 판단과 해결을 원했으나, 결국 왕은 그런 능력이 없는 사람이라는 것이 드러났다. 다윗은 다음과 같은 문제, 즉 옳고 그름의 문제에서 재판관처럼 행동하고, 착취자로부터 약자들을 보호하고, '강자'에 대항하여 정의를 옹호하는 면에서는 전반적으로 약하다는 것을 보여주고 있다. 이러한 일들은 다윗이 통치자로서 당연히 져야 할 책임이었다. 그런데 그는 그런 일들을 하지 않았다.

압살롬은 왕 다윗이 자신의 직무를 제대로 수행하지 못한 데서 분노가 일었다. 약자들과 빈궁한 자들에게 관심이 부족한 것에 대한 의분(義憤), 예루살렘 성내에 점증하는 불의에 대한 분노였다. 압살롬에게는 이러한 문제들을 이처럼 나빠지게 놔두지 않았던 경험이 있다. "내가 이 땅에서 재판관이었다면, 소송과 문제를 가진 모든 사람이 나에게 올 텐데. 그러면 나는 그들에게 정의를 베풀 텐데"(4절, NRSV). 어쩌면 압살롬은 처음부터 자신의 정치적인 야심을 위해 사람들의 필요를 냉소적으로 이용하고 있는 것인지도 모른다. 더 가능성 있는 추론은, 그가 실제로 불의를 느꼈다는 것이다. 그래서 시간이 경과함에 따라 그런 불의들이 아버지를 전복시키려는 전략에 통합되었다는 것이다. 죄는 대부분 시작할 때는 사소하지만 교묘한 방식으로 은근히 자신감을 심어준다.

다윗이 정의의 문제에서 실패한 것이 압살롬이 왕이 되겠다는 생각을 하도록 직접 영향을 미친 것은 아니지만, 그런 음모를 실행에 옮길 수 있는 자기 합리화와 정당한 이유들의 배경이 된 것만은 틀림없다. 압살롬은 이렇게 변명할지도 모른다. "누군가 백성을 위해 나설 사람이 필요하다. 그들을 대변해 줄 사람이 없다는 것은 불공평한 일이다. 나라의 유익을 위해 유능한 왕이 필요하다. 여기 내가 하나님이 부여하신 위치에 있는 것은 그것에 관해 뭔가 하도록 하기 위함이다."

압살롬을 피한 2년 동안 다윗은 마땅히 다뤘어야 할 압살롬의 필요에 다가가지 못했고, 이는 이스라엘의 사법제도를 개혁하려는 압살롬의 공적인 관심에 개인적이고 감정적인 관심을 충분히 부여했다. 아니, 어쩌면 압살롬에게 문제가 된 것은 개인적인 경험이 전부였을지도 모른다. 공적인 관심은 하나의 명분에 불과했을지도 모른다. 어쨌든 압살롬은 자신을 정의 운동에 헌신한 선지자로 보이게끔 자기 이미지를 만들어 가고 있었는데, 본문에는 이렇게 볼 수 있는 여지가 많다. 그는 살인을 하려는 것이 아니다. 다만 정의를 실현하려는 것뿐이다.

음모를 꾸미는 4년 동안 압살롬은 능숙했고, 참을성이 있었고, 선했다. 첫째, 그는 유능한 지도자상을 계발했다. 병거들과 말들과 함께 자기 앞에서 50명을 달리게 했는데, 이것은 순전히 이미지 조작에 불과하다. 백성들은 지도자처럼 보이고 지도자처럼 행동하는 리더를 원한다. 압살롬은 카리스마 넘치는 훌륭한 외모에 지나칠 정도로 많은 수행원까지 거느리고 다녔기 때문에, 왕이 되려고 반란을 일으키기도 전에 이미 왕처럼 보였다. 둘째, 압살롬은 백성들이 필요로 하는 것이 무엇인지 알고, 그들을 돌봐주었기 때문에 평판이 좋았다. 날마다 성문에서 가난한 사람들과 인사를 나눔으로써 그들을 알게 되었고, 그들에게 자신이 얼마나 많은 관심을 기울이고 있는지를 알렸다. 이런 전략은 오늘날 기업들이 대중을 상대로 훌륭히 해내고 있듯이, 치밀하게 계획해 실행하는 전략이다. 셋째, 다윗을 왕좌에서 몰아내고 자신이 아버지의 자리에 앉으려는 반란을 위해 종교적인 향연을 발판으로 이용했다. 압살롬은 극적인 사건에 대한 감각이 있다. 그는 자신의 목적에 적합한 극적인 사건들을 무대에 올리는 방법을 알고 있다. 압살롬은 전에 먼 지방에서 벌어진 양 털 깎는 축제를 암논 살해에 이용하였다. 그러나 지금은 지나치게 위험부담이 크다. 암논을 죽일 때는 재빨리 그 자리를 피해 도망할 수 있는 의심받지 않을 장소만 준비하면 됐었다. 그러나 이번에는 온 백성의 마음을 돌려야 한다. 그저 자기를 흠모하고 있는 마음을 바꿔, 자기를 왕으로 섬기도록 만들어야 했다. 그는 종교적인 재가와 권위자의 지지뿐만 아니라, 승인이라는 덫이 필요했다. 거룩한 도시 헤브론이 이를 멋지게 해낼 것이다.

자신의 이미지가 매력적으로 잘 구축되고 자신에 대한 평판이 동정적이라는 것을 확신한 압살롬은 헤브론에서 종교적인 연회(宴會)를 베풀었다. 대중적인 지지라는 상당히 중요한 겉치레에 더해, 이제 종교적인 재가와 권위 있는 보증을 보태고 있는 것이다. 압살롬은 그 연회가 예배드리는 자리라고 공언했다. 자기가 도피생활 중 서원을 했었는데, 만약 하나님이 자신을 예루살렘으로 돌아가게 도와주신다면 집에 무사히 돌아온 것에 대한 감사의 뜻에서 "헤브론에서 여호와께 경배드리겠다"고 했다는 것이다(8절). 초대받은 손님 200명이 예루살렘에서 왔다. 그들은 무슨 일이 진행되고 있는지 전혀 모른 채, 그 예배에 합법성을 부여했다. (이 사람들이 모두 잘못했다고 말할 수는 없다.) 또한 그는 유명 인사 아히도벨도 참석시켰다. 다윗 왕의 모사 하이도벨은 지혜로운 사람으로 잘 알려져 있다. 전문성이 뛰어나 인기가 많은 아히도벨과 200명의 초청 인사들이 참석함으로써 압살롬은 강력한 지지를 얻었다.

모든 것이 갖춰지자 압살롬은 행동을 완성할 기지를 발휘해 깜짝 놀랄 일을 꾸몄다. 비밀리에 전령들을 나라 전역에 보낸 뒤, 신호가 떨어짐과 동시에 "압살롬이 헤브론에서 왕이 되었다"라는 속보를 외치도록 한 것이다.

압살롬이 치밀하게 꾸민 작전이 분명해지고 다윗의 통치가 실제로 실패하고 있었다면, 압살롬이 왕이 되었다는 톱기사는 백성들한테 좋게 들렸을 것이다. 새 정권! 신선한 출발! 그러나 빈틈없는 이스라엘 사람들이 그 소식을 들으면, 하나님의 주권을 은연중에 거부한 것으로 생각할 수 있다. 아무리 부적절하고 흠이 있어도 다윗은 하나님의 주권을 대표하는 사람이기 때문이다.

"하나님이 왕이 되셨다"라는 표현은 이스라엘의 기도와 찬송 가운데 드러나는 표준적인 환호였다. 이스라엘의 예배드리는 삶을 그렇게 많이 보여주는 시편들은, 여러 상황에서 "하나님이 왕위에 오르신다"거나 "하나님은 왕이시다"라는 표현을 반복한다(두 번역 모두 가능하다). 많은 학자들이 내린 결론에 따르면, 이런 표현은 당시 이스라엘 역사에서 이스라엘 예배의 특징이 되는 선언이었다. (시 47, 93, 97, 99편은 가장 두드러진 증거다.) 하나님의 주권적인 통치는 이스라엘 삶의 중심이었고, 이스라엘은 예배를 통해 이를 증명했다. 예수는 설교에서 이 선언을 인용하시어 설교의 특성을 나타내는 표지로 삼으시고, 이런 사실을 확증하셨다. "때가 찼고 하나님의 나라가 가까이 왔으니 회개하고 복음을 믿으라"(막 1:15).

이 선언은 우리에게 '복음', 즉 좋은 소식을 전해준다. 정부는 바뀌어도 언제나 하나님이 왕이시라는 것이다. 압살롬은 이스라엘 신앙의 중심에 있는(다윗 왕권이 이 신앙의 중심을 증언한다) 이 선언을 패러디한다. 압살롬의 주장은 이스라엘의 신앙 선언과 거의 같은데 한 단어만 바뀌었다. '하나님'을 '압살롬'으로 바꾼 것이다. **"압살롬이 왕이 되었다!"**

시간적, 공간적으로 멀리 떨어져 있는 우리로서는 이 패러디가 백성들의 귀에 어떤 충격을 주었는지를 판단하기 어렵다. 그들은 예배에서 "아무개가 왕이 된다"라는 종교적인 말을 귀가 따갑게 듣고, 이 말에 감동을 받아와서 하나님의 이름이 압살롬의 이름으로 바뀐 것을 눈치채지 못했을까? 이는 종교적인 사람들 사이에서 흔한 일인데, 그 상황에 동반되는 감정과 분위기가 사람들을 압도하는 경우에 특히 그렇다. 아니면 다윗의 통치가 하나님의 왕권을 증언하기에는 지나치게 결함이 많고 일관성이 결여되어, 압살롬의 이름이 하나님을 대체했다는 것을 백성들이 분명히 인식하면서 그 소식을 환영하며 받아들인 것일까? 이런 일도 흔하다. 왜냐하면, 하나님이 인간의 무능함에 지나치게 관대하고 인간의 죄에 대해 무한한 인내심을 가지고 있다는 사실을 견디지 못해 '모든 일을 빨리 개선하려는 통치자'를 열렬히 지지하는 사람들이 많기 때문이다. (파시스트이든 공산주의자이든 독재 정권이 통치하는 사회에서는 대체로 범죄율이 낮다.) 아니면 그 선언은 바로 그 내용 때문에 충격적인 신성모독으로 들렸을까?

어쨌든 우리는 그런 선언이 우리에게 어떤 의미를 지니는지 알고 있다. 우리는 하나님 통치의 본질에 대해 오랫동안 배워왔고, 진정한 왕이신 예수 그리스도 안에서 그 배움을 완성했다. 그러므로 압살롬의 선언은 대담하면서 천진난만한 신성모독이다. 때로는 부정적으로 보이고(사울의 경우), 때로는 불완전해 보이지만(다윗의 경우), 우리가 지금 읽고 있는 이야기는 하나님의 주권이 확립되어 가는 이야기다. 우리는 사무엘이 처음에는 '왕'이라는 모험을 허락하지 않으려 했던 것을 안다. 우리는 줄곧 사울을 제거하지 않으려 했던 다윗의 훈련된 인내심을 알고 있다. 심지어 사울이 최악의 상태에 있을 때도 다윗은 사울을 죽이고 왕위를 찬탈하는 것을 거절했다. 사울은 하나님이 '기름 부으신' 왕이며, 자신은 (하나님의 뜻에) 간섭하지 않겠다는 것이다. 우리는 다윗이 다른 사람들에 의해 왕으로 세움을 받았지만 자제한다는 것을 알고 있다. 사무엘이 그에게 기름을 부었고 헤브론의 장로들과 이스라엘의 장로들이 그를 왕으로 추대했다. 그렇지만 다윗은 개인적으로 주권을 주장하려 하지 않았다. 저자는 다윗이 한 번도 자기가 왕이라고 주장한 적이 없다는 사실과 한 번도 사울을 내쫓으려 한 적이 없다는 사실을 반복해서 말한다. 이야기를 이런 식으로 말하는 동기 중 하나는 분명히 정치적이다. 이런 이야기는 당시의 독자들(내레이터의 이야기를 처음 읽던 독자들) 사이에 떠돌던 의혹을 해소해 준다. 다윗이 불법적으로 왕권을 찬탈했다는 의심 말이다. 그러나 좀 더 심오한 동기는 분명히 신학적이다. 다시 말해 다윗이 한순간이라도 지도자로서의 자신의 지위를 권력의 자리로 생각하지 않았다는 것을 보여주기 위함이다. **하나님이** 통치하시고, **하나님이** 왕이 되셨으며, 다윗은 단지 하나님의 주권을 증언하고 섬기는 증인이자 종일 뿐이다. 다윗 이야기에는 "다윗이 왕이 되었다"라는 말이 없다. 오직 하나님께 드리는 예배에서만 그런 환호를 할 수 있다(시 47, 93, 96-99편). 다윗을 믿음의 이야기의 중심에 있게 한 것이 바로 **이것**이다. 그가 위대한 왕이기 때문이 아니라(그는 위대하지 않다. 그가 저지른 비도덕적이고 정치적인 잘못들이 눈에 보인다), 오히려 자기가 왕이신 하나님을 대신할 자라고 주장한 적이 한 번도 없었기 때문이다. 분명한 것은, 저자는 다윗의 나쁜 모습들도 보여주려 했고, 그를 이상적인 인물로 만들거나 눈에 띄는 매력적인 위인으로 부각시키려 하지 않았다. 저자가 이

방식을 고집하는 이유 가운데 하나는 어떻게 하나님의 주권이 인간의 실패와 죄라는 잡동사니를 통해 이뤄지는지를 보여주려는 것이다.

이 지점에서, 죄는 하나의 **종교적** 행위라는 근본적이고 자주 입증되는 진리를 숙고할 필요가 있다. 죄는 하나님을 위하여 선을 행하거나 신처럼 선을 행하는 방식으로 나타나고 실행된다. 압살롬을 '악마처럼 만들지' 않고 오히려 전혀 반대로 묘사함으로써, 내레이터는 이런 통찰을 지지하고 있다. 압살롬은 가장 매력적인 사람으로 묘사된다. 그의 용모는 준수하며, 그는 약한 자(능욕당한 다말과 불의의 피해를 당한 백성)를 보살핀다. 게다가 그는 사람들이 필요로 하는 것이 무엇인지 알기 위해 예의 바르고 세심하게 사람들에게 다가간다. 200명의 순진한 귀빈들이 압살롬이 헤브론에 마련한 만찬에 초대를 받고 기꺼이 참석하며, 유명한 정치 고문인 아히도벨이 그를 지지한다. 왜 사람들이 압살롬에게 푹 빠지는지 알 만하다. **우리도** 그에게 끌린다.

내레이터는 압살롬을 악마처럼 만들지도 않지만, 다윗을 실제 모습보다 나은 사람처럼 꾸미지도 않는다. 다윗은 우리에게 '모범적인 인물'로 제시되지 않는다. 그의 잘못들이 큰 표제로 다뤄지지는 않지만, 행간을 조금만 읽어보면 우리는 다윗이 치사하고 정떨어지는 왕이었음을 알게 된다. 압살롬의 반역은 "딱히 규명할 수 없는 불평의 덩어리를 먹고 살아온 것 같다"(John Bright, *A History of Israel*, 188). 다윗은 압살롬이 안겨준 고통을 받을 만한 사람이라는 생각은 어느 정도 일리가 있다.

지금 우리에게 주어진 것은 '착한 다윗'이나 '나쁜 압살롬'이 나오는 시사 풍자만화보다 훨씬 좋고 만족스러운 것이다. "연약하고, 완고하고, 불순종하고, 때로는 참회하고, 때로는 반성하지 않는 여러 종류의 인간"을 통해, 우리는 하나님의 자비로우신 주권이 드러나는 이야기에 빠져든다. 바로 **이런** 이유 때문에 이 이야기를 몇 번이고 되풀이하여 읽게 된다. 그리고 이 이야기의 핵심이 '좋은 소식'임을 깨닫는다.

다윗의 피신(15:13-16:14)

호머의 「오디세이」(*Odyssey*)로부터 제프리 초서의 「캔터베리 이야기」(*Canterbury Tales*)에 이르기까지, 여행을 소재로 한 이야기들의 형식과 내용은 이질적인 사람들의 모임과 다양한 동기를 하나의 일관되고 포괄적인 플롯 안에 함께 묶기에 아주 적합하다. 다윗이 예루살렘을 탈출한 후 예루살렘으로 다시 돌아오는 이야기는 지금까지 세상에 알려진 여행기들 가운데 최고이다. 예수께서 겟세마네에서 골고다까지 걸으셨던 그 '길' 이야기를 제외하면, 현재의 본문에서 시작되는 여행은 사무엘하 20장에서 끝이 난다. 이 여행기는 다윗 이야기를 통틀어 상세하면서도 가장 긴장되는 부분이다.

> 15:13전령이 다윗에게 와서 말하되 이스라엘의 인심이 다 압살롬에게로 돌아갔나이다 한지라 14다윗이 예루살렘에 함께 있는 그의 모든 신하들에게 이르되 일어나 도망하자 그렇지 아니하면 우리 중 한 사람도 압살롬에게서 피하지 못하리라 빨리 가자… 17왕이 나가매 모든 백성이 다 따라서 벧메르학에 이르러 멈추어 서니 18그의 모든 신하들이 그의 곁으로 지나가고 모든 그렛 사람과 모든 블렛 사람과 및 왕을 따라 가드에서 온 모든 가드 사람 육백 명이 왕 앞으로 행진하니라

"압살롬의 행함이 이와 같아서 이스라엘 사람의 마음을 압살롬이 훔치

니라"(15:6). 앞에서 읽은 이 구절을 이제 상세히 설명해야겠다. 은밀히 이뤄진 도둑질(사람들의 마음을 가로채는 것)이 이제 공공연한 짓이 되고, 다윗의 통치에 대항하는 국민적 반역을 일으키는 데 이용된다. 무대 배후에서 일을 하며 몇 년을 보낸 압살롬은 이제 무대 중앙으로 올라와 자신이 왕이라고 선포한다. 다윗은 할 수 없이 자신의 왕권과 왕궁을 포기하고 목숨을 건지기 위해 도망쳐야 할 처지에 놓인다.

　백성들 가운데 많은 사람(전부는 아니지만)이 압살롬 편으로 넘어간다. 한편 다윗은 가신들과 친위대만 데리고 예루살렘을 탈출한다. 그렛 사람들과 블렛 사람들은 이스라엘 사람이 아닌, 다윗에게 고용된 외국인 용병들이므로, 다윗의 명령에 따라 움직인다. 600명의 가드 사람들은 다윗이 시글락에서 아기스 왕의 보호 아래 망명생활을 하던 시절부터 동고동락했던 블레셋 사람들로(삼상 27-30장), 다윗이 헤브론과 예루살렘으로 입성할 때 함께 데리고 왔을 것이다. 급히 서둘러야 할 와중에도 어떤 의식상의 예법이 지켜졌던 것 같다. 다시 말해 이 모든 사람이 자기보다 앞서서 다 지나갈 때까지 왕은 예루살렘의 변방에서 기다린다. 여기에서 훗날 뱃사람들이 중시하던 전통이 넌지시 암시되는데, 선장은 배가 가라앉을 때 마지막으로 탈출한다. 다윗은 여전히 왕이다. 그는 자신의 목숨을 건지겠다고 정신없이 도망가는 졸장부로 전락하지 않았다. 다윗은 위엄을 갖추었다. 자기와 함께하는 사람들을 돌보기 위해 스스로 뒤에 머문다. 아주 사소한 단어(17절의 "벧메르학"을 지칭하며, NRSV에서는 "마지막 궁"이라고 번역한다.-옮긴이) 하나가 이야기에 나오는 행동을 중단시키고 다윗의 행동을 주의 깊게 관찰하게 한다. 다윗은 그저 압살롬에 대응하는 것이 아니라, 자신의 보호 아래 남겨진 사람들을 책임지며 다급한 상황 속에서도 침착하게 전략적인 결정들을 내리고 있다.

　다윗의 탈출기를 읽을 때 탈출 경로를 그려보는 것이 도움이 된다. 다윗은 예루살렘에 있는 언덕에서 시작해 요단 강(사해로 진입하는 지역)으로 내려간다. 예루살렘은 팔레스타인 땅(가나안)에서 가장 높은 지역이고 요단 강은 가장 낮은 지역이다. 다윗은 여호수아가 올라왔던 그 길을 따라 내려간다. 여호수아는 200년 전에 히브리인들을 데리고 요단 강을 건너 가나안 땅으로 올라왔었다. 이 이야기의 최초 독자들은 상세한 내용을 이해했을 것이기에, 그 길의 지형적인 특징들은 이야기에 깊이 새겨져 극적 효과를 높인다. 예루살렘을 떠나 동쪽으로 가면 먼저 짧은 내리막길을 만나는데, 기드론 골짜기(와디)라는 계곡으로 이어지는 길이다. 계속 가면 짧은 오르막길이 나오고 감람 산으로 이어진다. 감람 산 정상을 넘어 조금만 가면 본문에 두 번이나 언급된(삼하 16:5; 17:18) 바후림이라는 마을이 나온다. 그다음에 긴 내리막길을 만나게 되며, 계속 가면 황야를 지나 여리고에 가까운 요단 강에 이른다. 이 길이 바로 예수께서 말씀하신 선한 사마리아인 비유와 여리고 길이라는 가스펠송 가사의 배경이 된 '여리고로 내려가는 길'이다.

다윗의 도주로를 따라 열 사람을 선별하여 배치하는데, 다윗 개인에게 관심을 집중시키려는 것이다. 그 열 사람은 다음과 같은 곳에서 등장한다. 예루살렘의 '마지막 궁'(벧메르학)의 잇대가(15:17-23), 기드론 골짜기를 막 지난 지점(15:24-29)에서 아히마아스와 요나단(각각 두 사람의 아들이다)을 데리고 아비아달과 사독이, 감람 산으로 올라가는 길에 아히도벨이(15:30-31. 아히도벨의 경우는 다른 사람들과 달리 다윗 앞에 나타난 것이 아니라 어떤 사람이 아히도벨에 관한 소식을 다윗에게 전한 것이다.―옮긴이), 감람 산 정상에서 후새(15:32-37)가, 정상을 막 지난 곳에서 시바(16:1-4)가, 약 2킬로미터 떨어진 바후림 마을에서 시므이와 아비새(16:5-13)가 등장한다. 이 사람들은 다윗이 고향과 일터, 가족과 안전을 뒤로하고 떠나면서 관계를 맺은 사람들로, 친구나 다름없다. 이 위기의 사건 안에 신앙과 고난에 관한 당시의 경험이 얼마나 많이 압축되어 있는가! 열 명의 이름은 이 이야기를 개인적인 이야기로 읽을 수 있게 하며, 극적이고 생동감 있게 한다. 이야기를 하는 사람은 이름들을 좋아한다.

> 15:19그때에 왕이 가드 사람 잇대에게 이르되 어찌하여 너도 우리와 함께 가느냐 너는 쫓겨난 나그네이니 돌아가서 왕과 함께 네 곳에 있으라…

잇대는 이 음울한 이야기 속에서 밝게 빛나는 한 점이다. 그는 가드(거인 골리앗의 고향) 출신의 블레셋 사람이다. 일찍이 다윗은 블레셋 사람들에게 승리를 거둠으로써 이스라엘에서 자신의 입지를 굳혔다. 그런데 지금 다윗의 만년에 그들 중 한 사람인 잇대가 일행에 합류하여 그를 돕고 있다. 그렛 사람들과 블렛 사람들과 달리(이들은 보수를 받고 거기에 있다), 잇대는 개인적인 충성심 그리고 아마도 영적인 확신 때문에 거기에 있었을 것이다. 잇대는 다윗이 믿는 하나님께 전향한 사람인가? 충분히 그럴 가능성이 크다. 두 사람의 대화에 신학적인 용어들이 사용되기 때문이다. 다윗은 하나님의 '변함없는 사랑과 신실하심'(15:20)으로 잇대를 축복하고, 잇대는 이스라엘의 신앙고백적인 언어(15:21, 여호와의 살아 계심으로 맹세하옵나니)로 다윗에게 대답한다. 다윗은 블레셋 사람들을 죽이는 것으로 시작해서 그들을 개종시키는 것으로 마무리한다!

여기서 우리는 대비를 볼 수 있다. 자신을 배신한 아들을 피해 달아나는 다윗에게 한 낯선 사람이 다가와 친구가 되어주고, 생명을 무릅쓰고 다윗을 도우려 한다. 한 가지 사실을 더 관찰할 수 있다. 다윗에 대한 잇대의 충성심은 다윗의 고조모인 룻(이방인)이 나오미에게 보여주었던 충성심(룻 1:16-18)의 메아리라는 점이다.

15:24 보라 사독과 그와 함께한 모든 레위 사람도 하나님의 언약궤를 메어다가 하나님의 궤를 내려놓고 아비아달도 올라와서 모든 백성이 성에서 나오기를 기다리도다 25 왕이 사독에게 이르되 보라 하나님의 궤를 성읍으로 도로 메어 가라 만일 내가 여호와 앞에서 은혜를 얻으면 도로 나를 인도하사 내게 그 궤와 그 계신 데를 보이시리라… 27 왕이 또 제사장 사독에게 이르되 네가 선견자가 아니냐 너는 너희의 두 아들 곧 네 아들 아히마아스와 아비아달의 아들 요나단을 데리고 평안히 성읍으로 돌아가라…

그다음은 아비아달과 사독이다. 그들은 제사장으로서 언약궤를 가지고 다윗에게 왔다. 다윗이 기쁨의 행렬 속에서 예배를 드리며 예루살렘으로 옮긴 바로 그 언약궤(삼하 6장)로, 이스라엘 가운데 계시는 하나님의 임재와 권능을 나타내는 아주 강력한 상징이다. 다윗은 그들에게 언약궤를 예루살렘으로 돌려보내라고 명령했다. 다윗은 자신에게 유리하게 하나님을 '이용'하려 들지 않았다. 바로 한 세대 전에 그런 일이 저질러졌고(삼상 4장) 결과는 비참했었다. 다윗은 목숨을 건지려고 도망치고 있지만, 왕권을 보유하기 위해 가능한 모든 수단을 동원하려고 애쓰지 않는다. 다윗은 지도자들 중에 아주 보기 드문 인물이다. 그는 권력에 집착하거나, 사람들을 조종하려 들거나, 자신의 지배 체제를 유지하기 위해 주변 인물들(하나님을 포함하여)을 이용하려는 생각에 사로잡히지 않았다. 또한 그는 정치와 가족의 힘보다도 압살롬의 반란에 더 많은 것, 즉 하나님의 심판이 있다는 것을 알고 있다. 그러므로 압살롬을 피해 대피하는 와중에도 하나님의 심판에 복종하려 한다.

하지만 다윗은 자신에게 유리하게 언약궤를 이용하는 것을 거부하고(철저하게 도덕적인 결정이다) 하나님의 심판에 참회하는 자세로 굴복하면서도 자기의 이익을 고려하지 않을 수 없었다. 두 제사장과 그들의 아들들이 예루살렘으로 돌아가면 자신의 정보원으로 쓸모 있을 것이라는 생각이 다윗의 머리에 떠올랐다. 경건함과 실용성은 서로 배타적이지 않다. 이 둘은 아주 편한 동료가 될 수 있다.

> 15:30다윗이 감람 산 길로 올라갈 때에 그의 머리를 그가 가리고 맨발로 울며 가고 그와 함께 가는 모든 백성들도 각각 자기의 머리를 가리고 울며 올라가니라 31어떤 사람이 다윗에게 알리되 압살롬과 함께 모반한 자들 가운데 아히도벨이 있나이다 하니 다윗이 이르되 여호와여 원하옵건대 아히도벨의 모략을 어리석게 하옵소서 하니라

아히도벨은 다윗 정부에서 거물급이다. 아마 가장 거물일 것이다. 그는 다윗이 신뢰하는 고문으로, 백성들 사이에는 지혜자로 평판이 나 있었다. "그때에 아히도벨이 베푸는 계략은 사람이 하나님께 물어서 받은 말씀과 같은 것이라"(삼하 16:23). 이야기의 내막을 아는 우리는 그가 이미 압살롬의 음모에 가담한 것(삼하 15:12)을 알고 있지만, 다윗은 이 사실을 모르고 있었다. 그런데 이제 다윗이 알게 되었다. 아히도벨이 압살롬의 반란군에 가담했다는 보고를 들은 다윗은 엄청난 충격을 받았다. 만약 아히도벨이 압살롬을 신뢰하고 지지한다면, 대중들은 하나님이 압살롬 편이시라는 결론을 내릴 것이다. 단지 아히도벨이 압살롬과 함께 예루살렘에 있다는 것만으로도 압살롬의 반란에 적법성과 재가를 해준 것이나 다름없다.

아히도벨에 관한 뉴스속보를 듣고 다윗이 보인 반응은 기도하는 것이었다. "여호와여 원하옵건대 아히도벨의 모략을 어리석게 하옵소서"(삼하 15:31). 우리는 보통 다윗을 기도의 사람으로 생각한다. 시편의 상당수가 다윗의 저작으로 되어 있고 그 시편들은 다윗의 힘 있는 기도를 보여준다. 그러나 지금 이 기도는 밧세바와의 불륜으로 태어난 아이의 생명을 위해

7일 동안 금식하며 기도한 이후(12:16-18), 기도하는 다윗에 관한 최초의 언급이다. 다윗은 지난 몇 년 동안 가족과 통치상의 책무가 모두 혼란한 상태에 빠졌는데도 돌보지 않았다. 우리에게는 이런 사실을 뒷받침할 만한 상당한 증거가 있다. 그는 아마 하나님의 뜻에 민감하지도 않았을 것이다. 그러나 아히도벨로 인한 위기가 발생하자, 다윗은 다시 무릎을 꿇는다. 그는 기도한다. 노벨상을 수상한 소설가 아이작 싱어는 한 라디오 대담에서 다음과 같이 말했다. "저는 고난을 겪을 때만 기도합니다. 그런데 항상 고난을 겪습니다. 그래서 항상 기도합니다." 다윗은 고난을 겪고 있다. 그래서 기도한다.

> 15:32다윗이 하나님을 경배하는 마루턱에 이를 때에 아렉 사람 후새가 옷을 찢고 흙을 머리에 덮어쓰고 다윗을 맞으러 온지라 33다윗이 그에게 이르되… 34그러나 네가 만일 성으로 돌아가서 압살롬에게 말하기를 왕이여 내가 왕의 종이니이다… 37다윗의 친구 후새가 곧 성읍으로 들어가고 압살롬도 예루살렘으로 들어갔더라

아렉 사람 후새는 "다윗의 친구"라고 불린다(37절). 여기에 나오는 "친구"라는 용어는 우리가 일상적으로 쓰는 '친구'라는 의미를 넘어선다. 고대 이집트의 문헌을 통해 당시 문화에서는 친구라는 단어에 직무상의 의미와 경의를 표하는 의미가 함께 있었음을 알 수 있다. 후새는 왕의 '동료'일 뿐 아니라 왕의 신임을 받는 조언자이다. 그런 면에서 후새는 아히도벨과 견줄 만한 직위와 권력을 가진 사람이다. 다윗은 그를 예루살렘으로 돌려보내면서 반란 세력의 동태를 보고하라고 당부했다. 겉으로 보기에는, 가장 뛰어난 두 명의 '지혜자' 아히도벨과 후새가 예루살렘에 남아 있고, 그들이 압살롬 편에 가세한 것처럼 보인다. 압살롬으로서는 강력한 지지자

들을 얻은 셈이다. 그러나 압살롬이 모르는 것이 있다. 둘 중 한 명은 은밀하게 잠입한 다윗의 사람이다. 이제 다윗은 다섯 사람을 전략적으로 예루살렘에 배치해 자기를 위해 일하도록 한다. 바로 아비아달, 사독, 요나단, 아히마아스 그리고 후새다.

> 16:1 다윗이 마루턱을 조금 지나니 므비보셋의 종 시바가 안장 지운 두 나귀에 떡 이백 개와 건포도 백 송이와 여름 과일 백 개와 포도주 한 가죽부대를 싣고 다윗을 맞는지라…

시바는 오래전부터 사울의 종이었다가, 지금은 요나단의 절름발이 아들 므비보셋의 재산을 관리하는 집사다(삼하 9장). 그가 왜 지금 나타났는지는 분명치 않다. 자기 말로는 다윗과 함께한 사람들에게 빵과 과일과 포도주를 주려고 온 것이란다. 그는 그의 피보호자 므비보셋이 다윗 정권의 동요를 틈타 다윗에게 등을 돌렸다고 보고했다. 사울의 왕위를 계승할 수 있는 유일한 생존자인 그가 왕이 되고 싶은 마음에서 그렇게 했다는 것이다. 내레이터는 시바가 진실을 말하고 있는지, 아니면 이야기를 날조하고 있는 지 분명하게 밝히지 않는다. 나중에 므비보셋이 이때의 일을 보고하는데, 시바가 보고한 것과 전혀 다른 이야기를 한다(19:24-30). 그러나 지금 다윗은 시바의 말을 믿고 그의 요청을 받아들여 므비보셋의 전 재산을 시바에게 준다. 우리는 시바가 진실을 말한 것인지 아닌지를 결론지을 필요가 없다. 시바가 자신의 유익을 위해 다윗과 압살롬의 갈등을 이용하려 했는지를 알 필요가 없다. 분쟁이 일어나는 그런 시기에는 언제나 시바와 같은 사람이 있기 마련이다. 상처 입은 사람, 곤경에 처한 사람, 고통당하는 사람, 버림받은 사람들. 사람들이 곤경에 처한 것을 이용해 자신의 유익을 도모하는, 소위 '돕는 직업들'은 우리를 섬뜩하게 한다. 시바는 찰스 디킨스의 소설 「올리버 트위스트」(*Oliver Twist*)에 나오는 인물인 파긴의 정신적 조상이었다(파긴은 소매치기 두목으로 올리버가 오갈 데 없는 신세라는 사실을 이용해 올리버를 소매치기 단원으로 끌어들인다.−옮긴이). 파긴은 자신의 신조를 다음과 같이 간결하게 밝혔다. "어떤 마술사들은 3이 마법의 숫자라 하고, 어떤 마술사들은 7이 마법의 숫자라고 하지만 둘 다 아니라네, 친구여. 둘 다 아니야. 마법의 숫자는 1이라네. 하! 하! 언제나 넘버원이 마법의 숫자야!"

> 16:5다윗 왕이 바후림에 이르매 거기서 사울의 친족 한 사람이 나오니 게라의 아들이요 이름은 시므이라 그가 나오면서 계속하여 저주하고 6또 다윗과 다윗 왕의 모든 신하들을 향하여 돌을 던지니…

시므이는 최후 심판을 알리는 선지자의 기둥을 자처했다. 그는 다윗의 불명예 속에서 기득권을 누렸는데, 사울과 관계가 있기 때문이다. 지금 이스라엘은 우리가 생각했던 것과 달리 다윗의 통치 아래서 잘 통합되지 못한 것 같다. 다윗 통치에 동의하지 않는 일당이 있었는데, 그들은 자신들을 사울의 충신으로 생각했다. 그들은 다윗이 약화되기를 기다리고 바라고 지켜보면서, 권좌로 돌아갈 기회를 엿보았다. 시바의 말은 이런 가능성을 넌지시 알려준다. 시바는 사울의 상속자인 본인의 주인 므비보셋이 여전히 왕이 되고 싶은 열망을 갖고 있다고 고자질했다(16:3). 이제 시므이는 자기가 마치 선지자인 것처럼, 현재의 사건들을 사울에게 유리하게 해석한다. 현재의 사건들은 하나님이 사울당을 지지하시기 위한 행동이라는 것이다. 얼마 후 세바가 사울 왕조를 재건하려다 실패한다(삼하 20장). 따라서 시므이는 그저 자기 개인의 생각을 말한 것이 아니라, 다윗의 통치 기간 내내 다윗을 반대했던 일단의 무리들의 입장을 대변하는 것이다. 그들은 다윗이 불법적으로 사울의 왕권을 찬탈했다고 생각했다. 시므이가 표면에 나서서 선지자인 양 그날의 사건들 속에 드러난 하나님의 섭리를 말하고 있을 때(16:8), 다윗은 수치와 불명예 속에서 예루살렘을 떠나고 있었다. 하나님이 그를 심판하고 계시는 것이 분명하다. 시므이는 하나님의 이름으로 다윗을 저주한다. 그는 최후 심판을 알리는 선지자를 자처한다.

시므이는 다윗과 그의 신하들에게 돌을 던지고 저주를 퍼부으면서, 지옥불이 이글거리는 설교를 했다. 요컨대 이런 말이다. "이 쓸모없는 늙은이야, 이 마을에서 꺼져. 살인자! 더러운 늙은이. 살인자야!" 그런 후 계속 돌을 던지고 저주를 퍼부었다. "부패하고 바보 같은 왕! 살인자!" 다윗에게 쏟아부은 저주가 날아드는 돌멩이보다 깊은 상처를 안겨주었음이 틀림없다.

특별 목적을 위한 이런 종류의 예언이, 종교 분야에서 계속 인기를 누리고 있다. 각종 신문이나 잡지들은 수많은 현대판 '시므이' 선지자들에게 화젯거리를 준다. 그들은 하나님이 인간의 일에 간섭하신다고 귀에 거슬리는 소리를 내며 외친다. 장광설이 그럴듯하게 들릴 정도로, 죄와 부패가 언제나 우리 곁에 충분히 있다. 그러나 그들이 하나님의 말씀이나 주변에서 일어나는 사건들을 신중하게 이해하고 사심 없이 그렇게 말하는 것이 아니다. 그런 소리들은 권력과 관련된 분노, 권력에 대한 질투, 권력을 바라는 욕망이 복합된 독성 내용물에서 발효된 것이다.

> 16:9 스루야의 아들 아비새가 왕께 여짜오되 이 죽은 개가 어찌 내 주 왕을 저주하리이까 청하건대 내가 건너가서 그의 머리를 베게 하소서 하니 10 왕이 이르되 스루야의 아들들아 내가 너희와 무슨 상관이 있느냐 그가 저주하는 것은 여호와께서 그에게 다윗을 저주하라 하심이니 네가 어찌 그리하였느냐 할 자가 누구겠느냐 하고…

다윗의 군대 지휘관 중 한 사람인 아비새는 여리고로 가는 길에서 중요한 역할을 실행한 열 번째이자 마지막 사람이다. 아비새는 시므이가 신성모독적이고 잔인한 말을 쏟아놓자 그를 죽이려 했다. 아비새와 그의 형 요압(스루야의 아들들)은 다윗의 충성스러운 동료로서 열성으로 다윗을 섬겼다. 그러나 두 사람은 미덥지 않은 협력자였다. 그들은 과거 충동적으로 일을 처리하였다. 그들은 다윗의 하나님을 알지 못한 채 다윗의 일을 돕겠다고 나서고 있었다. 다윗도 행동의 사람이지만, 다윗의 행동은 시편에서 볼 수 있듯이, 과연 그답게(항상 그런 것은 아니다!) 기도와 하나님과 함께하는 삶에서 비롯했다. 그러나 스루야의 아들들은 행동만 하지 기도를 하지 않는다. 그들은 의에 뿌리를 두지 않은 상태에서 의의 편에 있는 것이다.

아비새는 과연 그답게, 시므이 문제에 대하여 신속하고 분명한 해결책을 제시했다. "청하건대 내가 건너가서 그의 머리를 베게 하소서"(9절). 그러나 다윗은 그를 말렸다. 우리는 다윗의 대답을 다음과 같이 이해할 수 있다. "시므이가 옳다. 그는 나에 관해서 진실을 말하는 것이다. 이 밤에 그는 나에게 하나님의 말씀을 전하는 것이다. 하나님이 그에게 나를 저주하라고 명령하셨다. 시므이는 하나님의 저주를 전하는 대변인에 불과하다. 그냥 내버려 둬라. 그의 저주 설교는 내가 들어야 할 하나님의 말씀이다."

나쁜 설교도 진리를 말할 수 있다. 다윗은 시므이의 떠들어 대는 소리 가운데서 하나님의 말씀을 들을 수 있었고, 이로써 본연의 모습으로 돌아갈 수 있었다. 그는 자신의 최근 모습에 직면했다. 시므이의 저주를 듣자 그가 저지른 모든 잘못, 그가 실망시켰던 모든 사람이 생생하게 되살아났다. 다윗은 자기방어적이 될 수도 있었고, 불타는 복수심을 보일 수도 있었지만, 그렇게 하지 않았다. 그는 자신에 관한 진실에 직면했다. 지금까지 자신의 근본적인 신분은 '왕'이 아니라 '죄인'이었다는 것, 그리고 자신은 오직 하나님의 자비에 의해서만 살아갈 수 있다는 진실에 직면한 것이다. 시므이의 저주는 다윗에게서 왕의 허울을 벗겨내고 그의 영혼을 적나라하게 드러냈다. 다윗은 시므이의 저주를 자신에게 들려주시는 하나님의 말씀으로 삼았다.

16:14왕과 그와 함께 있는 백성들이 다 피곤하여 한 곳에 이르러 거기서 쉬니라

내리막길이 끝남과 동시에 도주도 끝났다. 다윗은 무사히 탈출했다. 한편, 압살롬은 예루살렘에 도착했다. 다윗이 '여리고로 가는 길'을 따라 도주하는 바로 그 시간에 압살롬은 예루살렘에 입성하여 (그의 생각에) 다윗을 영구히 없앨 수 있는 전략을 세운다.

압살롬의 전쟁(16:15-18:18)

16:15압살롬과 모든 이스라엘 백성들이 예루살렘에 이르고 아히도벨도 그와 함께 이른지라 16다윗의 친구 아렉 사람 후새가 압살롬에게 나갈 때에 그에게 말하기를 왕이여 만세, 왕이여 만세 하니 17압살롬이 후새에게 이르되 이것이 네가 친구를 후대하는 것이냐 네가 어찌하여 네 친구와 함께 가지 아니하였느냐 하니 18후새가 압살롬에게 이르되 그렇지 아니하니이다 내가 여호와와 이 백성 모든 이스라엘의 택한 자에게 속하여 그와 함께 있을 것이니이다 19…내가 전에 왕의 아버지를 섬긴 것같이 왕을 섬기리이다 하니라

다윗의 지시를 따르고 있는 후새가 압살롬의 작전회의에서 압살롬의 신임을 얻은 것이 첫 번째 사건이다. 압살롬은 자기 아버지와 후새의 관계

를 잘 알고 있기 때문에 후새가 자기편에 가담한 것을 보고 놀랐다. 그리고 의심했다. 그래서 후새에게 이렇게 물었다. "당신은 제 아버지의 친구인 것으로 알고 있는데, 친구를 이런 식으로 대합니까?" 후새는 자신은 더 고상한 충성, 즉 하나님께 충성하기로 다짐했다고 대답했다. 후새는 하나님이 압살롬을 선택하셨고 백성들도 압살롬을 선택했으므로, 자기도 하나님과 함께하고 백성과 함께하려는 뜻에서 압살롬과 운명을 같이하기로 결심했다고 말했다. 이렇게 말하자 압살롬은 후새에 대한 의심을 풀었다. 이것은 완전히 노골적인 아부다. 그러나 압살롬은 이 말에 홀딱 반했다. 하나님이 선택하셨고, 백성이 선택했고, 후새 자신이 선택했다고 말하며 확고한 입장을 보이자, 압살롬은 추호도 의심하지 않고 후새를 고문으로 받아들였다. 허영심 많은 사람들은 아첨에 잘 넘어가는데, 압살롬이 바로 그런 사람이다. 압살롬의 의심에서 벗어나 신임을 얻는 것은 후새에게 당황스러울 만큼 아주 쉬웠다.

이제 후새는 압살롬의 조언자로서 아히도벨과 동등한 지위를 나눠 가졌다. 새 정부를 설립하기 위한 전략이 계속 논의되는 중에 아히도벨이 먼저 자신의 책략을 내놓았다.

16:20압살롬이 아히도벨에게 이르되 너는 어떻게 행할 계략을 우리에게 가르치라 하니 21아히도벨이 압살롬에게 이르되 왕의 아버지가 남겨두어 왕궁을 지키게 한 후궁들과 더불어 동침하소서… 23그때에 아히도벨이 베푸는 계략은 사람이 하나님께 물어서 받은 말씀과 같은 것이라 아히도벨의 모든 계략은 다윗에게나 압살롬에게나 그와 같이 여겨졌더라

17:1아히도벨이 또 압살롬에게 이르되 이제 내가 사람 만 이천 명을 택하게 하소서 오늘 밤에 내가 일어나서 다윗의 뒤를 추적하여 2그가 곤하고 힘이 빠졌을 때에 기습하여 그를 무섭게 하면… 4압살롬과 이스라엘 장로들이 다

그 말을 옳게 여기더라

5압살롬이 이르되 아렉 사람 후새도 부르라 우리가 이제 그의 말도 듣자 하니라 6후새가 압살롬에게 이르매 압살롬이 그에게 말하여 이르되 아히도벨이 이러이러하게 말하니 우리가 그 말대로 행하랴 그렇지 아니하거든 너는 말하라 하니 7후새가 압살롬에게 이르되 이번에는 아히도벨이 베푼 계략이 좋지 아니하니이다 하고 8또 후새가 말하되 왕도 아시거니와 왕의 아버지와 그의 추종자들은 용사라 그들은 들에 있는 곰이 새끼를 빼앗긴 것같이 격분하였고 왕의 부친은 전쟁에 익숙한 사람인즉 백성과 함께 자지 아니하고 … 11나는 이렇게 계략을 세웠나이다 온 이스라엘을 단부터 브엘세바까지 바닷가의 많은 모래같이 당신께로 모으고 친히 전장에 나가시고…

압살롬 앞에서 아히도벨과 후새의 조언이 팽팽하게 맞섰다. 두 사람 다 존경받는 지혜로운 모사지만, 서로 다른 두 작전을 모두 채택할 수는 없는 노릇이었다. 아히도벨이 내놓은 계획은 두 가지 작전으로 구분된다. 첫번째 작전은 순전히 홍보활동이다. 이를 위해 압살롬은 자기 아버지의 별궁에 들어가 후궁들과 동침해야 한다. 이것은 극적으로 백성들의 마음속에 다윗 대신 압살롬이 자리 잡게 해준다. (고대 근동에서도 정력과 정치권력이 서로 연결되어 있었는데, 현재보다 그 정도가 더 심했다). 예루살렘에 있는 사람 누구나 그 광경을 보고 그 행위의 의미를 알아채도록 공개적으로 저질러졌다. 압살롬은 왕궁의 옥상에 장막을 치라고 명령했다. 거리에 있는 모든 사람이(그날 틀림없이 거리마다 사람들로 붐볐을 것이다) 줄지어 장막으로 들어가는 후궁들과 그 뒤를 따라 들어가는 압살롬을 볼 수 있게 하려는 의도였다. 장막은 후궁들과 압살롬이 동침하는 장면을 직접 보지 못하게 막는 차단막 역할을 하는 한편, 주위에 모인 사람들의 상상력을 자극한다. 순회공연하는 서커스단이 천막을 세우면, 천막 밖에서 바라보는 사람들의 마음에서 진행되는 것은 천막 안에서 실제로 일어나고 있는 사건을 훨씬 능가한다. 장막은 아주 잘 보이도록 왕궁의 옥상에 세워졌고, 도시 전체의 관심을 끌었다. 모든 사람의 관심사는 장막을 쳐다보고 거기서 새어나오는 소리를 듣는 것이었다. 압살롬이 장막에 오래 머물수록 그의 명성은 더 높아진다. 그의 왕다운 정력과 젊은 매력은 다윗의 수치스럽고 무능한 도주와 대조적이다.

두 번째 작전은, 아히도벨이 직접 그 밤에 도주하는 다윗을 추격해 따라 잡겠다는 것이다. 도주하느라 지칠 대로 지친데다, 아들의 배신에 낙담하여 심신이 극도로 연약한 상태에 있을 이때에 다윗을 잡겠다는 것이다. 전투를 치를 필요도 없이 다윗만 죽이면 된다. 그렇게 되면 아히도벨은 다윗 일행 모두를 의기양양하게 예루살렘으로 데리고 와서, "신부가 그녀의 남편에게 돌아온 것처럼"(17:3) 압살롬에게 돌려줄 수 있을 것이다(개역개정판은 "모든 백성이 당신께 돌아오게 하리니"라고 번역했다. 저자는 NRSV를 따라 히브리어 '이쉬'를 남편으로 번역했다.—옮긴이). 아무도 그 전투에서 남편이나 아들을 잃지 않을 것이고 압살롬은 평화의 영웅이 될 것이다. 그리고 아히도벨이 압살롬을 위해 모든 일을 다 처리할 것이니 압살롬은 조금도 수고할 필요가 없다.

아히도벨의 조언은 거절할 수 없어 보인다. 압살롬이 해야 할 일은 아히도벨이 다윗을 제거하는 동안, 그저 아버지의 후궁들과 성적 탐닉에 빠지면 된다. 그러면 압살롬은 카리스마적인 인기와 확실한 권력을 얻게 될 것이다.

후새가 이 상황을 어떻게 뛰어넘었는가? 그렇다고 후새가 이보다 매력적인 대안을 내놓은 것은 아니다. 오히려 후새는 더 어려운 계획을 내놓았다. 후새의 모략도 두 부분으로 나뉜다. 먼저 후새는 압살롬에게 다윗과 그의 부하들이 용맹한 전사들이라는 점을 주지시켰다. 그들의 싸움 본능과 전투 기술이 전부 자극받으면 그들은 "들에 있는 곰이 새끼를 빼앗긴 것같이 격분할 것이다"(17:8). 후새는 이렇게 말했다. "아히도벨은 압살롬이 직면한 상황을 대단히 과소평가하고 있다. 다윗은 용맹스러울 뿐만 아니라 굉장히 영리하다. 다윗은 쫓기고 추격당하는 이와 같은 상황을 광야에서 수년 동안 겪은 사람이다. 다윗이 그렇게 쉽사리 처치될 리 없다." 후새는 **사실**이라는 견고한 실체를 가지고 압살롬에게 대항했다. 다윗이라는 사실, 즉 블레셋 사람들을 죽이고 사울한테서 살아남은 다윗을 상기시킨 것이다. 후새의 모략 두 번째 부분은 이런 주장이다. "압살롬 자신이 다윗에 대항하는 싸움을 직접 지휘해야 한다. 그러려면 먼저 그 전투에 참전할 전사를 모두 데려와야 한다. 이 일을 다른 사람에게 맡기면 안 된다. 이 일은 어떤 측근이 처리할 수 있는 사소한 일이 아니다. 비록 그 측근이 아히도벨과 같이 탁월하다 할지라도 말이다. 오직 압살롬이 직접 통솔하는 거대한 군대(17:11, "바닷가의 많은 모래같이")만이 임무를 수행할 수 있다. 만약 압살롬이 철저하게 준비하느라 시간이 걸린다면, 그만큼 다윗은 승산이 없어질 것이다."

아히도벨과 후새의 모략을 번갈아 들은 후, 압살롬은 결국 후새의 작전을 채택한다. 두말할 것도 없이 아히도벨의 계획이 더 낫고, 그대로 시행했더라면 성공했을 것이다. 이야기의 내막을 알고 있는 독자들은 이런 사실을 잘 안다. 어떻게 후새가 전략적으로 설득력이 있는 대안을 내놓아서 다윗을 구출할 수 있었을까? 그는 자기가 해야 할 일이, 압살롬이 곧바로 다윗을 공격하지 못하게 막고, 다윗이 사태를 수습하여 전투 병력을 재편성할 수 있도록 시간을 버는 일임을 알고 있었다. 그러나 어떻게 그 일을 했는가? 그는 (다시 한 번!) 압살롬의 허영심에 불을 질러서 이 임무를 완수했다. 그는 실제적인 사실들에 근거하여 다윗이라는 그림을 그렸다. 그러나 그는 그날 밤에 실물보다 과장된 그림을 그렸다. 즉 매우 사납고 상상을 초월할 정도로 빈틈없는 다윗을 그린 것이다. 그런 다음 그보다 크게 될 수 있는 가능성 안으로 압살롬을 밀어 넣었다. 아히도벨의 모략은 다윗이 당하고 있는 수치와 불명예를 연루시킨다("압살롬, 이건 쉬울 것 같습니다. 너무 쉬워서 제가 당신을 위해 이 일을 하겠습니다"). 그러나 후새의 모략은 당당하고 거칠게 맹위를 떨치는 다윗을 연상케 한다("이 일은 당신이 여태껏 하려고 했던 일 중에 가장 어려운 것입니다. 감당할 수 있겠습니까"). 허영심이 강한 압살롬은 미끼를 문다. 낚싯바늘과 낚싯줄과 낚싯봉까지 물었다.

> 17:14압살롬과 온 이스라엘 사람들이 이르되 아렉 사람 후새의 계략은 아히도벨의 계략보다 낫다 하니 이는 여호와께서 압살롬에게 화를 내리려 하사 아히도벨의 좋은 계략을 물리치라고 명령하셨음이더라

내레이터는 갑자기 이야기의 중심에서 벗어나 짧지만 분명하게 신학적 진술을 한다. 이 진술은 이야기의 처음부터 끝까지, 구체적인 내용 하나하나에까지, 하나님이 조용하고 은밀하게 주권을 행사하고 계신다는 선언이다. 허무와 속임, 교활함과 배신이 복잡하게 뒤얽힌 상황에서, 하나님은 이런 가망 없는 사람들을 통해 역사하시고 거룩한 심판을 행하셔서("압살롬을 파멸시킨다") 거룩한 약속("네 집과 네 나라가 내 앞에서 영원히 보전되리라", 삼하 7:16)을 확증하려 하신다. (이 이야기에서) 조금 전에 다윗이 "여호와여 원하옵건대 아히도벨의 모략을 어리석게 하옵소서"라고 기도한 것(15:31)을 기억하는가? 이제 그 기도가 응답받았다. 그리고 이것이 하나님이 기도에 응답하시는 **방식**이다. 하나님의 주권은 역사의 혼돈 속에 감춰져 있지만, 하나님은 인간의 죄와 부족함이 뒤얽힌 상황 속에서 살아 계신다. "거기에는 후새를 통하여 이루고자 하시는 하나님의 목적(감추어졌으나 강력하다)이 있다. 그러나 그 목적들은 후새나 어떤 다른 인간 대행자에 의

존하는 것이 아니다. 결국 모든 것은 하나님이 '명령하신 대로' 성취될 것이기 때문이다. 역사의 진행에 대한 이런 견해는(현대인들의 사고방식과는 맞지 않는다), 오직 내러티브라는 방식(숨김을 허용한다)으로만 진술될 수 있다"(Walter Brueggemann, *First and Second Samuel*, 314).

우리 시대는 이야기를 못 견뎌 한다. 이야기가 길어지면 더 그렇다. 이것은 하나의 문화다. 우리가 좋아하는 것은 일화, (뉴스 프로그램에서) 사건을 단적으로 전하는 영상, 그리고 슬로건이다. 우리는 압축하여 정리된 '진리'를 듣고 싶어 한다. 교리에 관한 정보든 과학적 정보든 분명한 사실을 원하며 신비한 것은 건너뛴다. 그러나 부족한 인내심은 우리의 불순종하려는 성향의 일부에 불과하다. 우리는 하나님이 우리와 함께 오랫동안 일하시는 과정에 마지못해 복종한다. 그것은 또한 하나님의 광범위하고 포괄적인 역사를 독점하려 한다는 증거이기도 하다. 결점이 있는 사람들(그들도 구원받은 자녀다)과 그런 역사를 나누고 싶지 않은 것이다. 우리는 비인격화된 지름길을 선호한다. 우리는 간섭주의자(interventionist) 하나님을 원한다. 우리는 신비한 하나님이 아니라, 분명한 하나님을 원한다. 우리는 하나님이 감추신 것을 모두 알고 싶은데, 당장 알고 싶다. 미결인 채로 남겨지는 것이 있으면 안 된다.

우리는 하나님이 우리 생각대로 신속하게 행동해 주시길 바란다. "창조와 구속의 과정은 건너뛰고 바로 이것으로 넘어갑시다!" 그리고 하나님이 수직적으로 바로 찾아오시기를 원한다. 결점이 있고 불완전한 다른 사람들을 상종하는 것이 불편하기 때문이다.

길면 길수록 좋은 이야기(성경은 긴 이야기다)는 우리로 하여금 죄인들과 성도들로 구성된 사회에 억지로라도 살게 만든다. 아무한테도 이 과정을 면제해 주지 않는다. 이야기를 들으면 하나님이 줄사다리를 타고 내려오셔서 우리를 현실로부터 끌어올리실 것이라는 생각을 할 수 없다. 이야기를 들려주는 것, 특히 성경 이야기를 들려주는 것은 우리를 길들여 거룩한 역사의 과정에 인내하며 복종하게 한다. 20세기의 탁월한 영적 선구자 중 한 사람인 폰 후겔은 이렇게 말하곤 했다(Baron Friedrich von Hugel, *Essays & Addresses*, 145). "우리가 인생의 중심부에 이르게 되면 여러 일들이 분명한 것이 아니라 생생해진다"(논리적으로 깨달아서 어떤 진리가 분명해지는 것이 아니라, 사건들을 경험하면서 진리가 그림을 보듯 생생하게 다가온다는 뜻-옮긴이). 투명도가 아니라 광도(光度)가 독특한 차이를 나타내는 표시다.

단 한 문장으로 표현된 이 신학적인 광도("이는 여호와께서 작정하셨음이더라")는 우리가 나아가야 할 방향을 제시한다. 이제 우리는 본 이야기를 다시 시작할 수 있다.

> 17:15이에 후새가 사독과 아비아달 두 제사장에게 이르되 아히도벨이 압살롬과 이스라엘 장로들에게 이러이러하게 계략을 세웠고 나도 이러이러하게 계략을 세웠으니 16이제 너희는 빨리 사람을 보내 다윗에게 전하기를 오늘밤에 광야 나루터에서 자지 말고 아무쪼록 건너가소서 하라 혹시 왕과 그를 따르는 모든 백성이 몰사할까 하노라 하니라 17그때에 요나단과 아히마아스가… 21그들이 간 후에 두 사람이 우물에서 올라와서 다윗 왕에게 가서 다윗 왕에게 말하여 이르되 당신들은 일어나 빨리 물을 건너가소서 아히도벨이 당신들을 해하려고 이러이러하게 계략을 세웠나이다 22다윗이 일어나 모든 백성과 함께 요단을 건널새 새벽까지 한 사람도 요단을 건너지 못한 자가 없었더라

이야기의 독자인 우리는 압살롬이 후새의 계획을 선택했음을 알고 있지만, 이야기 속에 있는 후새는 아직 그런 사실을 모른다. 그래서 후새는 다윗에게 아히도벨의 모략이 시행되는 최악의 상황을 대비하게 했다.

예루살렘 성 안에 잠입해 다윗을 위해 은밀하게 활동하던 사람이 다섯 명 있는데, 이제 그들 모두가 활동을 개시한다. 후새가 제사장 사독과 아비아달에게 중요한 사실을 알려주었다. 만약 일이 아히도벨의 계획대로 진행된다면 압살롬은 곧바로 다윗을 추격할 가능성이 많다. 두 제사장은 자기 아들들, 요나단과 아히마아스에게 후새가 한 말을 전해주었다. 다윗에게 전갈을 보낼 경우를 대비해 그 두 사람에게 성 밖에 숨어 있도록 조치를 취했던 것이다. 그 두 아들이 떠나자, 그 사실이 압살롬에게 보고되었다. 조심했는데도 발각되고 만 것이다. 압살롬의 부하들이 추격하자 두 사람은 숨어야 했다. 두 사람은 도망치다가 가까운 거리에 있는 바후림이라는 마을에서 우호적인 어느 협력자의 도움을 받는다. 두 사람은 그가 소유한 우물 속으로 내려갔다. 그리고 그의 아내가 우물 위에 덮개를 덮고 그 위에 곡물을 펴 널어 두 사람이 숨은 곳을 위장했다. 압살롬의 부하들이 나타나자, 그녀는 다른 길을 가르쳐 주고 추적자들을 따돌렸다. 방해하는 자들이 사라지자마자 두 제사장의 아들들은 가던 길을 계속 갔고, 다윗을 만나 임박한 위험을 알려주었다. 다윗은 그와 동행한 모든 사람이 안전하게 강을 건너게 했다. 동틀 무렵 다윗 일행은 요단 강을 압살롬과 아히도벨의 돌발적인 공격으로부터 보호막으로 활용할 수 있게 됐다.

이야기는 빠른 속도로 전개되어 긴장을 늦출 수 없다. 바후림에 사는 우물가 여인의 대담한 거짓말이 요나단과 아히마아스의 위험천만한 첩보활동과 협력하여, 하나님의 섭리 안에 채택된다. 이 잊을 수 없는 밤을 통해 다윗을 구원하시려고 정교하게 만들어진 하나님의 섭리 안으로 말이다.

17:23아히도벨이 자기 계략이 시행되지 못함을 보고 나귀에 안장을 지우고 일어나 고향으로 돌아가 자기 집에 이르러 집을 정리하고 스스로 목매어 죽으매 그의 조상의 묘에 장사되니라

아히도벨의 자살은 그의 공허한 인생을 드러낸다. 오랫동안 그는 다윗의 신임받는 고문으로 백성들 사이에 명성이 자자했다("그때에 아히도벨이 베푸는 계략은 사람이 하나님께 물어서 받은 말씀과 같은 것이라", 삼하 16:23). 그러나 그는 다윗을 배신하여 본성을 드러냈다. "내가 신뢰하여 내 떡을 나눠 먹던 나의 가까운 친구도 나를 대적하여 그의 발꿈치를 들었나이다"(시 41:9). 지혜가 있었음에도 불구하고, 그는 다윗과 압살롬의 문제를 대단히 잘못 판단했다. 그는 왕국의 미래가 압살롬과 함께할 것이라고 판단했다. 그 순간에는 모든 투기꾼이 압살롬에게 돈을 건 듯했다. 약삭빠르지 않으면 아히도벨도 하찮은 사람이 될 것 같았다. 아히도벨은 처음부터 기회주의자였다. 온화하고 현명하다는 명성 뒤에서 아히도벨은 자신을 위한 기회를 살피고 있었다. 다윗이 최고 유망 후보였을 때는 다윗에게 내기를 걸었다. 물론 지난 수년 동안 다윗을 잘 섬겼다. 그때만 하더라도 다윗은 지평선 위에 가장 빛나는 별이었다. 그러나 다윗이 빛을 잃는 것처럼 보이는 순간, 아히도벨은 다음으로 확실한 우승 후보에게 갔다. 준수한 용모에 야심차고 신비한 매력을 지닌 압살롬 말이다. 결국 참모인 아히도벨에게는 어떤 본질적인 특징, 윤리적인 실체나 영적인 근력도 없었다는 것이 드러났다. 그는 듣기 좋은 구호들과 가당찮은 낙서들로 뒤덮여 있었으나 실속 없이 텅 빈 사람이었던 것이다. 압살롬의 반란이라는 바람이 불어 정치 판도가 바뀌는 순간, 아히도벨은 새로운 권력의 바람을 잡으려고 돛을 올렸다. 그러나 결국 파선하고 말았다.

배신의 강력한 동기가 된 어떤 분노(오랫동안 위장되어 있던 분노)가 있었는가? 아마 그럴 것이다. 아히도벨은 밧세바의 할아버지다. 다윗이 자신의 손녀에게 행한 짓 때문에 다윗에게 화가 났을 것이고, 그것이 배신의 한 요인이었을 수도 있다. 많은 사람이 그렇게 생각해 왔다.

시편 55편 독자들 사이에는 오랜 전통이 하나 있는데, 이 시편을 다윗이 아히도벨에게 배신당한 후 그 경험을 기도로 표현했다고 보는 것이다. 특히 12-14절에 다윗의 마음이 잘 표현된다.

> 나를 책망하는 자는 원수가 아니라 원수일진대
> 내가 참았으리라
> 나를 대하여 자기를 높이는 자는
> 나를 미워하는 자가 아니라 미워하는 자일진대
> 내가 그를 피하여 숨었으리라
> 그는 곧 너로다
> 나의 동료, 나의 친구요 나의 가까운 친우로다
> 우리가 같이 재미있게 의논하며
> 무리와 함께하여 하나님의 집 안에서 다녔도다

아히도벨이 다윗을 배신한 사건은 가룟 유다가 예수를 배신한 사건 때문에 그리스도인들의 머릿속에서 다소 빛이 가려진다. 두 배신자는 비슷하다. 두 사람 모두 자기가 섬기던 지도자를 배신한다. 그들 모두 자신의 지도자로부터 신임을 받았으나, 결정적인 순간에 자신의 개인적인 이익을 위해 지도자에게 등을 돌린다. 그리고 두 사람 모두 자살하는 것으로 끝난다. 둘 다 지금보다 나은 지위를 얻을 것이라고 생각했지만 잘못 계산했음을 깨닫고 스스로 목숨을 끊는다. 그들은 오랫동안 '자기'만을 위해 살아왔으며(배신은 어떤 충동적인 행동이라고 보기 어렵다. 그것은 위기에 의해 표면으로 드러난 생활 습관이다), 지금 '더 좋아진 자기'가 하나의 망상으로 끝나버린 마당에 더 이상 추구할 것이 아무것도 없자 자살한 것이다. 아히도벨과 가룟 유다는 묘비명을 공유한다. "누구든지 자기 목숨을 구원하고자 하면 잃을 것이다"(막 8:35).

두 배신을 통해 이런 경고문을 읽을 수 있다. 하나님과의 관계든 사람들과의 관계든, 배신은 "문에 엎드려 있는" 모든 죄(창 4:7)를 능가한다. 배신은 흔한 일이며 최소한 초기 단계에서는 죄라는 사실을 간파하기 어렵다. 배신은 거의 언제나 우리 생활을 개선시키려는 욕구에서 비롯하고, 배신자들은 정당화될 수 있을 것 같은 방법을 사용하기 때문이다. 우리의 지도자나 친구(부모나 자녀, 동료나 배우자, 결국에는 하나님)가 우리를 실망시키고, (우리 생각에) 우리의 권리를 제대로 존중하지 않기 때문에, 우리는 자산을 위해 (우리 판단에) 일종의 빚을 "돌려준다." 배신은 인간관계에서는 흔히 일어나고, 하나님과의 관계에서는 더 많이 일어난다. 하나님이 우리가 기대했던 것을 주시지 않자 우리는 그렇게 해줄 신이나 여신을 찾는다. 아히도벨을 악의 원흉으로 비난하는 것은 좋은 방법이 아니다. 그렇게 하지 않는 것이 더 낫다. 그렇게 한다고 우리가 아히도벨한테서 멀어지는 것이 아니다. 그도 우리와 같은 사람이다. 그의 배신과 자살은 우리가 생각하듯 우리의 보통 삶과 그렇게 동떨어진 것이 아니다.

17:24이에 다윗은 마하나임에 이르고 압살롬은 모든 이스라엘 사람과 함께 요단을 건너니라 25압살롬이 아마사로 요압을 대신하여 군지휘관으로 삼으니라… 26이에 이스라엘 무리와 압살롬이 길르앗 땅에 진 치니라

27다윗이 마하나임에 이르렀을 때에 암몬 족속에게 속한 랍바 사람 나하스의 아들 소비와 로데발 사람 암미엘의 아들 마길과 로글림 길르앗 사람 바르실래가 28침상과 대야와 질그릇과 밀과 보리와 밀가루와 볶은 곡식과 콩과 팥과 볶은 녹두와 29꿀과 버터와 양과 치즈를 가져다가 다윗과 그와 함께한 백성에게 먹게 하였으니 이는 그들 생각에 백성이 들에서 시장하고 곤하고 목마르겠다 함이더라

아히도벨의 모략 대신 후새의 의견을 따르기로 결정함으로써, 압살롬은 다윗에게 충분한 시간을 벌어준 셈이다. 이제 다윗은 낙심하여 흩어진 부하들을 다시 모아 전투태세를 갖출 수 있게 되었다.

그리고 압살롬도 군대 조직을 개편하여 새로운 사령관을 임명하였다. 다윗 군대의 총사령관이었던 요압이 다윗을 따라감으로써, 압살롬은 요압의 사촌에게 그의 군대를 지휘하게 했다.

이제 양편 군대 모두 요단 강을 건너 트랜스 요르단이라고 하는 이스라엘 동부에 도착했다. 이 땅은 일반적으로 길르앗이라 불리는 숲이 우거진 구릉지대이며, 히브리인들의 이야기로 가득한 지역이다. (야곱, 시혼과 옥, 기드온, 입다, 야일, 엘리사 등이 그 가운데 포함된다). 일찍이 다윗은 동쪽 이스라엘 땅에 거주하는 민족들을 구출하여 그들의 마음을 얻었다. 그 덕분에 지금 그는 그 지역의 중요한 성 가운데 하나인 마하나임에 사령부를 두고 자신의 지위를 굳힐 수 있었다. 마하나임은 그가 요단 강을 건넌 지점에서 북쪽으로 약 30킬로미터 떨어진 곳에 있다. 세 명의 자산가가 다윗의 군대를 위해 푸짐한 음식을 가져왔다. 어려웠던 시절에 다윗에게 은혜를 입었었기에 감사하는 마음으로 가져온 것이다. 그 부자들의 이름은 소비, 마길, 바르실래다. 다윗은 자기 백성들한테는 배척당했지만, 이들 이방인들한테는 정중하게 환영받았다. 마하나임은 아브넬이 이스보셋을 왕으로 앉힌 곳이기도 하다(삼하 2:8-11). 다윗이 헤브론에서 왕이 된 후 위협적인 존재로 떠오르자, 사울 왕조를 유지하기 위한 대비책으로 아브넬이 그런 시도를 한 적이 있다. (하지만 결국 실패한다.)

지금의 마하나임에서 다윗은 압살롬이라는 떠오르는 위협에 대항하여 왕국을 지키기 위해 애쓰고 있다. (결국 성공한다.) 다윗의 통치 초기와 후기에 마하나임은 중요한 역할을 했다.

18:1이에 다윗이 그와 함께한 백성을 찾아가서 천부장과 백부장을 그들 위에 세우고 2다윗이 그의 백성을 내보낼새 삼분의 일은 요압의 휘하에, 삼분의 일은 스루야의 아들 요압의 동생 아비새의 휘하에 넘기고 삼분의 일은 가드 사람 잇대의 휘하에 넘기고 왕이 백성에게 이르되 나도 반드시 너희와 함께 나가리라 하니 3백성들이 이르되 왕은 나가지 마소서 우리가 도망할지라도 그들은 우리에게 마음을 쓰지 아니할 터이요 우리가 절반이나 죽을지라도 우리에게 마음을 쓰지 아니할 터이라 왕은 우리 만 명보다 중하시오니 왕은 성읍에 계시다가 우리를 도우심이 좋으니이다 하니라 4왕이 그들에게 이르되 너희가 좋게 여기는 대로 내가 행하리라 하고 문 곁에 왕이 서매 모든 백성이 백 명씩 천 명씩 대를 지어 나가는지라 5왕이 요압과 아비새와 잇대에게 명령하여 이르되 나를 위하여 젊은 압살롬을 너그러이 대우하라 하니 왕이 압살롬을 위하여 모든 군지휘관에게 명령할 때에 백성들이 다 들으니라

다윗은 이제 전쟁을 치를 준비가 되었다. 압살롬에게 보낸 후새의 조언 덕분에 다윗은 충분한 시간을 갖고 군대를 조직하고, 군수품을 제공할 동맹자들을 확보하고, 자신의 전략대로 전열을 갖출 수 있었다. 압살롬은 자기도 모르는 사이에, 아버지가 자기를 이기는 데 필요한 모든 것을 아버지에게 건네주었다.

우리가 지금 보는 것은 산뜻한 명령, 다른 사람들의 적극적 지지, 용감하고 효과적인 전쟁 준비 등 오래전 블레셋과의 싸움에서 교전 중인 다윗이다. 다윗은 전쟁터로 나가 직접 지휘하려 했으나 부하들이 말렸다. 그들의 행동에서 그들이 다윗에게 애정을 갖고 충성을 바치는 느낌이 든다.

이 모든 것은 우리가 예상했던 바다. 우리를 깜짝 놀라게 하는 것은 다윗이 세 지휘관 요압과 아비새와 잇대에게 내린 마지막 명령이다. "나를 위하여 젊은 압살롬을 너그러이 대접하라"(5절). 우리는 이 명령을 읽고

화들짝 놀란다. 어떻게 다윗의 입에서 이런 말이 나올 수 있는가? 다윗은 방금 편안한 왕좌에서 거친 광야로 던져졌다. 며칠 전까지만 해도 그는 압살롬이 수년 동안 자신의 등 뒤에서 자신의 통치 토대를 침식해 온 것을 알고, 그의 인생에서 가장 큰 충격을 받았다. 압살롬은 수년 동안 자기를 죽이고 왕좌를 빼앗을 음모를 꾸미고 있었다. 그런데 다윗은 그것을 망각하고 있는 것 같다. 당장에라도 이 잔혹한 광야에서 압살롬의 계획이 성공할지도 모른다. 다윗이 자신의 지휘관들에게 압살롬을 "너그러이 대하라"라고 명령하는 그 순간에도 압살롬은 자신을 추격해 오는 중이다. 몇 년 동안 사울에게 쫓겼던 것처럼, 지금은 아들에게 쫓기고 있다. 사울에게 쫓기던 시절에는 젊기라도 했지만 지금은 그렇지 않다. 그런데 놀랍게도 여전히 그는 자비롭다. 그를 미워하던 사울에게 그랬던 것처럼, 자신을 미워하는 아들에게도 동정심이 있다. 다윗은 여태껏 이런 배척을 당해본 적이 없다. 이 최악의 상황에서 "나를 위하여 젊은 압살롬을 너그러이 대접하라"라는, 이 비범한 사랑의 명령을 내리고 있는 것이다.

> 18:6이에 백성이 이스라엘을 치러 들로 나가서 에브라임 수풀에서 싸우더니 7거기서 이스라엘 백성이 다윗의 부하들에게 패하매 그날 그곳에서 전사자가 많아 이만 명에 이르렀고…
> 9압살롬이 다윗의 부하들과 마주치니라 압살롬이 노새를 탔는데 그 노새가 큰 상수리나무 번성한 가지 아래로 지날 때에 압살롬의 머리가 그 상수리나무에 걸리매 그가 공중과 그 땅 사이에 달리고 그가 탔던 노새는 그 아래로 빠져나간지라 10한 사람이 보고 요압에게 알려 이르되… 14요압이…손에 작은 창 셋을 가지고 가서 상수리나무 가운데서 아직 살아 있는 압살롬의 심장을 찌르니 15요압의 무기를 든 청년 열 명이 압살롬을 에워싸고 쳐죽이니라

¹⁶요압이 나팔을 불어 백성들에게 그치게 하니 그들이 이스라엘을 추격하지 아니하고 돌아오니라 ¹⁷그들이 압살롬을 옮겨다가 수풀 가운데 큰 구멍에 그를 던지고 그 위에 매우 큰 돌무더기를 쌓으니라 온 이스라엘 무리가 각기 장막으로 도망하니라 ¹⁸압살롬이 살았을 때에 자기를 위하여 한 비석을 마련하여 세웠으니 이는 그가 자기 이름을 전할 아들이 내게 없다고 말하였음이더라 그러므로 자기 이름을 기념하여 그 비석에 이름을 붙였으며 그 비석이 왕의 골짜기에 있고 이제까지 그것을 압살롬의 기념비라 일컫더라

그날의 전쟁에서 수많은 사람이 죽었지만 한 사람의 죽음에 특별한 관심이 쏠린다. 바로 압살롬의 죽음이다. 요압은 다윗의 명령을 고의로 무시하고 압살롬을 죽였다. 그는 압살롬을 그냥 죽인 것이 아니라 모독했다.

전투가 실제로 벌어진 곳은 "에브라임 수풀"인데, 이곳의 정확한 위치는 파악이 안 된다. 그러나 뒤엉킨 덤불과 드문드문 흩어져 있는 바위들을 볼 수 있는 수풀 지대임이 분명하다. 이런 광경은 요단 강 동편 땅(길르앗)의 특징으로 오늘날에도 볼 수 있다.

이야기의 장면은 극적이다. 압살롬이 노새를 타고 뒤엉킨 수풀 사이를 헤치며 나아가다 아름다운 머리털을 지닌 머리(그는 이것에 대해 지나치게 자부심을 가졌었다)가 큰 상수리나무 가지에 걸렸다. 타고 있던 노새는 계속 달렸고, 압살롬은 그 나무에 머리털이 걸린 채 달려 있었다. 그의 유명한 머리털, 그의 아름다움과 정력의 상징이던 그 머리털 때문에, 치열한 전투 중에 그는 무기력하고 무방비 상태가 되었다. 그를 최초로 발견한 사람은 압살롬을 죽이지 않고 되돌아와서 요압에게 보고했다. 압살롬에게 폭력을 가하지 말라는 다윗의 명령을 존중했기 때문이다. 그러나 요압은 다윗의 가치 기준을 참을 수 없었다. 그래서 현장에 도착하자마자 전혀 주저하지 않고 압살롬을 창으로 찔렀다. 그것도 한 번이 아니라 세 번을.

그러자 요압의 무기를 든 열 명의 부하도 가세하여 더욱 처참하게 만들었다. 그들 모두 압살롬을 죽이는 데 한몫하고 싶어 했다. 사건 현장이 광란의 도가니로 변했다. 그런데 그게 다가 아니었다. 처참하게 죽인 뒤에는 구덩이에 시체를 던지고 그 위에 돌을 던져 돌무더기를 만들었다. 압살롬을 위한 국장(國葬)은 없었다. 모욕당한 그의 시체는 장사된 것이 아니라, 돌무덤 속에서 망각되고 내팽개쳐진 것이다. 먼저 다윗의 명령이 모욕당했고, 이어서 압살롬의 시체가 모욕당했다.

여기서 내레이터는 "압살롬의 기념비"를 언급함으로써, 무정부 상태에서 치러진 압살롬의 '마지막 의식(儀式)'이 얼마나 초라했는지를 강조한다. 그 기념비는 자신이 중요한 존재라는 것을 시위하려고 예루살렘 근처에 세운 허영의 기둥이다. 그러므로 우리의 상상 속에 두 개의 기념비가 나란히 세워진다. 하나는 분노하여 던진 돌들이 아무렇게나 쌓여 생긴 돌무더기로, 압살롬의 허무한 종말(final vanity)을 생각나게 한다. 다른 하나는 압살롬 자신이 세운 돌 기둥으로, 그의 초기 허영심(early vanity)을 생각나게 한다. 허무함은 가중된다. "헛되고 헛되다"(vanity of vanities, 전 1:2). 압살롬의 기념비와 같다. 헛됨의 이중 의미, 즉 자만으로서의 헛됨과 공허함으로서의 헛됨은, 두 개의 대조적인 기념비를 통해 잘 드러난다.

다윗의 애도(18:19-19:8a)

18:19사독의 아들 아히마아스가 이르되 청하건대 내가 빨리 왕에게 가서 여호와께서 왕의 원수 갚아 주신 소식을 전하게 하소서 20요압이 그에게 이르되 너는 오늘 소식을 전하는 자가 되지 말고 다른 날에 전할 것이니라 왕의 아들이 죽었나니 네가 오늘 소식을 전하지 못하리라 하고 21요압이 구스 사

람에게 이르되 네가 가서 본 것을 왕께 아뢰라 하매 구스 사람이 요압에게 절하고 달음질하여 가니 22사독의 아들 아히마아스가 다시 요압에게 이르되 청하건대 아무쪼록 내가 또한 구스 사람의 뒤를 따라 달려가게 하소서 하니 요압이 이르되 내 아들아 너는 왜 달려가려 하느냐 이 소식으로 말미암아서는 너는 상을 받지 못하리라 하되 23그가 한사코 달려가겠노라 하는지라 요압이 이르되 그리하라 하니 아히마아스가 들길로 달음질하여 구스 사람보다 앞질러가니라

24때에 다윗이 두 문 사이에 앉아 있더라 파수꾼이 성 문 위층에 올라가서 눈을 들어 보니 어떤 사람이 홀로 달려오는지라… 26파수꾼이 본즉 한 사람이 또 달려오는지라… 27파수꾼이 이르되 내가 보기에는 앞선 사람의 달음질이 사독의 아들 아히마아스의 달음질과 같으니이다 하니 왕이 이르되 그는 좋은 사람이니 좋은 소식을 가져오느니라 하니라

28아히마아스가 외쳐 왕께 아뢰되 평강하옵소서 하고… 29왕이 이르되 젊은 압살롬은 잘 있느냐 하니라 아히마아스가 대답하되 요압이 왕의 종 나를 보낼 때에 크게 소동하는 것을 보았사오나 무슨 일인지 알지 못하였나이다 하니 30왕이 이르되 물러나 거기 서 있으라 하매 물러나서 서 있더라

31구스 사람이 이르러 말하되 내 주 왕께 아뢸 소식이 있나이다 여호와께서 오늘 왕을 대적하던 모든 원수를 갚으셨나이다 하니 32왕이 구스 사람에게 묻되 젊은 압살롬은 잘 있느냐 구스 사람이 대답하되 내 주 왕의 원수와 일어나서 왕을 대적하는 자들은 다 그 청년과 같이 되기를 원하나이다 하니

우리가 요나단과 아히마아스를 마지막으로 보았던 것은 그들이 다윗에게 압살롬의 공격이 임박했다는 소식을 전했을 때다. 그때 다윗은 생사의 기로에 서 있었고, 요단 강 건너편의 안전한 곳으로 급히 피해야 했다(삼하 17:15-22). 지금은 아히마아스가 다윗에게 아주 다른 메시지를 전한다.

위기상황을 벗어났고 전쟁도 끝났으니 이제 편히 쉴 수 있다는 것이다.

그러나 이것은 좋은 소식인 동시에 나쁜 소식이다. 좋은 소식은 반란이 진압되었고 내란이 정부군의 승리로 끝났다는 것이다. 나쁜 소식은 압살롬이 죽었다는 것이다. "너그러이" 대하라고 왕이 분명히 명령을 내린 그 압살롬이 죽은 것이다. 이 두 요소 사이에 나타나는 긴장은, 두 명의 전령(傳令)에 의해 전달된다. 아히마아스가 좋은 소식을 가져왔고, 이름 없는 구스 사람이 나쁜 소식을 가져왔다.

요압은 다윗에게 가려고 하는 아히마아스를 말렸다. 계산적인 요압은 다윗이 신뢰할 만한 친족한테서 소식을 듣는 것이 싫었다. 개인적인 관계를 맺고 있는 전령은 개인적인 소식을 전달할 것이다. 그리고 요압은 나쁜 소식에 개인적으로 연루되어 있기 때문에, 자신이 입에 오르내리는 것이 싫었던 것이다. 따라서 그는 소식을 기계적으로 전하려고, 이 사건의 내막을 전혀 모르는 구스 사람을 보낸다. "네가 가서 본 것을 왕께 아뢰라"(21절). 그는 중요한 사실(요압이 다윗의 말을 듣지 않고 압살롬을 죽인 사실)은 빼고, 전황을 객관적으로 보고할 것 같다. 요압은 다윗에게 소식을 전하러 가겠다는 아히마아스를 만류하면서, 그 이유를 이렇게 말했다. "압살롬의 사망 소식을 듣고 다윗이 보일 반응으로부터 너를 보호하려는 것이다." 그러나 그가 실제로 보호하려는 사람은 자기 자신이다. 아히마아스는 들으려 하지 않았다. 결국 요압은 누그러져서 무뚝뚝하게 한마디 했다. "그리하라"(23절).

요압이 아히마아스를 만류하려고 함으로써, 그 소식이 지닌 긴장이 고조된다. 아히마아스는 늦게 출발했으나 먼저 도착했다. 더 빨리 달렸기 때문이다. 그는 더 빠를 뿐 아니라 더 영리하다. 구스 사람은 분명히 직행코스로 갔을 것이다. 우거진 에브라임 숲을 지나 마하나임 성으로 달려왔다. 다윗은 성문에 앉아 전쟁 소식을 기다리고 있다. 아히마아스는 "들길로 달렸다." 이 길은 더 멀지만 좀 더 평탄한 길로, 요단 계곡을 따라 난 길이다. 우리는 아히마아스가 어떤 사람인지 안다. 이 임무에 개인적으로 관련되어 있기 때문에, 그는 모든 기지와 힘을 발휘하고 있다. 이와 반대로, 구스 사람은 성실하게 자기 할 일을 하고 있는데, 고분고분하게 기계적으로 명령을 따르고 있다.

두 사람은 각자 소식을 나누어 전한다. 처음에는 좋은 소식이고, 다음에는 나쁜 소식이다. 아히마아스가 먼저 승전보를 알린다. 그리고 이어서 도착한 구스 사람이 압살롬의 사망 소식을 전한다.

다윗이 아히마아스에게 압살롬에 관한 자세한 소식을 다그쳐 묻자 아히마아스는 머뭇거리다 대답했다. 사실상 "그 부분에 관해서는 잘 모릅니다"라고 대답한 것이다. 어떤 사람들은 아히마아스가 다윗의 반응을 두려워한 나머지, 겁이 나서 답변을 얼버무렸다고 생각한다. 실제로 다윗은 나쁜 소식을 알려준 사람을 처형했었다(삼하 1:11-16). 그러나 그가 단순히 동정심을 가지고 나쁜 소식을 조금씩 서서히 전하고 있다고 보는 것이 더 그럴듯하다. 다윗은 왕이지만 압살롬의 아버지이기도 하다. 그리고 아히마아스는 자기가 전하는 소식의 공적인 차원뿐 아니라 개인적인 차원에 대해서도 민감하다.

만약 누군가 우리에게 "당신은 당신 자녀가 살해당했다는 소식을 누구한테서 듣고 싶겠는가? 가까운 친구인가, 아니면 경찰인가?"라고 묻는다면, 우리는 분명히 친구라고 대답할 것이다. 아히마아스는 그런 친구다. 구스 사람은 요압이 임명한 사자, 즉 '경찰'이었다.

구스 사람이 압살롬의 사망 소식을 가지고 도착할 무렵 아히마아스는 이미 동정심을 품고 그 자리에 있었고, 압살롬이 죽었다는 나쁜 소식이 미칠 충격을 고려해 다윗 곁에 개인적으로 머물고 있었다. 다윗을 도우려는 것이다.

이 이야기는 압살롬의 죽음을 다윗에게 알리는 데에 요압과 아히마아스와 구스 사람이 각자 독특한 역할을 하고 있음을 상세히 들려주면서, 독자인 우리가 다윗의 반응에 동참할 수 있도록 길을 마련해 준다. 우리는 어느 정도 사랑과 정의가 애매모호하다는 것을 경험한다. 압살롬의 죽음은 정의라는 대의명분에 크게 기여한다. 그러나 그의 죽음은 일방적인 사랑의 고통을 비극적으로 드러낸다. 다윗의 왕좌는 보존되었으나 다윗의 마음은 비탄에 잠겼다.

이 이야기는 서로 다른 두 특성을 평가하지 않는다. 즉, 한편으로는 아히마아스와 다윗의 감정적이고 인격적인 특성을, 다른 한편으로는 요압과 구스 사람의 기계적이고 직무에 충실한 특성을 평가하지 않는다. 그리고 둘 중에 어느 한쪽을 선택한 후 그것이 다른 것보다 더 경건하거나 더 '영적'이라는 식으로 주장하는 것을 거부한다. 이것이 이 이야기의 기교다. 아히마아스와 구스 사람은 똑같은 실체를 공유한다. 현세에서, 우리가 살고 있는 삶 속에서, 우리가 거주하는 이 복잡한 죄와 구원의 역사 안에서, 어떤 사자(使者)도 제거하려 해서는 안 된다. (실제로 우리는 제거할 수도 없다.)

우리는 단순히 주어진 역할을 수행하는 것이 아니라, 더 인격적이고 정신적인 삶을 살아가고 싶어 한다. 그러면서 요압과 구스 사람이 보여준 직무상의 제도적이고 관료적인 세계를 비방하고, 그런 것들을 영적으로 한 차원 떨어지는 것으로 다루기 쉽다. 그러면서 우리는 순결하고, 실용주의에 의해 손상되지 않는 영적인 삶을 만들어 낼 수 있다고 생각한다. 그러나 이것은 있을 수 없는 일이다. 그날 다윗에게는 영민한 아히마아스도 필요했지만 무딘 구스 사람도 필요했다. 그리고 요압도 필요했다. 요압이 지닌 충동적인 행동주의와 야비한 기회주의에도 불구하고, 다윗에게는 요압이 필요했다. '하나님을 갈망하는 마음을 가진 다윗'과 칼을 휘두를 때 말고는 한 번도 행복을 느껴본 적이 없는 요압, 이 두 사람 모두 하나님의 백성이다.

모든 정신적인 문제들 가운데 존재하는, 깊고 풀리지 않는 갈등(사랑과 정의, 이념과 현실, 개인의 양심과 국사[國事]는 서로 자신이 더 중요하다고 주장한다)에 관해 사람들은 오랫동안 고민해 왔다. 이론적으로 형성되고 추진되어 온 사회적, 정치적 정의(正義)가 한 개인의 고결한 인격(인격은 예측할 수 없는 특이한 성격들을 가지고 있다)과 공존할 수 있을까? 자유로운 정신이 질서정연한 의(義)라는 구조 속에서도 고유의 상태를 유지할 수 있을까? "예수님을 사랑하지만 교회는 싫다!"라는 문장에 갈등이 표현된다. 아직 성숙하지 못한 그리스도인들이 종종 이 문장이 표현하는 갈등에 동의한다. 역사를 거쳐오면서 처음에는 한쪽이 우세하다가 다음에는 다른 한쪽이 우세한 식으로 진행되어 왔지만, 극한 상황에서도(전체주의 정부가 들어서거나 무정부 상태의 코뮌, 즉 혁명적 자치단체가 통치할 때) 결코 '다른 한쪽'이 간단히 사라진 적은 없었다. 우리 각자의 삶에서도, 어느 한 가지 방식을 채택하고 다른 방식을 적대시하라는 압력이 지속적으로 존재한다. 그러나 성경을 보면, 다윗과 요압이 공존한다. 인격적이면서 자발적인 다윗은 기계적이고 제도에 얽매여 있는 요압보다 훨씬 사람의 마음을 끈다. 그리고 이 두 사람은 서로에 대해 한 번도 편한 시간을 가져본 적이 없다. 그러나 중요한 사실은 두 사람 다 필연적으로 이 이야기의 일부라는 것이다. 사랑과 전쟁은 (같은 세계에서) 서로 무관하게 독립적으로 발생하는 것도 아니고, 각자 다른 세계에서 발생하는 것도 아니다. 압살롬의 죽음은 사랑에 대한 해설인 동시에 전쟁에 대한 해설이기도 하다.

> 18:33 왕의 마음이 심히 아파 문 위층으로 올라가서 우니라 그가 올라갈 때에 말하기를 내 아들 압살롬아 내 아들 내 아들 압살롬아 차라리 내가 너를 대신하여 죽었더면, 압살롬 내 아들아 내 아들아 하였더라

다윗의 애도는 지금까지 말로 표현된 가장 슬프고도 비통한 언어다. 아들이 에브라임 수풀에서 살해당했다는 구스 사람의 말이 다윗의 가슴에 사무치게 새겨졌을 때, 그 애절한 표현이 그의 창자를 뒤틀며 나왔다. 다윗은 죽음을 모르지 않고, 눈물을 모르지 않고, 살인을 모르지 않고, 실망을 모르지 않고, 죄를 모르지 않는다. 그러나 평생 자신이 경험했던 그 어떤 사건도, 압살롬의 문제만큼 (그 격렬함과 그 잔인함과 함께) 이 모든 요소를 한꺼번에 합쳐놓은 것은 없었다.

그것은 마셔야 할 쓴잔이다. 그가 이 잔을 마시려 할 것인가? 그렇게 많은 복을 경험했던 다윗은 넘치는 기쁨을 맛보면서, 우리에게 시를 남겨주었다. 우리 삶에 넘치는 하나님의 인자하심을 고백하기 위해 우리는 아직도 그의 시를 사용한다("내 잔이 넘치나이다", 시 23:5). 다윗은 세상과 자기 인생에 베푸신 하나님의 선하심과 하나님의 복을 위해 든 "구원의 잔"(시 116:13)을 높이 들었다. 그랬던 그가 지금 자기 앞에 놓인 쓴잔을 마시려 할 것인가? 그는 자기가 당한 배척, 소외, 반역을 모두 받아들이고 자기 존재의 밑바닥에서 그것을 경험하려 할 것인가? 지금 이 순간에 우리는 다윗의 배신과 파멸의 경험에 빠져들어, 천 년 뒤에 예수께서 하신 말씀을 들을 수 있다. "아버지여 만일 아버지의 뜻이거든 이 잔을 내게서 옮기시옵소서 그러나 내 원대로 마시옵고 아버지의 원대로 되기를 원하나이다"(눅 22:42).

그 잔은 옮겨지지 않았다. 다윗은 우리 주님처럼 그 잔을 마지막 한 방울까지 다 마시고 그 잔을 비웠다. 그는 쓴맛을 보았고, 죄 때문에 생긴 '고통이라는 완전한 실체'를 모두 느낀다. 그는 아들의 이름 "압살롬"을 세 번 부른다. 그리고 "내 아들"이란 말을 다섯 번이나 반복한다. 그는 애도하면서 압살롬 안에서 무르익은 사랑과 증오, 의와 죄, 선과 악을 체휼하고 표현한다.

예루살렘에서 가장 멀리 떨어진 내리막길에 있는 에브라임 광야 수풀 깊은 곳에서 울려퍼지는 다윗 이야기는 복음 이야기, 즉 예수 이야기를 가장 분명하게 예기(豫期)하고 있으며, 예수 이야기와 가장 비슷하다. 예수 이야기는 수난 이야기며 고통 이야기다. 그러나 그 고통은 우리를 작게 만들지도 파멸시키지도 않고, 오히려 우리를 더 인간답게, 더 믿음 있게 만들고, 더 사랑하게 해준다.

예수를 묵상하는, 기독교의 전통적인 형식이 하나 있다. 예수께서 사형을 선고받은 빌라도의 법정에서 출발해 주님이 십자가에 달려 죽으신 골고다 언덕과 주님의 시신을 안치한 무덤이 있는 곳까지 그분이 가신 길을 따라 구성한 것이다. 사형선고를 받고 장사되기까지 예수의 생애 마지막 날 일어난 열네 개의 사건들(어떤 것은 진짜고 어떤 것은 상상에 의한 것임)에 따라 '열네 개의 십자가 처소'를 각 장소에서 묵상하도록 구성했다. 기도 방식 가운데 하나인 이 묵상은 고통에 이르기까지 기도하고 고통을 통해 기도하는 것이다.

우리 신앙의 선조들은 다윗이 예루살렘에서 도망치는 이야기를 읽으면서, 이 이야기가 때로 예수께서 빌라도의 법정에서 출발하여 골고다를 거쳐 아리마대 사람 요셉의 무덤에서 끝나는 '슬픔의 길'(Via Dolorosa)을 걸으셨던 사건을 예기하는 것으로 이해했다. 두 이야기를 비교해 보면 두 사건이 정확하게 똑같지 않고 연속성보다는 차이점이 더 많지만, 이야기의 주제는 비슷하다. 다윗과 '다윗의 자손'은 모두 배척당해 예루살렘을 떠날 때 도와주는 친구들도 있었고 조롱하는 원수들도 있었다. 두 사람 모두 가장 어두운 장소에서 버림받은 고통에 절규했다. 두 '다윗'이 배척당한 것은 하나님이 기름 부으신 지도자에 대한 반역 때문이며, 두 반역 모두 실패로 끝났다. 다윗은 예루살렘으로 돌아와 통치를 재개했고, 예수는 죽었다가 다시 사신 후 승천하셔서 "아버지의 우편"에서 영원토록 통치하신다.

다윗의 귀환(19:1-43)

> 19:1어떤 사람이 요압에게 아뢰되 왕이 압살롬을 위하여 울며 슬퍼하시나이다 하니 2왕이 그 아들을 위하여 슬퍼한다 함이 그날에 백성들에게 들리매 그날의 승리가 모든 백성에게 슬픔이 된지라… 5요압이 집에 들어가서 왕께 말씀드리되 왕께서 오늘 왕의 생명과 왕의 자녀의 생명과 처첩과 비빈들의 생명을 구원한 모든 부하들의 얼굴을 부끄럽게 하시니 6…오늘 내가 깨달으니 만일 압살롬이 살고 오늘 우리가 다 죽었더면 왕이 마땅히 여기실 뻔하였나이다… 8a왕이 일어나 성문에 앉으매 어떤 사람이 모든 백성에게 말하되 왕이 문에 앉아 계신다 하니 모든 백성이 왕 앞으로 나아오니라

다윗은 한 나라의 왕이자 자녀를 둔 아버지다. 그러나 슬픔에 잠겨 있는 동안 '왕'은 무대 밖으로 물러나고 '아버지'가 무대 중앙에 나타난다. 다윗은 슬픔에 빠져 있었다. 몇 해 전이라면 그는 자기 인생에서 아버지 역할을 '왕' 역할에 가리게 놔두었을 것 같다. 그러나 지금은 다른 길을 걷는다. '아버지'가 '왕'을 가렸다. 그는 슬픔에 잠겨 두문불출한 채 깊은 상실감에 빠져 있다.

그러나 오래가지 못했다. 요압이 예의 없이 다윗에게 왕의 본분으로 돌아가라고 말했기 때문이다. 지금쯤은 우리도 요압의 스타일(무정하고, 사무적이고, 돌발적이다)에 익숙해져 있다. 요압은 다윗의 슬픔에 끼어들어, 공인의 모습으로 돌아가라고 다윗을 꾸짖었다. 요압의 말은 이렇다. 다윗은 백

성들과 군대에게 확신을 줘야 한다. 모든 사태가 안정되었으며, 왕이 국정을 장악했고, **그들의** 삶이 의미 있고 존귀하다는 확신을 줘야 한다. 물론 요압의 말이 옳다. 그러나 이전에도 자주 그랬듯이 방법이 잘못되었다. 요압의 세계에는 개인적인 친밀함이라는 것이 조금도 없다. 요압은 스스로 과제를 떠맡아 다윗으로 하여금 평소의 왕의 일로 되돌아가라고, 조금 지나치다 싶을 정도로 강경하게 밀어붙였다. (아마 그가 압살롬의 죽음에 책임이 있기 때문일 것이다.) 다윗은 요압의 지시를 받아들이고 왕으로서의 직무를 다시 시작했다. 왕과 왕국이 구출되었다.

> 19:8b이스라엘은 이미 각기 장막으로 도망하였더라 9이스라엘 모든 지파 백성들이 변론하여 이르되 왕이 우리를 원수의 손에서 구원하여 내셨고 또 우리를 블레셋 사람들의 손에서 구원하셨으나… 10우리가 기름을 부어 우리를 다스리게 한 압살롬은 싸움에서 죽었거늘 이제 너희가 어찌하여 왕을 도로 모셔 올 일에 잠잠하고 있느냐 하니라

싸움의 결과는 분명했다. 그러나 전쟁으로 온 나라가 혼란에 빠졌다. 그동안 백성들은 철저히 압살롬에게 넋을 빼앗겼었다. 그의 카리스마에 취하고, 그의 매력에 반했었다. 그의 공약들과 매력, 그들의 삶에 주입된 새로운 힘에 흥분해서 압살롬에게 기름을 부어 왕으로 세웠다. 아마 다윗에 대해 재고의 여지도 없었을 것이다. 다윗은 다 써서 낡아버린 사람이다. 그런데 지금 늙은 다윗은 아주 왕성하게 살아 있고 젊은 압살롬은 수족이 잘린 시체가 되었다. 죽은 시체가 그들을 다스릴 수 없다는 것은 두말할 필요도 없다. 그러나 그들은 노인이 된 다윗의 복귀를 바랄까?

압살롬의 죽음으로 권력의 공백이 생기자, 반(反)다윗 세력과 친(親)다윗 세력이 서로 주도권을 잡으려 했다. 다윗이 확고하게 왕국을 통제하고

있을 동안에 반다윗 정서는 숨을 죽이고 있었다. 그러다가 압살롬이 대세를 장악하는 것이 확실해지자, 친다윗 세력이 신중하게 자세를 낮추어 지냈다. 그런데 지금은 양쪽 다 자기 목소리를 내고 있다. 민심을 자기편으로 끌어들이려는 것이다. 한편에선 다윗의 즉각적인 귀환을 주장하는데, 이유를 물을 필요도 없었다(10b절). 그러나 다른 한편의 목소리도 컸다. 결국 다윗의 귀환이 불확실해질 정도였다. 다윗은 압살롬의 반란을 잠재웠지만, 아직 왕국을 완전히 회복하지 못한 것이다.

비통했지만 너무 짧았던 애도 기간이 지나자, 다윗은 왕국을 회복하기 위해 당면한 외교적 과제를 떠맡는다. 예루살렘으로부터 도망칠 때 걷던 내리막길이, 이제는 고향으로 돌아가는 오르막길이 되었다. 그는 내려갈 때도 길 곳곳에서 중요한 인물들과 만났고, 올라갈 때도 길 곳곳에서 인격적인 만남을 가졌다. 올라가는 길에 만난 사람들 중에 어떤 이들은 내려가는 길에 만났던 그 사람들이다. 그들의 이름이 다섯 번에 걸쳐 소개되는데(한꺼번에 두 사람의 이름이 소개되는 경우도 있다), 이것이 이 여정의 특색이다. 사독과 아비아달, 아마사, 시므이, 시바와 므비보셋, 바르실래가 그들이다.

> 19:11다윗 왕이 사독과 아비아달 두 제사장에게 소식을 전하여 이르되… 12 너희는 내 형제요 내 골육이거늘 너희는 어찌하여 왕을 도로 모셔오는 일에 나중이 되리요 하셨다 하고

예루살렘을 떠나면서 다윗은 사독과 아비아달에게 예루살렘에 남으라고 지시했었다. 그들은 압살롬의 왕실 안에서 아주 중요한 첩보활동을 하여 다윗의 눈과 귀가 되어주었고, 은밀한 첩보활동으로 다윗의 생존에 결정적인 정보를 제공했다. 그들은 다윗이 살아남는 데 매우 중요한 역할을 했다. 이번에는 상반되는 태도를 지닌 유동적인 "유다의 장로들"에게 다윗

의 대변인으로서 역할하고 있다. "유다의 장로들"은 압살롬의 반역에 합류했다가 지금은 지도자가 없는 상태다. 다윗이 이 두 제사장을 통해 그들에게 한 가지 사실을 상기시켰다. 처음으로 헤브론에서 자신을 왕으로 세웠던 당사자들(2:1-4)이 그들이며, 나중에 "이스라엘의 장로들"이 자신을 왕으로 재추대했다는 것이다(5:3). 그들은 뭘 기다리는 것인가? 그들의 초창기 결정과 지금의 결정적인 승리를 통해, 논쟁의 여지 없이 다윗이 그들의 지배자임이 분명해지지 않았는가? 두 제사장은 망설이는 장로들에게 마음을 정하는 것과 다윗이 왕으로 복귀하는 것을 환영하는 행동을 촉구했다. 그것도 당장.

> 19:13너희는 또 아마사에게 이르기를 너는 내 골육이 아니냐 네가 요압을 이어서 항상 내 앞에서 지휘관이 되지 아니하면 하나님이 내게 벌 위에 벌을 내리시기를 바라노라 하셨다 하라 하여 14모든 유다 사람들의 마음을 하나 같이 기울게 하매 그들이 왕께 전갈을 보내어 이르되 당신께서는 모든 부하들과 더불어 돌아오소서 한지라 15왕이 돌아와 요단에 이르매 유다 족속이 왕을 맞아 요단을 건너가게 하려고 길갈로 오니라

아마사는 진용(陣容)에 새로 가세한 사람이다. 그는 반란 당시 압살롬 군대의 총사령관이었다. 압살롬 진영에서 그의 지위는 다윗 진영에서 요압의 지위와 비슷하다. 요압과 마찬가지로 아마사도 다윗의 조카다.

다윗은 이제 왕권 회복에 힘쓰면서, 아마사를 군대 총사령관으로 임명하고 요압을 해임했다. 이런 조치를 취한 이유는 무엇일까? 언뜻 보기에 반란군에 가담한 아마사가 포상을 받고 충신 요압이 해고당한 것은 잘못된 조치로 보인다. 그러나 본문을 자세히 읽으면서 행간에 숨은 뜻을 파악하려고 노력하면, 그런 조치를 취한 분명한 이유들을 발견할 수 있다.

첫째, '충성스러운' 요압은 다윗의 분명한 명령을 공개적으로 무시하고 다윗의 아들을 죽였다. 본문은 다윗이 요압의 불순종을 알고 있었다는 말을 전혀 하지 않지만, 그 행위는 공개적으로 일어난 사건이고 많은 사람이 목격했다. 당연히 다윗도 그 사실을 곧 알게 되었을 것이다. 다윗은 통치 기간 내내, 때로는 요압을 참아주었고 때로는 요압의 무자비한 방식들을 이용하기도 했다. 그런데 이번에는 요압이 지나쳤고 다윗은 요압에게 질려버렸다. 다윗은 그를 해고하고 아마사를 임명했다.

두 번째 이유는 대중의 지지를 회복하는 것과 관련이 있을 것이다. 대중은 감정적으로 아직도 압살롬에게 애착을 갖고 있었을 것이다. 아마사는, 압살롬 반군에서 활약한 뛰어난 지도자였다가 지금은 다윗 군대의 우두머리가 되었기 때문에, 사람들이 다윗 대열에 끼어야 할 강력하고 실제적인 이유를 제공한 셈이다. 그러므로 개인적인 차원의 이유(요압에 대한 그의 분노)와 공적인 차원의 이유(대중의 지지가 필요한 현실)를 고려할 때, 아마사를 새로운 군대의 총사령관으로 임명한 것을 이해할 수 있다.

유다의 장로들에게 호소한 것과 아마사를 사령관에 임명한 일이 효과적으로 상승작용을 일으켰다. 머지않아 예루살렘 사람들이 무리지어 요단 강변으로 내려가 돌아오는 다윗을 환영하고 도성으로 맞아들였다. 그를 왕으로 받아들인 것이다.

> 19:16바후림에 있는 베냐민 사람 게라의 아들 시므이가 급히 유다 사람과 함께 다윗 왕을 맞으러 내려올 때에 17베냐민 사람 천 명이 그와 함께하고 사울 집안의 종 시바도 그의 아들 열다섯과 종 스무 명과 더불어 그와 함께하여 요단 강을 밟고 건너 왕 앞으로 나아오니라…

우리는 다윗이 예루살렘을 떠나 도망치던 중에 시므이가 다윗에게 저주를 퍼붓던 것(16:5-13)을 기억한다. 지금쯤은 우리도 이 사건이 단순히 사적인 일이 아니었다는 것을 알고 있다. 시므이는 백성들 중에 있는 강력한 반다윗 세력의 대변인이었다. 그 당시 시므이는 자기가 추방당한 왕에게 최후의 심판을 전하고 있으며 다윗이 조만간 하찮은 존재가 되리라고 생각했다. 그러나 이제 다윗은 돌아왔고 힘이 있다. 시므이는 회개하며 자비를 구하는 사람들의 줄에 서 있는 첫 번째 사람이다. 반드시 첫 번째 사람이 되는 게 신상에 좋을 것이다.

> 19:18b왕이 요단을 건너가게 할 때에 게라의 아들 시므이가 왕 앞에 엎드려 19왕께 아뢰되 내 주여 원하건대 내게 죄를 돌리지 마옵소서 내 주 왕께서 예루살렘에서 나오시던 날에 종의 패역한 일을 기억하지 마시오며 왕의 마음에 두지 마옵소서 20왕의 종 내가 범죄한 줄 아옵기에… 21스루야의 아들 아비새가 대답하여 이르되 시므이가 여호와의 기름 부으신 자를 저주하였으니 그로 말미암아 죽어야 마땅하지 아니하니이까 하니라 22다윗이 이르되 스루야의 아들들아 내가 너희와 무슨 상관이 있기에 너희가 오늘 나의 원수가 되느냐 오늘 어찌하여 이스라엘 가운데에서 사람을 죽이겠느냐 내가 오늘 이스라엘의 왕이 된 것을 내가 알지 못하리요 하고 23왕이 시므이에게 이르되 네가 죽지 아니하리라 하고 그에게 맹세하니라

예루살렘에서 내려오는 길에 아비새가 시므이를 죽이려 했으나 다윗이 말렸었다. 예루살렘으로 돌아가는 길에 다시 나타난 시므이를 또 죽이려 했으나, 다윗은 이번에도 말렸다. 다윗은 도망갈 때는 시므이의 저주를 자기에게 임한 하나님의 심판의 말씀으로 받아들였고, 지금은 시므이의 회개를 받아들이고 그를 용서한다.

"스루야의 아들들"인 아비새와 요압은 하나님에 관한 개념이 없는 사람

들이다. 그들이 알고 있는 유일한 언어는 칼과 폭력에 관한 것이다. 다윗의 통치 초기에 요압이 아브넬을 암살하자, 이에 화가 난 다윗이 "스루야의 아들인 이 사람들을 제어하기가 너무 어렵다"고 말한 적이 있다(삼하 3:39). 그리고 이제 그의 통치 말년에 요압이 아브넬을 죽인 것을 따라 아비새가 시므이를 죽이려 하자, 다윗은 사실상 그때와 똑같은 말을 하고 있다. "스루야의 아들들아 내가 너희와 무슨 상관이 있기에 너희가 오늘 나의 원수가 되느냐?"(22절) "스루야의 아들들"(종교의 세계에는 이런 사람들이 아주 많다)은 언제나 지나칠 정도로 하나님의 일을 하고 싶어 하지만, 하나님의 방식대로 하려고 들지는 않는다. 그들은 열렬히 하나님의 편을 지지하나 하나님의 방법에는 관심이 없었다. 자비, 동정, 용서, 은혜는 그들에게 낯선 단어들이다. 그러나 폭력은 은혜의 수단이 될 수 없다.

예수에게도 상대해야 할 "스루야의 아들들"이 있었다. 이 이야기를 반향(反響)하는 한 이야기에서, 누가는 예수께서 "세베대의 아들들"을 책망하신 사건을 들려준다(눅 9:51-56).

"세베대의 아들들"인 야고보와 요한은 호전적인 태도 때문에 "우레의 아들들"(막 3:17)이라 불렸는데, 그들은 예수를 환영하지 않는 사마리아인들을 죽이고 싶어 했다. 그래서 예수께 책망받았던 것이다(눅 9:51-56).

다윗이 시므이를 용서하는 데는 정치적인 차원도 있다. 시므이는 사울의 옛 충신들 가운데 지도자다. 만약 시므이가 (아비새가 원하는 것처럼) 살해당한다면, 사울당에서 그는 순교자가 될지도 모른다. 그렇게 되면 순교자들이 흘린 피를 먹고 체제에 반대하는 사람들이 많아질 것이다. 그러나 시므이가 용서받으면, 다윗이 사울의 가족과 추종자들의 복지에 심혈을 기울이고 있음을 보여주는 것이다(삼상 20:42의 요나단과 맺은 다윗의 언약을 보라). 다윗은 시므이를 포함해 그가 속한 베냐민 지파(사울의 지파) 천 명을 예루살렘 입성 개선행렬에 참여시켰다. 이렇게 함으로써 다윗은 자기가 단지 자기와 함께 싸웠던 사람들만의 왕이 아니라 **모든** 백성의 왕임을 과시했다. "내가 오늘 이스라엘의 왕이 된 것을 내가 알지 못하리요?" (22절)

> 19:24 사울의 손자 므비보셋이 내려와 왕을 맞으니 그는 왕이 떠난 날부터 평안히 돌아오는 날까지 그의 발을 맵시 내지 아니하며 그의 수염을 깎지 아니하며 옷을 빨지 아니하였더라…

이것은 다윗 이야기에서 요나단의 아들 므비보셋이 언급되는 네 번째이자 마지막 이야기다. 첫 번째는 짧은 주해 형태로 언급되는데, 사울이 죽은 후 혼란 속에서 유모가 그를 안고 도망치다가 땅에 떨어뜨리는 바람에 두 다리를 절게 되었다고 말한다(삼하 4:4). 두 번째는 사람들이 므비보셋을 다윗의 궁으로 데려왔을 때 언급된다. 왕이 되고 몇 년이 지난 후, 다윗은 요나단의 후손들에게 은혜를 베풀려고 생존한 요나단의 자손들이 있는지 알아봤다. 이때 사람들이 므비보셋을 다윗에게로 데려온다. 이 초청으로 므비보셋은 다윗의 가족이 되었고 왕궁에서 보호받으며 살게 되었다(삼하 9장). 세 번째는 다윗이 압살롬을 피해 도망칠 때 언급된다. 다윗이 압살롬을 피해 밤에 도망칠 때 므비보셋의 후견인 시바가 다윗에게 와서 므비보셋이 배신했다고 보고했다. 압살롬의 반란으로 무정부 상태가 되자, 국정이 혼란한 틈을 타서 므비보셋이 사울의 옛 충신들을 의지해 권력을 잡고 왕이 될 계획을 꾸미고 있다는 것이다(16:1-4).

그리고 지금 네 번째로 나타난다. 다윗을 알현할 때, 므비보셋은 개인적인 영달을 기대하고 있었던 것 같지 않다. 수염을 깎지 않아 덥수룩했고, 입은 옷을 보니 계속 그 옷을 입고 잤던 것 같았다. 다윗은 시바의 고자질을 염두에 두고 므비보셋의 충성심을 의심했다. 므비보셋은 시바가 자기를 배신했다고 주장했다. 압살롬이 반란을 일으킨 그 밤에 탈 것을 하나도 남겨두지 않은 채, 자기를 꼼짝 못하게 만들었다는 것이다. 시바가 그렇게 하지 않았더라면 자신은 틀림없이 다윗과 함께 망명길에 올랐을 것이라는 주장이다.

도대체 누가 진실을 말하고 있는가? 시바인가, 므비보셋인가? 대부분의 독자는 므비보셋의 손을 들어준다. 그러나 이야기의 내레이터는 의도적으로 판결을 보류하고 있다. 다윗의 반응을 강조하기 위해서다. 시바의 고소를 처음 들었을 때, 다윗은 그의 말을 믿었다. 지금 므비보셋의 말을 듣고는 두 이야기 모두 사실과 다를 수 있다고 생각한다. 여기에서 내레이터는 우리를 새로운 영역으로 끌어들이는데, 다윗은 누가 진실을 말하고 있는지에 **관심**이 없다. 대질 심문도 없고 증인을 소환하지도 않는다. 다윗은 두 사람을 모두 받아들였다. 시바와 므비보셋이 예루살렘으로 돌아온 것을 수락했다. 그의 사랑은 불신실함, 경솔함, 거짓말, 위선을 품을 정도로 충분히 크고 넓었다. 다윗은 '완전한 교회'를 요구하지 않는다.

이것은 독특한 다윗적인 특징이자 복음의 예시다. 다윗은 권력의 자리에 있을 때 므비보셋을 찾아냈다. 그는 권력을 이용하여 사랑을 베풀었다. **언약을 지키기 위해** 관대한 사랑을 베풀었다. 다윗은 자신이 하나님께로부터 받은 똑같은 사랑으로 므비보셋을 대했다. 구원하시고, 인도해 주신 그 사랑으로.

다윗은 전쟁으로 지쳐 있을 때 므비보셋에게 이 마지막 사랑을 베풀었다. 일생 최악의 배척과 배신에서 간신히 살아남은 상태였다. 그리고 자기 아들 압살롬의 죽음과, 신뢰했던 사람들에게 버림받은 슬픔에 빠져 비통해하기도 했었다. 그런데 지금 므비보셋은 왕을 배신했다고 시바에게 고소를 당한 채, 목숨이 위태로운 상태로 그의 앞에 서 있다(16:3). 지난 며칠 동안 배신을 아주 많이 당했고, 신의 없는 일들이 너무 많았다. 그의 사랑을 저버린 사람 중에 므비보셋 한 명이 더 추가되는 것인가? 자신의 아들이 배신했다면, 므비보셋인들 왜 배신하려고 하지 않았겠는가? 왕위를 물려받을 수 있는 적법한 권리를 가졌는데(사울의 손자로서) 말이다.

아무래도 좋다. 다윗이 그걸 꼭 알아야 할 필요는 없다. 다윗은 므비보셋의 이야기(26-28절)를 액면 그대로 받아들이고 그와의 신의를 지켰다. 다윗은 연약한 상태였고 왕국은 산산조각이 나 있는 상황이었지만, 그는 서약을 지키는 데는 변함없이 강했다.

다윗이 왕으로 복귀하면서 취한 모든 조처는 왕국이 회복되는 데 필요한 것이었다. 아마사가 압살롬의 추종자들을 설득하여 다윗에게로 데려왔고, 사울의 충성스런 추종자였던 시바, 시므이, 므비보셋이 다윗의 사람이 되었다. 왕국이 서서히 분해될 때 조금씩 떨어져 나가 예루살렘으로부터 달아났던 사람들(시므이, 아히도벨, 므비보셋)이 이제 한 명씩 돌아와 함께 모이고(시므이, 시바, 므비보셋) 총체적으로 회복되고 있다.

다윗의 귀환 이야기에 언급되는 마지막 이름은 다윗이 망명 중일 때 친구가 된 길르앗 사람 바르실래다.

> 19:31길르앗 사람 바르실래가 왕이 요단을 건너가게 하려고 로글림에서 내려와 함께 요단에 이르니 32바르실래는 매우 늙어 나이가 팔십 세라… 39백성이 다 요단을 건너매 왕도 건너가서 왕이 바르실래에게 입을 맞추고 그에게 복을 비니 그가 자기 곳으로 돌아가니라

다윗이 왕국을 회복하여 예루살렘으로 돌아올 때 가장 마지막으로 언급된 인물은 바르실래다. 다윗이 돌아오는 과정에서 이루어졌던 모든 대화와 만남은 전략적이고 정치적이며 개인적인 관계를 지녔다는 혐의를 받는다. 그러나 바르실래의 경우는 다르다. 바르실래는 다윗에게 원하는 것이

아무것도 없었고, 다윗이 주는 그 어떤 것도 그에게는 필요하지 않았다.

다윗이 압살롬을 피해 길르앗에 이르렀을 때, 바르실래는 소비와 마길과 함께 다윗을 대접했었다(17:27-29). 그는 다윗에게 잠자리와 음식과 잠자리에 필요한 것들을 제공했다. 그로부터 1,500년 후, 베네딕트는 한 규칙을 정하여 모든 수도원에서 그것을 실천하게 했다. 수도원의 문을 두드리는 사람은 누구든지(남녀를 불문하고) 마치 그 사람이 손님으로 찾아오신 예수 그리스도인 것처럼 영접하도록 규칙을 정했다. 베네딕트는 예수의 말씀을 선례로 인용했다. "내가 나그네 되었을 때에 영접하였다"(마 25:35). 베네딕트는 후한 대접을 베풀 때 바르실래를 수호성인으로 떠올렸을 것이다.

다윗은 바르실래에게 후한 대접을 받은 것처럼 당연히 후한 대접으로 갚고 싶었다. 이제 그렇게 할 수 있는 형편에 놓였기 때문이다. 그래서 예루살렘에서 자기와 함께 살자고 제안했다. 그러나 바르실래는 사양한다. 바르실래가 그날 그 자리에 있었던 것은 단지 작별인사를 하기 위함이었다.

바르실래는 다윗에게 빚진 것도 없고, 그에게서 돌려받아야 할 것도 없었다. 사실상 지금 이 행렬에 함께한 모든 사람, 특히 다윗 자신은 이날 이후 일이 어떻게 진전되느냐에 따라 이해관계가 달라진다. 그러나 바르실래는 아니다. 이날 다윗의 일행 가운데 바르실래가 있는 것은 순수한 축복이다. 그는 다윗을 축복하기 위해 그리고 다윗에게 축복받기 위해 다윗과 함께 있다. 이것은 사리사욕이 없는 우정을 보여주는 드문 경우다. 바르실래의 나이와 부(富)가 야심과 움켜쥐려는 집착으로부터 한 발짝 물러설 수 있도록 도와주었다. 다윗은 자신의 사적인 필요(그것이 정치적인 것이든 사회적인 것이든, 혹은 더 많은 일상적인 '필요 욕구'이든)를 채우려고 사람을 이용할 위인은 아니다. 바르실래는 이런 사실을 믿었다. 그리고 다윗에게 이용당하고 싶지도 않았다. 만약 다윗이 요단 강 동쪽 지역과 동맹을 증명하기 위해 바르실래를 예루살렘으로 데려오려 했다면, 그는 실망했을 것이다. 나이와 재산이 항상 그런 초연함과 자유를 주는 것은 아니다. 많은 사람이 더 괴팍스러워지고 탐욕스러워지는 것은 수명을 좀 더 연장하고 재물을 더 모으려고 하기 때문이다. 그러나 바르실래는 나이 듦과 부(富)의 조화를 가장 순수한 상태로 보여준다. 다른 사람을 자유롭게 하기 위해 욕구로부터의 자유가 필요하다. 다윗을 불필요하게 얽힌 것이 없는 자유로운 왕이 되게 하려고, 바르실래는 요단 강까지만 가고 거기서 '그를 배웅했다.'

요단 강을 건너 돌아가는 다윗을 호위한 마지막 사람은, 다윗이 아무것에도 구애받지 않고 자유롭게 자기 길을 가게 하고 있다. 그날 요단 강 둑에 다윗과 함께 서 있던 바르실래에게서, 우리는 정중함을 본다. 손님을 대접하던 주인이 이제 떠나는 손님에게 작별인사를 나누는 것이다.

예루살렘(그곳에서 그는 곤궁에 처한 사람들과 그가 필요로 하는 사람들에게 둘러싸여 왕국의 직무를 다시 시작할 계획이다)을 향한 마지막 오르막길을 올라갈 태세를 갖춘 다윗은 바르실래의 친절함을 선물로 받아들이고 입맞춤과 축복으로 화답했다. 다윗은 그를 영접하여 대접해 주던 이 귀한 호스트를 억지로 붙잡지 않고, 오히려 사랑이 넘치는 분위기에서 하나님의 이름으로 복을 빌며 놓아주었다. 길르앗에서 받은 후한 대접과 예루살렘에 복귀한 후 수행해야 할 책무들 사이에 연속성을 보여주는 유일한 표시는, 바르실래의 아들 김함이 나중에 다윗의 궁에 정착하게 되는 것이다.

축복해 주고 축복받는 바르실래는 다윗의 귀환 이야기 마지막에 등장하기에 적합한 인물이다. 요단 강가에 모여 떼를 이룬 사람들의 잡다한 동기들을 보라. 협상으로 결정된 이익들을 보라. 잡다한 동기와 이익들이 뒤섞인 암흑과 혼란 속에서, 이 장면은 관대함과 후한 대접이라는 은혜로 끝난다. 이런 장면은 다윗의 인생에서 흔치 않은 순간이다. 이 순간을 보배처럼 간직해야 하는데, 조만간 또다시 다윗의 세계에 있는 모든 것이 와

해되어 경쟁과 이기주의와 폭력으로 물들 것이기 때문이다. 이 순간을 마음에 그리라! 이것을 소중히 여기라! 다윗 이야기가 끝날 때까지 이와 같은 순간을 다시는 볼 수 없을 것이다!

> 19:40왕이 길갈로 건너오고 김함도 함께 건너오니 온 유다 백성과 이스라엘 백성의 절반이나 왕과 함께 건너니라
> 41온 이스라엘 사람이 왕께 나아와 왕께 아뢰되 우리 형제 유다 사람들이 어찌 왕을 도둑하여 왕과 왕의 집안과 왕을 따르는 모든 사람을 인도하여 요단을 건너가게 하였나이까 하매 42모든 유다 사람이 이스라엘 사람에게 대답하되 왕은 우리의 종친인 까닭이라… 43이스라엘 사람이 유다 사람에게 대답하여 이르되 우리는 왕에 대하여 열 몫을 가졌으니 다윗에게 대하여 너희보다 더욱 관계가 있거늘 너희가 어찌 우리를 멸시하여 우리 왕을 모셔오는 일에 먼저 우리와 의논하지 아니하였느냐 하나 유다 사람의 말이 이스라엘 사람의 말보다 더 강경하였더라

다윗이 예루살렘에 돌아오기도 전에 삐걱거리는 소리가 들렸다. 모든 사람이 다윗이 왕으로 복귀하는 것을 원했지만, 모든 사람이 그를 따르려 했던 것은 아니다. 즉, 모든 사람이 통합된 왕국을 원했던 것은 아니다. 압살롬의 반란이라는 분열은 사울의 잔당들에게 권력을 되찾을지도 모른다는 희망을 주었다. 표면적으로는 다윗이 그들과 협력했기 때문이다. 그러나 서로 관계가 없진 않지만 깊이 갈라진 틈, 즉 오래된 남북 간의 분열이 나타난다.

열두 지파는 한 번도 서로 편하게 지낸 적이 없었다. 각 지파마다 상당한 정도의 자치권을 갖고 있었고, 북쪽의 열 지파(이스라엘)는 남쪽의 두 지파(유다)에 비해 지파 공동체를 대표하는 다소의 일체감이 있었다. 이스

라엘은 초기에는 실로에서 나중에는 예루살렘에서 하나님께 예배를 드렸는데, 이 예배가 열두 지파를 하나로 묶어주는 역할을 해왔다. 그러나 '다른 나라들처럼' 왕을 세우겠다고 고집을 부리면서 그들은 정치적으로 통합된 나라가 되었다. 열두 지파가 한 나라로 움직일 수 있도록 만든 것은 사울이고, 다윗은 그 일을 마무리했다. 강요된 통일이 다윗의 통치하에서 순조롭게 지속되는 것처럼 보였지만, 아주 깊은 수준까지 통일이 이뤄지지 않은 것이 틀림없다. 백성들은 아직도 자신들을 '북쪽 사람들'(이스라엘)이나 '남쪽 사람들'(유다)로 구분한다. 그런데 지금 다윗이 돌아오자 남북이 서로 다윗을 "우리 왕"이라고 우기면서 경쟁을 한다. 남북이 각자 다윗과 특별한 관계가 있다고 주장하면서 심하게 다투고 있다.

백성들이 다윗을 자신들의 지배자로 받아들이고 다윗이 예루살렘으로 돌아올 수 있었던 그날, 길갈에서 벌어진 말다툼은 오늘날 기독교 공동체 안에서도 끊임없이 되풀이되고 있다. 우리 모두 예수께서 우리를 죄로부터 구원해 주시기를 바라며, "아버지의 보좌 우편에서" 우리를 다스려 주시기를 바란다는 점에서 모두 일치한다. 그러나 곧바로 우리는 공동체를 조각조각 나누고, 각 그룹마다 '장자'의 선임권 혹은 대리권을 주장한다. 동방정교회와 로마가톨릭교회, 침례교와 장로교, 복음주의와 오순절파, 성공회와 감리교, 메노나이트와 퀘이커 등 북미 대륙에만 287개의 교단이 있다. 각 교단은 압살롬 같은 세상의 반란에 쫓기다가 왕좌로 복귀하시는 예수께 드리는 존귀와 영광을 독점하고 싶어 한다. 모든 사람이 예수를 주재(主宰)로 모시고 싶어 하는 것 같으나, 예수의 통치를 받는 다양한 사람들과 친밀하게 교제하는 것은 원하지 않는다.

다윗은 기쁘지 않았다. 그는 인생의 한 고비를 이제 막 지나왔다. 그는 왕국의 회복을 위해 한 걸음씩 협상단계를 밟아왔다. 감정적이고 정치적인 복잡한 사안들을 다루면서 압살롬으로 인한 손실에서 이제 막 벗어났다. 노인 바르실래의 사랑과 환대를 받으며 요단 강을 건넜다. 열광적인 무리와 함께 자기의 도시와 자기의 왕좌를 향해 당당하게 오르막길을 출발했다. 영광스러운 순간이었다. 그런데 다윗은 한 걸음도 내디딜 수 없었다. 그와 함께 승리의 행렬을 벌이려고 몰려든 군중들이 '북쪽'과 '남쪽' 진영으로 갈라져 말다툼하고 있었기 때문이다. 그들은 다윗 왕에 대한 권리를 누가 더 갖고 있는지를 놓고 따졌다. 그것은 유익한 시각이 아니다. 그들이 거기에 있는 목적(다윗을 환영하기 위해서다)과 그들이 실제로 하고 있는 일(누가 환영을 주도할 것인가를 놓고 싸웠다) 사이의 대조가 이보다 뚜렷할 수는 없다.

처음에는 남쪽 사람들(유다)이 북쪽 사람들(이스라엘)을 이기는 것 같았다. 그들의 목소리가 더 컸고 더 화를 내며 말했기 때문이다. 그런데 한 사람이 양각 나팔(쇼파르)을 불자 다투는 소리가 잠잠해졌다. 그 사람은 자기 동료들인 북쪽 사람들(이스라엘)에게 취임식 행렬에서 떠나자고 소리쳤다. 더 이상 다윗의 통치를 받지 말자는 것이다. 그는 사실상 다음과 같이 외친 것이다. "만약 이 체제에서 우리가 너희와 동등할 수 없다면, 우리는 이런 체제의 일원이 되지 않을 것이다. 우리는 절대로 이등 시민으로 살지 않을 것이다. 우리에겐 북쪽 사람들의 자존심이 있다. 너희가 주는 모욕을 참지 않겠다. 그래 다윗을 너희 왕으로 삼으라. 좋다. 우리는 우리가 원하는 길로 갈 것이다!"

세바의 반란(20:1-26)

20:1마침 거기에 불량배 하나가 있으니 그의 이름은 세바인데 베냐민 사람 비그리의 아들이었더라 그가 나팔을 불며 이르되 우리는 다윗과 나눌 분깃

이 없으며 이새의 아들에게서 받을 유산이 우리에게 없도다 이스라엘아 각각 장막으로 돌아가라 하매 2이에 온 이스라엘 사람들이 다윗 따르기를 그치고 올라가 비그리의 아들 세바를 따르나 유다 사람들은 그들의 왕과 합하여 요단에서 예루살렘까지 따르니라

두 개의 '기압골', 즉 다윗이라는 카리스마적인 존재와 백성들의 감정적인 논쟁이 맞물리면서 감정의 기후를 만들어 냈다. 비그리의 아들 세바의 선동적인 연설이 '분리의 폭풍'을 몰고온 것이다. 북쪽 사람들은 모욕당한 느낌을 받고 분노하여 길갈에서 떠나버렸다. "너희가 다윗을 그리도 원한다면 데려가라. 우리는 떠날 것이다." 그래서 그들은 그곳을 떠나 집으로 (그들의 '장막'으로) 돌아갔다.

남쪽 사람들은 이제 다윗을 독차지하여 예루살렘으로 맞아들였다. 그러나 비그리의 아들 세바가 그 행렬 위에 '찬물을 끼얹었다.' 남북을 하나되게 하려고 오랫동안 조심하며 공들여 온 일이(이것은 다윗의 초기 주요 업적 중 하나였다) 한순간에 물거품이 되었다.

비그리의 아들 세바에 관해 우리가 알고 있는 유일한 사실은 그가 베냐민 지파 사람, 즉 사울의 출신 지파에 속한 북쪽 사람이라는 것이다. 이는 그가 사울에게 충성을 바치는 잔당에 속한 사람이라는 뜻이다. 이들은 끝까지 다윗의 왕국에 완전히 들어오지 않았다.

다윗 왕조가 예루살렘으로 돌아오긴 했으나 북쪽 지파들이 떨어져 나간 상태였다. 그래서 다윗은 두 가지 조치를 취하는데, 하나는 상징적인 것이고 다른 하나는 군사적인 것이다. 그는 문제의 후궁들을 별실에 감금하고 아마사를 급파해 반란 주동자인 비그리의 아들 세바를 추격하게 했다.

후궁들에 관한 조치는 홍보활동으로, 다윗이 파벌정치를 초월할 것이라는 '성명을 발표하는' 것이다.

20:3 다윗이 예루살렘 본궁에 이르러 전에 머물러 왕궁을 지키게 한 후궁 열 명을 잡아 별실에 가두고 먹을 것만 주고 그들에게 관계하지 아니하니 그들이 죽는 날까지 갇혀서 생과부로 지내니라

이것은 '열 명의 후궁'이 언급되는 세 번째 경우다. 첫 번째는 다윗이 압살롬을 피해 도망칠 때인데, 다윗은 후궁들을 궁에 남겨두고 자기 왕실을 지키게 했다(15:16). 두 번째는 압살롬이 공개적으로 후궁들과 동침할 때인데, 그도 자신의 정력을 통해 왕의 권세를 과시하려고 이런 짓을 했다. 그리고 지금이 세 번째다. 왕궁으로 돌아온 후 다윗이 취한 첫 번째 조치는 그 열 명의 후궁을 격리시킨 것이다. 그는 후궁들을 보호하고(개역개정판은 "별실에 가두었다"라고 번역했다. 원문은 단지 "다윗이 그들을 '베이트 미슈메렛'에 두었다"고 하는데, 영어로 'guard'로 번역되는 '미슈메렛'이 감시를 뜻하는지, 보호를 뜻하는지는 불분명하다. 영어의 guard 역시 보호한다는 뜻도 있고, 달아나지 않도록 감시한다는 뜻도 있다.–옮긴이) 거주할 장소를 주고 먹을 것을 공급하지만, 그 여인들과 더 이상 동침하지는 않았다. 후궁들은 평생 '과부처럼' 살았다.

다윗은 왜 이런 조치를 취했을까? 후궁들도 당시 문화의 일부이나 우리는 다윗 시대의 문화를 잘 모른다. 다윗 이야기에서 세 번 언급되는 후궁들은 다윗과 우리 사이에 존재하는 문화적 차이를 강조한다. 우리가 알고 있는 사실 중 하나는 고대 근동에서 후궁들이 왕의 장식품에 불과했다는 것이다. 다윗도, 다른 나라의 모든 왕이 그런 것처럼, 당시의 풍습을 따라 후궁들을 취한 것이다.

그렇다면 그는 왜 후궁들을 버리는가? 이 문제를 풀기 위해 우리가 할 수 있는 것은 다윗의 행동이 무슨 의미를 지니는지 추측해 보는 것이다. 압살롬의 반란을 겪으면서, 다윗은 왕이 무엇인지에 대한 자신의 생각이 잘못되었음을 깨닫고 생각을 바꾼 것인가? 압살롬은 다윗 왕권의 특징

중 하나인 후궁들을 이용해 자신을 다윗보다 위대하게 보이도록 했다.

압살롬은 자신의 권력을 뽐내기 위해 후궁들을 이용했지만, 지금 다윗은 자만하게 할 만한 매력 있는 것들은 그 어떤 것이라도 자신에게서 없애기 위해 후궁들을 버린다. 그는 하나님의 왕이지 사람들의 왕이 아니다. 그는 '압살롬을 능가하기 위해 돌아온 것이 아니라, 겸손하게 하나님의 주권을 드러내기 위해 돌아왔다.

애초부터 다윗이 후궁들을 고용한 것은 그 당시 왕들의 관습을 따른, 별다른 생각이 없는 행동이었다. 압살롬은 자신의 카리스마를 더욱 돋보이게 하려고 사람 눈에 잘 띄게 후궁들을 이용했지만, 다윗은 이 여자들을 전혀 사용하지 않음으로써 이미지 조작 행위를 반격했다. 그는 사람들을 조종하기 위한 섹스와 권력을 왕의 품행에서 제거할 것이다. 여기까지 오는 데 오랜 시간이 걸렸다. 그러나 '늦더라도 안 하느니보단 낫다.' 후궁들을 처치함으로써, 다윗은 백성들에게 다음과 같은 신호를 보내고 있다. "당신들이 지금 상대하는 나는 징벌을 받은 왕이다. 고통이 내게 유익했다. 나는 더 이상 이전에 당신들이 알던 그 왕이 아니다." 확실히 알 수는 없지만 후궁들 문제에는 이런 의미가 담겨 있었을 것이다.

왕의 후궁들과 관련된 사회적, 문화적 의미를 잘 알지 못하기 때문에 여기서 본문을 더 깊이 해석하는 모험을 감행할 수는 없다. 그러나 후궁들을 세 번이나 언급하는 것은, 내레이터가 뭔가 중요한 일이 진행되고 있음을 감지하고 있다는 증거다. 내레이터들은 종종 본인이 알고 있는 것 이상을 표현한다. 그래서 진리들은 내레이터가 충분히 인식하지 못하고 있는 이야기 서술 과정에서 드러난다.

본문이 바로 그런 경우에 해당할 것이다. 후궁들을 가두는 다윗의 행동에서 수천 년에 걸쳐 발아할 씨앗(여성들의 천부적 권리와 존엄에 대한 민감함의 씨앗)을 찾아보라. 그것은 후궁들이 '이용당한' 여자의 원형이라는 것이다. 즉, 이 여자들은 오로지 일을 수행할 수 있는 능력 때문에 쓸모 있는 것이다. 열 명의 후궁 중 단 한 사람도 이름이 언급되지 않는다. 그 여인들은 사람이 아니라 비인격화된 기능이다. 이 이야기에서 후궁들이 처음 언급될 때, 다윗은 자신의 왕실을 보살피는 데 그 여인들을 이용한다. 가사를 위한 기능이다. 두 번째 언급에서는 압살롬이 자신의 왕다운 정력을 과시하려고 후궁들을 이용한다. 성적인 기능이다. 세 번째 언급에서는 다윗이 기능과 역할의 세계로부터 후궁들을 완전히 끌어낸다. 그 여인들은 다시는 '이용되지' 않을 것이다. 후궁들은 기능 없이 남은 생애를 살아갈 것이다. 그들은 단지 **존재한다.** "생과부로 지내니라"라고 번역된 구는 분명치 않다. 원문은 "과부들이지만 매우 생기 있는 여자들로"로 번역할 수도 있다.

주석가들은 보통 기능을 빼앗긴 인생으로 전락한 이 후궁들에 대해 동정심을 느낀다. 이 여인들은 이제 소용없게 되었으므로 분명히 자신들을 쓸모없는 존재로 느꼈을 것이다. 그러나 후궁이 된 이후 처음으로 기분이 좋지 않았을까? 자신들의 순수한 모습 때문에도 그렇고, 거기에 있어야 할 적절한 이유가 있기 때문에도 말이다. 이제 시중들거나 성적 쾌락을 위해 쓰일 일이 없는 그 열 명의 후궁들은 시간을 어떻게 보냈을까? 그들은 기도했을 것이다. 이들 열 명의 후궁들을 수녀회의 원시 공동체로 보는 사람들이 여전히 있다. 여성을 성적인 도구와 하나의 가사 도구로 전락시키는 문화가 지배하는 속세를 떠나, 하나님을 경배하는 활발한 삶을 마음대로 누릴 수 있는 공동체라고 상상하는 것이다. 아마 내레이터는 다윗이 후궁들을 처리하는 것을 보면서 잠재의식 속에서 뭔가를 느꼈을 것이다. 그가 느낀 것은 당시 문화에서는 상상할 수 없는 것이 분명하지만, 나중에, 아주 오랜 세월이 지난 후에, 성경 이야기의 토양에서 싹터서 여성들(그리고 다른 사람들)을 강요된 역할의 문화로부터 자유롭게 할 것이다.

^{20:4}왕이 아마사에게 이르되 너는 나를 위하여 삼 일 내로 유다 사람을 큰 소리로 불러 모으고 너도 여기 있으라 하니라 ⁵아마사가 유다 사람을 모으러 가더니 왕이 정한 기일에 지체된지라 ⁶다윗이 이에 아비새에게 이르되 이제 비그리의 아들 세바가 압살롬보다 우리를 더 해하리니 너는 네 주의 부하들을 데리고 그의 뒤를 쫓아가라… ⁷요압을 따르는 자들과 그렛 사람들과 블렛 사람들과 모든 용사들이 다 아비새를 따라 비그리의 아들 세바를 뒤쫓으려고 예루살렘에서 나와 ⁸기브온 큰 바위 곁에 이르매 아마사가 맞으러 오니… ⁹요압이 아마사에게 이르되 내 형은 평안하냐 하며 오른손으로 아마사의 수염을 잡고 그와 입을 맞추려는 체하매 ¹⁰아마사가 요압의 손에 있는 칼은 주의하지 아니한지라 요압이 칼로 그의 배를 찌르매 그의 창자가 땅에 쏟아지니 그를 다시 치지 아니하여도 죽으니라 요압과 그의 동생 아비새가 비그리의 아들 세바를 뒤쫓을새…

후궁들을 처리한 후 다윗은 반역자 세바에게로 관심을 돌린다. 세바의 반란은 어느 모로 보나 압살롬의 반란만큼 다윗의 왕국에 심각한 위협이었다. 다윗은 새로 임명한 사령관 아마사에게 군대를 모아 3일 안에 세바를 추격할 수 있도록 준비하라고 명령했다. 그러나 아마사는 제 시간에 나타나지 않았다. 무능력 때문인지 불복종의 표시인지 알 수 없다. 다윗은 기다릴 수 없어 아비새에게 그 임무를 맡겼다.

그런데 여기서 요압의 이름이 다시 나온다(7절). 명령에 불복종해 압살롬을 죽인 후, 요압은 자세한 설명 없이 그의 지위에서 사라지고 그 자리는 아마사가 차지했었다. 그런데 아비새가 직무가 태만한 아마사를 대신하여 임무를 맡게 되자 요압이 나타난 것이다. 부아가 날 지경이다.

요압과 그의 부하들은 세바를 추격하러 나섰다. 그들이 세바를 추격하여 예루살렘에서 불과 10킬로미터가량 떨어진 지역(기브온)에 이르렀을 때,

아마사가 그들을 따라잡았다. 요압은 아마사를 맞이하러 가면서 옛 친구처럼 굴었다(두 사람이 사촌관계임을 기억하라). '동창생'들이 애정을 표현하듯, 요압은 한 손으로 아마사의 턱 수염을 잡고 그에게 입맞춤하려 했다. 그러나 다른 손으로는 칼을 쥐고 있었다. 아마사에게 입맞춤으로 인사하면서 요압은 아마사의 배를 찔렀다. 창자가 흘러나온 채로 살해당해 피범벅이 된 아마사의 시체가 길 가운데 방치되었다. 유혈이 낭자한 아마사의 시체를 보자 모두 멈춰 섰다. 누군가 그 처참한 시신을 길에서 치우고 그 위에 옷을 덮고 난 후에야 추격이 다시 시작되었다.

　이것이 이야기에 나오는 요압의 네 번째 살인이다. 아브넬, 우리아, 압살롬 그리고 지금 아마사를 죽일 때, 요압은 믿을 수 없는 행동을 했다.

> 20:14 세바가 이스라엘 모든 지파 가운데 두루 다녀서 아벨과… 15 이에 그들이 벧마아가 아벨로 가서 세바를 에우고 그 성읍을 향한 지역 언덕 위에 토성을 쌓고 요압과 함께한 모든 백성이 성벽을 쳐서 헐고자 하더니 16 그 성읍에서 지혜로운 여인 한 사람이 외쳐 이르되 들을지어다 들을지어다 청하건대 너희는 요압에게 이르기를 이리로 가까이 오라 내가 네게 말하려 하노라 한다 하라 17 요압이 그 여인에게 가까이 가니 여인이 이르되… 18 여인이 말하여 이르되 옛 사람들이 흔히 말하기를 아벨에게 가서 물을 것이라 하고 그 일을 끝내었나이다 19 나는 이스라엘의 화평하고 충성된 자 중 하나이거늘 당신이 이스라엘 가운데 어머니 같은 성을 멸하고자 하시는도다… 20 요압이 대답하여 이르되 결단코 그렇지 아니하다… 21 그 일이 그러한 것이 아니니라 에브라임 산지 사람 비그리의 아들 그의 이름을 세바라 하는 자가 손을 들어 왕 다윗을 대적하였나니… 22 이에 여인이 그의 지혜를 가지고 모든 백성에게 나아가매 그들이 비그리의 아들 세바의 머리를 베어 요압에게 던진지라 이에 요압이 나팔을 불매 무리가 흩어져 성읍에서 물러나 각기 장

막으로 돌아가고 요압은 예루살렘으로 돌아와 왕에게 나아가니라

요압은 세바를 추격하는 임무를 맡아 다시 추격을 시작했다. 아마사는 죽었고 다윗이 임명한 아비새는 다시 언급되지 않는다. 요압이 이 임무를 맡았다. 요압은 멀리 북쪽에 있는 아벨이라는 성읍까지 추격했다. 세바와 그의 군사들은 아벨의 성내에 숨어 있었는데, 요압은 성벽을 헐려고 했다. 요압은 이런 종류의 일에 익숙하다. 그는 전쟁기술을 잘 알고 있다.

그러나 예기치 않은 일 때문에 성이 파괴를 모면한다. 한 "지혜로운 여인"(16절)이 요압과 협상을 벌인 것이다. 다윗 이야기에서 요압과 "지혜로운 여인"이 함께 등장하는 것은 이것이 두 번째다. 이전에(14:1-3) 요압은 "지혜로운 여인"을 찾으려고 드고아에 사람을 보낸 적이 있다. 지금은 아벨의 지혜로운 여인이 요압에게 사람을 보낸다. 그녀는 협상을 제안했다. 즉, 요압이 성에서 철수하면 세바를 넘겨주겠다는 것이다. 요압은 동의했다. 세바의 머리가 성벽 밖으로 던져졌고 요압은 거기를 떠났다.

이것이 다윗의 예루살렘 귀환과 왕국 회복 이야기에 마지막으로 등장하는 에피소드다. 하나님이 복 주셨고 약속하셨던 다윗의 주권이 확실해지자 많은 인물이 각자의 역할을 하면서 다양한 목소리를 내는 복잡한 이야기다. 그러나 전반적으로 요압의 행동과 목소리는 평화를 깨뜨리고 있다. 요압은 여기서도 다윗을 돕지만 방법이 잘못되었다. 이 마지막 에피소드에서 요압이 또다시 결정적인 역할을 하는 것처럼 보이지만, 사실은 그렇지 않다. "지혜로운 여인"이 요압보다 인기를 끌었고 마지막 말을 한다.

요압은 세바의 반란 초기에 분위기를 압도하면서 나름대로의 독특한 방식으로 명성을 얻었다. 그는 아마사를 속인 후 칼로 찔러 죽였는데, 그의 방식이란 아마사를 죽일 때처럼 폭력적이고 믿을 수 없다. 그런 다음 그는 아벨에서 지혜로운 여인을 만나고, 그 여인이 요압의 마음을 돌려서

그의 무모한 파괴 전략으로부터 성을 건져냈다. 월터 브루그만은 이 이야기에서 살인을 좋아하는 요압의 무자비함과 평화를 좋아하는 여인의 지혜가 두드러지게 대조를 이룬다는 사실에 주목한다. 폭력과 지혜가 싸움이 붙어 지혜가 승리하였다. "지혜로운 사람들은 판에 박힌 사고방식에 사로잡힌 사람들이 아니다. 그들은 현재의 주변 상황에서 대안을 마련할 수 있는 사람들이다. 이 사건에서 유일한 대안은 요압과 세바가 죽을 때까지 싸우는 것밖에 없는 것 같다. 그 과정에서 성이 파괴되는 것은 불을 보듯 뻔하다. 그러나 한 여인의 말이 왕의 위협(요압이 다윗의 대리인이라는 점에서-옮긴이)을 중단시킨다. 이 여인은 정치와 군국주의의 유혹에서 벗어나 다른 방식으로 생각할 수 있다. 그녀는 심지어 무기와 분노보다 우세하다. 지혜로운 말이 무자비한 정책을 무력화한다. 결국 그 여인뿐만 아니라 그 성읍도 무사했다. 다윗의 존귀함과 자존심도 어느 정도 요압의 맹목적 순종으로부터 보호받았다"(Walter Brueggemann, *First and Second Samuel*, 332).

> 20:23 요압은 이스라엘 온 군대의 지휘관이 되고 여호야다의 아들 브나야는 그렛 사람과 블렛 사람의 지휘관이 되고 24 아도람은 감역관이 되고 아힐룻의 아들 여호사밧은 사관이 되고 25 스와는 서기관이 되고 사독과 아비아달은 제사장이 되고 26 야일 사람이라는 다윗의 대신이 되니라

앞서 다윗이 통치를 시작하는 이야기에서 그의 참모들 명단을 읽은 적이 있다(삼하 8:15-18). 여기 나오는 명단은 그것과 비슷한데, 두 명단이 다윗 이야기를 둘러싼다. 두 번째 명단에 들어 있는 아도람은 앞의 명단에는 나오지 않는 이름으로 강제 노동을 관리 감독하는 사람이다. 그리고 앞의 명단에 나오는 서기관 스라야가 스와라는 이름으로 대체되었다. 앞의 명단에 제사장으로 나오는 다윗의 아들들은 빠지고, 대신 야일 사람

이라가 제사장으로 나온다(개역개정판에는 제사장이 아니라 '대신'으로 번역되었지만, 히브리어 '코헨'은 제사장이라는 뜻이다.-옮긴이). 이것은 영화의 마지막에 제작자나 배우 등의 이름이 나오듯, 감정적이고 초월성을 띤 이야기를 이지적이고 사실적인 정보로 끝내는 것이다.

우리가 방금 읽은 이야기를 숙고해 보면, 이것은 종교 서적에서 흔히 읽을 수 있는 그런 종류의 내러티브가 아님을 깨닫는다. 우리는 '윤리적 교훈들'과 '신학적 진리들'에 익숙해져 있다. 그러나 이 이야기는 윤리적인 동시에 신학적이지만, 두 범주 중 어느 한쪽에 가둘 수 없다. 이것은 사람들과 함께하시는 하나님에 대한 이야기다. 하나님은 사람들이 존재하는 모습 그대로 함께하시지 그들을 이상적인 모습으로 대하시지 않는다. 이 이야기가 진술되는 것처럼, 하나님은 이야기에서 분리되지 않는다. 하나님을 이야기에서 분리한 후 '진리들'로 요약할 수 없다. 하나님이 일하시는 **방식**은 이렇다. 하나님은 끈기 있게 배후에서 일하시고, "노하기를 더디 하시고 인자하심이 풍부하시다"(시 103:8). 하나님은 결점 있고 반역적이고 정도를 벗어난 사람들을 사용하여 거룩한 주권을 세우신다. 이것은 천 년 후에 사복음서에서 명백해질 그런 종류의 스토리**텔링**이다. 이 내레이터는 우리로 하여금 우리가 바라거나 두려워하는 그런 어떤 상태로서가 아니라, 하나님을 하나님으로 인식하고 반응하도록 훈련시킨다. 강제적이 아니시고, 작은 일에도 주의를 기울이시고, 언제나 함께하시지만 주로 숨으시며, 틀림없는 분이신 주권자다. 이 내러티브가 세대를 거쳐가면서 반복해서 읽히고 반복해서 들려진 것처럼, 이 내러티브는 우리의 삶을 만드시고 다시 만드시는 '하나님의 임재'의 미묘함과 복잡함을 계속해서 드러내고 있다.

21. 회고하는 다윗

사무엘하 21-24장

사무엘하는 다윗의 인생을 요약하면서 마무리된다. 내용들은 대칭구조로 배열되어 있다. 언뜻 보기에 이 부분은 일종의 부록으로, 부수적이고 잡동사니 같은 행동이나 말을 모아놓은 것처럼 보인다. 그러나 자세히 살펴보면 어떤 '구조'를 발견할 수 있다. 겉으로 보기에는 아무 관계가 없는 것 같은 자료들이 함께 묶여 일관된 결론을 맺고 있다.

시간적으로 볼 때, 이것은 다윗에게 일어났던 마지막 사건이 아니다. 왜냐하면 실제로 다윗에게 일어났던 마지막 사건은 열왕기상 1-2장에 기록되어 있기 때문이다. 그러나 사무엘서는 현재의 본문을 '결론'으로 제시하면서, 행동과 말을 요약하여 대칭구조로 배열하고 있다. 대칭구조를 축으로 자료들이 다음과 같이 배열된다. 두 개의 이야기가 괄호처럼 앞뒤에 놓인다(21:1-14과 24:1-25). 그리고 그 안쪽으로 두 개의 명단이 나온다(21:15-22과 23:8-39). 그리고 중앙에는 두 편의 시가 놓여 있다(22:1-51과 23:1-7). 두 이야기는 다윗이 일하면서 살아온 거친 세상을 증언한다. 두 개의 명단은 다윗과 관계 있는 핵심 인물들의 이름과 그들에게 부여된 임무를 알려줌으로써 극적 사건을 일상사의 산문으로 고정시킨다. 그리고 중앙에 배열된 두 편의 시는 다윗이 하나님과 맺었던 관계를 보여준다. 자료들이 배열된 순서를 보면, (밖에서 안으로) 역사적 사건들로부터 개인적인 일로, 노동 시간 관계에서 하나님과 영혼에 대한 관계로 들어온 후, 다시 (안에서 밖으로) 하나님으로부터 사람들과 사건들로 나아간다. 중앙에 있는 두 편의 시(하나님과 영혼에 관한 시)는 각각 가장 진지한 다윗과 가장 심오한 다윗을 보여준다. 그러나 이 시들은 고립되어 있지 않다. 사건들과 이름들은 이야기를 중심되신 하나님께로 이끌어 가며 중심되신 하나님으로부터 이름들과 사건들이 전개된다.

일단 우리가 이 모든 자료가 어떻게 그리고 왜 함께 편집되었는지를 안다면, 즉 작품 속에 담겨진 문학적인 의도를 이해한다면, 이 이야기들의 시간적인 순서를 찾으려고 애쓸 필요가 없다. 여기에 나오는 이야기와 사람과 시는 다윗의 일생 중 다양한 시기와 상황으로부터 수집되어 일종의 요약하기 방식으로 배열된 것이다.

첫 번째 이야기: 기근과 리스바(21:1-14)

²¹:¹다윗의 시대에 해를 거듭하여 삼 년 기근이 있으므로 다윗이 여호와 앞에 간구하매 여호와께서 이르시되 이는 사울과 피를 흘린 그의 집으로 말미암음이니 그가 기브온 사람을 죽였음이니라 하시니라 ²…이에 왕이 기브온 사람을 불러 그들에게 물으니라 ³다윗이 그들에게 묻되 내가 너희를 위하여 어떻게 하랴 내가 어떻게 속죄하여야 너희가 여호와의 기업을 위하여 복을 빌겠느냐 하니 ⁴기브온 사람이 그에게 대답하되… ⁵그들이 왕께 아뢰되 우리를 학살하였고 또 우리를 멸하여 이스라엘 영토 내에 머물지 못하게

하려고 모해한 사람의 6자손 일곱 사람을 우리에게 내주소서 여호와께서 택하신 사울의 고을 기브아에서 우리가 그들을 여호와 앞에서 목 매어 달겠나이다 하니 왕이 이르되 내가 내주리라 하니라

7그러나 다윗과 사울의 아들 요나단 사이에 서로 여호와를 두고 맹세한 것이 있으므로 왕이 사울의 손자 요나단의 아들 므비보셋은 아끼고 8왕이 이에 아야의 딸 리스바에게서 난 자 곧 사울의 두 아들 알모니와 므비보셋과 사울의 딸 메랍에게서 난 자 곧 므홀랏 사람 바르실래의 아들 아드리엘의 다섯 아들을 붙잡아 9그들을 기브온 사람의 손에 넘기니 기브온 사람이 그들을 산 위에서 여호와 앞에 목 매어 달매 그들 일곱 사람이 동시에 죽으니 죽은 때는 곡식 베는 첫날 곧 보리를 베기 시작하는 때더라

10아야의 딸 리스바가 굵은 베를 가져다가 자기를 위하여 바위 위에 펴고 곡식 베기 시작할 때부터 하늘에서 비가 시체에 쏟아지기까지 그 시체에 낮에는 공중의 새가 앉지 못하게 하고 밤에는 들짐승이 범하지 못하게 한지라 11이에 아야의 딸 사울의 첩 리스바가 행한 일이 다윗에게 알려지매 12다윗이 가서 사울의 뼈와 그의 아들 요나단의 뼈를 길르앗 야베스 사람에게서 가져가니 이는 전에 블레셋 사람들이 사울을 길보아에서 죽여 블레셋 사람들이 벧산 거리에 매단 것을 그들이 가만히 가져온 것이라 13다윗이 그곳에서 사울의 뼈와 그의 아들 요나단의 뼈를 가지고 올라오매 사람들이 그 달려 죽은 자들의 뼈를 거두어다가 14사울과 그의 아들 요나단의 뼈와 함께 베냐민 땅 셀라에서 그의 아버지 기스의 묘에 장사하되 모두 왕의 명령을 따라 행하니라 그 후에야 하나님이 그 땅을 위한 기도를 들으시니라

정서적으로도 그렇고 이야기의 흐름에서도 그렇고, 이 이야기의 중심에는 리스바가 있다. 그녀는 슬퍼서 미칠 것 같았다. 죽은 두 아들의 시체를 바위 위에 두고 시체를 지키고 있다. 그 시체들은 아직 매장되지 않아 비

바람을 맞고 있었다. 낮에는 썩은 고기를 먹는 독수리가, 밤에는 이빨을 드러내고 으르렁거리는 자칼이 시체에 덤비지 못하게 막으면서 리스바는 고집스럽게 시체 곁을 지키고 있었다. 왕의 명령(허락)으로 두 아들이 죽음을 맞을 때 그녀는 어쩔 도리가 없었다. 하지만 지금 그녀는 몇 주 동안(아마 몇 달 동안) 밤낮을 가리지 않고 불침번을 서고 있다. 두 아들의 시체가 더 이상 절단되거나 수치를 당하지 않게 하려는 것이다. 리스바는 비정한 정부와 추상적인 정의에 반대하는 인격적이고 친밀한 사랑을 보여 주는 불후의 증거다.

리스바는 지칠 줄 모르는 여자다. 그녀는 당시 문화의 가혹한 조건들에 위축되지 않았다. 당시의 인습에 저항함으로써, 그녀는 자신에게 고통을 안겨주는 세상으로부터 초연히 살아갈 수 있었다. 리스바가 두 아들의 죽음에 총명하고 부드럽게 저항한 사건은 어둡고 모진 시기에 일어났다. 당시 그 땅은 3년째 기근에 시달리고 있었다. 왕 다윗은 하나님의 뜻을 알기 위해 기도했고, 사울 왕이 저지른 악한 행동 때문에 벌을 받아 기근이 들었다는 것을 깨닫게 되었다. 사울의 통치 기간 중에 그는 기브온 사람들을 대량 학살했는데, 이것은 여호수아가 그들과 맺은 엄숙한 평화 조약을 어긴 것이다. 그 결과 죄가 기근의 형태로 땅을 오염시킨 것이다.

기브온이 이스라엘과 조약을 맺은 이야기는 여호수아 9장에 기록되어 있다. 여호수아는 이스라엘 백성들을 이끌고 약속의 땅 가나안에 들어간 지 얼마 되지 않아 성들을 탈취하고 적들을 좌우로 정복해 나가고 있었다. 아무도 그를 막을 수 없을 것 같았다. 가나안 왕들 대부분은 살기 위해 서로 동맹을 맺고 여호수아의 군대에 맞서 싸웠으나, 기브온 족속은 유일하게 칼보다 속임수를 썼다. 그들은 너덜너덜한 옷을 입고 낡은 신발을 신고 곰팡이 난 빵과 해어진 포도주 부대를 가지고 여호수아를 찾아와서, 자기들은 이스라엘의 하나님에 대한 소문을 듣고 하나님이 하시는 일에 참여하고 싶어 먼 나라에서 온 사람들이라고 했다. 그리고 그들은 이렇게 말했다. "우리와 조약을 맺읍시다. 하나님이 이 땅에서 이루시는 역사에 참여할 수 있게 해주십시오."

여호수아는 그들의 요구대로 평화 조약을 맺고 그들의 생명을 보장해 주었다. 사흘 후, 여호수아는 기브온 족속에게 속았다는 것을 알게 되었다. 여호수아는 그들에게 벌을 주었다. 그들이 제사와 관련된 일을 하는 노예 같은 종들이 될 것이라고 저주했다. "그러므로 너희가 저주를 받나니 너희가 대를 이어 종이 되어 다 내 하나님의 집을 위하여 나무를 패며 물을 긷는 자가 되리라"(수 9:23). 그러나 평화 조약은 지켰다. 그래서 지금까지 기브온 사람 가운데 단 한 명도 이스라엘에게 죽임당한 적이 없었다. 그런데 사울이 평화 조약을 어기고 기브온 족속을 대량 학살하도록 명한 것이다. 여호수아가 기브온 족속과 맺은 평화 조약이 거부당한 결과 3년 동안 기근이 지속되고 있다. 도덕적인 악 때문에 자연재해가 발생한 것이다.

기근과 홍수와 전염병의 원인을 어떤 악한 행위들로 설명하는 것은 현대인들의 사고방식에는 맞지 않다. 우리가 기상학과 질병에 관해 우리 조상들보다 훨씬 많이 아는 것이 다행이지만, 만사가 서로 깊이 연결되어 있다고 여기는 옛사람들의 사고방식을 지나치게 무시하지 않는 것이 좋을 것이다. 형이상학적인 것과 형이하학적인 것은 각자 밀폐된 범주 속에 갇혀 있는 것이 아니다. 죄란 것은 어느 정해진 공간에 넣어둘 수 있는 성질의 것이 아니며, 죄의식 또한 고립될 수 있는 성질의 것이 아니다. 20세기 시 가운데 가장 영향력 있고 정교한 시 가운데 하나인 엘리어트의 "황무지"(The Waste Land)는 바로 이런 전제를 반영하고 있다. 이 시에서 엘리어트가 전달하려는 메시지의 골자는 이렇다. "한 사회에서 발생하는 모든 일의 근원에는 그 사회의 정신적인 상태가 놓여 있다. 도덕적 부패는 결국 문화적 황무지로 귀착된다. 사람들이 살아가는 방식과 그들이 사는 세상

사이에는, 아마 우리가 일반적으로 추측하는 것 이상으로 밀접한 관련이 있을 것이다."

다윗은 기근이 평화 조약을 위반한 것과 관계 있다는 것을 안 후 어떤 조치를 취하려 했다. 기도하기 시작했으면서도, 다윗은 이상하게 하나님께 무엇을 해야 할 것인지 물어보지 않았다. 오히려 기브온 사람들에게 자기가 무엇을 해야 하는지를 물어보았다. 그들은 다윗에게 대량 학살을 명령한 사울의 일곱 아들을 넘겨달라고 요구했다. 그들을 의식(儀式)에 따라 죽이겠다는 것이다. 기브온 족속의 생각은 이렇다. 사울의 아들들은 사울의 후손이기 때문에 죄가 있다. 따라서 그들을 제물로 바치면 사울이 저지른 도덕적인 죄를 씻어낼 수 있고 기근도 끝날 것이다.

기브온 사람들이 그런 해결책을 내놓은 것은 이해할 수 있다. 왜냐하면 그들은 사울이 여호수아의 평화 조약을 깨뜨린 것에 대해 오랫동안 분개해 왔기 때문이다. 그러나 그렇다고 해서 다윗이 그들의 말을 들었다는 것이 의외다. 언제부터 하나님께 속한 왕이 하나님의 법을 등한시하는 외부인들로부터 신령한 조언을 들었던가? 인간을 제물로 드리는 것은 이스라엘의 문제해결 방식이 아니다. 그런데도 다윗은 그들의 요구를 들어주었다. 희생제물이 된 일곱 사람 중에 리스바의 두 아들이 포함되어 있었다.

리스바는 사무엘하 3장 7절에 처음 나오는데(다윗 이야기에), 사울의 첩으로 소개되었다. 이후 사울이 죽자 군사령관 아브넬은 리스바를 자기의 첩으로 취하는데, 이 일 때문에 사울의 아들 이스보셋은 화가 나서 아브넬을 공격했다. 그러나 아브넬은 이스보셋을 협박하여 항복을 받아냈다. 이 일이 벌어질 때 리스바에게는 발언권이 없었다. 그녀는 트로피에 불과했다. 싸워서 이기는 사람이 차지하게 될 상, 즉 **물건**일 뿐이었다. 첩의 의견은 존재하지 않는다. 단지 이용될 뿐이다.

기브온 사람들이 리스바의 두 아들(다른 다섯 아들은 사울의 딸 메랍이 낳은 사울의 손자들이다)을 제물로 드린 일은 아마 다윗의 통치 초기에 있었을 것이다. 리스바가 이야기에 다시 등장하는데, 이제 하나의 성적(性的) 전리품이 아니라 도덕적으로 민감하고 감정이 풍부한 어머니로 나타난다. 그녀는 기브온 사람들이 다윗의 재가를 얻어 자기 두 아들을 죽인 것을 묵묵히 받아들이고 싶지 않았다.

그녀는 자기 아들들이 희생제물의 명목으로 죽는 것을 막을 수 없었다. 그러나 아들들의 노출된 시체 위에 새들과 짐승들이 달려드는 모욕은 막을 수 있었다. 리스바는 애도하면서 당당하게 이야기 속으로 들어온다. 아들의 시체 곁 바위 위에 굵은 베를 펴고 그 위에서 기도드리면서 상황을 주시했다. 즉, 기근을 끝낼 비를 기다리고 있었다.

그러나 그 이상의 것이 있다. 리스바는 단지 아들에 대한 모성애 때문에 훌륭한 것이 아니다. 그녀는 영향력이 있었다. 무력한 무언의 여인이, 희생당한 여인이, 다윗을 감화시켰다. 그리고 그녀의 감화를 받아 다윗이 조치를 취하자 기근이 끝났다.

다윗은 리스바가 산에서 홀로 밤샘하고 있다는 소식을 듣고 모욕당한 사울과 요나단의 유해에 대해서도 같은 동정심을 품게 되었다. 다윗은 사람을 보내어 사울과 요나단의 유해("뼈들")를 가져오게 했다. 그런 후 정중하고 명예로운 장례식을 거쳐 고인들의 아버지이자 할아버지인 기스의 가족묘에 안장했다.

"그 후에야", 즉 다윗이 사울과 요나단의 유해를 거두어 안장한 후에야, "하나님이 그 땅을 위하여 기도를 들으셨다"(14절). 다윗의 조치는 리스바의 용감한 행동, 즉 죽은 두 아들의 시체를 지키려고 모성애를 품고 밤을 새운 데 감화를 받아 이뤄진 것이다. 다시 말해 내레이터는 우리에게 기근을 끝낸 것은 기브온 족속의 희생제물이 아니라 리스바의 밤을 새운 기도와 다윗이 치른 자비로운 장례였다는 사실을 깨우치려 한다.

리스바의 이야기가 여기(다윗에 관한 자료들을 요약해 놓은 본문)에 있는 이유가 이것이다. 리스바는 다윗으로 하여금 하나님이 원하시는 것은 희생 제물이 아니라 자비임을 깨닫게 해주었다. 속죄는 생명을 빼앗음으로써가 아니라 존중함으로써, 그리고 비인간적인 잔인함이 아니라 인간적인 동정심으로 이루는 것임을 깨닫게 했다(미 6:7-8 참고). 다음과 같은 기도에 나타난 다윗 전승에 리스바가 중요한 역할을 했을 가능성이 있다. "주께서…제사와 예물을 기뻐하지 아니하신다"(시 40:6). "주께서는 제사를 기뻐하지 아니하신다"(시 51:16).

그리스인에게도 이와 유사한 이야기가 있는데, 안티고네와 그녀의 사형당한 오빠 폴리니케스에 관한 이야기다. 리스바처럼 안티고네는 죽은 오빠에 대한 슬픔을 쏟아내면서, 정의라는 사회적 관습과 질서에 상관치 않고 용감하게 죽은 오빠에 대한 신실한 사랑을 표현한다(안티고네는 오이디푸스 왕의 딸이다. 두 오빠가 서로 왕이 되려다가 죽자 왕이 된 삼촌 크레온이 폴리니케스의 시체를 들에 버려두라는 포고를 내린다. 하지만 안티고네는 그 명령을 어기고 폴리니케스의 시체를 몰래 묻어주었다.-옮긴이). 안티고네와 리스바는 여성의 용기와 여성의 진취적 기상이 지닌 힘을 보여준다. 여성의 용기와 진취적 기상은 섬세하게 **인격적이며** 경건하다. 그것들은 인습과 제도라는 둔감한 기계와 대조적이며 인습과 제도에 상관하지 않는다. 리스바와 안티고네는 죽음에 품위를 부여하고, **인격**에 존엄성을 부여한다. 두 여인은 도덕적이며 자비로운 사람들이다. 그러나 안티고네는 자기를 처형하라는 명령을 내린 왕 크레온을 감화시키지 못했다. 안티고네는 비극적으로 죽었다. 하지만 리스바는 그렇지 않다. 리스바가 한 일은 구원의 역사 속에 포함되었다.

첫 번째 명단: 거인을 죽인 다윗의 사람들(21:15-22)

21:15블레셋 사람이 다시 이스라엘을 치거늘 다윗이 그의 부하들과 함께 내려가서 블레셋 사람과 싸우더니… 16거인족의 아들 중에 무게가 삼백 세겔 되는 놋 창을 들고 새 칼을 찬 이스비브놉이 다윗을 죽이려 하므로 17스루야의 아들 아비새가 다윗을 도와 그 블레셋 사람들을 쳐죽이니…

18그 후에 다시 블레셋 사람과 곱에서 전쟁할 때에 후사 사람 십브개는 거인족의 아들 중의 삽을 쳐죽였고 19또다시 블레셋 사람과 곱에서 전쟁할 때에 베들레헴 사람 야레오르김의 아들 엘하난은 가드 골리앗의 아우 라흐미를 죽였는데… 20또 가드에서 전쟁할 때에 그곳에 키가 큰 자 하나는 손가락과 발가락이 각기 여섯 개씩 모두 스물네 개가 있는데 그도 거인족의 소생이라 21그가 이스라엘 사람을 능욕하므로 다윗의 형 삼마의 아들 요나단이 그를 죽이니라 22이 네 사람 가드의 거인족의 소생이 다윗의 손과 그의 부하들의 손에 다 넘겨졌더라

흥미롭고 의미심장하게도, 이 부분은 다윗의 강한 모습이 아니라 약한 모습을 이야기한다. 다윗에게는 친구가 필요했고 친구가 있었다. 비범한 통솔력과 대단한 업적에도 불구하고 다윗은 오만하지 않았다.

사납고 대적하기 어려운 '거인' 네 명이 소개되는데, 네 명 모두 블레셋의 본거지인 가드와 관련된다. 그들의 이름은 이스비브놉(거인에게 어울리는 이상한 이름이다!), 삽, 골리앗(이미 삼상 17장의 이야기를 통해 유명해졌다)이며, 나머지 한 사람은 손가락과 발가락이 여섯 개씩 달린 자로 이름은 밝히지 않았다. 이 거인들을 죽인 네 사람은 각각 아비새, 십브개, 엘하난, 요나단이다. 이들 중 두 사람(아비새와 요나단)은 다윗의 조카다. 이 조카들을 특별히 주목할 필요가 있는데, 다윗은 가족 문제로 어려움을 겪는 동

안 충성스러운 가족들에게 도움을 받기도 했다. 명단에 올라 있는 이름들 가운데 이상한 대목이 하나 있다. 바로 엘하난이다. 본문에서 엘하난은 골리앗을 죽인 자로 나온다. 골리앗을 죽인 사람은 다윗 자신이라는 오래된 전승을 보강하면서, 후대의 역사적 설명은 실제로 엘하난에게 죽임당한 것은 골리앗의 **아우**라고 말한다(대상 20:5을 보라).

존 버니언은 현재의 본문과 성경에 나오는 거인 이야기에서 이미지를 가져왔고, 나중에 퍼시 디어머가 그것을 각색해서 위대한 찬송을 만들었다. "누가 그를 그렇게 에워싸리요/ 우울한 이야기들을 가지고/ 그들 스스로 좌절할 뿐이네/ 주님의 권능을 당할 자 없다네/ 어떤 적도 주님의 힘을 막을 수 없다네/ 비록 그가 거인들과 싸운다 할지라도/ 그는 그의 의를 이룰 것이라네/ 순례자가 되어라!"

첫 번째 시: "여호와는 나의 반석이시요"(22:1-51)

갑자기 목소리가 바뀐다. 지금까지는 다윗에 **관한** 이야기였는데, 이제는 다윗이 직접 말한다. 그것은 다윗다운 목소리, 기도의 소리다. 다윗은 기도드린다.

여러 세대에 걸쳐, 다윗 이야기를 읽는 데 하나의 관습이 전해져 오고 있다. 내러티브를 읽을 때, 다윗의 시편들을 적절하게 함께 읽는 것이다. 물론 이 시편들은 다윗이 일생토록 경험한 다양한 상황에서 드린 기도이며, 각각의 내러티브에 적합한 기도다. 현재의 본문이 그런 관습을 보여주는 하나의 선례다. 내레이터는 시편을 하나 선택해서, 다윗의 일생을 요약하는 지금 시점에 그 시편을 두었다. 일종의 고별사로 시편 18편을 선택하여 사무엘하 22장의 다윗 이야기에 집어넣었다.

이것은 아주 기쁨이 넘치는 기도다. 다윗의 시 가운데 이 시만큼 다윗의 인생 전체를 집약적으로 설명하는 시는 없다. 폰 발타자르는 초대교회 교부들 가운데 한 사람인 이레나이우스의 말을 인용해 다음과 같이 말한다. "하나님의 영광은 완전히 살아 있는 한 인간이다"(Hans Urs von Balthasar, *The Glory of the Lord*, 75). 다윗이 바로 이레나이우스가 말하는 그런 사람이다.

> 22:1여호와께서 다윗을 모든 원수의 손과 사울의 손에서 구원하신 그날에
> 다윗이 이 노래의 말씀으로 여호와께 아뢰어

하나님은 다윗에게 말씀하셨고 다윗을 통해 말씀하셨다. 지금은 다윗이 하나님께 말씀드리고 있다. 다시 말해 다윗이 기도하고 있다. 우리가 하나님께 드리는 모든 말씀은 한 가지 상황, 즉 한 세계를 전제로 한다. 그것은 하나님이 말씀하심으로 존재하고, 그 속에서 하나님이 말씀하시는 어떤 세계다. 즉 언어는 계시다. 그 상황이 여기에서는 "모든 원수의 손과 사울의 손에서 구원하신"이라는 구(句)에 상술되었다. '구원하셨다'(delivered)라는 말은 다윗의 기도에 나오는 핵심 용어다.

'구원하셨다'와 그것의 동의어인 '건져내셨다'(saved)는 다윗의 기도에 14회(명사나 동사로)나 나온다. '구원하다'와 '건지다'는 다윗의 기도를 하나님의 은혜로우신 행동 안에 깊이 뿌리박게 한다. 우리는 보통 우리가 기도드리면 그다음에 하나님이 행동하신다고 생각한다. 그러나 여기서는 그 순서가 정반대다. 하나님이 먼저 행동하시고 그다음에 다윗이 기도한다. 두 가지 순서가 다 가능하지만, 여기서의 순서가 우리가 주목하는 순서보다 돋보인다.

22:2…여호와는 나의 반석이시요 나의 요새시요

나를 위하여 나를 건지시는 자시요

3내가 피할 나의 반석의 하나님이시요

나의 방패시요 나의 구원의 뿔이시요 나의 높은 망대시요

그에게 피할 나의 피난처시요 나의 구원자시라

나를 폭력에서 구원하셨도다

4내가 찬송받으실 여호와께 아뢰리니

내 원수들에게서 구원을 받으리로다

5사망의 물결이 나를 에우고

불의의 창수가 나를 두렵게 하였으며

6스올의 줄이 나를 두르고

사망의 올무가 내게 이르렀도다

7내가 환난 중에서 여호와께 아뢰며

나의 하나님께 아뢰었더니

그가 그의 성전에서 내 소리를 들으심이여

나의 부르짖음이 그의 귀에 들렸도다

다윗의 여러 특징 중에서 가장 다윗다운 한결같은 특징은 하나님과의 관계다. 다윗은 하나님을 신뢰하고, 하나님에 대해 생각하고, 하나님을 상상하고, 하나님께 말을 걸고, 하나님께 기도한다. 그는 또한 하나님을 잊고, 하나님께 불순종하고, 하나님을 거슬러 죄를 범하고, 하나님을 무시한다. 그러나 하나님은 다윗이 행하고 말하는 모든 것을 설명해 주고 규정하는 실체이시다. 다윗이라는 존재에게 가장 큰 부분을 차지하는 것은 다윗 자신이 아니라 하나님이다.

하나님에 대한 의식이 그의 인생에 충분하고 배어 있다는 증거는 바위, 요새, 구원자, 피난처, 방패, 구원의 뿔, 요새, 구주 등 그가 사용한 다양한 은유에서 나타난다. 다윗은 하나님께 몰입했다. 보이는 것은 모두 보이지 않는 것을 드러낸다. 다윗은 은유로 하나님의 이름을 부른다. 은유는 보이는 삶과 보이지 않는 삶, 즉 '하늘과 땅' 사이에 광범위한 상호관련성이 있다고 증언하는 언어다. 충분히 멀리 그리고 충분히 깊게 따라간다면, 보이고 들리고 맛이 느껴지고 만져지고 경험되는 모든 것은 우리를 하나님의 임재 앞으로 이끈다. 심지어 반석들도 그렇다. **반석**은 이 기도가 시작된 후, 첫 번째로 나오는 은유다. 이 은유는 다윗의 기도에 자주 나타나는 용어다. 아마 하나님을 가리키는 은유 가운데 그가 가장 좋아하는 용어일 것이다. (여기에서도 다섯 번 이상 나타난다.) 그러나 반석은 하나님으로부터 가장 멀리 떨어져 있는 것이다. 창조의 척도로 볼 때, 반석보다 낮은 것이 있는가? 그러나 아주 다른 것을 보고 다윗은 같은 것이라고 인식한다. 다윗은 자기 주변 어디에나 있는 것에 주목한다. 그가 다른 것에 주목할수록 그는 **하나님**을 더욱 주목하게 된다. 다윗은 시인이되 신학적인 시인이다. 그는 하나님을 주목하는 사람이며, 하나님에 대한 최고의 작명가(作名家)다. 그는 계시를 직접 경험한 뒤 하나님을 주목하고 하나님의 이름을 짓는다.

그리고 실제로 하나님에 관하여 주목하고 이름짓는 모든 것을 그는 기도로 표현한다. 그는 하나님 안에 있는 어떤 것이나 하나님에 관한 어떤 것도, 나중에 검토하기 위해 보류하거나 한가한 시간에 토론 주제로 삼기 위해 방치하지 않는다. 하나님은 인격적이며 현존하시며 **대답**을 요구하신다. 일인칭 대명사 '나의'와 '나는'은 본문에서 기도의 서두에 스물한 번이나 언급된다. 다윗은 하나님을 아는 만큼 하나님께 기도한다. 다윗은 자신이 기도하지 않은 하나님에 관해서는 잘 모른다.

유대-기독교의 오랜 역사를 돌아보면, 우리가 하나님에 관해 알고 있는 어떤 것도 기도로 구하지 않으면 곧 나빠진다고 해도 과언이 아니다. 하나님께 기도하지 않으면서 하나님의 이름을 부르는 것은 신성모독이다. 그들이 아마추어든지 전문가든지, 소위 신학자라고 하는 이들 중 기도하지 않는 사람은 마귀와 동맹을 맺고 있는 사람들이다. 마귀는 하나님에 관해 모든 것을 알고 있지만 하나님과 전혀 관계가 없는 신학자들과 같은 종(種)이다.

다윗은 기도한다. 다윗은 은유로 기도하고, 경험으로 기도하고, 계시로 기도한다. 그에게 일어난 모든 일이 기도를 통하여, 자신 안에서 역사하시는 하나님의 구원이 되었다.

> 22:8이에 땅이 진동하고 떨며
> 하늘의 기초가 요동하고 흔들렸으니
> 그의 진노로 말미암음이로다
> 9그의 코에서 연기가 오르고
> 입에서 불이 나와 사름이여
> 그 불에 숯이 피었도다
> 10그가 또 하늘을 드리우고 강림하시니
> 그의 발 아래는 어두캄캄하였도다
> 11그룹을 타고 날으심이여
> 바람 날개 위에 나타나셨도다
> 12그가 흑암 곧 모인 물과
> 공중의 빽빽한 구름으로 둘린 장막을 삼으심이여
> 13그 앞에 있는 광채로 말미암아
> 숯불이 피었도다

14여호와께서 하늘에서 우렛소리를 내시며

지존하신 자가 음성을 내심이여

15화살을 날려 그들을 흩으시며

번개로 무찌르셨도다

16이럴 때에 여호와의 꾸지람과 콧김으로 말미암아

물 밑이 드러나고 세상의 기초가 나타났도다

17그가 위에서 손을 내미사 나를 붙드심이여

많은 물에서 나를 건져내셨도다

18나를 강한 원수와 미워하는 자에게서 건지셨음이여

그들은 나보다 강했기 때문이로다

19그들이 나의 재앙의 날에 내게 이르렀으나

여호와께서 나의 의지가 되셨도다

20나를 또 넓은 곳으로 인도하시고

나를 기뻐하시므로 구원하셨도다

　우리가 이 기도에 익숙하려면, 먼저 그 근간을 이루는 계시적 토대를 인식해야 한다. 본문의 배경은 이스라엘 자손이 애굽에서 구원받은 후 시내 광야에서 예배드린 것이다. 본문은 하나님이 자신이 선택하신 백성을 홍해에서 구원하시고, 그들과 시내 산 언약을 맺으며, 그들에게 자유의 생명을 허락하신 사건을 다시 풀어쓴 것이다. 우리도 이 이야기를 출애굽기에서 읽을 수 있지만, 다윗은 이 모든 구체적인 내용들을 어떻게 알았을까? 출애굽기에서는 **이것들**을 읽을 수 없다. 다윗은 모세의 글을 단순히 인용하는 것만으로는 만족할 수 없었다. 그는 자신의 글에 권위를 부여하려고 모세의 글을 언급하는 것이 아니다. 다윗은 갈라져서 둘로 나뉜 바다와 바위에 번개가 내리치고 있는 산을 **상상한다**. 다윗은 정보를 구하기 위해서가 아니라 이야기의 참여자가 되려고 출애굽 이야기 속으로 들어가는 것이다. 그는 사건들을 구성하는 것이 아니라 이야기에 익숙해지려는 것이다. 다윗은 우리에게 성경 읽는 방법을 보여주고 있다.

다윗 전승에서 나온 수많은 시편들, 그리고 특별히 이 시는 다윗이 단어들을 훌륭하게 사용하고 있음을 보여준다. 그는 실체를 만들어 내기 위해 신선하고 화려한 단어들을 사용했다. 그런 의미에서 다윗은 시인이었다. 다시 말해 그가 단어를 사용하는 것은 단순히 뭔가를 표현하기 위해서가 아니라 뭔가를 만들기 위해서였다. (시인을 의미하는 영어 단어 poet의 어원은 헬라어 '포이에오'인데, '만들다'라는 뜻이 있다.)

하나님은 모든 수고를 떠맡으시는 분이 아니다. 실체를 다 드러내신 후 우리에게 구경꾼처럼 둘러서서 지켜보라고 하지 않으신다. 계시를 주시는 목적은 우리로 하여금 그 속으로 들어가 그것에 익숙해지라는 것이다. 언어는 우리를 '편하게' 만드는 가장 기본적인 방법이다. 일반적으로 언어를 배울 때, 거기에 있는 사물이나 존재가 아니라 우리가 있는 곳을 알아내려 한다. 우리는 근처의 사람들을 인식하고 그곳에 있는 사물과 존재를 우리와 연결시킬 적절한 단어들을 찾는다. 상상력은, 존재하지만 보이지 않는 관계들과, 연속성과, 연결성을 제공한다. 상상력은 여백을 채워주고 행간의 의미를 파악하게 해준다. 말을 배우고 말을 하면서, 우리는 모두 시인으로 인생을 시작한다. 우리는 말을 가지고 세상을 이해하며, 말을 가지고 **출세하며**, 말을 가지고 없는 것을 **표현한다**. 우리는 말을 가지고 알려지지 않은 것을 **알려지게 한다**. 말을 가지고 이해하고 표현하고 알리는 사람들! 그들이 시인이다.

시와 기도는 본래부터 동류다. 시와 기도가 시인이며 기도하는 사람 다윗이라는 한 인물 안에 융합되어 있는 것은 결코 우연이 아니다. 기도는 하나님이라는 실체가 직접적이고 인격적이라는 것을 인식하는 데서부터 습관적으로 하게 되는 행위다. 그리고 시는 가장 친밀하고 인격적인 언어다. 우리의 삶에서 시를 회복하는 일은 기도를 회복하는 일과 서로 협력한다. 다윗이 활동하는 시인이라는 사실은 그가 기도의 사람이라는 사실만큼이나 중요하고 의미 있다.

다윗 자신이 하나님의 계시 속에 포함되어 있다는 깨달음 안에서 다윗의 기도와 시는 하나가 된다. "그가 위에서 손을 내미사 나를 붙드심이여… 나를 또 넓은 곳으로 인도하시고 나를 기뻐하시므로 구원하셨도다"(17, 20절). 과거에 (애굽과 시내 광야에서) 행하신 하나님의 행동은 과거에 머물러 있지 않고 현재가 되었다. 다윗은 하나님의 행동에 참여한다. 모세와 다윗 사이에는 간격이 없다. 믿음과 기도로 두 사람은 동시대 사람이 되었다.

> 22:21여호와께서 내 공의를 따라 상 주시며
> 내 손의 깨끗함을 따라 갚으셨으니
> 22이는 내가 여호와의 도를 지키고
> 악을 행함으로 내 하나님을 떠나지 아니하였으며
> 23그의 모든 법도를 내 앞에 두고
> 그의 규례를 버리지 아니하였음이로다
> 24내가 또 그의 앞에 완전하여
> <u>스스로</u> 지켜 죄악을 피하였나니
> 25그러므로 여호와께서 내 의대로,
> 그의 눈앞에서 내 깨끗한 대로 내게 갚으셨도다

21절에서 지금까지의 분위기와 흐름이 갑자기 바뀐다. 시가 느려지면서, 하나님의 구원 행위를 증언하는 은유의 폭포로부터 묵상에 잠기는 소용

돌이로 빠져든다. 문맥을 무시하면, 이 숙고하는 구절들은 오해를 불러일으킬 수 있다. 즉 말투에서 성취감과 자신감이 넘치며 심지어 하나님의 도를 다 이루었다는 확신을 보이는데, 이것은 거의 자기의(自己義)로 해석될 수 있는 자기만족과 같은 것이다. 그러나 다윗이 기도를 시작할 때 자신이 하나님의 역사에 참여하고 있다고 했고(1-20절), 뒷부분(29-51절)에서도 하나님의 행하심을 계속해서 증언하는 것으로 보아, 이 구절은 자축하는 신앙심을 보여주는 본문으로 오용될 수 없다.

성경에 나오는 가장 중요한 행동들은 모두 하나님과 관계 있다. 그러나 인간이 하는 일들이 차이를 낳을 수 **있다**. 인격을 함양하고, 결정을 내리고, 습관을 길들이고, 하나님의 계명들을 순종하고, 죄를 고백하는 것이 그런 일들이다. 이런 것들이 그리스도인의 삶에서 가장 큰 부분을 차지하지는 않는다. 하나님과 하나님이 하시는 일이 이야기의 훨씬 큰 부분을 차지한다. 그러나 우리가 하는 일도 여전히 이야기의 일부다. 하나님이라는 콘텍스트가 충분히 견고하게 구축된 상태에서, 다윗이 한 일(우리가 한 일)이 승인된다.

이제 하나님이라는 거대한 콘텍스트에 적합한 인간의 행동이 도덕적으로 균형을 이루고 지혜롭게 관찰된 다섯 개의 격언으로 다듬어져 대구(對句) 형태로 제시된다.

> 22:26 자비한 자에게는 주의 자비하심을 나타내시며
> 완전한 자에게는 주의 완전하심을 보이시며
> 27 깨끗한 자에게는 주의 깨끗하심을 보이시며
> 사악한 자에게는 주의 거스르심을 보이시리이다
> 28 주께서 곤고한 백성은 구원하시고
> 교만한 자를 살피사 낮추시리이다

이런 도덕적인 관찰은 다윗(또는 유대-기독교)에게서만 볼 수 있는 특징이 아니다. 고대 바벨론이나 이집트 문헌에서도 이런 표현들을 볼 수 있는데, 이런 사실은 그리 놀랄 일이 아니다. 그러나 성경에서만 볼 수 있는 독특한 표현은 아닐지라도, 이 표현들은 아주 중요하다. 왜냐하면 우리가 살아가는 **도덕적인** 세상을 묘사하기 때문이다. 그리고 이 세상은 우리의 생활 방식에 영향을 주고 우리도 세상에 영향을 주기 때문이다. 우리는 어떻게 행동하고 어떻게 생각할 것인가? 하나님의 은혜는 우리에게 공중도덕을 지켜야 할 책임을 면제시켜 주지 않는다. 하나님이 주도하신다고 해서, 우리가 아침에 잠자리를 박차고 일어나야 할 책임이 줄어드는 것은 아니다. 악한 사람은 착한 사람이 보는 나무를 보지 못한다. 악한 생활은 우리의 실제 삶을 무능하게 한다. 이 도덕적 진리를 확인시켜 주는 방대한 금언들과 통찰들이 오랜 세월에 걸쳐 모든 문명에서 축적되어 왔다. 도덕적 지혜가 현재 우리 인류의 중심에 있지 않다고 해서 틀린 것은 아니다. 우리 인류의 중심은 (22장에 나오는 기도의 핵심처럼) 하나님이시다. 그러나 부속적인 도덕은, 손가락이나 발가락처럼 심장이 아니라는 이유로 깨끗이 잊어버릴 수 없다. 다윗의 기도도 인류의 보편적인 도덕적 지혜를 포함한다.

하지만 숙고의 막간이 곧 끝나고, 다윗은 다시 하나님께 몰입한다. 그의 삶의 중심에 계시는 하나님, 그 하나님의 행하심으로 인해 그는 기도한다. 앞뒤로 공중제비를 넘고, 좌우로 손을 짚고 옆으로 재주넘듯이, 그는 열광적으로 기도한다.

> 22:29여호와여 주는 나의 등불이시니
> 여호와께서 나의 어둠을 밝히시리이다
> 30내가 주를 의뢰하고 적진으로 달리며
> 내 하나님을 의지하고 성벽을 뛰어넘나이다

31하나님의 도는 완전하고

여호와의 말씀은 진실하니

그는 자기에게 피하는 모든 자에게 방패시로다

32여호와 외에 누가 하나님이며

우리 하나님 외에 누가 반석이냐

33하나님은 나의 견고한 요새시며

나를 안전한 곳으로 인도하시며

34나의 발로 암사슴 발 같게 하시며

나를 나의 높은 곳에 세우시며

35내 손을 가르쳐 싸우게 하시니

내 팔이 놋 활을 당기도다

36주께서 또 주의 구원의 방패를 내게 주시며

주의 온유함이 나를 크게 하셨나이다

37내 걸음을 넓게 하셨고

내 발이 미끄러지지 아니하게 하셨나이다

38내가 내 원수를 뒤쫓아 멸하였사오며

그들을 무찌르기 전에는 돌이키지 아니하였나이다

39내가 그들을 무찔러 전멸시켰더니

그들이 내 발 아래에 엎드러지고 능히 일어나지 못하였나이다

40이는 주께서 내게 전쟁하게 하려고

능력으로 내게 띠 띠우사

일어나 나를 치는 자를 내게 굴복하게 하셨사오며

41주께서 또 내 원수들이 등을 내게로 향하게 하시고

내게 나를 미워하는 자를 끊어버리게 하셨음이니이다

42그들이 도움을 구해도 구원할 자가 없었고

여호와께 부르짖어도 대답하지 아니하셨나이다
43내가 그들을 땅의 티끌같이 부스러뜨리고
거리의 진흙같이 밟아 헤쳤나이다
44주께서 또 나를 내 백성의 다툼에서 건지시고
나를 보전하사 모든 민족의 으뜸으로 삼으셨으니
내가 알지 못하는 백성이 나를 섬기리이다
45이방인들이 내게 굴복함이여
그들이 내 소문을 귀로 듣고 곧 내게 순복하리로다
46이방인들이 쇠약하여
그들의 견고한 곳에서 떨며 나오리로다

이제 다윗의 기도는 간증으로 바뀐다. 그는 하나님이 어떻게 자기를 준비시키셔서 하나님의 일을 하게 하셨는지를 증언하고 있다. 여기에 나오는 다윗은 행동하는 다윗, 하나님이 힘을 불어넣으신 다윗, 하나님의 일을 하고 있는 다윗이다.

그러나 다윗이 기술하는 실제적인 활동을 보면 충격받을 것 같다. 다윗의 기본적인 활동이 전쟁이기 때문이다. 다윗이 기뻐하며 수행했던 대부분의 일은 하나님이 도와주셨기에 가능했는데, 그런 일의 대부분이 사람을 죽이는 것이었다. 무기와 전투가 다윗이 살던 세계의 특징이다.

이 본문을 읽는 그리스도인들은 다음과 같은 어려운 문제에 직면한다. 오늘날 우리에게 공헌하는 다윗의 훌륭한 인간적인 삶이 어떻게 그런 비인간적인 상황에 있단 말인가? 다윗은 사람을 죽이는 일에 자발적으로(정말 열정적이다) 참여하는데, 이런 역설을 어떻게 다루어야 하는가?

우리는 우리가 살아가는(더욱 구체적으로는 그리스도인이 살아가는) 삶의 상황이나 환경들을 인정하고 받아들이는 데서부터 시작하는 것이 좋다.

날씨, 토양, 돈, 인종에 대해 느끼는 감정과 계층 간의 갈등, 부족의 전통들과 사회적인 관습들, 과학 기술과 섹스, 연주되는 음악의 종류와 언어를 사용하는 방식, 들려지는 이야기의 성격 등이 우리 주위의 상황이나 환경이다. 우리는 대부분 상황이나 환경을 당연한 것으로 여긴다. 우리는 엄마의 젖처럼 이런 상황이나 환경들을 흡수하며, 그것들에 관해 좀처럼 생각해 보지 않는다. 상황이나 환경은 하나님의 형상대로 지음받은 존재에게 어떤 때는 호의적이고 어떤 때는 불리하게 작용한다. 그러나 그것들은 언제나 **거기에** 있다. 우리는 사회적, 문화적, 정치적 진공 상태에서 그리스도인으로 살아가는 것이 아니다.

찰스 윌리엄스는 그리스도인 공동체가 되는 것에 관해 아주 잘 설명하면서, 예수는 세 가지 환경에서 태어나셨는데, 로마의 권력, 헬라의 문화, 인간의 죄라고 했다(Charles Williams, *The Descent of the Dove*, 4). 윌리엄스는 설득력 있게 다음과 같이 주장했다. "성령은 오랜 세월에 걸쳐 교회가 처한 상황들의 변화를 통하여 예수의 삶을 설명하시는데, 성령은 **언제나** 환경이나 상황 속에서 역사하신다." 그런 환경들이나 상황들이 성령의 사역을 제한하지 않는다. 오히려 우리 주님이신 성령은 한계들 안에서 일하기로 작정하신다. 이러한 한계들 안에서 일하신다고 해서, 성령이 그런 상황이나 환경에 세례를 베푸시지는 않는다. 예를 들어 주후 1세기의 팔레스타인을 황금 시대로 보는 그리스도인들은 많지 않다. 여기서 우리가 이해하는 것은 이중적이다. 실제로 어떤 상황도 성령의 역사를 가로막을 수는 없다. 그리고 성령은 결코 환경이나 상황을 제외하고 일하시지 않는다. 하나님은 바로 가까이에 있는 어떤 환경들도 당신의 나라를 이루는 데 사용하실 수 있다. 다윗이 자신의 적들을 "거리의 진흙같이"(43절) 짓밟는 것도 여기에 포함한다.

다윗은 전체적으로 볼 때 블레셋 문화와 가나안 사람들의 품행, 즉 폭력과 섹스가 만들어 낸 환경 속에서 살며 기도했다. 고고학자들이 옛 유적지에서 발굴한 블레셋 사람들의 맥주잔과 가나안의 다산 여신들이 두 문화를 상징적으로 보여준다. 하나님의 영광을 위해 살려는 사람에게 이보다 마음에 맞지 않는 시대나 마음에 들지 않는 환경은 상상할 수 없다. 아마 '본디오 빌라도 치하에서' 사는 경우를 제외하면 말이다.

그런데 그것이 다윗이 직면한 현실이었다. 그는 폭력과 섹스가 난무한 철기 시대에 태어나서 살다가 죽었다. 다윗은 그런 것들의 영향을 면제받지 않았지만, 그렇다고 해서 그런 것들에 갇혀 있었던 것도 아니었다. 다윗은 아주 믿기 어려운 방법으로 그런 환경들을 극복했다. 그래서 우리는 흔히 다윗 이야기를 읽을 때, 그런 환경들에 대해서는 거의 주의를 기울이지 않는다. 우리는 **반드시** 그런 환경들을 주의 깊게 살펴보아야 한다. 왜냐하면 우리도 그와 동등하게 그리고 유사하게 바람직하지 못한 환경 속에서 살고 있기 때문이다. 폭력과 섹스, 전쟁과 난잡한 성행위가 전형화한 문화는 그리 크게 변한 것 같지 않다. 그리고 이런 것들이 **인간**의 상황이기 때문에, 그런 상황들이야말로 거룩한 삶이 이루어질 수 있는 유일한 환경이다.

> 22:47여호와의 사심을 두고 나의 반석을 찬송하며
> 내 구원의 반석이신 하나님을 높일지로다
> 48이 하나님이 나를 위하여 보복하시고
> 민족들이 내게 복종하게 하시며
> 49나를 원수들에게서 이끌어 내시며
> 나를 대적하는 자 위에 나를 높이시고
> 나를 강포한 자에게서 건지시는도다
> 50이러므로 여호와여 내가 모든 민족 중에서 주께 감사하며
> 주의 이름을 찬양하리이다

51여호와께서 그의 왕에게 큰 구원을 주시며

기름 부음 받은 자에게 인자를 베푸심이여

영원하도록 다윗과 그 후손에게로다

인생의 영역 중 다윗이 탐구하고 관심을 기울이지 않은 영역은 많지 않다. 그리고 언제나(적어도 '마침내'는) 그에게 인생의 가장 큰 부분은 하나님이었다. 이것이 이 위대한 '기도시'가 증언하는 것이다.

만일 우리가 하나님을 경배하지 않고 신뢰하지 않고 순종하지 않는다면, 옳은 것을 눈앞에서 대부분 놓치게 된다. 하나님을 무시하거나 거절하면 우리가 나빠지는 게 아니라 작아진다. 조각가 자코메티(Giacometti, 스위스의 조각가이자 화가-옮긴이)가 제작한 조각상들처럼, 미약하고 보잘것없는 존재로 만든다. 자코메티는 신을 믿지 않는 20세기의 세속화 물결이 한 세기 동안 사람들에게 한 짓이 무엇인지를 보여주기 위해 조각 작품을 남겼다.

이와 대조적으로, 다윗의 일생은 하나님을 인정하고 하나님께 인정받는 삶이었다. 다윗의 일생은 크고 높고 넓었으며, 예수께서 말씀하신 '생명을 풍성히 얻게'(요 10:10) 한 삶이었으며, 바울이 말한 '믿는 우리에게 베푸신 능력이 지극히 크시다'(엡 1:19)는 증거였다.

다윗은 조그마한 결점에도 그의 후손이신 예수께서 하신 것과 같은 방식으로 원수들을 사랑할 여유가 없었다. 그의 도덕성과 태도는 기대치에 미치지 못했다. 그런데 이런 것들이 이야기 속에서 본질적인 문제로 부각되지는 않는다. 그렇다고 해서 다윗의 실패와 죄가 악한 행위를 합법화하는 데 악용될 위험은 없다. 다윗 이야기는 우리가 먼저 선하게 되어야 하나님을 만날 수 있는 것이 아님을 증언하기 때문이다. 우리는 먼저 하나님을 만난 다음, 긴 인생 여정에 걸쳐 하나님의 방법 안에서 훈련받고 연단된다.

두 번째 시: 다윗의 마지막 말(23:1-7)

'마지막 말'은 우리가 붙들고 음미하며 깊이 숙고해야 할 말이다. 그것은 '쓰고 버리는' 하찮은 말이 아니다. 유언은 현재 확인할 수 있는 일생 전체에 비추어 그 진정성이 입증된다. 만약 이런 시험을 통과한다면 그 말은 권위를 얻게 된다. 그 사람이 살아온 일생에 비추어 그 말의 진위를 판단할 수 있다. 만약 그 사람이 살아온 인생이 그의 마지막 말이 거짓임을 입증한다면, 그 말은 무시해 버리면 된다. 그러나 그 말이 그 사람이 살아온 인생에 기초한 것이라면, 우리는 그 말을 소중히 여길 것이다. 그리스도인들은 예수께서 십자가에서 하신 최후의 일곱 말씀(가상칠언)을 복음의 진수라고 생각하고 귀히 여긴다. 우리는 다윗의 임종의 말을 그의 인생에 대한 진실한 비명(碑銘)으로 존중한다.

(물론 이 본문은 문자 그대로 다윗의 '마지막' 말, 즉 유언을 기록해 놓은 것이 아니다. 그의 임종의 말은 왕상 2장에 기록되어 있으며, 이 본문을 읽어보면 그가 삶을 완수했다기보다는 그렇지 못한 것 같다는 인상을 준다. 모범적이지도 않고 유익하지도 않다!)

'마지막 말'은 시의 형태로 진술되는데(다윗은 훌륭한 시인이었다!), 정교하게 세 개의 연(stanza)으로 구성되어 있다. 첫째 연은 다윗의 메시아적 정체성(1절), 둘째 연은 왕으로서의 사역(2-4절), 셋째 연은 언약 유산(5-7절)을 다룬다.

> 23:1이는 다윗의 마지막 말이라
> 이새의 아들 다윗이 말함이여
> 높이 세워진 자,
> 야곱의 하나님께로부터 기름 부음 받은 자,

이스라엘의 노래 잘하는 자가 말하노라

첫째 연은 다윗의 메시아적 정체성을 언급한다. 다윗은 자신이 하나님의 특성을 나타내는 존재라고 이해했다. 메시아적 정체성은 네 개의 구(句)를 통해 형성된다. 먼저, 그는 "이새의 아들"이다. 생물학 안에서 영성이 시작된다. 다윗에게 특별한 것은 아무것도 없다. 그는 베들레헴에 사는 한 농부의 여덟 아들 중 한 명이다. 첫째 구 다음에 둘째 구가 온다. 그는 이새의 아들일 뿐 아니라, "야곱의 하나님께로부터 기름 부음 받은 자"이다. 생물학은 최초의 단어일 뿐이지 인간의 삶을 규정하는 궁극적인 단어가 아니다. "기름 부음 받은 자"는 '메시아'와 같은 말이다. 사무엘이 다윗의 머리에 기름을 붓자 여호와의 영이 다윗에게 크게 임했다(삼상 16:13). 하나님이 다윗을 왕으로 선택하셨다는 표시다. 바로 그날에 하나님이 다윗의 정체성을 확립하셨다. 하나님이 확립하신 이 정체성은 두 개의 구, 즉 "높이 세워진 자"와 "이스라엘의 강하신 분의 총애받는 자"를 통해 더욱 정교하게 다듬어진다. (초기 번역본들은 "이스라엘의 노래 잘하는 자"로 번역했으나, 오늘날 대부분의 학자는 이 문제의 히브리어 구절을 "이스라엘의 강하신 분의 총애받는 자"로 번역하는 것이 더 정확하다고 확신한다.) 다윗의 정체성을 구성하는 네 부분 중에서 한 부분은 이새와 관련되고 세 부분은 하나님과 관련이 있다.

> 23:2여호와의 영이 나를 통하여 말씀하심이여
> 그의 말씀이 내 혀에 있도다
> 3이스라엘의 하나님이 말씀하시며
> 이스라엘의 반석이 내게 이르시기를
> 사람을 공의로 다스리는 자,
> 하나님을 경외함으로 다스리는 자여

4그는 돋는 해의 아침 빛 같고
구름 없는 아침 같고
비 내린 후의 광선으로 땅에서 움이 돋는
새 풀 같으니라

  다음으로, 다윗의 왕으로서의 직무다. 다윗의 정체성은 다윗이라는 존재뿐 아니라 그가 하는 일과 관련된다. 다윗은 왕이다. 왕으로서 그가 할 일은 두 가지 측면, 즉 말하는 것과 다스리는 것으로 묘사된다. 다윗은 하나님의 '말씀이 내 혀에 있는 것'과 '백성을 공의롭게 다스려야 하는 사람'임을 자각한다. 말하는 것과 다스리는 것이 하나라는 인식이 있다. 다윗은 시를 짓는 왕이다. 그는 단어들을 능숙한 솜씨로, 또 경건하게 사용한다. 그는 자신의 왕좌를 정당하고 경건하게 차지한다. **하나님의** 말씀과 **하나님의** 통치는 왕으로서 다윗이 해야 할 일의 선례와 기초를 제공한다.
  다윗의 인생은 사적인 생활과 공적인 생활로 나뉘지 않으며 인격적인 삶과 정치적인 삶, 영적인 삶과 세속적인 삶으로 나뉘지 않는다. 다윗은 하나님과의 일체감을 하나님의 일로 드러냈다. 다윗이 하는 일이 다윗 자신이다.
  다윗은 자신의 필생의 사업(혹은 일하는 인생)이 '하나님을 경외함'으로 말미암아 이루어졌고, 그 자체로 백성에게 선을 가져다주는 통치 원리라고 이해한다. 빛("돋는 해")과 비옥함("풀이 무성한 땅에 내리는 비", NRSV)이라는 이미지들을 결합하여, 다윗은 환대와 결실로 특징되는 통치를 묘사한다. 말하자면 억압적이지 않고, 힘들게 하지 않고, 착취하지 않고, 포악하지 않은 통치다. 다윗의 이스라엘 통치 사역은 인류를 다스리시는 하나님의 사역이 행동으로 나타난 것이다.

    23:5내 집이 하나님 앞에 이같지 아니하냐

하나님이 나와 더불어 영원한 언약을 세우사

만사에 구비하고 견고하게 하셨으니

나의 모든 구원과 나의 모든 소원을

어찌 이루지 아니하시랴

6그러나 사악한 자는 다 내버려질 가시나무 같으니

이는 손으로 잡을 수 없음이로다

7그것들을 만지는 자는 철과

창자루를 가져야 하리니

그것들이 당장에 불살리리로다

마지막으로, 다윗의 언약 유산이다. '영원한 언약'은 다윗이라는 존재와 다윗이 하는 일을 다윗보다 훨씬 큰 상황 가운데 둔다. 창조와 구원에서 보여주신 하나님의 말씀과 행위는 다윗이 말하고 행하는 그 어떤 것보다 훨씬 크다. 그것은 광대하고 복잡한 세계다. 다윗은 한 가지 사실을 의식하고 있었다. 자신은 일생 동안 하나님의 주권에 참여해 왔지만, 자신이 만사를 운영하는 주권자는 아니었다는 점이다. 다윗은 결코 하나님의 목적에 절대적으로 필요한 존재가 아니었다. 그가 없다고 해서 하나님이 계획하신 일을 못 이루시는 것이 아니다. 매사를 주관하는 주권자는 다윗이 아니라 하나님이시기 때문이다.

'언약'은 신구약을 관통하는 포괄적인 단어들 가운데 하나다. '언약' 안에서 우리는 하나님이 계획하시는 것들과 하나님의 신실하심, 하나님의 주도적이고 지속적인 사랑, 하나님의 독창적인 은혜와 풍부한 자비의 흔적을 발견할 수 있다. 언약은 하나님이 모든 중요한 결정을 내리시고, 그 결정들을 신실하게 준수하시는 것을 의미한다. 언약은 하나님이 지금까지 이루어 오신 것과 지금 이루고 계시는 것 안으로 끌려 들어가는 것을 의미한다. (우리가 지금 하고 있는 것에 하나님을 필사적으로 끌어들이는 것이 아니다.) 지금 언약 안에 있다는 것을 안다면, 우리는 감정과 경험이라는 비좁은 숙소 안에 자신을 격리시키지 않을 것이다. 언약 때문에 우리는 소망을 가지며 살아간다. "나의 모든 구원과 나의 모든 소원을 어찌 이루지 아니하시랴?"(5절)

보통 두 당사자 사이에 맺어지는 협정을 표현할 때는 '계약'(contract)이라고 한다. 겉으로 보기에는 계약이나 언약(covenant)이나 같은 의미지만, 계약은 하나님을 배제한 채 이뤄진다. 사람들은 수많은 계약을 체결하지만 하나님은 하나의 언약만 맺으신다. 계약은 당사자들 간에 이익이 충돌할 때, 문제를 해결하기 위한 하나의 방법으로 당사자들이 모두 받아들일 만한 공평하고 정의로운 협정을 만들어 내는 것이다. 우리는 정치, 사업, 교육, 결혼 등 관계 전반에 걸쳐 광범위하게 계약을 맺는다. 그러나 그것들이 필요하긴 하지만 효과는 그리 크지 않다. 이 말이 사실인지 아닌지는 오랜 세월에 걸쳐 발전된 법률 제도와 사법 제도를 보면 알 수 있다. 인간들은 계약이 파기되었을 때 발생할 결과들을 처리하기 위해 방대하고 꼴사나운 법률 제도와 사법 제도를 발전시켜 온 것이다. 인간들은 계약을 지키는 일에 아주 익숙한 것 같지 않다. 우리는 그럴 정도로 정직하지도 않고 일관성도 없다.

그러나 계약과 달리 언약은 하나님이 시작하고 보증하신다. 언약은 지속된다. 언약은 우리를 포함하는 협정이지만 그 효력은 우리에게 달려 있지 않다. 언약은 하나님이 주도하시고 우리는 그 언약에 참여한다. 언약은 일종의 구속(拘束)하는 자유다. 언약이란 단어는 장엄하며 자유를 느끼게 한다. 다윗은 일생을 회고하면서 자신의 일생을 하나님의 언약이라는 관점에서 이해했다. "내 집이 하나님 앞에 이같지 아니하냐?"(5절)

언약 안에서 살려고 하지 않는 사람들("사악한 자")을 묘사하기 위해 "가시나무"라는 은유를 사용한다. 가시나무는 아무 데도 쓸모없다. 따라서 빨리 태울수록 좋다. 이것은 4절에 나오는 해와 비의 이미지와 대조를 이루는데, 이런 대조는 아주 효과적이며 상상력을 쉽게 불러일으킨다. 살다 보면 무슨 말을 하고 무엇을 해야 할지 결정하기 어려운 애매한 상황이 많이 생긴다. 그러나 이것은 그런 경우가 아니다. 하나님의 언약 안에 있는 인생과 협상으로 계약을 맺고 끊임없이 떠돌아다니는 인생은, 구름 한 점 없는 아침에 떠오르는 태양을 바라보는 것과 맨손으로 가시나무를 들고 끝없이 떠도는 것처럼 다르다. 게임이 안 된다.

다윗의 인생에 비추어 이런 말들을 점검해 보면 몇 가지 의문이 생긴다. 이것은 실제로 일어난 사건을 숨기기 위해 이상적이고 낭만적으로 만든 것인가? 이것은 다윗을 실제 모습보다 훨씬 좋게 보이려 한 것인가?

이 질문은 답변이 가능하다. 첫째, 다윗 이야기는 결코 다윗을 이상적인 인물로 만들려 하지 않는다. 그가 저지른 모든 죄와 실패가 공개적으로 드러난 상황에서 감시의 눈길을 피할 수 있겠는가? 둘째, 이야기의 기본적인 줄거리는 하나님이 다윗을 왕으로 선택하시고 다윗의 통치를 통해 섭리 가운데 다스리신다는 내용이지만, 이야기 전반에 정치적 파당들 사이에 긴장이 흐르고 있음을 쉽게 '감지할' 수 있다. 사울을 지지하는 사람들과 다윗을 지지하는 사람들 사이에 계속되어 온 정치적 알력이 완전히 사라진 것이 아니었다. 우리는 어떤 비인격적이고 객관적인 다윗의 '역사'를 듣고 있는 것이 아니다. 그리고 편향된 역사라면, 드러내 놓고 다윗을 합법적인 왕으로 만들고 솔로몬을 다윗의 합법적 후계자로 만들려 했을 것이다.

따라서 이야기가 솔직하고 정직하게 진술되었다는 점을 고려하면, 이 '유언'이 죽은 다윗을 '신학적으로' 다루거나 '고상하게 만들어' 다윗을 실제 인생과 상관없는 대단한 인물로 만들려 했다는(우리는 종종 우리를 당황하게 하는 지나친 찬사를 장례식에서 듣는다) 생각은 버려야 한다.

오히려 우리가 이 시에서 들을 수 있는 것은 '궁극적인'이라는 의미에서의 '마지막' 말이다. 우리는 이 시에서 다윗의 참모습을 본다. 이 시는 다윗이 그렇게 탁월하게 하나님의 배역을 감당해 낸 것이 이야기의 핵심이다. 이런 식으로 읽으면 다윗이 분명하게 보통 사람으로 보인다. 이것은 신문에 실린 부고가 알려주지 않는 것이며, 가족들이 오래전에 잊은 것이며, 심리학자들이 결코 볼 수 없는 것이다. 그것은 바로 내 안에 계시고 당신 안에 계시고 다윗 안에 계시는 **하나님**이다. 기독교 공동체는, 다윗 이야기를 읽을 때 예수의 이야기를 회고하며 읽기 때문에, 다윗의 '마지막 말'을 읽으면서 그 속에서 '그리스도인의 삶'을 읽어낸다. 이 다윗의 '마지막 말'은 그리스도인의 삶의 기초가 된다. 메시아적(성자로서) 정체성, 왕으로서의(성령이 지도하시는) 사역, 언약(성부가 주관하시는)이라는 상황이 그것이다.

두 번째 명단: 용사들의 이름(23:8-39)

> 23:8다윗의 용사들의 이름은 이러하니라… 39…이상 총수가 삼십칠 명이었더라

이 명단은 다윗을 섬기는 용사들을 소개하는데, 21장 15-22절에 있는 거인 킬러들의 명단과 비슷하다. 다윗의 군대가 어떻게 구성되었는지를 알고 싶어 하는 사람들은 이 명단에 관심이 많다. 학자들은 이 명단을 철저히 조사하여 다윗을 섬겼던 다양한 사람들에 관해 설명해 줄 만한 것들을 많이 찾아낸다.

이 명단의 가운데 부분(13-17절)에는, 다윗이 왕이 되기 전 아둘람 동굴

에서 피신하며 지낼 때 겪었던 생생하고 대표적인 일화가 놓여 있다. 그것은 세 명의 무명 용사들이 다윗을 위하여 죽음을 무릅쓰고 '베들레헴의 우물'에 가서 물을 길어온 이야기다. 그들은 다윗이 향수에 젖어 고향에 있는 오래된 우물의 물을 마시고 싶다는 말을 엿들었다. 그들은 위험한 블레셋 진영으로 슬금슬금 들어가 물을 구해왔다. 그러나 다윗은 그 물을 마시지 않고, 세 사람의 충성에 경의를 표하며 그 물을 땅에 쏟아부었다. 일종의 신성한 예물로 드린 것이다. 너무 귀하고 거룩한 물이기에 마실 수 없었던 것이다. 다윗에 관한 이런 유의 이야기는 '옛날'부터 수없이 많이 유포되었을 테지만, 주된 이야기에는 포함되지 않았다. 수백 년이 지난 후, 이 특별한 이야기는 선별되어 역대기에 진술된 것(대상 11:15-19)처럼 다윗 왕조에 관한 '공식적인' 내러티브 안으로 흡수되었다.

다윗의 용사들의 명단 가운데서 특별히 두 사람을 언급해야겠다. 한 사람의 이름은 명단에 올랐고, 다른 한 사람의 이름은 누락되었다. 헷 사람 우리아의 이름은 최종 명단에 올랐는데, 거기에는 특별한 의미가 있다. 이름이 최악의 순간들에 대한 다윗의 기억들을 되살아나게 한다. 우리아는 주인에게 충성을 다했지만 자기 위험을 면하려는 주인에게 배신당한 신하의 전형(典型)이다. 우리아의 이름은 이 명단의 마지막에 나온다. 이것은 일종의 메모로, 다윗의 과거 행적을 고상하게 만들어서 다윗을 초월적인 인물로 이상화하거나 도덕적인 모델로 사용할 수 없다는 사실을 일깨워준다. 설교 시간이나 주일학교 성경공부 시간에 그런 일(다윗을 이상적인 인물로 만들려는 시도)이 일어날 때마다, 우리는 "헷 사람 우리아"라고 외칠 필요가 있다.

명단에서 빠진 이름은 요압이다. 그는 다윗의 사람들 중에서 가장 중요한 사람이었다. 순전히 역사적인 관점에서만 본다면, 요압의 이름이 다윗의 용장들의 명단에서 빠지는 것은 상상할 수 없다. 요압이 없는 상태에서 다윗이 왕이 되거나 왕권을 유지할 수 없었기 때문이다. 양심의 가책을 받지 않는 무자비한 독재자 요압은, 다윗이 왕이 되게 하고 왕위에 머무르게 하는 데 필요한 일은 무엇이든 다 했다. 그런데 왜 그의 이름이 명단에서 빠졌을까? 누군가 그에게 관심을 기울이지 않았기 때문인가? 기록자가 부주의해서 잊어버린 것인가? 요압의 이름이 우연히 누락되었을 리 없다. **지워진** 것이다. 저자는 이렇게 말하려고 이름을 지운 것이다. "요압은 이 이야기에 꼭 필요한 사람이 아니다. 당신은 아마도 요압의 사악한 도움이 없었다면 다윗이 왕이 되지 못했으리라고 생각할 것이다. 분명히 요압은 자신을 그런 존재로 생각했다. 자신이 꼭 필요한 사람이라고 생각했다. 아마 다윗도 그가 필요하다고 생각했을 것이다. 그러나 요압은 꼭 필요한 사람이 아니었다. 하나님이 요압 같은 사람들을 사용하시지만, 그런 사람들을 꼭 필요로 하시는 것은 아니다. 그런 사람들이 있어야만 하나님의 일이 이뤄지는 것은 아니라는 말이다. 요압의 이름이 언급되지 않아도 다윗의 이야기는 완전하게 읽힐 수 있고 완성될 수 있다." 오로지 인간적인 동기들과 행위들을 다루는 비종교적인 역사가들은 이 이야기에서 요압의 이름을 빼면, 건물의 벽에서 세 번째나 네 번째 기둥을 제거해 버리는 것처럼, 내러티브 구조 전체가 무너진다고 생각할 것이다. 왜냐하면 요압은 유일하게 군사적, 정치적으로 많은 일들을 함께 관장하는 가장 중요한 사람이었기 때문이다. 그러나 하나님이 현존하시고 사람들이 하는 모든 일을 주관하시는 것을 믿는 신학적인 역사가의 눈에는, 이 이야기에서 요압의 이름을 뺀 것이 건물 바깥벽의 판자를 떼어내는 것과 같을 것이다. 판자를 떼어내면, 빈자리는 눈에 띄겠지만 벽이 무너질 정도로 위험한 것은 아니다. 사무엘서의 기록자가 그렇게 한 것이다. 다윗 왕국에서 아주 중요하게 생각되는 사람들의 최종 명단을 작성할 때, 조용히 요압의 이름을 빼버린 것이다. 그리고 우리도 요압이 없다는 것을 깨닫지 못한다.

요압은 젠체하는 사람이었을 뿐이다. 다윗이 그를 중요하게 여기지도 아니했고, 확실히, 하나님이 중요하게 여기시는 사람도 아니었다.

두 번째 이야기: 전염병과 아라우나(24:1-25)

다윗과 관련된 이야기들을 모아놓은 결론 부분(삼하 21-24장)의 첫 번째 이야기는(21:1-14), 재난(기근)과 재난의 회복에 관련된 한 사람(리스바)을 다룬다. 두 번째 이야기는 또 다른 재난(유행병)과 이 재난으로부터의 회복에 관련된 한 사람(아라우나)을 다룸으로써 첫째 이야기와 조화를 이룬다. 물론 다윗은 각 이야기의 중심에 있다. 기근/리스바 이야기처럼, 전염병/아라우나 이야기는 하나의 죄에서 비롯한다. 이 죄 때문에 생긴 자연적인 재난은 다윗이 적절하게 행동하자 멈췄다. 그러나 두 이야기 사이에는 차이점들도 있다.

> 24:1여호와께서 다시 이스라엘을 향하여 진노하사 그들을 치시려고 다윗을 격동시키사 가서 이스라엘과 유다의 인구를 조사하라 하신지라

첫 문장은 두 개의 진술로 이뤄져 있는데, 계몽주의적 사고방식에 길든 현대인들의 귀에는 거슬린다. "여호와께서 진노하사", "(여호와께서) 다윗을 격동시키사(죄를 짓게 하셨다)." 하나님은 아무 이유 없이 화를 내신다. 그리고 다윗을 부추겨 죄를 짓게 하신다. 불합리하게 화를 내는 하나님과 자신이 세운 왕을 꾀어 뭔가 재난을 초래할 일을 만드시는 하나님을 마주 대하면서, 우리는 묻지 않을 수 없다. "도대체 무슨 일이 일어난 것인가?" 게다가 이 에피소드의 후반부에는 멸망시키는 천사가 나타난다(16-17절).

이런 요소들은 하나도 이해가 가지 않는다. 논리 정연하고 모든 것이 설명될 수 있는 종교를 좋아하는 사람들은 이런 문제들을 들으면 결말이 좋지 않을 것이라고 생각한다. 다음과 같은 질문 때문에 첫 문장을 넘어서기 어렵다. 하나님은 왜 진노하시는가? 다윗을 속여 범죄하게 만드는 이분은 어떤 하나님이신가? 내 생각에 천사는 사람 곁에서 사람을 돕는 존재인데, 천사가 사람들을 해칠 수 있는가?

그러나 이 이야기는 이런 질문들에 관심이 없다. 이 이야기는 하나님이 인간의 머리로는 충분히 이해할 수 없는 분이며(이해할 가치가 없다는 뜻이 아니라 인간의 이해를 뛰어넘는 분이라는 뜻이다), 하나님은 우리에게 그분이 하시는 일이나 일하는 방식을 설명하실 필요가 없다는 것을 가르친다. 하나님은 절대 불합리한 분이 아니지만, 합리적으로 설명될 수 있는 분도 아니다. 하나님은 우리의 이해를 초월하신다. 우리가 이해할 수 있는 수준에 맞도록 하나님을 제한할 수 없다. 하나님은 최고의 신비이시다. 욥이 이와 같은 질문에 대한 답을 얻으려고 애쓰자, 하나님은 욥에게 빗발치는 질문을 던져서 욥으로 하여금 분수를 알게 하신다. 하나님은 "무지한 말로 생각을 어둡게 하는 자가 누구냐?"라는 질문과 "내가 땅의 기초를 놓을 때에 네가 어디 있었느냐?"라는 질문으로 시작하신다(욥 38:2, 4).

그래도 여전히 이 이야기는 신학적으로 혼란스럽고 다루기 어렵다. 이유 없이 진노하시는 하나님과 다윗이 죄를 짓도록 부추기시는 하나님을 어떻게 이해할 수 있는가? 그런데 이 난처함이 나중에 유익하다는 것이 드러난다. 왜냐하면 이런 곤란함 때문에 우리가 하나님을 우리의 기대와 이해에 맞추어 제한하지 않기 때문이다. 이런 곤란함 때문에 우리는 정신을 바짝 차리고 거룩한 신비에 민감하게 된다. 그것은 우리를 일깨워 문화적 선입견으로부터 벗어나게 한다. 그것은 성경에서 도덕을 가르치는 일화(예상할 수 있는 것들이다)들만 뽑아내지 못하게 막는다. 우리는 어떤 경우에

'하나님이 틀림없이 이렇게 행동하실 것'이라고 예상한다. 그러나 하나님은 절대로 우리의 사고방식에 맞추어 행동하시는 분이 아니다. 그러나 만일 충분히 오랫동안(예수께 이어질 때까지) 이 이야기에 열중한다면, 하나님은 우리가 기대하는 것보다 나쁜 분이 아니라 좋은 분이심을 알게 될 것이다. 과학적 진리든 신학적 진리든, 우리 자신보다 큰 진리는 처음에 이해할 수 없고 우리를 좌절시키는 법이다. 일반적으로 인정된 개념이라는 자궁 같은 안전함으로부터 강제로 갈라지는 것은 고통스러운 일이다. 정직한 독자라면, 성경을 읽을 때 고민하며 많은 시간을 보내기 마련이다. 그리고 성경을 가르치는 사람들은 그런 어려움을 제거해 버릴 수 있는 적절한 설명들을 날조할 생각은 하지 않는 것이 현명하다. 이야기 자체에 우리 자신을 복종시킬 때, 비로소 우리는 하나님의 주권과 인간의 죄라는 검은 구름(앞을 내다볼 수 없다)을 뚫고 들어오는 햇살(기도, 자비, 용서, 약속)을 보게 된다.

하나님의 주권적 신비라는 이 큰 배경 속에서 다윗은 세 가지 일을 한다. 인구조사를 하고(2-9절), 자신의 양심의 소리와 하나님의 선지자 갓의 말에 귀를 기울이고(10-17절), 아라우나의 타작마당을 사서 거기에 제단을 쌓는다(18-25절).

> 24:2이에 왕이 그 곁에 있는 군사령관 요압에게 이르되 너는 이스라엘 모든 지파 가운데로 다니며 이제 단에서부터 브엘세바까지 인구를 조사하여… 4…요압과 사령관들이 이스라엘 인구를 조사하려고 왕 앞에서 물러나… 9 요압이 백성의 수를 왕께 보고하니 곧 이스라엘에서 칼을 빼는 담대한 자가 팔십만 명이요 유다 사람이 오십만 명이었더라

인구조사가 큰 죄라는 것이 이야기가 전개되면서 분명해진다. 심지어 영적으로나 도덕적으로나 민감하지 못한 요압도 반대한 인구조사를 다윗은

강행했다. 인구조사가 어떤 성격의 죄인지 본문은 설명하지 않는다. 그러나 이 본문을 연구하는 학자들은 인구조사가 믿음으로 사는 것에서 철저히 벗어난 모습을 보여줬다는 데 동의한다. 군인들을 계수하는 것은 하나님을 신뢰하는 것과 반대되며, 시편 20편에서 볼 수 있는 기도와도 대립되는 것이다. "어떤 사람은 병거, 어떤 사람은 말을 의지하나 우리는 여호와 우리 하나님의 이름을 자랑하리로다"(시 20:7). 인구조사는 징집 대상자를 가려내고(9절에 분명히 나타난다) 세금을 징수할 수 있는 근거를 마련해 주는데, 이 두 가지는 비인간화되고 독재화된 국가 권력의 특징이다. 인격적인 하나님을 대표해야 할 다윗 정부가 정체불명의 관료주의로 변질되고 있다. 어느 시점에서부터인지 다윗은 이름보다 숫자에 관심이 많아졌다.

인구조사의 결과로 발생한 전염병이 느리고 포착하기 힘들게 일어나는 것은 극적인 연출이다. 죄는 사회적 결과들을 가져온다. 왕이 죄를 범하자 백성들이 병들었다. 죄를 지을 때마다 그 죄가 공공연하게 드러나고 사람들의 관심을 끌고 신문에 나는 것이 아니다. 흔히 죄는 일상적인 일들 안에 숨겨져 있다. 그러다가 나중에, 때로는 오랜 시간이 지난 후에야 드러나 도처에서 사람들을 죽인다. 켄터키 주에 사는 농부이며, 미국의 현대판 선지자인 웬델 베리는 퉁명스럽게 말했다. "우리는 우리의 코앞에서 벌어지지 않은 일에 관해서는 그 일에 동참하지 않았다고 생각하기 쉽다. 그러나 우리가 한 사회의 구성원이라면 싫든 좋든 그 사회의 악에 동참한 것이다(Wendell Berry, *What Are People For?*, 81).

마귀는 추상적으로 생각하게 하고, 통계에 관심을 갖게 만들고, 특정 지방의 상황들을 일반화된 개념으로 바꾸어 놓는다. 다윗의 죄는 '수를 센 것' 자체가 아니라 이름을 숫자로 대치한 것이다. 우리 사회에 존재하는 수많은 악의 뿌리에는 실체를 설명하기 위해 숫자를 사용하는 습관이 놓여 있다. 예를 들면, '사망자 수 통계'에 의해 전쟁의 참사가 가려지고,

'실업자 비율'에 의해 빈곤이라는 쓰레기 처리장이 소독되고, '순이익'과 '연간 수익' 뒤에 탐욕스러운 강탈이 숨겨진다. 이러한 회계보고가 교회와 공동체와 정부의 생활을 지배하는 바로 그 순간에 거대한 악들이 마구 퍼지고, 종적을 감추어 더 이상 탐지되지 않는다.

> 24:10다윗이 백성을 조사한 후에 그의 마음에 자책하고 다윗이 여호와께 아뢰되 내가 이 일을 행함으로 큰 죄를 범하였나이다 여호와여 이제 간구하옵나니 종의 죄를 사하여 주옵소서 내가 심히 미련하게 행하였나이다 하니라 11다윗이 아침에 일어날 때에 여호와의 말씀이 다윗의 선견자 된 선지자 갓에게 임하여 이르시되 12가서 다윗에게 말하기를 여호와께서 이와 같이 말씀하시기를… 13갓이 다윗에게 이르러 아뢰어 이르되 왕의 땅에 칠 년 기근이 있을 것이니이까 혹은 왕이 왕의 원수에게 쫓겨 석 달 동안 그들 앞에서 도망하실 것이니이까 혹은 왕의 땅에 사흘 동안 전염병이 있을 것이니이까… 14다윗이 갓에게 이르되 내가 고통 중에 있도다 청하건대 여호와께서는 긍휼이 크시니 우리가 여호와의 손에 빠지고 내가 사람의 손에 빠지지 아니하기를 원하노라 하는지라 15이에 여호와께서 그 아침부터 정하신 때까지 전염병을 이스라엘에게 내리시니 단에서부터 브엘세바까지 백성의 죽은 자가 칠만 명이라 16천사가 예루살렘을 향하여 그의 손을 들어 멸하려 하더니 여호와께서 이 재앙 내리심을 뉘우치사 백성을 멸하는 천사에게 이르시되 족하다 이제는 네 손을 거두라 하시니 여호와의 사자가 여부스 사람 아라우나의 타작 마당 곁에 있는지라 17다윗이 백성을 치는 천사를 보고 곧 여호와께 아뢰어 이르되 나는 범죄하였고 악을 행하였거니와 이 양 무리는 무엇을 행하였나이까 청하건대 주의 손으로 나와 내 아버지의 집을 치소서 하니라

다윗의 죄 때문에 전염병이 창궐하여 7만 명이나 죽었다. 다윗은 그 상

황에 직면하자 책임을 통감하고 하나님께 자비를 구한다. 전염병 기사 앞
뒤로 다윗의 기도가 놓여 있다(10, 17절). 야심과 권력을 위해 자만한 행동
(인구조사)을 한 뒤 다윗은 자신이 하나님을 상대하고 있다는 것을 깨달
았다. 선견자(혹은 선지자) 갓이 그에게 하나님의 말씀을 전해주자(이전에는
나단이 이 일을 했다), 다윗은 자신이 상대하고 있는 것이 자기 자신의 계획
이 아니라 하나님의 계획이라는 것을 깨닫는다. 다윗은 기도한다. 그가 드
린 첫 번째 기도는 회개기도며(10절), 두 번째는 중보기도다(17절). 그는 자
기가 잘못했다는 것을 알고 그 사실을 인정했다. 그리고 책임을 통감하고
자신의 범죄로 인해 고통당하는 백성을 위해 중재했다. 본문은 다윗이 어
떻게 자기 잘못을 깨닫게 되었는지를 이야기하지 않는다. 그러나 그는 깨
달았고, 자기 죄에 대한 최초의 반응으로 기도했다. 다윗은 이제 하나님을
상대한다. 그의 두 번째 반응은 자신의 죄 때문에 큰 타격을 받은 백성을
위해 기도하는 것이었다. 다윗이 항상 하나님께 순종한 것은 아니다. 그러
나 그는 항상 하나님과 교제한다. 다윗이 항상 하나님의 뜻에 민감한 것
은 아니다. 그러나 그는 언제나 하나님께 호소함으로써 일을 마무리했다.
다윗이 항상 믿음으로 산 것은 아니다. 그러나 그는 문제에 직면하면 언제
나 기도했다. 이 마지막 다윗 이야기는 다윗이 자신의 죄를 고백하고 백성
을 돌보면서 자신과 백성을 위해 기도하는 모습을 보여준다. 시편(대부분
이 다윗의 시로 되어 있음)은 기본적으로 다윗을 기도의 사람으로 기억하고
있다. 이야기는 사무엘서의 결론에 이르렀는데, 기도하는 현장에 있는 다
윗을 보여준다.

"그의 마음에 자책하고"(10절). 즉 다윗은 무모하게 모험한 것(백성들을 계
수한 일)을 뉘우치고 "이 양 무리"(17절)라는 훨씬 더 인격적인 언어를 사용
하는 상태로 돌아왔다. 이는 훗날 예수께서 모든 영혼에 대한 특별한 관
심과 개인적인 보살핌을 강조하기 위해 사용하신 이미지와 같은 것이다

(눅 15:3-7; 요 10:1-18).

24:18이날에 갓이 다윗에게 이르러 그에게 아뢰되 올라가서 여부스 사람 아라우나의 타작 마당에서 여호와를 위하여 제단을 쌓으소서 하매 19다윗이 여호와께서 명령하신 바 갓의 말대로 올라가니라… 24…다윗이 은 오십 세겔로 타작 마당과 소를 사고 25그곳에서 여호와를 위하여 제단을 쌓고 번제와 화목제를 드렸더니 이에 여호와께서 그 땅을 위한 기도를 들으시매 이스라엘에게 내리는 재앙이 그쳤더라

다윗이 취한 세 번째 행동은 아라우나의 타작마당을 매입하여 거기에 제단을 쌓은 것이다. 아라우나는 여부스 족속으로, 일찍이 다윗이 예루살렘을 함락시킬 때 살아남은 원주민이다. 아라우나는 자신의 타작마당을 다윗에게 그냥 주려고 했으나, 다윗이 값을 지불하겠다고 고집했다. 그는 왕의 지위나 흑사병이 휩쓸고 있는 절망적인 상황을 이용해 책임을 대충 때우려 하지 않았다. "값 없이는 내 하나님 여호와께 번제를 드리지 아니하리라"(24절).

이 사건에 앞서(이 이야기가 언제 일어난 것인지 알 수 없지만, 분명히 이야기들이 연대순으로 배열되었을 것이다), 다윗은 예루살렘을 함락했다(삼하 5:6-10). 다윗은 원주민인 여부스 족속을 몰아내고 예루살렘을 통일왕국(유다와 이스라엘)의 수도로 삼았다. 그가 취한 첫 번째 조치는 왕궁을 지어 그곳에서 다스린 것이다(삼하 5:11-12). 이어서 그는 통일왕국의 중심적인 예배 처소를 확정하기 위해 언약궤를 예루살렘으로 가져왔다(삼하 6장). 그런 다음 언약궤를 위해 하나님의 성전을 짓겠다고 발표함으로써, 이 일련의 행동의 대미를 장식한다. 그는 다스리며 구원하시는 왕이신 하나님께, 번영을 상징하는 건축기술의 결정판을 마련해 드리고 싶었다. 다윗의 목자인

나단은 처음에 그 계획을 지지했다가 그날 밤 기도 후 지지를 철회했다. 하나님이 성전 건축을 허락하지 않으실 것이라고 알려주었다. 다윗의 아들이 하나님의 집을 지을 것이지만 다윗은 아니라는 것이다. 다윗은 하나님을 위해 위대한 일을 할 계획을 세웠지만 하나님은 그것을 막으셨다. 그러나 다윗은 믿음으로 그리고 순종하는 마음으로 이것을 받아들였다. 그리고 하나님이 자기(다윗)를 위해 아직 하시지 않은 것(7장)을 하시도록 하나님께 복종했다. 이 본문을 연구하는 많은 학자는 지금까지 다윗이 했던 일 중에서 이것이 가장 중요한 일이라고 생각한다. 이것은 무엇보다도 하나님이 '손으로 지은 것이 아닌 집'(고후 5:1)에서 주권을 표현하실 수 있도록 자리를 내어드린 탁월한 '하지 않음'이다.

이렇게 배경을 다시 설명하는 것은 이런 배경지식이 아라우나의 타작마당을 매입한 사건의 중요성을 이해하는 데 필요하기 때문이다. 또한 이 타작마당이 후에 솔로몬이 세우게 될 하나님의 성전터가 되기 때문이다. 이런 사실은 다윗의 이야기를 다시 기록한 역대상 21-22장(여기서는 아라우나의 이름이 '오르난'으로 나온다)을 통해 확인된다. 아라우나의 타작마당이 이렇게 솔로몬의 성전터와 연결되었다는 사실은 사무엘서의 최초 독자들에게 잘 알려져 있었기 때문에 다시 설명할 필요가 없었다.

따라서 사무엘서의 마지막 이야기는 다윗이 성전(하나님이 자신에게는 건축을 허락하시지 않은 성전) 건축을 위해 토대를 마련하는 것을 보여준다. 그 토대는 다윗이 무엇을 성취했기 때문이 아니라 죄를 용서받았기 때문에 나온 것이며, 다윗이 하나님을 위하여 이룬 것으로부터 나온 것이 아니라 하나님이 다윗을 위하여 이루신 것, 즉 그의 기도를 들으시고 백성들에게 자비를 베풀어 주신 은혜로부터 나온 것이다. 다윗이 폭력을 통해 얻은 것이 아니라 아라우나에게 정당한 값을 지불하고 평화롭게 얻은 것이라는 점도 중요하다.

다윗 이야기를 요약하는 사무엘하 21-24장의 마지막 이야기에서, 다윗은 죄를 범하고 하나님은 용서하신다. 다윗은 기도하고 하나님은 들으신다. 다윗은 제단을 쌓아 예배를 드리고 하나님은 구원하신다. 다윗이 예배하던 바로 그 자리에 곧 성전이 세워질 것이며(솔로몬에 의해), 그 성전이 앞으로 500년 동안 하나님의 백성이 드리는 예배의 중심이 되고 예배가 체계화될 것이다.

우리는 결론을 내릴 때 정연하고 산뜻하게 맺고 싶은 유혹에 빠지기 쉽다. 신학적이고 도덕적인 문제들이 관련될 때 그 유혹은 특히 강하다. 그러나 정연함은 성경과 삶 모두에 위배된다.

논리 정연함이 저지를 수 있는 왜곡을 잘 보여주는, 나스루딘이라고 불리던 전설적인 인물에 대한 수피(Sufi, 이슬람의 한 종파)의 옛날이야기가 있다. 어느 날 나스루딘은 매 한 마리가 창틀 위에 앉아 있는 것을 보았다. 그는 그때까지 그런 종류의 새를 한 번도 본 적이 없었다. 그래서 그는 "불쌍한 것! 너는 어쩌다가 그런 모습이 되었니?"라고 말하면서 매의 날카로운 발톱을 자르고, 부리를 반듯하게 다듬고, 날개털을 잘라 가장자리 선을 단정하게 다듬어 주었다. 그런 후 나스루딘은 "이제야 더 새처럼 보이는구나!" 하고 말했다.

다윗 이야기의 결론이 이런 방식으로 주어지지 않았다는 사실을 주목해야 한다. 사무엘서는 결론을 제시하지만, 이는 깔끔하게 손질된 결론이 아니다.

21-24장에 포함된 여섯 개의 에피소드는 여러 시기 다양한 상황에서 일어난 사건들을 선별하여 현재의 순서대로 배열한 것이다. 이 에피소드들은 다윗 이야기를 '도덕적으로 다루기 쉽고 신학적으로 길들여진' 어떤 것이 되도록 만들지 않고 포괄적으로 끝맺는 느낌을 준다. 기교는 인상

적이다. 두 개의 이야기, 두 개의 명단, 두 편의 시가 대칭구조로 배열되어 있다. 순서대로 첫 번째 이야기, 첫 번째 명단, 첫 번째 시 다음에 두 번째 시, 두 번째 명단, 두 번째 이야기가 나온다. 두 이야기는 광범위하고 포괄적인 배경을 제시하고, 두 명단은 사건이 일어나는 상황들을 잘라 말하고, 두 편의 시는 하나님을 만날 수 있는 중심을 이룬다. 여기에는 절제된 균형이 있다. 하나님은 암호나 도표들을 만들지 않으신다. 그분은 피조물을 만드신다. 다윗 이야기는 묘한 시각들, 설명하기 어려운 신비, 어색한 순간들로 가득하다. 따라서 이 결론은 이 모든 것 가운데 있는 감춰진 하나님께 영광을 돌리고 있다.

결론 부분(21-24장)의 내용을 감싸고 있는 두 이야기는 다윗의 진정한 모습을 보여준다. 전체적으로 볼 때 이야기는 성경의 기본적인 문학 형태며, 사무엘서에서도 그렇다. 이야기를 통해 다윗은 우리에게 개인적이며 특별한 인물로 제시된다. 성경은 다윗에 관한 사실들을 개괄하여 우리에게 어떤 '진리'를 제시하는 것이 아니라, 오히려 아주 다양한 상황 속에서 다양한 관계들을 맺고 있는 다윗의 모습을 보여준다. 마지막으로 나오는 이 두 이야기는, 중요하지 않은 인물들인 리스바와 아라우나를 플롯 안으로 끌어들인다는 점에서 전형적이다. 리스바는 농락당한 아무 힘 없는 여자이며, 아라우나는 다윗이 예루살렘을 정복할 때 살아남은 이방인이다. 그러나 두 사람은 고귀한 존재로 다뤄진다. 두 사람의 이름이 불리고 두 사람 모두 다윗에게 필요한 존재다.

두 이야기에서 다윗은 결점을 드러내고 실수를 저지른 후 무릎 꿇고 도움을 받으려 한다. 다윗이 두 이야기의 중심에 있지만 뭔가 부족하다. 그는 모든 사람을 압도해 남의 눈에 띄지 않게 만들 정도의 영웅은 아니다. 리스바와 아라우나 같은 아웃사이더들이 다윗의 이야기에 꼭 있어야 한다. 하나님은 '최고의 스타'와 함께 일하시지 않는다.

두 개의 명단은 다윗이 살며 일하던 평범한 문화에 관한 뚜렷한 증거를 제공한다. 그 문화는 전사(戰士)들이 만들어 내는 서로 싸우는 문화다. 거룩하지 못한 환경 속에서 하나님의 거룩한 계시가 나오고 하나님의 거룩한 백성이 만들어진다. 이 이야기가 일어난 세상은 조잡하고 거칠다. 거기에는 모세의 명령에 의해 생긴 전통들보다 가나안 신화 때문에 생긴 성적인 관습과 서로 싸우는 전통들이 훨씬 많다. 다윗은 어느 정도 이런 관습과 문화를 당연한 것으로 여겼다. 어떤 사람들은 이런 사실을 고려하지 않고, 다윗 이야기를 읽을 때 오로지 다윗의 환경이라는 견지에서 일방적으로 읽으려고 한다. 그렇게 왜곡된 사람들은 다윗을 시인의 자질을 조금 지닌 잔인하고 야만적인 두목으로 격하한다. 그러나 그 문화는 다윗이 살던 세계의 특성을 나타내는 것이지 다윗의 특성을 나타내는 것이 아니다. 그리고 그 문화가 하나님의 구원 사역을 말살하는 것도 아니다. 주전 10세기의 가나안 문화든, 주후 21세기의 북미 문화든, 문화는 벽돌(하나님의 도성을 짓는 데 사용된 벽돌)을 만드는 데 쓰이는 짚과 같다. 두 개의 명단은 문화에서 벗어나려고 거룩한 장소를 만들려는 사람들을 조용히 책망한다. 그들은 그런 장소를 만들면, 믿음이 없는 세상 방식들로 인해 부패되거나 오염되지 않고 그 속에서 하나님의 사역(하나님을 위한 하나님의 사역)을 하실 수 있을 것이라고 오해한다.

중앙에 놓인 두 편의 시는 기도와 신탁(神託)이다. 기도는 하나님께 우리가 하는 말로, 청원과 찬양이다. 신탁은 인간의 언어이지만 하나님께로부터 나온 것이다. 그것은 선포와 증언이다. 시는 인간의 언어를 가장 진지하고(intense) 심오하게(intimate) 사용하는 것이다. 두 편의 시는 가장 진지하고 가장 심오한 상태에 있는 다윗을 우리에게 보여준다. 다윗은 단어로 의미를 말하는 시인이다. 그는 그저 말을 하는 것이 아니다. 말씀은 하나님이 계시를 전달하시는 도구이며, 하나님은 말씀으로 세상을 창조하셨고 세상의 구세주도 말씀이시다. 다윗은 바로 그 말씀을 가지고 하나님께 말씀드리고(기도), 하나님께로부터 받은 것을 말한다(신탁).

이 세 가지 요소(이야기와 명단과 시)는 이 내러티브를 올바르게 이해하기 위해 반드시 필요하며, 우리의 이해를 도우려고 두 개씩 나온다. 다윗의 여러 인간적인 모습이 두 이야기에 나오고, 다윗이 살던 사회의 야만적인 문화가 두 명단에서 드러나고, 다윗의 성숙한 영혼이 두 편의 시에 표현된다.

이것이 우리 각 사람의 이야기라면, 우리도 다윗처럼 동심원 속으로 이끌리는 모습을 볼 수 있다. 우리는 자신의 기본적인 인간성을 확인한 뒤 우리가 사는 문화라는 피할 수 없는 상황에 직면한 다음, 하나님을 향하여 그리고 하나님을 위하여 우리의 중심부에서 나오는 진실한 목소리를 종종 들을 수 있다.

인용 문헌

Auerbach, Erich. *Mimesis*. Trans. Willard Trask. Princeton, N.J.: Princeton University Press, 1953. 「미메시스」(민음사 역간).

Barth, Karl. *Church Dogmatics*. Trans. G. T. Thompson. Edinburgh: T. & T. Clark, 1936. 「교회 교의학」(대한기독교서회 역간).

Berry, Wendell. *What Are People For?* San Francisco: North Point Press, 1990.

Bright, John. *The Kingdom of God*. Nashville: Abingdon Press, 1958. 「하나님의 나라」(크리스챤다이제스트 역간).

_____. *A History of Israel*. Philadelphia: Westminster Press, 1953. 「이스라엘 역사」(은성 역간).

Brueggemann, Walter. *First and Second Samuel*. Interpretation: A Bible Commentary for Teaching and Preaching. Louisville, Ky.: John Knox Press, 1990. 「사무엘상하」(한국장로교출판사).

Butterfield, Herbert. *International Conflict in the Twentieth Century*. New York: Haper & Brothers, 1960.

Calvin, John. *Commentary on the Book of Psalms*. Trans. James Anderson. Grand Rapids: Wm. B. Eerdmans Publishing Co., 1949.

Chesterton, G. K. *George Bernard Shaw*. New York: Hill & Wang, 1956.

Hertzberg, Hans Wilhelm. *I & II Samuel*. The Old Testament Library. Philadelphia: Westminster Press, 1964.

Heschel, Abraham. *The Prophets*. New York: Haper & Row, 1962. 「예언자들」(삼인 역간).

Lewis, C. S. *The Four Loves*. London: Geoffrey Bles, 1960. 「네 가지 사랑」(홍성사 역간).

MaCarter, P. Kyle, Jr. *Ⅱ Samuel*. The Anchor Bible. Vol. 9. Garden City, N.Y.: Doubleday & Co., 1984.

Miskotte, Kornelis H. *When the Gods Are Silent*. Trans. John W. Doberstein. London: William Collins Sons, 1967.

Noth, Martin. *The History of Israel*. London: A. & C. Black, 1958. 「이스라엘 역사」 (크리스챤다이제스트 역간).

von Balthasar, Hans Urs. The Glory of the Lord. Vol. 2. San Francisco: Ignatius Press, 1984.

von Hugel, Baron Friedrich. Essays & Addresses on the Philosophy of Religion, Second Series. London: J. M. Dent & Sons, 1963.

von Rad, Gerhard. *Old Testament Theology*. Vol. 1. New York: Haper & Row, 1962. 「구약성서 신학」(분도출판사 역간).

Whyte, Alexander. *Bible Characters*. Vol. 1. London: Oliphants Ltd., 1952.

Williams, Charles. *The Descent of the Dove*. London: Longmans, Green & Co., 1939.

찬송 인용

The hymn "Come, Thou Fount of Every Blessing" is by Robert Robinson, 1758, and is no. 356 in *The Presbyterian Hymnal*. Louisville, Ky.: West minster/John Knox Press, 1990.

The hymn "Let All the World in Every Corner Sing" is by George Herbert, 1633, and is no. 468 in *The Presbyterian Hymnal*. Louisville, Ky.: Westminster/John Knox Press, 1990.

The hymn "He Who Would Valiant Be," by John Bunyan, 1684, was adapted by Percy Dearmer, 1906, and is no. 414 in *The Worshipbook*. Philadelphia: Westminster Press, 1970.

더 읽을거리

Bright, John. *The Kingdom of God*. Nashville: Abingdon Press. 1953.

Brueggemann, Walter. *First and Second Samuel*. Interpretation: A Bible Commentary for Teaching and Preaching. Louisville, Ky.: John Knox Press, 1990.

Hertzberg, Hans Wilhelm. *I & II Samuel*. Philadelphia: Westminster Press, 1964.

Sternberg, Meir. *The Poetics of Biblical Narrative*. Bloomington, Ind.: Indiana University Press, 1985.

사무엘서 강해

초판 1쇄 발행 2015년 4월 16일
개정판 2쇄 인쇄 2022년 11월 18일
개정판 2쇄 발행 2022년 11월 25일

지은이 유진 피터슨
옮긴이 박성혁

펴낸이 정선숙

펴낸곳 협동조합 아바서원
등록 제 274251-0007344
주소 경기도 고양시 덕양구 삼원로 51
　　　 원흥줌하이필드 606호
전화 02-388-7944 **팩스** 02-389-7944
이메일 abbabooks@hanmail.net

ISBN 979-11-90376-21-1 03230